ANDERS REISEN
Herausgegeben von Ludwig Moos und Manfred Waffender

Im Reisen steckt die Sehnsucht nach der besseren Welt. Wir suchen nach unverdorbener Natur, geselligen Lebensformen, gewachsener Kultur. Nichts davon ist falsch, falsch ist nur, wie wir suchen. Entweder reisen wir touristisch, konsumieren das Angebot einer Industrie, die das Ursprüngliche längst zur Ware verfälscht hat. Oder wir gehen auf den alternativen Trip, jagen voller Sozialromantik dem Unberührten, Unverbrauchten nach – und bilden doch nur die Vorhut des organisierten Tourismus.

ANDERS REISEN beschreibt andere Wege. Oft nur einen Schritt abseits der üblichen Routen erschließen sie den anderen Alltag. Anders reisen heißt, sich einzulassen auf das tägliche Leben anderswo, zu lernen, welche historischen Wurzeln und gegenwärtigen Bedingungen es hat. Die soziale Isolation und politische Enthaltsamkeit des Touristen aufzuheben, die fremde Wirklichkeit unverstellt und mit Lust zu erleben, hat verändernde Kraft über die Reise hinaus.

Ein Reisebuch in den Alltag

von

CHRISTOPH POTTING

ANNETTE WEWELER

IRLAND

roro
roro

ROWOHLT

Inhalt

Warning, cautions the reader, that nearly everything in Ireland does not have the same gravity that it has in more sedate countries.

An ‹Irish fact› is definable as anything they will tell you in Ireland, where you are told a great deal and had best assume a demeanour of weary appreciation.
Thomas Flanagan
The Guardian

Unterwegs

Praktische Tips & Adressen

Leser seien gewarnt: In Irland hat noch lange nicht alles den gleichen Ernst und die gleiche Wichtigkeit wie in nüchterneren Ländern.

Als «irische Tatsache» läßt sich alles definieren, was man Ihnen in Irland erzählt, und man wird Ihnen dort eine ganze Menge erzählen, so daß Sie am besten ein Verhalten der behutsamen Würdigung an den Tag legen.

Thomas Flanagan
The Guardian

Originalausgabe
Umschlagentwurf Alexander Urban
Umschlagfoto Seamus Carmichael
Layout und Grafik
Alexander Urban
Redaktion Nikolaus Hansen
Veröffentlicht im Rowohlt
Taschenbuch Verlag GmbH,
Reinbek bei Hamburg, Juni 1984
Copyright © 1984 by Rowohlt
Taschenbuch Verlag GmbH,
Reinbek bei Hamburg
Satz Times (Linotron 202)
Gesamtherstellung
Clausen & Bosse, Leck
Printed in Germany
1480-ISBN 3 499 17525 8

Bevor es losgeht

«There is no rush – Es gibt keinen Grund zur Eile.» Schon nach wenigen Tagen merken wir, daß sich unser durchorganisiertes Zeitgefühl dem gemächlicheren Alltag auf der Insel anpaßt: Lange ausschlafen wie die Einheimischen – die Geschäfte auf dem Land öffnen ohnehin erst gegen 10 Uhr; Verabredungen wichtig nehmen, aber eher ein akademisches «Dreiviertel» einplanen; die langen Abende im Pub oder am Torffeuer zum bedeutsamen Teil des Tages machen.

Irlands «mediterrane» Atmosphäre am Westrand Europas wirkt ansteckend und weckt die Geister der Selbstbetätigung. Das extreme Wetter, die Einsamkeit und Natur im Übermaß stiften Gelassenheit. Die Freundlichkeit einer Nation, die ihre Urenkel, Söhne und Töchter in die Emigration schicken mußte und muß, springt wie ein Funke über. Besucher können sich bisweilen wie zurückgekehrte Kinder fühlen, von denen die Einheimischen vor allem eines wissen wollen: «Where do you come from? How do you like Ireland?»

Die Insel an der Peripherie, längst vom Industrialismus und ökologischen Ausverkauf heimgesucht, ist ein Ort zum Wiederkommen. Auf kleinem Raum warten so viele geologische und kulturelle Unterschiede, daß sie auf einer Reise allein nie zu entdecken sind. Der Wechsel von Klima und Landschaften verleitet daher zum Touren. Doch weniger ist in Irland mehr. Ein fester Stützpunkt in Kerry beispielsweise – wir haben von Cahirciveen aus unsere regionalen Erkundungen unternommen – schafft das Gefühl für Landschaft und Alltag der Gegend. Von dort aus den Süden oder den Mittelwesten zu erkunden, ist besonders reizvoll. Eine Parforcetour über die Insel, egal ob mit Auto oder Fahrrad, ist wie ein Film, dessen Bilder in Vergessenheit geraten.

Irland, eine Insel im wirtschaftlichen und kulturellen Wandel, erschien uns wie eine große Projektionsfläche, auf der jeder sein Irlandbild entwerfen und bestätigen kann. Von der Computerfabrik in Dublin bis zur gasbeleuchteten und torfbeheizten Hütte im Westen sind es nur zweihundert Kilometer. Elektronische Revolution und rauhe Selbstversorgungswirtschaft findet man noch in (un)friedlicher Koexistenz. Diese Gleichzeitigkeit von Wirklichkeiten macht das Reisen zu einem kulturellen Abenteuer, das dazu verführen kann, die erlebten Teile für das Ganze zu halten.

Neun Monate lang lernten wir auf unseren Reisen Land und Kulturen kennen.

Die häufig zerstörerische wirtschaftliche und industrielle Realität Irlands hat zwar unsere «grünen Mystifikationen» abgeschliffen und die Bilder von unberührter Natur und authentischen Menschen zurechtgerückt. Dennoch überwiegt bei unserer «Haßliebe» die Zuneigung: zum freundlichen und improvisierten Leben, zur Hilfsbereitschaft der Menschen, zur Vielfältigkeit ihrer Milieus und zu den wilden wie abwechslungsreichen Landschaften. Für uns ist Irland ein Land zum Wiederkommen geblieben.

Drei irische Autoren haben, zum besseren Verständnis der Insel, Beiträge für dieses Buch geschrieben. Fintan O'Toole schrieb den Beitrag «Politik – Ein Familienklüngel». Er ist Redakteur bei der *Sunday Tribune*. Irland hat in erster Linie das Image eines Agrarlandes. Daher übersehen Reisende häufig die industrielle Klassentradition, die Pardraig Yeates, freier Journalist in Dublin, mit seiner Gewerkschaftsgeschichte verständlich macht. Finbar Boyle arbeitet beim Folklore Department in Dublin. Für ihn hat die häufig zum Stampfen und Klatschen ermunternde Folk-Musik der Irlandfreunde auf dem Kontinent nur wenig mit der einheimischen Folkloretradition gemein. Mary Raftery schreibt regelmäßig Medienkolumnen in der Irish Times und war uns beim Verfassen des Medienkapitels mit wertvollen Hintergrundinformationen behilflich. Ingrid Sievers übersetzte die Beiträge der irischen Autoren, und ohne die sorgfältige und hilfsbereite Lektoratsarbeit von Niko Hansen wäre dieses Buch wohl kaum erschienen.

Annette Weweler
Christoph Potting

Annette Weweler

Christoph Potting

Fintan O'Toole

Padraig Yeates

Finbar Boyle

GENERAL
MICHAEL
COLLINS
1922-1982

Geschichte und Politik

To catch up with Europe – Irland, ein Paradies für Unternehmer

Das Arbeitsamt in der Lower Gardiner Street in Dublin ist an diesem Nachmittag so öde wie immer. Schilder an der Eingangstür: «No dogs allowed» oder «Warning prosecutions» für die, die ohne gesetzlichen Anspruch ihr «dole», ihr Arbeitslosengeld kassieren. Mit dickem Filzstift hat jemand das Graffitti bereichert: «IRA, The Provos.»

John Sheridan aus Lusk bei Dublin sind die steigenden Arbeitslosenzahlen einerlei. Seit drei Jahren schon ist er ohne feste Arbeit. «Ich war im Baugewerbe, vier Jahre in der Innenstadt gearbeitet, bis sie mich einfach entlassen haben. Wie soll ich von 25 Pfund Stütze die Woche leben? Ohne meine Familie wäre ich schon lange fix und fertig.»

Johns Brüder teilen sein Los, die beiden Schwäger übrigens auch, der Vater ist körperlich behindert. «Meine Mutter ist die einzige, die etwas verdient, als Putzfrau. Sie hält uns alle über Wasser. Ich sterbe vor Langeweile jeden Tag. Abends gehe ich saufen, und morgens schlaf ich erst mal bis in die Puppen. Es gibt doch eh keinen Grund aufzustehen. Dann trampe ich manchmal in die City, um die anderen zu sehen; die Buspreise sind viel zu hoch. Nur gut, daß ich hier außerhalb wohne, da kann ich wenigstens dem Nachbarn ab und zu auf dem Hof aushelfen. In

der Stadt landest du doch über kurz oder lang im Knast.»

John hat 1979 versucht, in England Arbeit zu finden, aber im Hostel der Heilsarmee konnte er es nicht lange aushalten. «Nach sechs Monaten war ich wieder zu Hause. Hier ist es immer noch am besten, auch wenn ich nicht weiß, was wird.»

Die Ärmsten Europas

Ende Februar 1983 müssen sich in Ir-

land mit John Sheridan weitere 200 000 Menschen arbeitslos melden. Die Tendenz ist steigend, selbst bei Erholung der Weltkonjunktur soll sich die Situation auf dem Arbeitsmarkt in Irland nicht sonderlich verbessern. Die Mitgliedschaft in der EG hat Irland ans untere Ende der sozialwirtschaftlichen Erfolgsstatistik gedrängt. Das Land verzeichnet innerhalb der EG die geringste Produktivität pro Kopf und die höchste Auswanderungs- und Arbeitslosenquote. In der Republik Irland leben mehr Menschen als in anderen europäischen Ländern von staatlichen Unterstützungen. Legt man die Staatsverschuldung des Landes auf seine Bewohner um, steht jeder Ire mit 6000 Pfund in der Kreide. Im Mai 1983 beschließt die regierende Fine Gael/Labour-Koalition eine staatliche Gesamtverschuldung von 5,5 Milliarden Pfund. Um diesen Schuldenberg zu finanzieren, haben sich von 1979 bis 1982

die staatlichen Bürgschaften ver-
fünffacht. Noch halten internationale Bankkonsortien Irland für kre-
ditwürdig.

Was Touristen das Reisen und Bewohnern das Leben schwer macht,
sind die steigenden Preise. Um
12,3 Prozent haben sich die Konsum-
güterpreise 1982 erhöht. Wenn
keine Wunder geschehen, ist der Zusammenbruch der irischen Wirtschaft abzusehen. Allein 1983 kostet
den Staat die Auszahlung von Ar-
beitslosengeldern 473 Millionen
Pfund – und seine Bürger müssen
sich mit wachsender Verarmung, mit
sozialem Elend und Zukunftsangst
auseinandersetzen.

Ein günstiger Standort

Von einer Promotion Tour durch
Deutschland zurück, weiß sich im
Mai 1983 der amtierende Minister
für Industrie und Energie, Mr. Bru-
ton, mit seinem deutschen Kollegen
Lambsdorff und zahlreichen Industriellen einig: Die steigenden
Löhne und die hohe Inflation machen den Investoren Sorgen. In der
Tat sind die Kosten für eine Arbeits-
stunde in Irland drastisch gestiegen.
Noch 1977 machen sie weniger als
die Hälfte der entsprechenden Kosten in Deutschland aus. Die Preis-
steigerung hat jedoch mittlerweile
die profitable Differenz aufgezehrt.
Werner Tholen, Chef der irischen
Niederlassung der Werkzeugfabrik
Heinrich Liebig aus Pfungstadt, be-
ziffert das Gefälle der Lohnkosten
derzeit nur noch auf zehn bis zwölf
Prozent. «Bekommt die Regierung
die Inflation nicht unter Kontrolle,
wird dieser Unterschied bis zum Jah-
resende weiter schrumpfen. Dann ist
irgendwann der Punkt erreicht, an
dem man sich überlegen muß, die

Zelte auf der grünen Insel wieder ab-
zubrechen.» Es waren nämlich die
geringen Produktionskosten, die
1973 für die Werkzeugfabrik den
Ausschlag gaben, sich in Killorglin
im Südwesten Irlands anzusiedeln.

Auch bei Heinrich Busche von WF
Rational-Anbauküchen aus dem nie-
dersächsischen Melle ist der anfängli-
che Optimismus in Skepsis umge-
schlagen: «Was für uns vor allem
noch zählt, ist der günstige Standort.»

Einhundertsechsundzwanzig
deutsche Unternehmen wissen den
Zugang zum europäischen Markt
von Irland aus mittlerweile zu schätzen. Braun, Henkel, Krups, Nixdorf
und Faber Castell gehören zu den
hochwillkommenen Investoren, die
laut Angaben der halbstaatlichen
Entwicklungsgesellschaft IDA (Industrial Development Agency) «ein
Paradies für Unternehmer» gefunden haben. Über 10 000 Arbeitskräfte beziehen ihr monatliches Sa-
lär von deutschen Fabrikherren, die
nach den Amerikanern am stärksten
vertreten sind.

Harry Diegmann, verantwortlich
für das irische Zweigwerk der Kabel-
werke Kromberg und Schubert in
Wuppertal, stimmt in die Klagege-
sänge seiner Kollegen nicht mit ein:
«Daß solche Dinge sich ändern,
wenn ein Land sich entwickelt, das
muß man einkalkulieren. Zwar ist
Irland kein Billiglohnland mehr,
aber es gibt immer noch beträchtliche Kostenvorteile im Verhältnis
zum teuren Standort Bundesrepublik.»

Um endlich den ökonomischen
Anschluß an Europa zu finden, sieht
die irische Regierung in den fünfziger Jahren keinen anderen Weg, als
den chronischen Geld- und Investi-
tionsmangel im eigenen Land mit

Was hat die

Am Eyre Square greift ein Mann
mit einem Loch im Hals
nach Passanten.
Er zeigt ihnen eine Karte
mit Angaben über sein Gebrechen,
besucht Kneipen und Cafés
auf der Suche nach finanzieller Unterstützung.
Eine verwahrloste grauhaarige Frau
mit «charaktervollen Gesichtszügen»
und zitterig aufgetragenem Lippenstift
brüllt in der Franziskanerkirche.
Die Leiche eines jungen Mannes
wird aus dem Fluß gefischt.

Der Konjunkturaufschwung setzt sich fort,
Der Boden ist überall aufgewühlt,
neue Straßen werden nach örtlichen Würdenträgern benannt.
Die Zeitungen offenbaren alles.
Zwei lockenköpfige Bauunternehmer,
prachtvoll in Tweed,
haben ein Rennpferd erworben.

«Auf der Straße» von Michael Gorman. Aus «Hundsrose. Neue irische Gedichte». Maro Verlag, Augsburg 1983

staatlichen Anreizen für Investitionen ausländischer, vor allem multinationaler Konzerne zu beheben. Bis zum 1. Januar 1981 gilt für transnationale Exporte totale Steuerfreiheit. Erst als die Europäische Gemeinschaft nach dem Beitritt Irlands dieses Gebaren kritisiert, da es die gültigen Prinzipien des Freihandels verletzt, verlegen sich irische Staatsplaner auf ein anderes unternehmerfreundliches Gastgeschenk: Bis zum Jahre 2000 brauchen alle ausländischen verarbeitenden Industrien nur zehn Prozent Körperschaftssteuer abzuführen. Steuervorteile, Investitionszuschüsse in bar, die vor allem im Westen des Landes bis zu sechzig Prozent der Gesamtinvestitionen ausmachen können, die Übernahme sämtlicher Ausbildungskosten durch den irischen Staat – abgesehen von diesen Subventionen steht es den ausländischen Firmen natürlich frei, Dividenden und Gewinne beliebig ins Ausland zu transferieren und Verluste steuerlich abzuschreiben oder die speziellen Kreditbestimmungen der Bank of Ireland zu nutzen: Für die Gäste stehen nur sechzig Prozent des jeweils gültigen Zinssatzes zur Verrechnung.

Teilefertigung

Seit ihrer politischen Unabhängigkeit muß die Republik Irland mit einer deformierten Ökonomie fertig werden. Der Großteil der Bevölkerung arbeitet in einer monostrukturellen Landwirtschaft. Schlachtviehexport und Milchwirtschaft sind die einzigen «verläßlichen» wirtschaftlichen Aktivitäten. Die eigene verarbeitende Industrie, kaum in der Lage, dem internationalen Wettbewerb standzuhalten, kann die Lücken an Kapital und Know-how nicht aus eigener Kraft füllen. Steigende Importe müssen daher mangelnde wirtschaftliche Selbständigkeit ausgleichen. Für eine Gesundung der Zahlungsbilanz und der wirtschaftlichen Binnenaktivitäten sollen ausländische Unternehmen sorgen, Industrie und Arbeiter sollen ihr gleichermaßen auf die Beine helfen, sie sollen die Abwanderung bremsen und neue Arbeitsplätze schaffen.

Aber es kommt anders als erwartet. Die Multis siedeln vor allem arbeitsintensive Teilefertigung an. Rohstoffe kommen ins Land, Fertigwaren verlassen es wieder. Die Hoffnung irischer Unternehmer, in den Konzernen neue zahlungskräftige Kunden für heimische Zulieferer zu finden, wird herb enttäuscht. Die Konzerne bringen außer Arbeitskräften alles mit, was sie brauchen.

Auch die staatlichen Finanzplaner spitzen die Stifte, denn die Kosten für Importe steigen weiter. Die im Lande selbst gefertigten und dann ausgeführten Waren müssen nämlich die Iren erneut einkaufen. Zu den wachsenden Einfuhren gesellen sich die enormen Kosten für die Industrieansiedlung selbst. Die seit Jahrzehnten anhaltende Abwanderung ausgebildeter Facharbeiter und Spezialisten (s. Kap. «Blick zurück») hält trotz eines erheblichen Angebots an internationalen Arbeitsplätzen im eigenen Land unvermindert an. Die ausländischen Konzerne greifen auf eigene Leute zurück.

Doch die Herren des IDA sehen keinen Anlaß zur Kritik oder gar Selbstkritik. Im Frühjahr 1983 brechen sie zu einer dreitägigen «familiarisation tour» durch Irland auf und besuchen Werke der elektronischen Industrie. Chefplaner Dr. Hanna nennt Zahlen: «Der Export von elektronischen Komponenten und Ausrüstungsteilen für die Telekommunikation ist von 25,3 Millionen Pfund 1977 auf 94 Millionen Pfund 1982 gestiegen. Ein Großteil der Produktion geht an die Telefonindustrie, ein nicht unerheblicher Teil ist Militärtechnologie. Auf diese Weise hat die irische Industrie seit den frühen siebziger Jahren ihr Aussehen entscheidend verändert. Vor zehn Jahren standen einfache Montagen und manuelle Fertigung im Vordergrund. Eine wichtige Voraussetzung dafür war die billige Arbeitskraft. Das trifft für die irische Industrie nicht mehr länger zu ...»

Wer soll das bezahlen?

Als Eddie Conlon, ein dreiundzwanzigjähriger arbeitsloser Sozialwissenschaftler vom University College Dublin das erste Mal von der neuen «Behördensteuer» hört, ist er empört. «Jetzt wollen sie sogar noch Leuten Geld abknöpfen, die nach einem Job suchen. Sie sagen, wir hätten ein Recht auf Arbeit, und nun sollen wir dafür noch bezahlen. Sieben Pfund, nur weil ich mich auf eine öffentliche Ausschreibung hin als Postbote bewerbe.»

Nach seiner Collegezeit hat Eddie zweimal über das Arbeitsamt eine Stelle bekommen. «Schon verrückt, sich vorzustellen, zeit seines Lebens arbeitslos zu bleiben. Eigentlich hatte ich ja gedacht, das sei alles nur vorübergehend.» Im Augenblick lebt Eddie von seiner Stütze. Von den 28,30 Pfund die Woche gehen 25 Pfund für seine kleine Wohnung drauf. Und die Bewerbungsgebühr kann er nur zahlen, weil er ein wenig gespart hat.

Inflationsgebeutelt

Im April 1983 legt die Regierung einen neuen Haushalt vor, dessen Defizit durch weitere drastische Steuererhöhungen finanziert werden soll. Die steigenden Abgaben auf Benzin, Tabak, Lebensmittel und Luxusgüter müssen die Löcher in den öffentlichen Kassen stopfen. Das gleiche gilt für die Erhöhung von Verwaltungsgebühren. Da die Regierung das Arbeitsamt als «eine Behörde wie andere auch» betrachtet, haben die arbeitslosen «Kunden» nun zwischen sieben und zehn Pfund zu berappen. Daß ausgerechnet die «kleinen Leute» in Irland für Staatsverschuldung und wachsende öffentliche Ausgaben aufkommen müssen, liegt an der Struktur der Besteuerung selber. Unternehmen bleiben auf Grund von Steuerfreiheit und Geldgeschenken im Land; direkte Steuern wie die Körperschaftssteuer sind so niedrig, daß sie im Staatshaushalt kaum zu Buche schlagen. Wo also sollen die öffentlichen Gelder herkommen? Die indirekte Besteuerung führt dazu, daß auf dem Umweg über Tabak, Benzin und die hohe Mehrwertsteuer der ohnehin inflationsgebeutelte Bürger zur Kasse gebeten wird.

Was Schenkungs- und Vermögenssteuer angeht, so zeigt die Regierung Verständnis für die Sorgen der Reichen im Land. Als im Februar 1978 die konservative Fianna Fail-Partei an die Macht kommt, besteht eine ihrer ersten Amtshandlungen in der Abschaffung der Vermögenssteuer, die erst drei Jahre vorher eingeführt worden ist und in diesem Zeitraum immerhin knapp sieben Millionen Pfund in die leeren Staatskassen gebracht hat. Steuerflucht und Kapitalflucht haben jedoch solche Ausmaße angenommen, daß die Konservativen der traurigen Wirklichkeit offen ins Auge sehen. Finanzminister Colley 1978: «Die Abwanderung von dringend benötigten privaten Geldern in den Jahren 1975 und 1976 fiel zusammen mit der Zeit der Vermögenssteuer. Sie hat ein psychologisches Klima geschaffen, in dem Investitionen und Risikofreudigkeit drastisch nachlassen.» Im Jahre 1978 verzichtet die Regierung großzügig auf neun Millionen Pfund Steuereinnahmen. In Irland ist es noch nicht einmal ein Kavaliersdelikt, keine Steuern zu zahlen. Die einzigen, die regelmäßig ihre Abgaben entrichten, sind die in der privaten Industrie und im öffentlichen Dienst Beschäftigten. Als ihre Abgaben mit dem Sparhaushalt 1983 erneut steigen sollen, beschließen Arbeiter und Gewerkschafter einen Steuerstreik, der zum gewünschten Erfolg führt. Allein 600 Millionen Pfund Steuern sind die Behörden bis 1980 unfähig einzutreiben – eine Summe, die die Staatsverschuldung Irlands bei Banken und im Ausland ausgleichen könnte. Aber die Regierung zieht es vor, die Arbeitslosen, die Arbeiter und kleinen Angestellten zur Kasse zu bitten. «Die Reduzierung der Steuern, die Abschaffung der neuen Behördengebühren ist nur möglich, wenn wir die öffentlichen Ausgaben noch weiter einschränken», läßt sich Finanzminister Dukes im Frühjahr 1983 vernehmen. Liebig, Faber Castell und Henkel werden es ihm danken.

Anarchie?

Im Frühjahr 1983 ruft ein Wirtschaftsredakteur der *Irish Times* zu erneuter nationaler Anstrengung auf. Sein Konzept schließt an den sogenannten Whitaker-Plan an, den eine Wirtschaftskommission 1958 erarbeitet hatte und der Grundlage für die anschließenden ökonomischen Expansionsprogramme war. Whitaker und seine Planungskollegen damals: Export bleibt die einzige Möglichkeit, die ruinierte Wirtschaft zu beleben. Die Bemühungen der ersten Regierungen nach der politischen Unabhängigkeit, wirtschaftliche Selbständigkeit zu erlangen, haben nicht zum Erfolg geführt. Der Versuch, durch Zölle die noch junge Wirtschaft vor ausländischer Konkurrenz zu schützen, endet unter der Regierung de Valera in einem verheerenden Wirtschaftskrieg mit England. Als die Regierung die Abstandszahlungen für ehemals britischen Besitz einstellt, zeigen die englischen Nachbarn keinerlei Verständnis für die Begründung, daß der Vertrag nach dem Unabhängigkeitskrieg nur unter Zwang zustande gekommen sei. Die Iren merken nach kurzer Zeit, daß mit der politischen Selbständigkeit wirtschaftliche Unabhängigkeit noch lange nicht erreicht ist.

England, nach dem Zweiten Weltkrieg weiterhin der größte Handelspartner der Insel, antwortet auf Schutzzölle und Zahlungsverweigerung der Iren seinerseits mit hohen Zöllen für sämtliche irischen Importe. Da Irland allein von landwirtschaftlichen Exporten nach England lebt, bringt die gutgemeinte Selbstversorgungspolitik die Insel an den Rand des Zusammenbruchs. Die eigene Wirtschaft, noch in den Kinderschuhen, kann sich trotz Schutzzöllen gegen die internationale Konkurrenz nicht behaupten, die Arbeitslosigkeit führt zu erneuten großen Auswanderungswellen. Weltwirtschaftskrise und Zweiter

«Für uns zählt der günstige Standort»

Weltkrieg machen alle Hoffnungen auf eine eigene, unabhängige Ökonomie endgültig zunichte. Whitaker weiß daher 1958 nur eine Antwort auf die Rückständigkeit der Landwirtschaft, den desolaten Zustand der Industrie, die langfristigen Probleme der Auswanderung, den Rückgang der arbeitenden Bevölkerung und die allgemein herrschende Hoffnungslosigkeit: Export und Ansiedlung ausländischer Industrie.

Knapp 20 Jahre hat Irland von dieser Politik gezehrt.

Niemand, der das Land Mitte der sechziger Jahre kannte, wird unbeeindruckt sein von den Veränderungen, die nur zum Teil äußerlich erkennbar sind: mehr Fabriken, mehr Büros, neue Häuser, die Gebäude auf dem Land in besserem Zustand, nicht länger mehr barfüßige Kinder, statt dessen Supermärkte, Fernseher und Privatwagen. Doch unter der Oberfläche hat sich noch weit mehr abgespielt – eine Veränderung von Einstellungen, vielleicht ein «change of heart», eine Veränderung des Herzens. Ein Glaube an eine bessere Zukunft hat sich ausgebreitet.

Eine neue Klasse der Armen

Sie haben verloren, was sie einst für einen sicheren Arbeitsplatz hielten; sie müssen immer mehr Schulden machen. Und erst wenn sie gar keinen anderen Ausweg mehr wissen, kommen sie zur Fürsorge, zur «Gesellschaft des Heiligen Vincent». Maire O'Leary, Vizepräsidentin, sieht jeden Monat sieben neue Fälle: «Und das sind nur die von Dublin. Ich bin sicher, das ist nur die Spitze des Eisbergs.» Es gibt Ähnlichkeiten zwischen den Leuten, die zu ihr kommen: Alle sind Mitte 30, haben eine gute Ausbildung, leben bisweilen in einem verschuldeten Eigenheim, meist mit mehreren Kindern. Sie haben alle traditionell sichere Berufe erlernt, einige betreiben ein kleines Geschäft. «Im Vergleich zu anderen haben sie einen gehobenen Lebensstandard: ein Auto, vielleicht noch nicht abgezahlt, Farbfernseher, Ferien da und dort, angemessene, manchmal luxuriöse Kleidung.»

Zunächst reichen noch die Arbeitslosenunterstützung und andere Zuschüsse. Doch trotz zunehmend sparsamen Lebens steigen die Schulden, bis keine Miete mehr gezahlt werden kann. «Endlich, am Vorabend vor dem Rausschmiß aus der Wohnung, kommen sie dann zu uns. Oft bleibt nur noch der Rat, die Wohnung aufzugeben, in eine billigere zu ziehen. Gott sei Dank gibt es noch nicht allzu viele solche Fälle, doch soweit ich sehen kann, werden es immer mehr.»

The hidden economy

Irlands Wirtschaftskrise, von der die Verantwortlichen immer noch beschönigend als Rezession sprechen, hat die Mittelklassen erreicht. Bei wem Phantasie und Widerstandskraft noch nicht gänzlich gebrochen sind, wird sich auf eigene Faust durchschlagen. Die «hidden economy», der Schwarzarbeitsmarkt, blüht und ist trotz staatlicher Anstrengungen nicht unter Kontrolle zu bringen, so daß der Regierung Unsummen von Steuergeldern durch die Lappen gehen. Gerald Boyle arbeitet im Agricultural Institute an einem internationalen Vergleich des Schwarzarbeitsmarktes. «Wir stützen uns auf bloße Vermutungen. Für Irland kann man vier Prozent oder zwanzig annehmen, mit keiner Zahl liegt man falsch. Mit Sicherheit läßt sich lediglich sagen, daß Arbeitslosigkeit und Inflation die Sache nur noch schlimmer machen.»

Die geheime Ökonomie der Vermögenden hat bereits enorme Ausmaße angenommen. Während der öffentlichen Auseinandersetzungen im Zusammenhang mit den Steuerunruhen im Frühjahr 1983 wird eine Veröffentlichung der Namen jener Personen gefordert, die ihr Geld steuerfrei in Abschreibungsgesellschaften anlegen oder auf ausländischen Konten deponieren. Aber Mr. O'Malley von der Commerce und Economic Society des University College in Cork hält dagegen: «Wenn wir bei uns ein ähnlich vertrauenswürdiges Klima haben wollen wie die in der Schweiz, dann ist totale Diskretion angesagt. Wenn wir Schweizer Vertrauenswürdigkeit haben, können wir auch Schweizer Wohlstand erreichen, sofern wir wie die Schweizer arbeiten.»

Es gibt Leute, die arbeiten, wenn es Arbeit gibt; und es gibt Leute, die lassen ihr Geld arbeiten. Die letzteren haben in Irland keinen schlechten Stand.

Fisch und Torf –
Reichtümer der Armut

Jahrhundertelang beliefert Irland seinen verhaßten Nachbarn England mit allem, was die Insel zu bieten hat: Menschen, Vieh, Holz, Rohstoffe und Soldaten. Noch heute ist die Wirtschaft des Landes von diesem Aderlaß gezeichnet. Was bei Kapitalmangel, fehlendem Know-how und einer Mentalität von Geknechteten aus eigenen Ressourcen werden kann, läßt sich an der Fisch- und der Torfindustrie beobachten. Beide sind gezeichnet von einer deprimierenden Vergangenheit und einer EG-hörigen Zukunft.

No fish today –
Von See, da kann nichts Gutes kommen

Valentia Habour in Kerry, Kinsale an der Südküste von Cork, Killybegs in Donegal, Dingle, der westlichste Hafen Europas – Irlands 3200 Kilometer lange Küste wird von hunderten kleiner Häfen, Piers und Anlegebrücken gesäumt, so daß die Vermutung naheliegt, in Irland würde es einen blühenden Fischhandel, gar eine hochentwickelte Fischkultur geben.

Doch wer, mit der Erinnerung an südländische Fischmärkte im Kopf, an einen irischen Hafen kommt, wird bitter enttäuscht sein. Valentia Harbour im Südwesten von Kerry ist verwaist. Nußschalen liegen hier vor Anker. Zwei große Trawler liefern ihre Fänge unmittelbar bei Renaard Point außerhalb Cahirciveens an die lokale Fischfabrik ab. Von dort geht die Fracht, tiefgefroren oder in Filets portioniert, schnurstracks Richtung Dublin, England oder Kontinent.

In Killybegs, County Donegal, dem Zentrum der irischen Fischereiflotte, schaukeln zwei Dutzend mittelgroße Kutter im Hafen. Der Wind weht den beißenden Geruch von der Fischmehlfabrik herüber, und nur mit Mühe finden Besucher die schmutzigen Baracken, in denen der angelandete Fisch die Besitzer wechseln soll. Im Supermarkt am Ort kann man dafür tiefgefrorene Fischfilets aus Holland oder England kaufen.

Garnelen aus Dublin, Austern aus Galway, Krebse aus Kerry und irische Muscheln gehören zwar in das Angebot besserer Delikateßgeschäfte und auf die Speisekarte von Vier-Sterne-Hotels auf dem europäischen Kontinent, doch «vor Ort» sind diese Köstlichkeiten nur selten zu haben.

Im Verhältnis zu seiner Fläche ist Irland außerordentlich fruchtbar. Kaum ein europäischer Bauer wird es glauben: Auf der Insel wächst das Gras – statistisch gesehen – nur im Januar nicht. Wenige Stunden Arbeit am Tag machen daher seit Generationen Vieh- und Milchbauern auch ohne Meeresfisch satt. Obwohl kein Ire mehr als 60 Meilen vom Meer entfernt wohnt, ist bis heute

Im Fischereizentrum schaukeln ein paar Trawler

der Fischkonsum pro Kopf niedriger als in den meisten europäischen Ländern. Nur Lachs oder Forelle aus den Seen und Flüssen gelten als akzeptable Speisefische. Diese Ernährungsgewohnheiten ändern sich nur unter politischem oder wirtschaftlichem Zwang. Eine Bevölkerungsexplosion Ende des 18. und zu Beginn des 19. Jahrhunderts wird begleitet von der Einführung der Kartoffel und der gewaltsamen Auflösung der Besitzverhältnisse auf dem Land. Acht Millionen Inselbewohner erleben Enteignung, Einzäunung und Parzellierung ihrer Ländereien. Es ist die Erfahrung dieses Verlustes, die Iren Ende des 18. Jahrhunderts endlich auf die See treibt.

Die Holländer tauchen dagegen bereits im 15. Jahrhundert vor der irischen Küste auf, Griechen und Spanier beuten schon seit Urzeiten die reichen Fischgründe Irlands aus.

Nußschalen gegen Trawler

Die im 19. Jahrhundert allmählich «prosperierende» Fischindustrie bleibt jedoch von Anbeginn unter dem politisch und wirtschaftlich wachen Auge der englischen Besatzer. Die britischen Nachbarn legen an der langen irischen Küste etwa 800 kleine Häfen und Anlegestege an – so klein, daß zwar Ruderboote und kleine Segler landen können, größere Schiffe jedoch nach England ausweichen müssen. Die Häfen, so pittoresk sie dem Reisenden heute erscheinen mögen, sind eine entscheidende koloniale Waffe gegen die Iren. In ihnen kann sich nämlich eine größere Fangflotte gar nicht erst formieren. Trotzdem bringen die Iren im Laufe des 19. Jahrhunderts eine bemerkenswerte, stark dezentralisierte Fischereiwirtschaft auf die Beine, so daß sogar Fisch exportiert werden kann. Trotz englischer Hegemonie ist die irische Flotte 1845 schon größer als die Norwegens. Etwa 56 000 Fischer trotzen in Segelschiffen, einfachen Kanus oder Ruderbooten, häufig unter Einsatz von Leib und Seele, der See die lebenswichtige Nahrung ab. 15 000 Boote sind im Einsatz. Die Größe der Häfen und die miserablen Transportverbindungen bleiben eine nicht zu überwindende Barriere zur wirtschaftlicheren Erschließung der Fanggründe.

Während England in der industriellen Revolution tiefgreifende soziale Veränderungen durchmacht, benötigen die hart arbeitenden proletarisierten Massen reichhaltige Nahrung. So ist England vorübergehend ein guter Absatzmarkt für irischen Fisch. Doch schon bald beginnen dort kapitalstarke Fabrikanten und Handelskaufleute in eine eigene Fischereiwirtschaft zu investieren. Große Häfen wie Hull, Fleetwood oder Aberdeen entstehen, und die somit gesicherte kontinuierliche Fischversorgung Englands unterminiert die irischen Exporte. Außerdem ziehen Londoner Banken es vor, ihr Geld in Schottland oder England anzulegen, denn das zur gleichen Zeit entstehende Eisenbahnnetz kann den Vertrieb des eingebrachten Fisches in kurzer Zeit sicherstellen. Irland hat seine Rolle als Nahrungsmittellieferant für den Nachbarn ausgespielt. So ziehen britische Behörden nun auch jegliche Unterstützung wie Beihilfen zum Bootskauf und günstige Kredite zur Modernisierung oder Erweiterung der irischen Flotte zurück.

Kommt jedoch englisches Kapital nach Irland, dann entwickeln sich die geförderten Industrien sprung-

Curraghs: mit List und Tücke gegen Natur und Besatzer

DUNFANAGHY Co DONEGAL 8585. W.L.

haft und erfolgreich. So hilft zum Beispiel die englische Baroness Burdett-Coutts, die der Ausplünderung Irlands durch ihre Landsleute kritisch gegenübersteht, den Fischern in West-Cork auf die Beine, denen Hungersnot und Kartoffelplage übel mitgespielt haben. Miss Coutts verleiht eine gewisse Summe Geldes, damit Fischer neue Boote oder bessere Ausrüstung erwerben können. Von jedem Fang müssen die Darlehensnehmer einen Anteil zurückbezahlen, der dann erneut an andere Fischer verliehen wird. Innerhalb weniger Jahre entsteht in Baltimore dank der «subversiven» Hilfe einer adeligen Frau ein Umschlagplatz für den Fischexport.

Die in Dublin stationierte irische Marionettenregierung tut während des 19. Jahrhunderts alles, um den englischen Protektoren zu gefallen. Vergeblich empfehlen eigens eingesetzte Kommissionen den Ausbau der Piers und kleinen Häfen, plädieren für einen intensiven Straßen- und Wegebau zu den Fischzentren oder regen die Errichtung von Salzhäusern oder kleinen Fabriken zur Weiterverarbeitung von Makrelen und Hering an.

Selbst als sich 1840 die Hungersnot abzuzeichnen beginnt, lassen sich die Herren in Dublin nicht umstimmen. Die irische Fischindustrie liegt im Todeskampf.

Kapitalmangel, schon seit Anbeginn irischer Fischerei das entscheidende Hindernis für dynamischen Fortschritt, macht dem jungen Industriezweig den endgültigen Garaus. Der Boom während des Ersten Weltkrieges ändert daran nur wenig. Ein kurzer Exportaufschwung wirft das Geld nicht ab, das zur Modernisierung der veralteten Boote, vor allem aber zum Ankauf großer see-

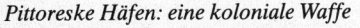

Pittoreske Häfen: eine koloniale Waffe

Gesalzene Fische für hungrige Briten

tüchtiger Trawler, nötig wäre.

Erst seit 1952 versucht das Irish Fishery Board den Auswirkungen imperialistischer Abhängigkeiten entgegenzuwirken. Darlehen zur Anschaffung neuer Boote kommen in Umlauf.

Mangelware

Es ist kaum vorstellbar, daß es in Irland trotz des Fischreichtums zu einer Hungersnot kommen konnte. Als Anfang des 19. Jahrhunderts die Bevölkerung unvermittelt wächst, kann die bescheidene Landwirtschaft die Menschenmassen schon bald nicht mehr ausreichend mit Nahrungsmitteln versorgen. Ohne die nötige Erfahrung und Ausrüstung muß plötzlich in kleinen Booten, mit primitiver Ausstattung, ohne Motoren Fischfang getrieben werden.

Der Transport der bescheidenen Fänge in die von der Hungersnot besonders betroffenen Midlands erweist sich als weiteres kaum lösbares Problem. Außerdem leben vor der Katastrophe nur wenige Menschen in den landwirtschaftlich unbedeutenden Küstenregionen im Westen der Insel. Erst der Hunger und die Landgier englischer Großgrundbesitzer führen dazu, daß die Menschen zu Hunderttausenden an die Westküste strömen, in der Hoffnung, dort ein Schiff nach Amerika zu finden oder in der Nähe der See leichter überleben zu können. Diese Menschen haben nie zuvor Meeresfische gesehen – für sie ist Fisch ein unheimliches, glitschiges, gar schmutziges Getier, das man sich nur in allergrößter Not zumutet. Dieser historische Schock, durch den die Iren Fisch mit Hunger und Entbehrung zu verbinden lernen, erklärt jedoch nur unzureichend, warum sie noch heute mit Meeresfisch so gut wie nichts anzufangen wissen.

Es ist die katholische Kirche, die den Fisch in Irland zusätzlich stigmatisiert – wenn von Meeresgetier die Rede ist, kann nur Buße oder Fasten gemeint sein. Noch bis vor wenigen Jahren verbot der einflußreiche irische Klerus den Genuß von Fleisch während der Fastenzeit zwischen Aschermittwoch und Ostersonntag.

Ab Herbst 1983 sollen in Irland wieder geordnete Verhältnisse herrschen: Die von der Kirche neu verkündeten «Canon Laws» machen der kurzen Frevelzeit ein Ende, in der auch während der Fastentage Fleisch genossen wurde.

So scheint die Kirche Hand in Hand mit dem Fishery Board zu arbeiten. Seit 1954 nämlich versucht das Fischereiministerium mit ko-

stenträchtigen Public Relations-Kampagnen, den Einheimischen den so lange verschmähten Fisch endlich schmackhaft zu machen. 25 000 Schulmädchen nehmen beispielsweise alljährlich an einem Kochwettbewerb teil. Das beste Fischgericht wird nicht nur großzügig prämiert, sondern auch in Zeitungen und Fernsehen öffentlich präsentiert. Eine solche Kampagne ist nur in einem Lande vorstellbar, das Jahrhunderte hindurch Meeresfrüchte vernachlässigen mußte.

In ihrer von Invasionen geprägten Vergangenheit lernen die Iren außerdem, die See mit Unterdrückung und Kolonisierung zu assoziieren. Die Wikinger kommen übers Wasser, die Engländer reißen zudem den gesamten Handel an sich. Mit der Ausplünderung werden auch die maritimen Fertigkeiten Irlands ins Ausland verschleppt. Es sind Iren,

Fischküche: Wieder auf den Geschmack kommen

Die Gewässer gehören uns

die die amerikanische Navy gründen und die Fischereiwirtschaft Boliviens und anderer südamerikanischer Länder aufbauen.

Kolonisierung mit dem Federstift

Heute geht es der irischen Fischindustrie nicht besser als in der Vergangenheit.

Seit der EG-Mitgliedschaft beginnt die Kolonisierung mit dem Federstift. Bürokraten in Brüssel zaubern Fangquoten für die ohnehin überfischten irischen Gewässer aus dem Hut, damit die Fangflotten der fischhungrigen EG-Partner beschäftigt bleiben. Zu Irland gehören 25 Prozent der Gewässer der Europäischen Gemeinschaft, ihm steht jedoch nur eine Fangquote von 3,6 Prozent zu. England darf dafür einen Anteil von 36 Prozent aus dem Wasser holen. «Paper fish» am Ver-

handlungstisch – die Ausplünderung Irlands findet nicht länger mit dem Schwert statt.

Den Seeleuten versprachen EG-Propagandisten stabile Preise. Heute schon werfen viele Fischer ihre Fänge zurück ins Meer, weil die Auktionen an Land noch nicht einmal die Kosten für den überteuerten Treibstoff einbringen. 1982 stehen in Galway bereits 32 Fischer mit ihren verschuldeten Trawlern vor dem finanziellen Ruin. Die 200-Meilen-Zone der irischen Gewässer gehört den Iren außerdem schon lange nicht mehr allein. 1982 kreuzen spanische Boote illegal vor der irischen Küste oder sie nutzen die schlüpfrigen EG-Richtlinien aus und fischen unter britischer Flagge die Gewässer leer. Spanier sind in der irischen Fischereigeschichte gefürchtete Widersacher. Schon als sie im 16. und 17. Jahrhundert vor den irischen Ge-

26

Tiefgefroren Richtung Kontinent

staden auftauchen, hat die spanische Armada mit dem Unwillen der Einheimischen zu kämpfen, die bereits damals bei den Eindringlingen Netze und Leinen kappen. Die Leute von den Blaskets und aus Baltimore sollen sich damals besonders hervorgetan haben. 1982 behindern irische Fischkooperativen wieder spanische Boote. Mit einem Eisboykott wird erreicht, daß die Fänge der Spanier in den Containern verrotten. Erst die Militanz der Fischerleute zwingt die Regierung, strengere Gesetze gegen vagabundierende ausländische Fischereiflotten zu erlassen.

Die Struktur der irischen Fischindustrie ist nach wie vor sehr ungewöhnlich. Die Boote sind zum größten Teil im Besitz der Fischer. Die schwimmenden Fischfabriken der meisten anderen europäischen Länder dagegen sind in Anschaffung und Unterhalt viel zu teuer, als daß sie noch denen gehören, die auf ihnen arbeiten. Riesige Fangflotten, wie zum Beispiel in Bremerhaven, findet man daher in Irland nicht.

Um die maritime Ausplünderung der Insel schneller aufzuholen, haben sich in den letzten 20 Jahren zahlreiche Fischkooperativen zusammengeschlossen. Sie finanzieren entweder gemeinsam ein großes Boot oder organisieren zentral den Vertrieb ihrer Fänge. Doch nicht wenigen Coops sind die kulturellen Eigenarten ihrer Mitglieder ein hartnäckiges Hindernis. Wo Fischer in ihrem Bewußtsein noch Jäger geblieben sind, da können sich kaufmännische Grundsätze nur mit Mühe durchsetzen. Da die Fischer sich anders als die Bauern nicht auf klar umrissenen, eingezäunten Arealen bewegen, konkurrieren sie in ihren kleinen Booten oder auf ih-

Fischen – falls der Sturm es erlaubt

ren großen Trawlern häufig bei der Jagd nach demselben Fisch. Diese Jägermentalität hat sich unter den Bedingungen kolonialer Dominanz, in Zeiten von Hunger und Armut eher noch verstärkt. Die sozialen Qualitäten einer kooperativen Arbeit haben sich daher in Zusammenschlüssen von Seeleuten in Irland so gut wie nicht entwickeln können.

In Cahirciveen, Kerry, hat ein Fischladen eröffnet. Muscheln, Schellfisch, Kabeljau bietet der junge Besitzer den vorläufig noch zurückhaltenden Kunden an. Doch die steigenden Fleischpreise helfen ein wenig nach. So wird vielleicht frischer Fisch eines Tages zur Delikatesse in Irland und verhilft der maroden Fischindustrie zu einer doch noch lukrativen Zukunft.

Moore – Gierige Bagger

Er riecht süßlich, wenn er verbrennt, und es beißt in den Augen. Sein Geruch liegt das ganze Jahr lang über den Dörfern und Ortschaften. Vermischt sich nieseliger Regen oder feuchtschwere Luft mit seinem weißen Rauch, so ist sein angenehmer Duft besonders eindringlich.

28

Die Rede ist vom Torf, einem für Irland unverzichtbaren «Lebensmittel». Nur ein Volk, das kaum Kohle und wenig Brennholz besitzt, kommt auf die Idee, Torffladen zu verbrennen.

Etwa eine halbe Million Hektar Land – ein Zwanzigstel der Fläche Irlands – sind von Torfmooren bedeckt, seit die zweite Eiszeit die Insel mit flachen Seen und Tümpeln überzogen hat. Zehntausend Jahre lang modern hier Flechten, Farne und Gräser und zersetzen sich unter der Einwirkung hoher Luftfeuchtigkeit in eine schwammige, braune Masse. Reichtum aus Verfall: die quadratkilometergroßen und bis zu sechs Meter tiefen Moore der irischen Midlands sind aus flachen, versumpften Seen gewachsen; die seichten «Blanket bogs» an der gesamten Westküste überziehen Felsgestein wie eine dünne Decke.

Glatte Abstiche markieren wie offene, nässende Wunden das Land. Begegnen Reisende entlang der Straßen fladengroßen Stücken oder kunstvoll gestapelten Haufen, dann können die «bogs», die Moore nicht weit sein, in denen die Bauern seit Jahrhunderten mit einfachen und kräftezehrenden Mitteln den Torf stechen. Im Westen läßt sich noch beobachten, wie es vor der Industrialisierung des Abbaus in allen Torffeldern Irlands den Sommer hindurch zugegangen ist.

Nachdem ein Stück Moor mit einem Netz von Drainagen trockengelegt und damit passierbar gemacht worden ist, entfernen die Bauern zunächst die mit Heidekraut oder Moosen bewachsene oberste Erdschicht. Am eigentlichen Abstich sind wenigstens drei Arbeiter beteiligt – bis heute bestehen feste Nachbarschaftshilfen zum Torfabbau.

Während einer mit einem speziellen Spaten, «slean» genannt, einzelne Stücke von der Torfkante abschält, nimmt der «catcher» diese Stücke auf und wirft sie so weit wie möglich hinter sich. Der «wheeler» legt die nassen Fladen in kleinen Hocken zusammen, damit Wind und Sonne sie trocknen. Je trockner die Soden, desto höher können die «clamps», die Torfhaufen, aufgeschichtet werden. Nur wer sich diese stundenlange Knochenarbeit bei Wind und Wetter vorstellt, wenn die Eselkarren im Sumpf steckenbleiben und zum Abtransport nur ein Korb benutzt werden kann, wird den Fortschritt ermessen, den kleine maschinelle Abbaugeräte für die Torfbauern bedeuten. Auch wenn Maschinen und Traktoren heute die körperliche Arbeit erleichtern, vom Wetter bleibt sie dennoch bestimmt. Allein von der Trockenheit des Frühlings hängt es ab, daß rechtzeitig genug Torf gestochen werden kann, der dann während der Sommermonate ausreichend Zeit zum Trocknen hat – und dieses Trocknen braucht Zeit: Frisch gestochener Torf besteht zu 90 Prozent aus Wasser!

Die Maschinen sind los

«Come up to the fire!» Besuche auf dem Lande sind in Irland meist von einer Tasse Tee und einem unausweichlichen Gespräch übers Wetter begleitet. Beides gewinnt jedoch nur in der Nähe des offenen Feuers seinen charakteristischen Reiz. «Komm, wir setzen uns ans Feuer», in dieser einladenden Geste verschmelzen Gastfreundlichkeit und die große Bedeutung der Feuerstelle überhaupt. Der wärmste Platz in sonst eher klammen Gemäuern ist ein Ort des Träumens, des Ge-

Er riecht süßlich, wenn er verbrennt, und beißt in den Augen

sprächs, des sprachlosen Wartens; ein Ort, wo mit den Flammen die Phantasien und Erinnerungen hochschlagen können. Es ist kein Zufall, daß die irische Tradition der mündlichen Überlieferung, das «storytelling» (s. Kap. «Folklore»), unmittelbar mit dem Feuerplatz verbunden ist. Ohne den Torf bleibt die Feuerstelle jedoch kalt.

Es ist dieser braunen Masse nicht anzusehen, daß sie brennt. Sie tut es auch nur zum Teil – zum Teil schwelt sie lediglich, setzt dabei viel blauen Rauch frei, hinterläßt eine Menge weißer Asche und nur wenig milde Wärme. Torf brennt im Herd oder im offenen Kamin. Feuchtigkeit und Kälte zwingen die Menschen, beinahe das ganze Jahr über ihr Feuer nicht ausgehen zu lassen. Bevor sie nachts ins Bett gehen, vergraben sie daher ein oder zwei Stücke Torf unter der Asche. «Smooring»: Sie ersticken die Flammen und erhalten die Glut, die sich am nächsten Morgen mit wenig Mühe erneut in ein loderndes Feuer verwandeln läßt.

«Verbrennt alles, was englisch ist, nur nicht die englische Kohle.» Während des Wirtschaftskrieges mit England in den 40er Jahren gehen nicht nur die Hoffnungen auf wirtschaftliche Unabhängigkeit zu Bruch (s. Kap. «To catch up with Europe»). Irland wird sich unvermittelt der kaum geringer gewordenen Abhängigkeit von ausländischen (Energie-)Importen bewußt und beginnt, sich auf seine nationalen Ressourcen zu besinnen. 1934 gründet die Regierung das «Turf Development Board» und macht sich mit russischer und deutscher Unterstützung und Technologie an die Ausbeutung der riesigen Midland-Moore. Heute ist die «Peat Industry» ein mächtiger Industriezweig. Koordiniert vom «Bord na Mona», der halbstaatlichen Torfbehörde, sind 22 Produktionszentren in 13 Counties entstanden; 7000 Arbeiter haben bisher 80 Millionen Tonnen Torf gefördert. 300 Millionen Tonnen sollen noch als Vorrat zur Verfügung stehen.

Der großindustrielle Abbau in den Midlands hat mit dem «hand cutting», dem manuellen Torfstechen, nur noch den Rohstoff gemein. War vor 30 Jahren das Allen Moor noch eine öde, einsame Ebene, arbeiten heute in dieser Region Kraftwerke, die Torf in elektrische Energie umsetzen.

Rund um die Kraftwerke reißen seltsam, unheimlich anmutende Maschinen die Oberfläche des Torfes auf, schälen in 55 Meter Breite Soden aus dem Boden und spucken sie hinter sich zum Trocknen aus. Sammelmaschinen bringen die Stücke zu den Eisenbahnen, deren Netz das Moor mit den anliegenden neuen Dörfern und Versorgungseinrichtungen verbindet.

Doch auch die Abbaumaschinen in den Midlands müssen sich nach dem Rhythmus der Natur richten. Erst nach sieben Jahren, wenn das Moor entwässert, geebnet und mit den nötigen Versorgungseinrichtungen überzogen ist, lassen die Torfingenieure ihre Maschinen los, die bei Regen ebenso ruhen müssen wie die Spaten der Bauern an der Westküste.

Große Aggregate speien nicht nur Torffladen aus. Die Erdkrume läßt sich in zahlreichen Fabriken auch zu leichter transportablen Briketts pressen oder zu dem bei Gartenfreunden beliebten Dünger verarbeiten. Die großen Brikettfabriken stehen in Lullymore im County Kildare und in Croghan und Derrin-

«You cannot take a man from the bog,
but you can take the bog from the man.»

Irisches Sprichwort

lough im County Offaly.

Ohne die Torfindustrie, die irische Feuer brennen läßt, wäre es auch während der Ölkrise «ernst» geworden. 20 Prozent der Energie generieren die von den Mooren versorgten Kraftwerke, die damit deutlich zu einer Reduzierung der Importe von Öl und Kohle beitragen. Innerhalb von 50 Jahren sind auf Grund neuer Technologien die irischen Moore zum nationalen Reichtum geworden.

Blowing in the wind

Damit die vergleichsweise armen Regionen des Westens wie Kerry, Galway und Donegal ihren regionalen Reichtum der industriell nicht erschließbaren «blanket bogs» ins nationale Stromnetz einspeisen können, sind seit 20 Jahren vier kleine regionale Kraftwerke deutschen Typs in Betrieb. Mit ihrem geringen Wirkungsgrad leisten sie nicht in erster Linie bedeutende Beiträge zur Versorgung von Irlands übersattem Energienetz. Moore sollen in Verbindung mit Kraftwerken Beschäftigung schaffen und für Stärkung der Infrastruktur in ausblutenden Regionen sorgen.

Ende 1983 will das «Electricity Suppl Board» (ESB) diese regionalen Kraftwerke stillegen. Das gigantische Kohlekraftwerk «Moneypoint» an der Shannonmündung soll mit 700 Millionen Pfund fertiggestellt werden. Der Stromgesellschaft ist eine zentralisierte und importabhängige Energieproduktion wichtiger als die Auslastung der Kooperativen von Torfbauern vor Ort, die sich gemeinsam eine kleine Abbaumaschine leisten, denn die Torfmengen, die sie von Hand einbringen, können den Hunger des gefräßigen Generators nicht stillen. Sieben Tonnen Torf gehen dort stündlich durch

den Kamin. Die Kooperativen handeln jährlich neue Festpreise mit dem ESB aus, das im staatlichen Auftrag die Kraftwerke betreibt. Den Versorgungsengpässen mit Torf bei schlechtem Wetter begegnen die Leute in Cahirciveen, County Kerry, indem sie alternativ auf gehaspelte

Torfkraftwerk

Holzstücke und Kohlenstaub ausweichen.

Die einzelnen Torfbauern bauen ihre Bogs mit kooperativer Hilfe ab; die Familien helfen beim Beladen der Traktoren und Lkws, die das Kraftwerk von morgens um sieben bis abends um elf Uhr beliefern. Es empfiehlt sich, bei einer Durchreise diese kleinen Kraftwerke einmal anzuschauen (vgl. Kapitel «Von Dublin nach Shannon»). Erst auf Grund eines Besuches kann man sich eine Vorstellung von der zweifelhaften Rolle dieser Entwicklungsprojekte machen.

Nicht genug, daß die Torfbauern zu den Reichen am Ort gehören. Die

Die Bagger sind los

festen Abnahmepreise geben sie an ihre regionale Kundschaft weiter. Mit dem Geld können sie dann noch mehr von dem billigen Torfland kaufen. Im Frühjahr müssen wir für eine Wagenladung Torf immerhin 100 Pfund – das sind 350 Mark – bezahlen, ein Vorrat, der bei schlechtem Wetter nicht länger als drei Monate reicht. Auch die Arbeitsplätze im Kraftwerk sind von zweifelhaftem Wert. Die Arbeiter in der «Power Station», nebenher noch Landwirte, verfügen über doppelte Einnahmequellen, während die Arbeitslosenschlangen im Ort stetig wachsen.

Geologisch faszinierend

Das Moor besitzt eine einzigartige Faszination. Geologisch noch jung, ist es jedoch alt genug, um beinahe die gesamte Menschheitsgeschichte

in sich zu bergen. Seine chemischen Eigenschaften haben archäologische Reichtümer konserviert, die sich entweder im National Museum in Dublin oder im Bord na Mona Museum in Newbridge im County Kildare studieren und liebgewinnen lassen.

Erinnert man sich beim Betrachten dieser Schätze an die Wagenladungen Torf und die Güterzüge mit wertvoller Erdkrume, die zu nichts anderem als zur Stromgewinnung herhalten, steigt Skepsis und Wut auf. Zumindest die Skepsis teilt das Umweltkomitee der Europäischen Gemeinschaft, das die Zerstörung einzigartiger europäischer Ökosysteme fürchtet und nachdrücklich zum Schutz dieser landschaftlich zauberhaften Regionen auffordert. Es reiche nicht, das ausgeschälte Moor mit Grasland zur Viehzucht oder mit Obstanbau vor der Erosion zu bewahren, die Moore selber be-

Torfhaufen: Damit Wind und Sonne trocknen

dürften des Respekts. Das Raheenmoor im County Offaly und das Carburymoor im County Kildare sollen unmittelbar von der Gier der Bagger und Nagemaschinen verschont bleiben.

Ein Anfang ist immerhin gemacht: Es lohnt sich, die geschützten Moore in Pollardstown im County Kildare und das Redwood Moor in Nord-Tipperary am Shannon zu besuchen.

Nur ökologische Energiepolitik, nicht Umweltschutz kann Irlands Moore vor dem Raubbau bewahren. Doch scheinen alle Empfehlungen in den Wind geschrieben, solange Megawatt-Technokraten des ESB eher Kapazitäten als Konversion, eher Output als sanfte Technologie im Kopfe und in ihren Rechnungsbüchern haben. Wie soll die Behörde, die in der Produktion von Strom und in der Entwicklung von Versorgungseinrichtungen ein absolutes

Monopol besitzt, die alle Kohle-, Gas- und Torfkraftwerke betreut, wie soll diese Behörde auf das Naheliegende kommen: den Wind. Kein Land in Europa bietet bessere Voraussetzungen für kleine, dezentrale Windkraftwerke. Der Westwind und die Zersiedelung des landwirtschaftlichen Raumes laden dazu ein, Selbstversorgung für alle Zeiten zu schaffen. Die Versuchsanlagen für Windenergie, die das ESB und das Forschungsministerium derzeit an verschiedenen Standorten vor allem der Westküste betreiben, funktionieren im Frühling 1983 bis auf eine nicht. «Designed to fail» – geplante Pleite.

Statt dessen erhöht das Electricity Supply Board im Frühjahr 1983 ein weiteres Mal den Strompreis. In Irland müssen die Verbraucher für die Überkapazitäten bezahlen, nachdem sich die überzogenen Wirt-

35

Moore – einzigartige Ökosysteme

schaftsprognosen in den vergangenen Jahren als falsch erwiesen haben. Deutsche Energieunternehmen sind am Planungsdesaster lukrativ beteiligt. Auf einer der größten Baustellen Irlands am Unterlauf des Shannon bei Limerick entsteht derzeit ein gigantisches Kohlekraftwerk. Siemens liefert das Know-how und Australien zukünftig den Brennstoff. Kein Wunder. Wer wie das ESB mit der Energie Tiefkühltruhen und Stromherde frei Haus liefert, wer wie das Ministerium nur kurzfristige Budgetinteressen und nicht gesamtwirtschaftliche Planungen im Auge hat, der kommt auf den Wind zuletzt.

Wer hat die Macht? –
Politik und Kirche

Natürlich gibt es in Irland staatliche Institutionen, Behörden und Verwaltungen. Gegen die einflußreichen politischen Großfamilien und ihren Beziehungsfilz haben sie wenig zu melden. Und der Pfarrer ist in vielen Gemeinden der kommunale Politiker, mit dem wenig und gegen den nichts läuft.

Politik – Ein Familienklüngel

«Ein irischer Bauer verirrt sich auf dem Lande. Schließlich trifft er einen anderen Bauern, der an seinem Gartentor lehnt. ‹Entschuldigen Sie›, fragt er, ‹können Sie mir sagen, wo es hier nach Cork geht?›

‹Nun, nach Cork? Da würde ich überhaupt nicht von hier losgehen.»»

Wer irische Politik verstehen will, sollte zunächst einmal alles über die Tradition europäischer Demokratien in Westeuropa vergessen. Es empfiehlt sich, Irland als afrikanische Kolonie zu betrachten, die es nach einem langen Unabhängigkeitskampf endlich zur Selbständigkeit gebracht hat. Der koloniale Kampf und die Befreiungsbewegung haben den Iren quasi eine Einparteiengesellschaft beschert. Infolge des geschlossenen Kampfes gegen den gemeinsamen äußeren Feind sind alle sozialen Widersprüche und Konflikte unter der Decke einer brüchigen Einheit versteckt. In den meisten europäischen Ländern dagegen stehen das politische System und die Struktur der Wirtschaft in einem Zusammenhang, spiegeln sich gesellschaftliche Klassenverhältnisse in Rechts- und Linksparteien wider. In Irland ist alles anders. Nationalismus heißt hier das dominante verbindende Glied. 85 Prozent aller Wähler entscheiden sich immer aufs Neue für eine von zwei Parteien, für «Fianna Fail» oder «Fine Gael» (als dritte bedeutsame politische Kraft ist die Labour Party zu nennen). Die beiden Großen unterscheiden sich nur in einer politischen Aussage, und die betrifft die Wiedervereinigung Irlands. Beide Parteien vertreten offensiv die freie unternehmerische Initiative, machen Irland zu einem interessanten Platz für ausländische Investitionen und vertreten konservative bis reaktionäre gesellschaftliche Vorstellungen. Wenn es 1923 keinen Bürgerkrieg gegeben hätte, würde Irlands Befreiungskampf immer noch repräsentiert von *einer* Partei.

Natürlich werden in Irland nicht deswegen zwei konservative Parteien von 85 Prozent der Wähler unterstützt, weil die Gegensätze zwischen Kapital und Arbeit keinerlei Gültigkeit hätten. Immerhin lebt ein Drittel der Bevölkerung unterhalb der Armutsgrenze. Vielmehr hat sich der irische Nationalismus gesellschaftlich in einer Weise durchgesetzt, die soziale Gegensätze zweitrangig erscheinen läßt. In Deutschland und Frankreich beanspruchen

Politik: Macht ist erblich

die Rechten den Nationalismus für sich und treiben in seinem Namen eine repressive und konservative Politik. In Irland dagegen hat der Nationalismus eine gänzlich andere Bedeutung. Für lange Zeit war er Ausdruck drängender wirtschaftlicher und sozialer Bedürfnisse der Massen.

In Irland gibt es früher als in anderen Ländern Massenbewegungen, die Einfluß auf parlamentarische Verhältnisse nehmen. Als zu Beginn des 19. Jahrhunderts die katholische Mittelklasse unter Daniel O'Connell die Interessen Irlands gegenüber den Engländern zu artikulieren beginnt, wird sie von Millionen Menschen vom Lande unterstützt, die ihre Bürgerrechte als Katholiken durchsetzen wollen. Die Interessen der Bauern und der Mittelklasse sind damals identisch – es geht um das Bürgerrecht. Und sie haben den gleichen Feind – die Engländer mit

ihrer Herrschaft in allen Bereichen von Wirtschaft und Politik. Diese Volksfronttradition dauert bis heute an. Die beiden konservativen Parteien sind immer noch die am besten organisierten Europas. Mit einem Netzwerk von Untergruppen erfassen sie jedes kleine Dorf und jede Stadt. Wer in die irische Politik einsteigen möchte, braucht keine Karriere in einem anderen Bereich vorweisen zu können. Wer zu Ministerehren gelangen möchte, muß sich in erster Linie vor Ort als guter politischer Organisator hervorgetan haben. Ansonsten braucht man lediglich die vagen politischen Ideen der jeweiligen Partei seiner Wahl zu teilen: Man muß sich zu der Absicht bekennen, das Land irgendwann in ferner Zukunft und mit nicht näher bestimmten Mitteln zu einem vereinigten Irland machen zu wollen. Der Nationalismus sorgt nach wie vor für die Illusion, die Menschen seien zunächst einmal Iren. Die Trennungen auf Grund ökonomischer Widersprüche oder auf Grund von Gegensätzen zwischen Stadt und Land sind zweitrangig.

So sind die politischen Verhältnisse in Irland durch drei simple Grundsätze definiert: Ideologische Unterschiede sind verhältnismäßig unwichtig. Politiker werden nicht wegen ihrer exponierten politischen Konzepte gewählt. Um Stimmen zu gewinnen, hat man sich vor allem um die lokalen Angelegenheiten seines Wahlkreises zu kümmern. Wenn ideologische Unterschiede zwischen den Parteien nicht mehr auszumachen sind, können sich Politiker nur durch eine lange Erfolgsliste persönlicher Dienstleistungen profilieren.

Irische Politik ist Lokalpolitik im engsten Sinne. Es ist kein Ausnahmefall, daß die Verweigerung einer Baugenehmigung für den Bauern O'Sullivan aus Glenbeigh, County Kerry, durch die lokale Administration auf der Tagesordnung der Parlamentsdebatte steht.

Einfluß ist erblich

Jeder Politiker baut sich seine eigene Parteimaschinerie auf, um den Ansprüchen seines Wahlbezirks genügen zu können. Diesen Apparat gibt er nach seinem Tod oder seiner Pensionierung an den Sohn oder die Tochter weiter. Über die Hälfte aller Parlamentsmitglieder – einschließlich des augenblicklichen Ministerpräsidenten Garret Fitzgerald und des Vizekanzlers Dick Spring von der Labour Party – sind Söhne, Töchter oder nahe Verwandte früherer Parlamentsmitglieder.

Traditionell spielen die Frauen im politischen Leben Irlands eine untergeordnete Rolle. Nur ein knappes Dutzend drückt im Parlament neben 132 männlichen Abgeordneten die Bänke, es gibt nur eine einzige weibliche Ministerin.

Das Fehlen ideologischer Differenzen führt zu bizarren Ereignissen. 1982 setzt sich der Führer der sozialdemokratischen Labour Party, Michael O'Leary, von seiner Partei ab, kandidiert noch im selben Jahr für die konservative Fine Gael-Partei und wird als Parlamentsabgeordneter wiedergewählt.

Paradoxerweise verlangt der Mangel an öffentlicher politischer Debatte in Irland eine strenge Parteidisziplin von den Mitgliedern. Hinterbänkler einer Partei können es sich nicht erlauben, mit Kritik an ihrer Führung den Parteifrieden zu stören. Wer sich gegen die Parteilinie stellt, wird in jedem Fall ausgeschlossen, was das Ende der politischen Karriere bedeutet.

1981 kritisiert beispielsweise der Abgeordnete Charles McCreevy, ein Fianna Fail-Politiker aus Kildare, seine eigene Parteiführung: Beide großen Parteien würden mit Wahlgeschenken und Geldversprechungen ihre Wahlbezirke vor den anstehenden Neuwahlen regelrecht kaufen, ohne jedoch ihre Versprechen auch wirklich einzuhalten. Sofort und mit unerbittlicher Härte fällt der Parteivorsitzende Charly Haughey über den Abgeordneten her, der daraufhin seine Äußerung öffentlich zurücknimmt. Als McCreevy im Januar 1982 bei einem Interview mit einer Sonntagszeitung implizit die Disziplinarmaßnahmen der Parteiführung kritisiert, muß er kurze Zeit später wegen innerparteilicher Auseinandersetzungen aufgeben. Die Parteiführung zu kritisieren, das ist für die Hinterbänkler in den meisten europäischen Demokratien gang und gäbe. In Irlands politischem Leben wird solcher Ungehorsam nicht geduldet. Charles McCreevys größte Sünde war es, öffentlich auf den Mangel politischer Unterschiede zwischen den beiden großen Parteien hinzuweisen. Politische Konzeptionen der beiden großen Parteien hängen in entscheidendem Maße davon ab, ob sie sich jeweils gerade an der Regierung oder in der Opposition befinden. 1982 veröffentlicht die regierende Fianna Fail ein Weißbuch, in dem sich die Partei mit Irlands großen wirtschaftlichen Schwierigkeiten auseinandersetzt. Als Ausweg wird eine monetaristische Politik formuliert, die einerseits auf Kürzung der staatlichen Ausgaben und andererseits auf der fortgesetzten Unterstützung privater und multinationaler Investoren beruht. Bevor das Programm in die Wirklichkeit umgesetzt werden kann, stürzt die Regierung und wird von der Fine Gael/Labour-Koalition abgelöst.

Nun macht die neue Regierung die Politik der alten. Die Wirtschaftsprogramme gleichen sich zum Teil bis in die Formulierungen. Doch Fianna Fail läuft als Oppositionspartei gegen jeden Regierungsvorschlag Sturm, der auf der Linie ihres eigenen früheren Programmes liegt. Heute behauptet die Partei, ihre alte Wirtschaftspolitik würde zu wachsender Arbeitslosigkeit führen.

Keine Wahl ist Qual

Es ist kaum begreiflich, warum sich die Iren diesen Mangel an politischer Alternative eigentlich gefallen lassen. Nur wer die tiefe Teilung des Landes auf Grund der Wirren des Bürgerkrieges 1923 versteht, als aus den verfeindeten Fraktionen die bei-

den heutigen Parteien hervorgehen, kann nachvollziehen, daß starke Familienbindungen in einer ländlichen und konservativen Gesellschaft eine strikte Loyalität zur einen oder anderen Seite der verfeindeten Bürgerkriegsparteien verlangt, und diese Loyalität wirkt im politischen Leben und im Wählerverhalten bis heute fort.

Außerdem hat eine sozialistische Philosophie, anders als in den meisten anderen europäischen Staaten, in Irland nie richtig Fuß fassen können. Der ungebrochene Einfluß der katholischen Kirche hat seine Wirkung nicht verfehlt – nichts ist schlimmer, als in Irland, einem Agrarland ohne starke Arbeiterklasse, unter Kommunismusverdacht zu stehen. Wenig hat sich daran bis heute geändert; auch die Arbeitermilieus in Dublin oder Cork basieren auf ländlichen Traditionen.

Die Mechanismen der Macht sind in Irland daher ganz einfach geblieben. Die Industrie hat es gar nicht nötig, mit viel Geld und Propaganda die großen Parteien zu unterstützen. Trotzdem fließen die Mittel reichlich in die Kassen von Fine Gael und Fianna Fail.

Die kleine Labour Party hat nie eine Alternative zu den konservativen Konzepten von Fine Gael und Fianna Fail entwickelt. Die Partei sieht sich selbst als die «FDP» Irlands: Es gilt, die schlimmsten Auswirkungen der konservativen Politik abzufangen und für die Arbeiter und Armen minimale Konzessionen herauszuschlagen. Fine Gael ist ihr angestammter Koalitionspartner – nicht etwa, weil es irgendwelche ideologischen Sympathien gibt, sondern weil sich die größere Partei Fianna Fail schlicht weigert, auf Koalitionen einzugehen.

Der massive Druck der ökonomischen Krise, Irlands Auslandsverschuldung und hohe Arbeitslosigkeit, die schnell wachsende Bevölkerung – die Hälfte der Iren sind heute unter 25 Jahre, ein Drittel sogar unter 14 –, all diese Faktoren nehmen dem gegenwärtigen System jegliche Chance, ausreichende Arbeit im kommenden Jahrzehnt zu organisieren. Dadurch geraten die politischen Verhältnisse in einen labilen Zustand. Die jüngeren Wähler sind heute weit weniger durch Tradition bestimmt. Die Politik des Bürgerkrieges verliert zunehmend an Bedeutung. Die letzten Wahlen haben knappe und kaum noch voraussagbare Wahlergebnisse gebracht.

Zwischen Juli 1981 und November 1982 finden drei Parlamentswahlen statt. Keiner der traditionellen politischen Blöcke kann die absolute Mehrheit gewinnen. Das Machtgleichgewicht kontrolliert die kleine Zahl linker und unabhängiger Abgeordneter. Zum erstenmal gelingt nämlich der jungen marxistischen Workers Party der Einzug ins Parlament.

Was in der Vergangenheit undenkbar schien, nun passiert es: Die älteren Mitglieder der großen Parteien sprechen öffentlich von ihren politischen Gemeinsamkeiten. Im Kampf gegen die Linke müsse man alle trennenden Unterschiede vergessen. Rechtspolitiker wie John Boland, Minister für den Öffentlichen Dienst, schlagen sogar die «Große Koalition» vor. John Kelly, einer der profilierteren Sprecher der Rechtspartei Fine Gael, votiert für parlamentarische Zusammenarbeit der großen Parteien. Eine Äußerung von ihm illustriert sehr deutlich den illusionären Charakter irischer Politik: «In diesem Staat gibt es zwei große Parteien mit ähnlichen Anhängern, mit beinahe identischen Philosophien. Warum können wir uns nicht zusammentun. Die Dinge, die uns vor 60 Jahren getrennt haben, waren schon damals nicht wirklich wichtig, heute verlieren sie vollends an Bedeutung.»

Vor fünf Jahren wären derartige Ausführungen in Irland undenkbar gewesen. Je mehr sich jedoch das Land in eine instabile wirtschaftliche Lage hineinmanövriert, desto konsequenter denken die herrschenden Kreise über die Koalition staatlicher und wirtschaftlicher Interessen laut nach.

In den nächsten zehn Jahren wird sich die politische Landschaft Irlands gänzlich verändert haben. Rechte und linke politische Gruppierungen streiten dann um die Zukunft der Insel, die damit Anschluß an europäisch-kontinentale Formen der Politik findet.

Politische Parteien in Irland

Drei der vier im Parlament vertretenen Parteien gehen auf ein und dieselbe «Mutterpartei», die Sinn Fein, zurück. Was die Dinge noch komplizierter macht: eine vierte Partei, als Sinn Fein selbst bekannt, ist der politische Flügel der Provisorischen IRA und ist nicht im Parlament vertreten.

Die ursprüngliche Sinn Fein wird 1905 gegründet, um die politische Unabhängigkeit von England und die wirtschaftliche Selbständigkeit durchzusetzen. Nach dem Osteraufstand 1916 übernehmen militante Republikaner die Partei und beginnen einen bewaffneten Kampf gegen die britischen Besatzer. Als England 1922 den Friedensvertrag anbietet und den Republikanern die Teilung des Landes in Nord-Irland und einen

Irischen Freistaat vorschlägt, spaltet sich die Sinn Fein und entfacht einen ruinösen Bürgerkrieg. Die beiden großen Parteien haben ihren Ursprung in jener Spaltung.

Fianna Fail

Eamonn de Valera gründet die Partei. Er ist einer der Anführer des Osteraufstandes und dominiert von 1930 bis 1960 die irische Politik. Ursprünglich widersetzt sich die Partei dem Vertrag mit den Briten und der Teilung des Landes. Sie trennt sich jedoch im Bürgerkrieg auch von Sinn Fein und der IRA, weil sie mit friedlichen Mitteln ein wiedervereinigtes Irland durchsetzen will. Die heutige Fianna Fail ist konservativ, sie lehnt eine Legalisierung von Verhütungsmitteln und von Scheidungen strikt ab. Sie ist die größte Partei im Staate. Im Europäischen Parlament sympathisiert sie mit den französischen Gaullisten.

Fine Gael

Die Partei geht auf die Befürworter des Friedensvertrages mit England zurück. Sie will damals zwar nicht die Teilung des Landes, sieht jedoch den Vertrag mit England als einen taktischen Sieg, als eine Etappe zur Freiheit.

Dieser ursprüngliche Kern von Sinn Fein erweitert sich in den dreißiger Jahren um Mitglieder einer faschistischen Bewegung, von denen vor der Unabhängigkeit viele Anti-Nationalisten sind. Mit dem Erstarken kapitalistischer Verhältnisse in Irland in den sechziger Jahren entwickelt die Partei einen weniger konservativen «sozialdemokratischen» Flügel. Fine Gael bleibt jedoch insgesamt eine Partei der

Ohne die Bischöfe geht hier nichts

Großbauern und des Big Business. Sie hat in den letzten Jahren wegen ihrer besseren Organisationsstruktur gegenüber der Fianna Fail an Einfluß gewonnen. Im Europäischen Parlament ist sie Mitglied der Christlich-Demokratischen Fraktion.

Sinn Fein

1970 spaltet sich die Sinn Fein in zwei Lager. Die Gruppierung, die unter dem Namen Sinn Fein weitermacht, besteht aus Leuten, die mit Wiederaufleben der Unruhen im Norden den dortigen bewaffneten Kampf gegen die Protestanten aufnehmen. Sie unterstützen die IRA, die mit Bomben und Terror Briten und Protestanten aus Nordirland vertreiben will.

The Workers Party

Der linke Flügel der Sinn Fein beschließt 1970, sich aus dem bewaffneten Kampf zurückzuziehen und statt dessen eine demokratisch-marxistische Opposition gegen die großen Parteien der Republik aufzubauen, eine Alternative zu der sektirerischen Spaltung zwischen Katholiken und Protestanten im Norden zu entwickeln. 1981 gelingt ihr in der Republik zum erstenmal der Sprung ins Parlament. Im Europäischen Parlament, wo sie bislang nicht vertreten ist, würde sie wahrscheinlich mit den Kommunisten gemeinsame Sache machen.

Labour Party

Die einzige Partei, die in ihren Ursprüngen nicht auf die gemeinsame Mutterpartei Sinn Fein zurückgeht,

43

ist die Labour Party. Sie wird 1912 vom Irischen Gewerkschaftskongreß gegründet und ist damit die älteste Partei des Landes. Wie andere sozialistische Parteien in Europa hat sie nie bedeutenden Einfluß gewinnen können und bleibt stets der Juniorpartner für Regierungskoalitionen. Seit 1970 hat sie sich auf eine Koalition mit Fine Gael festgelegt, und zwar nur, um Fianna Fail aus der Regierungsgewalt herauszuhalten. Daher verliert sie in den traditionellen Arbeiterquartieren der Städte an Bedeutung, gibt Macht an die Workers Party ab. Obwohl sie immer noch mit der Unterstützung der irischen Gewerkschaften rechnen kann, geht es mit der Partei bergab. Im Europäischen Parlament ist sie Bestandteil der Sozialistischen Fraktion.

Kirche – Knocking on heavens door

Er ist immer dabei, und ohne seine Anwesenheit scheint nichts zu laufen. Ob beim Jahrestreffen des «Freiwilligen Sozialen Dienstes», beim dörflichen Fußballturnier oder bei der Bürgerversammlung, es geht erst richtig los, wenn der Priester eingetroffen ist. Ihm gebührt beim Schulfest der selbstverständliche Platz auf dem Podium, beim internationalen Golfturnier ist er der Ehrengast.

Priester, die Vertreter des katholischen Klerus, sind vor allem auf dem Lande «community leader». Bei einer Betriebseröffnung erteilen sie Management und Belegschaft gleichermaßen den kirchlichen Segen, und selbst die Parlamentseröffnung in Dublin bleibt den Kirchenherren vorbehalten.

Irland lebt mit einer ungebrochenen christlichen, vor allem katholischen Tradition. Besucher finden unzählige Überreste des frühen Christentums auf der Insel, die von einer römischen Invasion verschont blieb.

40 000 katholische Pilger kraxeln beispielsweise am letzten Sonntag im Juli den «Croagh Patrick», den «Berg des Heiligen Patrick», hinauf. Irisch-amerikanische Heerscharen suchen den Platz des irischen Nationalheiligen auf. Busse, Züge und Autos bringen die Pilger ins County Mayo. Die Priester sind rund um die Uhr im Einsatz, versorgen die Gläubigen mit Sakramenten und stündlichem Gottesdienst. Der Ort Knock, gleichfalls in Mayo, verdankt seine Berühmtheit der angeblichen Erscheinung der Heiligen Jungfrau Maria. Das Wenige-hundert-Seelen-Dorf ist mittlerweile zum Zentrum industriellen Glaubenstourismus verkommen. Christenmenschen finden hier alles für den Seelenfrieden: mehrere Kirchen auf einem mächtigen Campus, Devotionalienläden, Weihwasser vom laufenden Kran, Unterkunft und Verpflegung, Filme vom Besuch des Heiligen Vaters auf Breitwand. Damit der geweihte Ort den Anschluß an den technologischen Fortschritt nicht verpaßt, wollen die Kirchenfürsten in der Nähe einen Flughafen bauen.

Nichts hat die Identität von Kirche und Gesellschaft in Irland deutlicher gemacht als der Besuch des Papstes im Sommer 1979. Schon Monate zuvor befindet sich die Bevölkerung in festlicher Euphorie. Das Land schmückt sich für die Visite des Obersten Hirten. Die prächtigen

Es ist Sonntag,
Und die Burschen vom Land
Sind gekommen auf Freiersfüßen.
Sie halten sich in sicherer Entfernung.
Voller Spannung lungern sie herum,
Einer hat sein Rad neu geölt,
Ein anderer seine Unterhose im Slane gewaschen.

Die Brücke auf der sie sitzt,
Ist aus brüchigem Stein und neigt sich
Dem Wasser zu.
Sie wippt mit den Beinen und scheint gleichgültig.
Bei ihnen bleibt es beim Vorsatz.
Wie angewurzelt schubsen sie einander,
Kratzen sich und murmeln:

«Das Reet ist drauf, der Pächter muß schon
Eingezogen sein.»

«Nach der Messe» von Frank Ormsby. Aus «Hundsrose. Neue irische Gedichte». Maro Verlag, Augsburg 1983

Farbposter und elektrifizierten Andenken, die Reisende heute in der guten Stube ihrer «bed and breakfast»-Wirtin entdecken, sind die Überbleibsel eines Spektakels, das das Land Millionen Pfund gekostet und ihm einen erneuten Schub national-religiöser Verständigung gebracht hat. Ein Drittel der Bevölkerung strömt zur Abschlußmesse in den Phoenix Park in Dublin.

Volkskirche: autoritär, kalt, puritanisch

Die Liste der Gewalt, die auf die römisch-katholische Kirche zurückgeht, ist lang. Sie widersetzt sich der Abschaffung der Todesstrafe und der körperlichen Züchtigung in Schulen. Die Verstaatlichung des Schulsystems unterminiert sie durch ihre sektiererischen Konfessionsschulen, sie unterbindet jegliche Formen der Koedukation sowie den Ausbau des staatlich kontrollierten Oberschulwesens. Die Institution der Ehe und Familie verteidigt sie mit allen Mitteln. Scheidung ist undenkbar, die Mischehe unannehmbar, eine Adoption von protestantischen Kindern mit dem katholischen Glauben unvereinbar. Homosexualität ist eine Todsünde. Selbst in Büchereien dürfen nur katholische Gläubige Dienst tun.

Die Ursachen für diese doktrinäre, kalte, sparsame puritanisch-autoritäre Variante des irischen Katholizismus sind auf dem Land zu suchen. Die Kirche rekrutiert ihren Nachwuchs, gleichsam als Volkskirche, bei den Jugendlichen des ländlichen Westens, deren Berufsaussichten oft kläglich sind. Die Männer, die mit harter Arbeit, Armut, Terror durch die Besatzungsmacht und strengsten Familien- und Clanloyali-

täten großgeworden sind, fügen sich bereitwillig in die Zwänge einer autoritären Kirche. Der Nachschub vom Land sichert streng konservative Kontinuität.

Eine wesentliche Ursache für die heutige politische und soziale Macht der Kirchenherren liegt in der Geschichte. Kolonisierung bedeutete nämlich für katholische Iren immer zugleich auch Glaubensverbot. Die protestantischen Invasoren verbieten im 18. Jahrhundert mit den «penal laws» der einheimischen katholischen Bevölkerungsmehrheit sogar die staatsbürgerliche Betätigung. Kirchen werden zerstört und das Abhalten von Gottesdiensten schwer bestraft. Die Kirche geht mit ihren Aktivitäten in den Untergrund – über Jahrhunderte wird sie zum einzigen sozialen Kristallisationspunkt. Unter der britisch-protestantischen Oberherrschaft ermöglicht allein die verbotene Kirche eine Identifikation mit nationaler Kultur. Bis heute ist der Katholizismus im öffentlichen Bewußtsein eng mit Nationalismus verknüpft. Als dann nach der Hungersnot Mitte des 19. Jahrhunderts Irland eine wahre Revolution des Glaubens erlebt, verschmilzt die Kirche vollends mit der Landbevölkerung.

Der Kirche ist es durch flexibles Taktieren gelungen, durch die Jahrzehnte bis zum heutigen Tag ihre Macht und ihren Einfluß zu sichern. Während sich der Gemeindepriester um beinahe alle Belange seiner Gläubigen vor Ort kümmert, nehmen zahlreiche religiöse Orden soziale und gesellschaftliche Funktionen wahr. Auf diese Weise wird die gesamte irische Gesellschaft mit einem feinen Netz einflußreicher religiöser Organisationen überzogen. Darüber hinaus hat die Institution

Knock im County Mayo: Glaubenstourismus

es verstanden, sich über die Jahrhunderte wechselnden oppositionellen Bewegungen flexibel anzupassen und sich andererseits im rechten Augenblick auf die Seite der Macht zu stellen. So war sie gleichzeitig orthodox genug für die Kirchenleitung in Rom, loyal gegenüber der englischen Regierung und national für die irische Bevölkerung. Als 1789 die United Irishmen gegen die englischen Besatzer putschen, reden die Priester von der Kanzel einem Arrangement mit der fremden Macht das Wort, anstatt zur Solidarität mit den Aufständischen aufzurufen. Als um die Mitte des 19. Jahrhunderts die Fenier an Einfluß gewinnen und bei der Bevölkerung breite Unterstützung finden, fordert sogar der Papst in einem Hirtenbrief die Verdammung der «Kriminellen». Den Fenianismus fürchten die Kirchenherren wie der Teufel das Weihwasser, denn diese soziale Bewegung will Priester aus allen politischen Ämtern entfernen. Gegen den Kreuzzug von der Kanzel haben die Kämpfer jedoch keine Chance. Bis heute ist es im anti-imperialistischen Widerstand für irische Sozialisten außerordentlich schwierig, die «Glaubensfrage» zu stellen – viele militante Kämpfer der IRA sind gläubige Katholiken.

Katholizismus als Exportschlager

Erst die sozialen Unruhen in der Folge des Osteraufstandes 1916 zwingen die katholische Kirche auf die Seite des Volkes. Anfänglich halten sich die irischen Bischöfe aus den Auseinandersetzungen heraus. Erst als der Terror der Engländer überhand nimmt, sympathisieren sie mit den Aufständischen, ohne jedoch die Gemetzel der Besatzer explizit zu

47

verurteilen. So wird erneut die Einheit zwischen Kirche und Volk hergestellt, jedoch ohne daß die Bischöfe es sich mit der herrschenden Administration verscherzen müssen. Nach dem Unabhängigkeitskrieg steht in London die Teilung des Landes zur Verhandlung an. Die Kirchenfürsten schlagen sich auf die konservative Seite einer Allianz von einflußreichen Politikern und Geschäftsleuten, die der Ruhe und Ordnung wegen die Teilung des Landes in Kauf zu nehmen bereit sind. Im darauffolgenden Bürgerkrieg haben denn auch die nationalistischen Republikaner von der Kirche nichts mehr zu erwarten. Widerstand wird erneut als «kriminelle Vereinigung» denunziert, die Kämpfer werden vom Empfang der Heiligen Sakramente ausgeschlossen und exkommuniziert. Geschickt immunisieren die Bischöfe bis auf den heutigen Tag ihre populistische nationale Identität gegen fortschrittliche Widersacher. In nicht unwesentlichem Maße trägt dazu auch der klerikale Internationalismus der katholischen Kirche Irlands bei. Ein Land, das im äußersten Westen Europas Jahrhunderte hindurch ein mieses koloniales Schattendasein führt und seiner Sprache und Kultur beraubt wird, kann jedoch seinen Glauben listig verteidigen und sogar ins Ausland exportieren. Es sind nämlich irische Orden und Missionare, die von der Insel aus Teile Europas christianisieren. Gottesfürchtigkeit ist einer der wenigen irischen Exportschlager und gibt einem angeknacksten nationalen Selbstbewußtsein zusätzliche Aufwertung.

Wahre Iren sind Katholiken und Katholiken sind nicht selten Iren. Damit dies auch in einer politisch selbständigen Republik so bleibt, schreibt Präsident de Valera 1937 eigenhändig die gesonderten Rechte der Kirche in die irische Verfassung. Der Staatsvertrag macht die Scheidung unmöglich, weist ausdrücklich der Familie einen unverrückbaren Platz im Gemeinwesen zu, kettet die Frau an ihre Mutterrolle im Hause. Das Erziehungs- und Sozialwesen wird durch die Verfassung der katholischen Kirche überantwortet.

Die Regierung will nach den Wirren des Bürgerkrieges eine stabile nationale Kultur etablieren und findet in der Kirche einen tatkräftigen Partner bei ihren Bemühungen zur Festigung, mit anderen Worten der Entliberalisierung der Gesellschaft. Das «Censorship of Film Act» soll 1923 vor freizügigen Bildern vom Kontinent schützen, ein Zensurgesetz verbietet die Einfuhr englischer Zeitungen und eine kritische Literaturproduktion im eigenen Lande. Um dem Bann der Zensoren zu entgehen, wandern Autoren wie Joyce, Behan, O'Casey und viele andere ins Ausland ab, weil sie die von der Kirche überwachte kulturelle Einengung nicht länger ertragen.

«Give us the child and we answer for the man» – nach wie vor sind die meisten Grundschulen in Irland unter kirchlicher Obhut. Neben den exklusiven Internaten zur Gymnasialbildung sind in den letzten 15 Jahren staatliche Schulen aufgebaut worden. Dennoch haben die Eliteschulen und Universitäten der Jesuiten, der Christlichen Bruderschaften und anderer nur wenig an Einfluß verloren.

Lust und Last gehören zusammen

Mit ihrer Ideologie der Nächstenliebe hat die Kirche dazu beigetragen, ein mangelhaftes staatliches Sozialsystem zu kaschieren und in

Es geht um den Erhalt der Familie

Katholizismus: ein Exportartikel

seiner Entwicklung zu beeinträchtigen. So ist die soziale Hilfe ein Almosen geblieben, das die katholische Kirche selbstverzehrend verteilt – auf diese Weise wird erreicht, daß die Armen, Arbeitslosen, Hilfsbedürftigen ihre Situation als selbstverschuldet ansehen.

Als in den 50er Jahren der linke Gesundheitsminister Noel-Browne mit seinem «Mother and Child Health Scheme», einem staatlichen Gesundheits-Programm, die miserable medizinische Versorgung und die hohe Kindersterblichkeit beenden will, laufen die Kirchenmänner Amok und wettern gegen die kommunistische Unterwanderung. Der politische Druck der Kirche wird so stark, daß die damalige Koalitionsregierung stürzt. Die Politiker können sich nicht dazu durchringen, den Einfluß der Kirche zurückzudrängen. Wenige Jahre später beginnt alles von vorne: Einer Liberalisierung der Verhütungspraxis sagt die Kirche erfolgreich den Kampf an. Ihr und den ihr hörigen Parlamentsabgeordneten ist es zu verdanken, daß Präservative bis heute in Irland öffentlich nicht erhältlich sind. Es bleibt allein dem Haus- und Frauenarzt überlassen, ob er von Fall zu Fall dem erzwungenen Zusammenhang von Lust und Kindersegen in Irland ein Ende zu setzen bereit ist. Da Industrialisierung und die Verstädterung des Landes die soziale Basis der Kirche zu gefährden drohen, inszenieren konservative Bürgergruppen und Kirchenkreise 1982 eine Volksbewegung zur Verankerung des Abtreibungsverbotes in der Verfassung. Die Abtreibung ist in Irland ohnehin gesetzlich verboten, und obwohl kein Politiker auch nur im entferntesten daran denkt, an dieser Rechtslage etwas zu ändern, rollt eine Propagandamaschine ohnegleichen für das Recht des ungeborenen Lebens.

Als nach zwei Jahren eine Volksbefragung stattfindet, gewinnt und verliert die Kirche gleichermaßen. Die knappe Mehrheit der Stimmen wird für das Abtreibungsverbot abgegeben, aber nur jeder dritte Ire geht überhaupt zur Wahl. Die Zahlen verdecken die Tatsache, daß auf der Insel eine «Kulturrevolution» im Gange ist, die unter anderem den kirchlichen Einfluß schmälert. In allen Großstädten sind die Mehrheiten außerordentlich knapp. In Dublin, Galway, Limerick und Cork läßt sich die wachsende mittelständische Bevölkerung nicht länger vorschreiben, was sie in ihren intimen Verhältnissen zu tun und vor allem zu lassen hat.

Trotzdem fügen sich einmal mehr die Politiker dem Einfluß der Kirche. Diese Verfilzung von geistlicher und weltlicher Macht hat die Republik Irland mit dem System im Norden gemein. Protestanten und staatliche Oligarchie drüben, Katholizismus und politische Öffentlichkeit hüben: Irland ist möglicherweise die religiöseste Gesellschaft der christlichen Welt. Was Irland teilt, eint es zugleich auf makabre Weise.

Fintan O'Toole

Blick zurück –
Kolonialherren, Emigration
und Hungersnot

Irlands Geschichte ist von kolonialen Opfern gezeichnet. Insbesondere zwei historische Traumen bestimmen bis heute das Bewußtsein der Iren. Die große Hungersnot, weniger eine Folge von Nahrungsmittelknappheit als von feudaler Ausplünderung durch die Engländer, dezimiert die irische Bevölkerung in zehn Jahren um die Hälfte. «The famine» – mit ihr beginnt für die Iren eine neue Zeitrechnung.

Der «große Hunger» zieht eine Flucht- und Emigrationsbewegung nach sich, die das Land und sein kulturelles Leben ausblutet.

Geschichte – Der Kampf geht weiter

Die Ausplünderung Irlands beginnt vor 800 Jahren mit der Invasion durch die Normannen, die der Unabhängigkeit der irischen Könige und ihres «High King» ein Ende setzen.

Seit 1169 belästigen walisische Invasoren die Einheimischen, die bis 1607 erfolgreich den Eindringlingen widerstehen – gesellschaftliche Organisation, Gesetz und soziale Ordnung bleiben bis zu diesem Zeitpunkt unter irischem Einfluß.

Während der Regierungszeit der englischen Königin Elisabeth I. bricht jedoch der Widerstand zusammen. Auch die Unterstützung der Iren durch eine spanische Armee kann nicht verhindern, daß die Engländer die Schlacht von Kinsale und damit die Vorherrschaft in Irland gewinnen. Seit 1601 steht die Insel permanent unter direkter wirtschaftlicher und politisch-militärischer Kontrolle des britischen Nachbarn. Ein gezieltes Besiedelungsprogramm mit Schotten und Engländern soll die Aufstände und latenten Illoyalitäten der katholischen Iren eindämmen. Protestantische Siedler verteilen unter sich das fruchtbare Land. Ehemals unabhängige katholisch-irische Bauern sind jetzt nur noch schlecht bezahlte Arbeitskräfte ihrer englischen Lehnsherren.

Bis 1641 verhalten sich die unterdrückten Iren ruhig, doch dann rebellieren sie um so massiver gegen diese Zumutungen. Das «Nationale Parlament» in Kilkenny proklamiert Irlands Unabhängigkeit von England, die Freiheit der Religionsausübung und das Bürgerrecht für die Katholiken. Aufständen der Iren fallen 3000 bis 7000 protestantische Siedler zum Opfer. Diesem nationalen Aufstand macht Cromwell 1649 mit unvorstellbarer Brutalität ein Ende. Er vertreibt die irische Bevölkerung aus den fruchtbaren Provinzen Munster, Leinster und Ulster. Nach heftigen Kämpfen ist 1660 endlich der Widerstand vollständig gebrochen. Protestanten besitzen nun

Bryden war dreizehn Jahre lang in Amerika gewesen, und als der Zug auf dem kleinen Bahnhof hielt, schaute er sich um, ob sich wohl etwas verändert habe. Sein Dorf sah öde und verlassen aus, selbst an solch schönem Abend, und Bryden meinte, daß die Gegend einen weniger bewohnten Eindruck mache als früher.

Nachdem Bryden alles von Amerika erzählt hatte, was ihm interessant schien, fragte er Mike über Irland aus. Aber Mike konnte ihm anscheinend nicht viel Interessantes erzählen. Sie waren alle sehr arm, vielleicht noch ärmer als damals bei seiner Abreise.

Die Bauern hier waren sich alle einig, daß mit ihrem Pachtland nichts anzufangen sei. Sie bedauerten es, daß sie nicht nach Amerika ausgewandert waren, als sie noch jung gewesen.

Eines Abends, als sie gerade tanzten, klopfte es an die Tür, und der Pfeifer hörte auf zu spielen, und die Tanzenden flüsterten:

«Einer hat uns verraten: das ist der Priester!» Und die erschrockenen Dörfler drängten sich ums Feuer und scheuten sich zu öffnen.

Doch der Priester sagte, wenn sie die Tür nicht aufmachten, würde er die Schulter dagegen stemmen und sie aufbrechen.

«Ich habe gehört, wie ihr's treibt», sagte er. «Das dulde ich nicht in meiner Gemeinde. Wenn ihr so etwas wollt, geht nur gleich nach Amerika.

Ihr sitzt ja die ganze Nacht auf und trinkt», und die Augen des Priesters wanderten in die Ecke, wo die Frauen beieinander standen; und Bryden spürte, daß der Priester die Frauen für gefährlicher hielt als das Bier.

«Heimweh» von George Moore. Aus «Das Diogenes Lesebuch irischer Erzähler». Diogenes Verlag, Zürich 1976

mehr als 75 Prozent des kultivierbaren Landes, ein Viertel der katholischen Bevölkerung ist ermordet, Tausende von Iren werden als Sklaven in englische Kolonien abgeschoben. Und die englische Monarchie hat sich erneut etabliert. Von der völligen Vertreibung der Einheimischen sieht man nur deswegen ab, weil die neu angesiedelten Protestanten Arbeitskräfte benötigen. Jedoch werden die verbleibenden Katholiken durch knebelnde Gesetze die «Penal Laws», auf nichts als ihre Arbeitskraft reduziert. Sie dürfen kein eigenes Land besitzen, nicht wählen und keine öffentlichen Ämter bekleiden.

Als mit Jakob II. in England ein König katholischen Glaubens an die Macht kommt, setzen die Iren große Hoffnungen in ihn – zunächst scheinbar zu Recht, denn er entschärft die Landgesetze und gesteht den Iren gewisse politische Rechte zu. Doch die Hoffnungen der Katholiken auf eine bessere Zukunft sind von kurzer Dauer. In England «putscht» Wilhelm von Oranien und landet 1689 mit starken Truppen im irischen Kinsale. «The Battle of the Boyne» geht mit dem Datum des 12. Juli in die irische Geschichte ein. Alle Jahre wieder zelebrieren Protestanten in Belfast und Derry diesen Tag der katholischen Unterwerfung. Doch bei aller Unterdrückung und Knechtung leben irische Tradition und irisches Nationalbewußtsein im Untergrund weiter. Wandernde Priester lesen heimlich ihre Messen in «Hedge Schools», den Heckenschulen; mit heimlichem Unterricht hält die Kirche die gälische Sprache und Tradition am Leben.

Das 18. Jahrhundert steht unter dem Einfluß der amerikanischen und der Französischen Revolution (1776 und 1789). Demokratische Ideen verbinden irische Katholiken und Protestanten, die gemeinsam unter der Führung von Wolfe Tone die «United Irishmen» bilden. Diese Freiheitsbewegung will die Großgrundbesitzer enteignen, jede Verbindung zu England abbrechen und einen eigenständigen irischen Staat etablieren. Mit Unterstützung französischer Truppen suchen die United Irishmen den militärischen Erfolg. «The Rising», dieser Aufstand, geht 1708 verloren. Als Reaktion gründen sich die von England gesteuerten «Orange Order», die als Geheimorganisation im Untergrund die immer stärker werdenden United Irishmen bekämpfen. Durch geschickte Propaganda gelingt es ihnen, die alten Religionsstreitigkeiten neu zu schüren. Terror und Pogrome gegen Katholiken gehören wieder zur Tagesordnung.

Wolfe Tones Idee, Irland von England zu trennen und eine Einheit zwischen Protestanten und Katholiken herzustellen, lebt auch nach seinem Tod weiter. Er ist seither der Vater des irischen Republikanismus.

Daniel O'Connell organisiert mit gewaltigen Demonstrationen – 1829 kommen in Mallow eine halbe und kurze Zeit später in Tara eine Million Menschen zusammen – den katholischen Widerstand, um die Penal Laws abzuschaffen. In dieser Befreiungsbewegung kämpfen auch Protestanten an der Seite der Katholiken.

Die riesigen Versammlungen beunruhigen englische Geschäftsleute, die fürchten, ihre eigenen Arbeiter könnten auf den Plan gerufen werden. Daher schickt die englische Regierung erneut Truppen nach Irland.

Noch immer leben die Katholiken

in der Abhängigkeit von ihren englischen Herren, als 1845 die große Hungersnot ausbricht. Irland, inzwischen ein reines Agrarland, das seine Güter direkt nach England exportiert, Irland stirbt. Mehrere Fäulnisepidemien hintereinander lassen die Kartoffel, das einzige Massennahrungsmittel, in großen Mengen verderben. Wer nicht des Hungers stirbt, versucht nach Amerika oder Australien zu emigrieren. In den Jahren der «Famine» 1845 bis 1849 wird die irische Bevölkerung von acht auf vier Millionen Menschen halbiert.

Der Widerstand formiert sich

Auswanderer in New York bilden eine neue Befreiungsbewegung, die «Fenians», auch bekannt unter dem Namen «Irish Republican Brotherhood». Fenier sammeln gezielt Kampferfahrungen im amerikanischen Sezessionskrieg, um die irische Revolution vorzubereiten. Als Organ der Informationsverbreitung entsteht 1863 die Fenian-Zeitung *Irish People*, die versucht, eine Untergrundorganisation aufzubauen. England zerschlägt 1867 die von Spitzeln infiltrierte neue Bewegung. Die Führer werden gefangengenommen und umgebracht – der Widerstand ist zunächst gebrochen, das nationale Gefühl jedoch gestärkt. Wenige Jahre später bildet sich die «Land-League», eine Kampforganisation unter Leitung Parnells, die einen Großteil der Landbevölkerung in ihren Reihen vereint. In den Jahren 1879 bis 1882 führt sie die «Land Wars». Die Landbevölkerung wehrt sich mit geschickten Boykott-Aktionen gegen zu hohe Pacht und Vertreibung. Der «Land Act» von

1881 ist ein Erfolg: Fair rent (angemessene Pacht), Fixity for the tenure (gesicherte Pachtverträge), Freedom for the tenant (Freiheit für die Pächter). Dem liberalen Premierminister Gladstone gelingt es, zwischen den Positionen der Land League und den englischen Interessen zu vermitteln. Er unterstützt die «Home Rule»-Idee zur Selbstverwaltung Irlands. Anführer der konservativen englischen Tory-Partei gehen 1912 nach Belfast, um die «orangene Karte» auszuspielen und die Oranier gegen das Home Rule-Konzept zu agitieren. Es bildet sich die Gruppe «Ulster Volunteers», ein paramilitärischer Verband der Oranier, der mit allen Mitteln versucht, die Selbstverwaltung Irlands zu verhindern. Im Süden rekrutieren die Republikaner die «Irish Volunteers», die schnell mehr als 100 000 Mitglieder zählen.

1914 bricht der Erste Weltkrieg aus; 150 000 Iren kämpfen auf der Seite Englands, viele von ihnen fallen. Englands Position in Irland ist durch den Weltkrieg geschwächt.

1915 beginnen die Vorbereitungen für einen bewaffneten Befreiungskampf. Die Bürgerarmee, die Volunteers und die Brüderschaften vereinigen sich zur IRA. Unter Führung des vorläufigen Premierministers der neuen Regierung wird der Ostersonntag 1916 als Datum für den gewaltsamen Aufstand festgelegt. Obwohl das Waffenschiff aus Deutschland unter der Führung von Sir Roger Casement bei seiner Landung in Kerry in englische Hände fällt und der Nachschub nicht gesichert ist, proklamiert am Ostersonntag Padraig Pearse auf den Stufen des Hauptpostamtes die Irische Republik. Fünf Tage dauern schwere Kämpfe an, die große Teile Dublins in Schutt und Asche legen.

Nach einer Woche müssen alle Einheiten aufgeben. 56 Rebellen und 130 Briten sind gefallen. 16 Anführer der Aufständischen werden hingerichtet. Besonders schrecklich ist die Hinrichtung Connollys. Bei den Kämpfen schwer verwundet, wird er auf einer Trage aus dem Gefängnishospital geschleppt und, notdürftig auf einem Stuhl sitzend, erschossen. Die Brutalität der Engländer bei der Bestrafung der Aufständischen schweißt den Widerstand erst richtig zusammen.

Kampf um Unabhängigkeit

1918 finden Wahlen statt, bei denen die Sinn Fein 73 der 105 Sitze gewinnt. Das «Dail Eireann» (Abgeordnetenhaus) tritt im Januar 1919 in Dublin zusammen, ruft in Irland die Republik aus, erklärt die Unabhängigkeit der Nation und stellt ein demokratisches Programm auf. Ein Kabinett tritt zusammen, Gerichtshöfe werden eingerichtet, und die IRA wird dem Oberbefehl des Verteidigungsministers unterstellt.

England reagiert mit einer Militärproklamation, in der das Dail Eireann zu einer illegalen Körperschaft erklärt wird. Alle republikanischen Zeitungen werden verboten. Erneut setzt eine militärische Schreckensherrschaft ein. Die sogenannten «Black and Tans» (Schwarzbraunen) tun sich als besonders brutale und blutrünstige Mordschwadrone hervor. Viele amnestierte Strafgefangene unterstützen tatkräftig die Schreckenskommandos. Die IRA bekämpft die gewaltsamen Aktionen der Briten mit Methoden, die später von Guerillaarmeen anderer Länder übernommen werden. Von seiten der Bevölkerung erfährt die Untergrundarmee jede nur denkbare Unterstützung.

Drei Jahre dauert der Terror der Black and Tans, bis 1921 ein Waffenstillstand geschlossen wird. England, militärisch in der Enge, schlägt einen Friedensvertrag und die Teilung der Insel vor: Ein Parlament unter englischer Kontrolle soll für die sechs Grafschaften im Norden zuständig sein; ein Parlament unter eigener irischer Verantwortung regiert den «Free State», die restlichen 26 Grafschaften. 1921 unterzeichnet die irische Delegation in England den umstrittenen Vertrag und schreibt damit die Teilung des Landes fest. Politisch bleibt England mit dieser Vereinbarung lediglich die Macht über sechs Counties, ökonomisch jedoch weiterhin über die gesamte Insel.

Nur wenige Iren sind mit der Teilung des Landes einverstanden. Daß jedoch dieser Kompromiß zu einem brutalen Bürgerkrieg führen wird, ist damals nicht abzusehen. Die Republikaner weigern sich, die Teilung zu akzeptieren. Der gemeinsame Widerstand gegen die englische Herrschaft zerbricht – die vorher für eine gemeinsame Sache kämpften, bringen sich jetzt gegenseitig um: IRA gegen Free State-Kräfte. Sobald der IRA Waffen und Munition ausgehen, ist für sie der Bürgerkrieg verloren. 77 republikanische Gefangene werden hingerichtet. Mit dem Sieg der Free State-Fraktion ist die Teilung besiegelt – Nord-Irland ist nun britisch, der Rest der Insel wird die Republik Irland. Für die katholische Bevölkerung in Nord-Irland beginnt damit die systematische Diskriminierung durch die Protestanten.

1930 leidet ganz Irland unter der Weltwirtschaftskrise. Im Norden

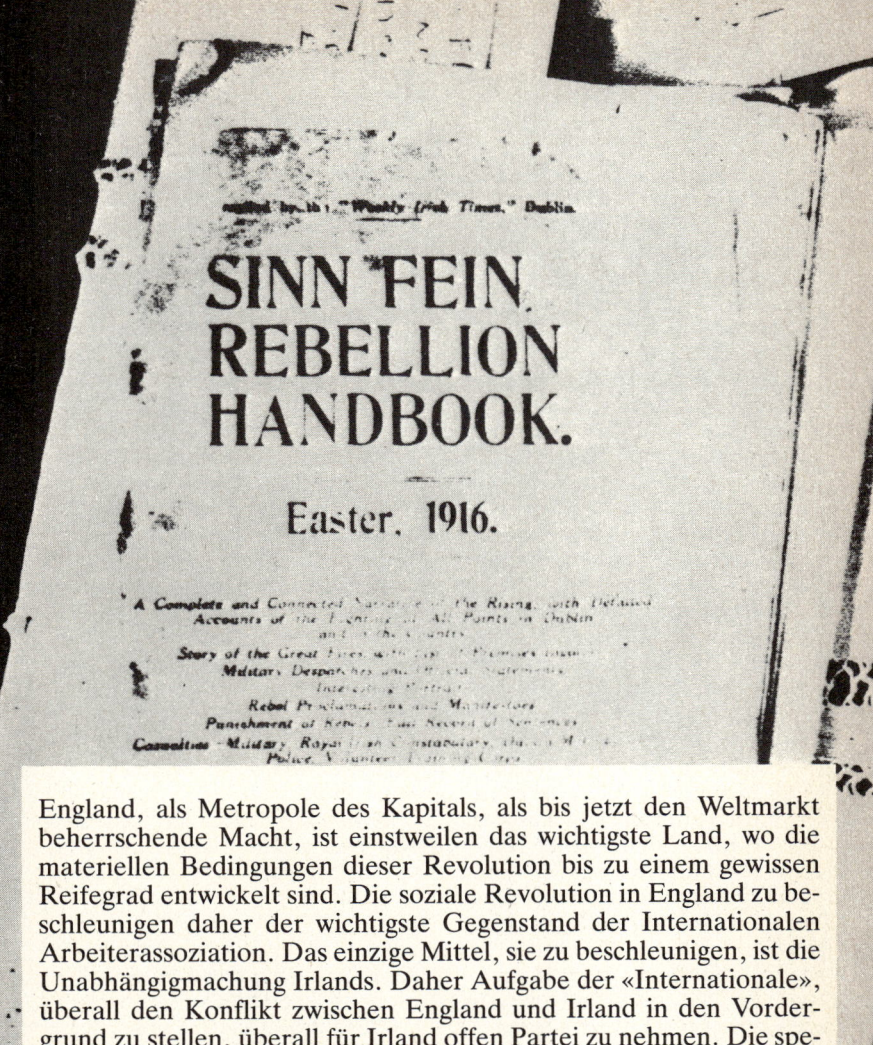

SINN FEIN
REBELLION
HANDBOOK.

Easter. 1916.

England, als Metropole des Kapitals, als bis jetzt den Weltmarkt beherrschende Macht, ist einstweilen das wichtigste Land, wo die materiellen Bedingungen dieser Revolution bis zu einem gewissen Reifegrad entwickelt sind. Die soziale Revolution in England zu beschleunigen daher der wichtigste Gegenstand der Internationalen Arbeiterassoziation. Das einzige Mittel, sie zu beschleunigen, ist die Unabhängigmachung Irlands. Daher Aufgabe der «Internationale», überall den Konflikt zwischen England und Irland in den Vordergrund zu stellen, überall für Irland offen Partei zu nehmen. Die spezielle Aufgabe des Zentralrats in London, das Bewußtsein in der englischen Arbeiterklasse wachzurufen, daß die nationale Emanzipation Irlands für sie keine question of abstract justice of humanitarian sentiment ist, sondern the first condition of their own social emancipation.

Karl Marx, 1870

vermag die wirtschaftliche Depression Protestanten und Katholiken zu vereinen. Tausende gehen gemeinsam auf die Straße und fordern Arbeit statt Almosen. Aber die Klassensolidarität ist nur von kurzer Dauer. Pogrome gegen Katholiken, geschickt von den Machthabern inszeniert, kosten 1935 in den sechs Counties elf Menschen das Leben.

Derweil gewinnt de Valera in der Republik die Parlamentsmehrheit und entläßt die ehemaligen Kämpfer, die sich gegen die Teilung Irlands eingesetzt hatten, aus den Gefängnissen.

1937 entwirft de Valera die neue irische Verfassung. Von den sozialistischen Ideen James Connollys und seiner Anhänger bleibt nichts mehr übrig. Die Kirche erhält die entscheidende Macht im neuen irischen Staat.

Die Reste der traditionellen IRA weigern sich, das Ergebnis des Bürgerkrieges zu akzeptieren, und führen den bewaffneten Kampf gegen den Staat und seine Repräsentanten weiter. Die Regierung versucht, die IRA gezielt zu liquidieren. Viele Mitglieder werden getötet oder ins Gefängnis geworfen. Der Ausbruch des 2. Weltkrieges trennt den Norden und den Süden erneut. Die Republik Irland ist ein neutrales Land, Nordiren kämpfen für England gegen den Faschismus. Alte Republikaner hoffen immer noch: «England's difficulty is Ireland's opportunity» (Englands Schwierigkeiten sind Irlands Chance). 1941 bombardieren deutsche Flugzeuge Belfast. Feuerwehren aus Dublin und Umgebung kommen nach anfänglichem Zögern den Nordiren zur Hilfe – ein symbolischer Akt, um die Solidarität und nationale Einigkeit mit Nord-Irland zu demonstrieren. Erneute

Wahlen stabilisieren 1949 die Irische Republik. Die Teilung des Landes ist für die Regierung nicht länger ein Thema, sie wird selbstverständlich hingenommen.

Auswanderung ohne Ende

Um die irische Ökonomie ist es schlecht bestellt, sie ist unterkapitalisiert und völlig rückständig. Auf Grund der Auswanderung blutet das Land weiter aus. In den Jahren 1951 bis 1961 verlassen etwa 400 000 Iren ihr Land mit der Hoffnung, in Amerika, Australien oder England besser zu überleben.

1967 kommt es noch einmal zu einer Wiedergeburt des irischen Sozialismus. Im Rahmen des Gewerkschaftskonzils in Belfast diskutieren Katholiken gemeinsam mit Protestanten darüber, was es heißt, ein Bürger zweiter Klasse zu sein. Doch bevor eine grundsätzliche Verständigung zu gemeinsamen Aktionen gegen englische Kapitalinteressen führen kann, tritt der protestantische Hetzer Ian Paisley auf den Plan. Ihm gelingt es, den Widerspruch zwischen Protestanten und Katholiken erneut zu verschärfen. Protestantischen Arbeitslosen und kleinen Geschäftsleuten macht er die angebliche Konkurrenz der Katholiken plausibel. Die Angst der protestantischen Mittelschicht, ihre Privilegien zu verlieren, macht wieder einmal die Katholiken zum Sündenbock.

1968 entsteht in den Kreisen der katholischen Bevölkerung die «Civil Right»-Bewegung, mit dem Ziel, der Diskriminierung der Katholiken ein Ende zu machen. Eine Demonstration gegen schlechte Wohnbedingungen wird von der RUC (Royal Ulster Constabulary), einer nordirischen Polizeitruppe, auf brutale Weise zerschlagen. 77 Zivilisten und elf Polizisten werden verwundet. Linke Civil Right-Anhänger gründen die Organisation «People's Democracy».

Die englische Regierung reagiert auf diese neue Bewegung verunsichert und stellt mit alten Sondergesetzen wieder Ruhe her: Der «Special Power's Act» von 1922 erlaubt, jede Person ohne Gerichtsverhandlung auf unbestimmte Zeit zu inhaftieren; Wohnungen können ohne Durchsuchungsbefehl verwüstet und ihre Bewohner verhört oder festgenommen werden. People's Democracy organisiert einen langen Marsch von Belfast nach Derry. Es wird jedoch kein Polizeischutz gewährt, so daß die Teilnehmer den Zugriffen des protestantischen Mob schutzlos ausgesetzt sind. Protestaktionen gegen diese Übergriffe werden von den «B-Specials» (Spezialeinheit zur Unterstützung der RUC) zerschlagen. Häuser gehen in Flammen auf, Menschen werden verwundet. Am nächsten Tag bewaffnet und verbarrikadiert sich das katholische Viertel Derrys, «The Bogside», und läßt keine Polizisten mehr hinein. «Free Derry» – ein Stadtteil verwaltet sich für Wochen selbst. Den eskalierenden Konflikt zwischen Bürgerrechtlern und Protestanten versuchen die herbeigeeilten Briten militärisch zu lösen. Die von England eingesetzten Soldaten sind jedoch nur kurze Zeit Schutz der bedrohten Katholiken. Demonstrationen, militärische Aktionen, Tote, Verletzte – die Armee schlägt sich auf die Seite der Mächtigen, um Ruhe und Ordnung in Irland wiederherzustellen.

Innerhalb der IRA beginnen die Auseinandersetzungen über die Form des Widerstandes gegen die englischen Besatzer. Auf einem Geheimkongreß in Dublin spaltet sich die IRA in zwei Fraktionen. Die eine Gruppe spricht sich für eine verschärfte Wiederaufnahme des bewaffneten Kampfes aus, die andere rechnet mit Erfolgen nur durch eine bessere politische Verankerung auch im Süden. Durch den Bruch innerhalb der IRA in «Provisionals» (die Befürworter des bewaffneten Kampfes) und «Officials» (gemäßigter Flügel, der sozialistisch-reformistische Ziele verfolgt) wird auch die Sinn Fein in zwei oppositionelle Flügel gespalten.

Die Provisionals führen bis heute einen Guerillakrieg gegen das britische Militär im Norden. Die aus der Sinn Fein hervorgegangene Workers Party versucht im Süden, die sich seit der EG-Mitgliedschaft verschärfenden Wirtschaftsprobleme politisch aufzugreifen.

Eine Lösung für den Nord-Süd-Konflikt ist nicht in Sicht.

England verteidigt seinen militärisch wichtigen Stützpunkt mit militärischen und diplomatischen Mitteln.

Emigration – Wege ins Exil

Es gibt unendlich viele verlassene Häuser in Irland. Durchquert man den Westen der Insel, trifft man alle paar Minuten auf evakuierte Siedlungen. Grundmauern ohne Dach – abgedeckte Häuser sind steuerfrei – und die Fenster sorgfältig vernagelt, als seien die Bewohner nur auf einem kurzen Urlaub.

Auch an der Größe der «Irish

Communities» in England und Übersee läßt sich der Aderlaß ablesen: Ein Drittel aller Iren leben beispielsweise in den Vereinigten Staaten. Nach dem «großen Hunger» ziehen es nämlich etwa 1,8 Millionen Menschen vor, sich den miserablen Arbeitsbedingungen an der amerikanischen Ostküste zu unterwerfen, als in der Heimat von Armut, Tod und Verwahrlosung bedroht zu sein.

Als einfache Landarbeiter oder billige Ungelernte im Baugewerbe verlegen sie Bahngleise, graben Kanäle, werden Polizisten. Beinahe die gesamte Polizei New Yorks ist irischer Abstammung. Iren sind heute die drittgrößte ethnische Gruppe der Vereinigten Staaten.

In England – London ist die zweitgrößte irische Gemeinde Europas, nach Dublin natürlich – sorgen zerlumpte und mittellose Emigranten in den Häfen für Unruhe. Tausende hungernder, unterwürfiger und als Arbeitskräfte billiger Iren überschwemmen England.

Diese Wanderungsbewegung hält auch nach der Gründung der politisch selbständigen Republik unvermindert an. Menschen wandern für immer aus, verkaufen ihr gesamtes Hab und Gut und versuchen, Staatsbürger eines neuen Vaterlandes zu werden. Der Kontakt zu den Verwandten reißt jedoch nicht ab. Weihnachtspost aus Amerika – die meisten irischen Familien haben über Generationen ihre internationale Bindung kaum vernachlässigt.

Häuser, deren Fenster sorgfältig vermauert sind, mögen Emigranten gehören, die vor 10, 20 oder sogar 40 Jahren auf Arbeitssuche ins Ausland abwandern, mit der festen Absicht jedoch, als (Früh-)Rentner zurückzukehren.

Gewöhnliche Wanderarbeiter hingegen gehen bis heute für kurze, absehbare Zeit nach England oder an die amerikanische Ostküste. Das Netz von Freunden und Verwandten macht einen mehrjährigen Auslandsaufenthalt für ungewöhnlich viele Iren zu einer Selbstverständlichkeit. Der Bau eines Hauses, Rückzahlung von Schulden, Heirat – der Weg in die Fremde ist Mittel zum Zweck. Damit die Fäden in die Heimat nicht abreißen, sind Besuche zu Ostern oder zum St. Patricks-Tag gefeiertes Familienereignis. Söhne und Töchter bringen dann vor allem Geld, ohne das viele Familien auf dem Lande gar nicht durchkommen. So sind die monatlichen Geldüberweisungen ausgewanderter Familienmitglieder ein nicht unwesentlicher Beitrag zur irischen Ökonomie.

Die geschichtliche Erfahrung, vielleicht schon morgen selber gehen zu müssen und auf familiäre oder fremde Hilfe angewiesen zu sein, erklärt den außerordentlichen Familiensinn und die Gastfreundlichkeit der Iren. Daß ein Fremder zu einer Tasse Tee hereingebeten wird, das wünschen sich Eltern für ihre Kinder im Ausland. Einem Reisenden Auskunft geben – morgen schon könnte man selbst auf die Hilfe des Fremden angewiesen sein. Reisen–Ausreisen ist ein fester Bestandteil des irischen Lebensgefühls.

Regierungsvertreter und Arbeitgeber sprechen es 1983 wieder offen aus: Ohne Auswanderung wird Irland nicht krisensicher das nächste Jahrzehnt erreichen. Der Traum, nach der Vertreibung der Engländer alle in der Heimat Geborenen auch aus eigener wirtschaftlicher Kraft ernähren zu können, geht schon Ende der fünfziger Jahre mit erneut wachsenden Emigrantenzahlen zu Ende.

Man muß kein Volkswirtschaftler,

Nachbarschaften – von Armut gezeichnet

erst recht kein orthodoxer Marxist sein, um zu erkennen, daß eine Dynamik kapitalistischer Entwicklung in Irland nicht denkbar ist. Allein die Bevölkerungsgröße setzt die Grenzen – im Zeitalter von Automation und Microchip können 4,5 Millionen Menschen bei vielen Produkten mit dem Ausstoß einer einzigen Fabrik auskommen. Die einheimische Nachfrage ist für eine stabile und auf Wachstum angelegte Industrie schlicht zu klein. Planern scheint in den 50er Jahren der Export als des Rätsels Lösung. Wenigen Jahrzehnten wirtschaftlichen Wachstums folgen heute die Abhängigkeit von Weltmarktpreisen, die Schließung von Fabriken, Arbeitslosigkeit und Auswanderung.

Das kapitalistische Irland hat außerdem die Fähigkeit vieler Menschen und Regionen (s. Kapitel: «Kerry»), die eigenen Qualifikatio-

nen und Ressourcen zu nutzen, nachhaltig zerstört. Auswanderung ist nicht länger zurückzuführen auf Vertreibung und Aushungerung durch die englischen Besatzer, die Emigration ist nunmehr «hausgemacht». Industrialisierung und Abwanderung hängen in Irland sinnfällig zusammen.

Diejenigen, die in der Landwirtschaft, bei der Intensivierung der Milchwirtschaft, bei den durch die EG-Mitgliedschaft notwendig gewordenen Modernisierungen nicht länger mithalten können, geben auf, wandern aus.

Leben derzeit noch 620 000 Iren in England, so nimmt die hohe Arbeitslosigkeit der Nachbarinsel diesem «Reiseziel» die Attraktivität. Es sind die großen Städte Dublin und Cork, in denen die Opfer industriellen Wettbewerbs ihr neues Auskommen suchen. Ein Drittel der Gesamtbevölkerung Irlands lebt derzeit in Dublin. Den Slums, den lieblos hochgezogenen Sozialwohnblocks und Neubausiedlungen (s. Kapitel: «Dublin») sind Not und Wut gleichermaßen anzusehen.

Das Spiel ist aus

Der Kreuzzug der katholischen Kirche gegen «permissivness» und Unmoral, der kulturelle Stillstand und die soziale Aussichtslosigkeit veranlassen viele Bewohner, der Öde der irischen Dörfer und Kleinstädte zu entfliehen.

Noch vor der großen Hungersnot Mitte des 19. Jahrhunderts verweisen Bevölkerungswissenschaftler auf die enorme Heiratswut auf dem Lande. Nach der nationalen Katastrophe schwindet jene Zuversicht, die Voraussetzung für Familiengründungen und eine zufriedene Arbeitssituation ist. Bis heute leben in Irland prozentual mehr unverheiratete Menschen im heiratsfähigen Alter als irgendwo sonst auf der Welt.

Einmal im Ehestand, zeugen Irinnen und Iren ungewöhnlich viele Kinder. Dieses sonderbare Sexualverhalten, observiert von Kirche, Eltern und Nachbarn, zeugt von der Tatsache, daß Liebesspiel und sexuelle Verständigung nur in geregelten ehelichen Verhältnissen zugelassen sind. Eheliches Glück ist der erfüllte Kinderwunsch. Sozialwissenschaftler und Mediziner sehen eine Verbindung zwischen Enthaltsamkeit, der großen Häufigkeit psychiatrischer Erkrankungen und dem verbreiteten Alkoholismus.

Ein Jahr nach Beitritt Irlands zur Europäischen Gemeinschaft veröffentlicht der italienische Ökonom Tagliacarne einige überraschende Daten: Calabrien ist schon arm, aber vier Regionen entlang der irischen Westküste sind noch ärmer. Acht der zehn unterentwickeltsten Gebiete des Gemeinsamen Marktes liegen in der Republik Irland. Heute gleicht der Westen nach wie vor einem großen verlassenen Dorf: überalterte Bevölkerung, nur wenige Menschen heiraten, eine hohe Zahl an Emigranten und ein Gefühl von Hoffnungslosigkeit bei denen, die zurückbleiben.

Ein irischer Journalist kommt gegen Ende der 60er Jahre in seinen Geburtsort Charlestown im County Mayo zurück. Nur drei seiner Schulkameraden leben noch hier, und Healy schreibt in seinem Buch ‹Tod einer irischen Stadt›: «Das Spiel ist aus. Es war schon so lange vorher zu Ende, als die Menschen hier noch glaubten, es könne alles noch einmal von vorne beginnen. Heute verlassen alljährlich nur noch einige wenige Charlestown, aber das sind eher die letzten Zuckungen eines Körpers im Todeskampf. Im Vergleich zum Exodus während des Krieges ist dieses Absterben ein Nichts. Ganze Züge verließen damals den Ort. Die fruchtbaren Betten in den kleinen Farmhäusern des Moy-Tales sind nun leer, und die Männer, die einst mit dem laichenden Lachs im Winter heimkamen, um das Land zu bearbeiten und die Frauen zu schwängern, kommen nicht mehr. Die Zeiten, als die Frauen mit ihren Zweieinhalbmonatsehen, mit ihrer Einsamkeit ohne Ehemann oder Vater zufrieden waren, sind endgültig vorbei. Wenn sie heiraten, dann richtig, nämlich nach London, Birmingham oder Wigan.»

Im 19. Jahrhundert ist das Ausbluten des irischen Westens noch offenkundiger als heute. Beobachter berichten von ganzen Schiffsladungen von Emigranten, die zur Hälfte aus heiratswilligen jungen Frauen bestehen. So gibt es seit Generationen auch in den kleinsten irischen Dörfern eine minutiöse Auskunftei. Vierjährige Jungen und Mädchen sind bereits genauestens darüber im Bilde, wann neugebaute englische Krankenhäuser irische Krankenschwestern benötigen werden, ob der neue Personalchef der größten englischen Speiseeisfabrik Walls während der siebenmonatigen Saison eher irische oder schwarze Arbeiter einstellt, wie es um die Arbeitslosenunterstützung in New York bestellt ist. Auf Grundlage dieses Wirrwarrs von Empfehlungen und Ahnungen entscheiden junge Leute häufig schon sehr früh, wohin sie emigrieren wollen.

Die auswandernden Iren sind jeweils im besten Mannes- und Frauenalter. Für die Rumpffamilien und die Kinder, die daheim die Stellung halten, sorgen die Großeltern. Eine abhängige Bevölkerung bleibt zurück, zu jung, um etwas zu verändern, zu alt, um noch irgendwelche Risiken auf sich zu nehmen. Der starke Konservativismus in den ländlichen Regionen Irlands hat sich erst mit der Emigration richtig ausbreiten können.

Typisch irisch

Sean Kenny, ein bekannter irischer Architekt, wird einmal gefragt, warum er seinen Beruf nicht in Irland ausübe. Wie Oscar Wilde, James Joyce, Sean O'Casey und Samuel Beckett hat er die vertraute Antwort parat: «In diesem irischen Klima mit den falschen Vorstellungen von Religiosität und Gott kann man einfach nicht überleben. Die Kirche hat die menschlichen Gefühle in Ketten gelegt, und wenn auch Angst vor einer neuen Revolution herrscht – die nächste wird in Irland gegen die Kirche stattfinden müssen. Unsere Arbeit in London ist außerdem nützlicher für Irland. Hier kämpfen wir gegen unsere eigenen Beschränkungen, gegen die verbreitete Vorstellung, Iren seien doch nur ständig betrunken, unpünktlich und unfähig, irgend etwas selber zu machen.»

Der Universitätsapparat Irlands bereitet einen großen Teil seiner Absolventen auf ihre Arbeit im Ausland vor. Zum Beispiel entspricht die Medizinausbildung in jeder Hinsicht den Normen der British Medical Association, das irische Staatsexamen ist in England und in den meisten amerikanischen Staaten anerkannt. 60 Prozent der in der Republik ausgebildeten Mediziner arbeiten im Ausland.

Dieser «brain drain» macht auch vor anderen Fachgebieten wie Volkswirtschaft oder den Naturwissenschaften nicht halt. Die Folge ist, daß die hohen Ausbildungskosten nicht dem eigenen Land zugute kommen, sondern einer Gesellschaft, die keinen Pfennig in die Professionalisierung dieser Arbeitskräfte stecken mußte. Die verdeckten sozialen Konsequenzen sind nicht weniger fatal: Die Emigration der fähigen, mobilen und dynamischen Menschen bringt für Irland selbst intellektuelle Armut und soziale Stagnation.

Die gesamte irische Bevölkerung scheint ein Bewußtsein davon zu haben, zurückgelassen zu sein. Während ihre Landsleute in Übersee mit großem Stolz als Sportler, Filmstars, Millionäre oder Politiker (wie zum Beispiel J. F. Kennedy) enorme

Leistungen vollbringen, sitzen in Irland die Iren wie Aschenbrödel etwas traurig und eifersüchtig in ihren unaufgeräumten Küchen.

Alle Iren wenden den Ausdruck «typisch irisch» auf sich selber an. Gehen bei einem Ministerium Akten verloren, streiken die Banken oder setzen Radio und Fernsehen für eine halbe Stunde aus – der Charme, der viele Ausländer bei den Iren begeistert, ist allzuoft ein Charme des sich Entschuldigens, der Unsicherheit, der Demütigung. Die Emigration ist für beinahe alle Iren ein wunder Punkt: für die Ausgewanderten wegen des «Verrats» an der Heimat, für die Daheimgebliebenen wegen der Versäumnisse und des resignativen Verzichtes auf Hoffnung und Glück.

Hungersnot – Die versuchte Endlösung

Ältere Menschen an der Westküste mögen bis heute die Lebensbedingungen ihrer Eltern und Großeltern so erinnern, wie sie Alexis de Tocqueville 1835 bei seinen Besuchen in Irland beschreibt: «Alle Häuser zu meiner Rechten und zu meiner Linken sind aus sonnengetrocknetem Lehm nicht größer als ein Mann gebaut. Die strohgedeckten Dächer dieser Wohnlöcher sind so alt, daß man das Gras auf dem Sims mit der Wiese nebenan verwechseln könnte. Gewöhnlich haben die Häuser weder Fenster noch einen Kamin. Das Tageslicht und der Qualm des Feuers benutzen gleichermaßen die Tür. In diesen Häusern selbst gibt es außer einem kleinen Torffeuer, einem wackeligen Stuhl und nackten Wänden gar nichts.»

Allen Beobachtern und Reisenden des 18. und 19. Jahrhunderts, wie Arthur Young, Wakefield oder de Baumont, fällt neben dem Massenelend vor allem das völlige Fehlen industrieller Aktivitäten in Irland auf. Selbst die alten handwerklichen Künste und Fertigkeiten sind gänzlich ausgestorben. Edward Wakefield macht in seiner 1808 gefertigten Untersuchung die Selbstversorgung der Bauern für das Fehlen jeglicher Industrien verantwortlich. Kleider, Schuhe, Agrarinstrumente – die Bauern machen tatsächlich alles selbst. Die florierenden Märkte des Mittelalters sind erstorben, und der Wollschmuggel mit Frankreich ist die Ausnahme, die eher die Regel des ökonomischen Niedergangs bestätigt.

Irland kommt über den Zustand einer Agrargesellschaft nicht hinaus, und dies zu einer Zeit, da nur ein paar Meilen entfernt die gewaltigsten industriellen Umwälzungen aller Zeiten stattfinden.

In der zweiten Hälfte des 18. Jahrhunderts kommt es in Irland, wie in den anderen Ländern Westeuropas auch, zu einer starken Bevölkerungsexplosion. 1772 sollen 3,5 Millionen Menschen auf der Insel leben. 1841 dagegen werden bei einem Zensus über 8 Millionen Menschen gezählt. Viele Historiker sehen die Ursache für diese Entwicklung in der reichlichen Versorgung mit Nahrungsmitteln – die Verbreitung der Kartoffel im 18. Jahrhundert verbessert entscheidend die Ernährung der Kleinbauern.

Wenn nicht gerade eine Krankheit sie vernichtet, gedeiht die Kartoffel in Irland besonders gut. Sie ist ein bescheidenes Gewächs und gibt sich selbst mit gebirgigen Anbauflächen zufrieden. Um sie zu pflanzen, brauchen Bauern neben einem Sack Saatgut nur einen Spaten. Tatsächlich leben Millionen irischer Landarbeiter ihr ganzes Leben lang von gekochten Kartoffeln. Jeder kennt exakt die Mindestgröße des Erdfleckens, der eine Familie ernähren kann. Viele achtzehnjährige Jungen, die durch Urbarmachung oder Eigenpacht eine entsprechende Parzelle ergattern können, heiraten und sorgen für Nachwuchs. Diese Art der Zukunftsplanung muß über kurz oder lang in großer Armut enden, dann nämlich, wenn das kleine Feld nicht länger ausreicht, um die Familie zu ernähren.

Im 19. Jahrhundert ist der größte Teil irischen Landes im Besitz weniger, meist adeliger Gutsherren. Mehrmals in der irischen Geschichte beschlagnahmt der englische König weite Gebiete Irlands, löst die jeweiligen Besitzverhältnisse auf und teilt das Land willkürlich unter englischen Adeligen oder Armeeoffizieren auf. Nur wenige Gutsherren bewirtschaften ihre Güter selber. Die Mehrheit gibt das Land zur Pacht weiter – die «Absentee-Landlords», eines der größten Übel und bis heute ein Schimpfwort in Irland.

Die Parzellierung – «the subdivision of land» – hat ihre Ursache ebenfalls in der Abwesenheit der Großgrundbesitzer, die mit ihren Pächtern persönlich nicht das geringste zu tun haben.

Landplage

Das gesamte Gut betreut statt dessen ein Agent oder Mittelsmann, der das Land in mehrere überschaubare Teile gliedert. Die dafür zuständigen Subagenten beaufsichtigen die Ländereien, verjagen die unproduktiven Bauern und kümmern sich um neue und verläßliche Pächter. Diese Mittelsmänner und Subagenten sind eine Landplage. Ihre kurzfristigen Gewinninteressen verkürzen die Pachtzeiten, denn den Pächtern wird gekündigt, sobald ein besserer Preis zu erzielen ist. Bestechung und Vetternwirtschaft sind gang und gäbe – ohne Gefälligkeiten ist an Landvergabe gar nicht mehr zu denken. Das Hinauftreiben des Pachtzinses und die Korruption sind jedoch volkswirtschaftlich bei weitem nicht das schlimmste. Einen tüchtigen Bauern, der sein Land pflegt, die Produktivität steigert oder einen bescheidenen Lebensstandard erwirtschaftet, erwartet beim Ablauf der Pachtzeit eine eigenartige Belohnung. Bei der erneuten Auktion wird plötzlich das Doppelte bis Zehnfache des Vorwertes als Pachtzins festgelegt. Alle mühsamen Errungenschaften sind zunichte. Berichten zufolge handelt ein «kluger» Bauer anders – er hält die Produktion auf einem Minimum. In guten Jahren geht der Überschuß von Korn oder Kartoffeln in heimlich gebrannten Whiskey, den Poteen. Auf keinen Fall kauft der Bauer für sich und seine Familie neue Kleider. Sein Haus hält er als Schweinestall oder Abort, damit kein Fremder auf die Idee kommt, den Hof kaufen zu wollen. Nur ein kluger Bauer, der sich an diese Regeln hält, hat Chancen, seinen Pachtvertrag ohne nennenswerte Zinssteigerungen verlängert zu bekommen. Innovationsfreude und Arbeitsdisziplin können sich unter derartigen Umständen nicht entwickeln.

Lebende Sparschweine

Die Gutsherren, die noch in Irland geblieben sind, leben gänzlich abgeschirmt von ihren Pächtern. Pachtsysteme verbieten eine patriarchalische Zusammenarbeit wie bei den englischen Landlords. Reformen, die einer Interessenidentität von Gutsherr und Pächter Rechnung tragen, kommen in Irlands Vergangenheit nur im Ausnahmefall vor.

Ohne behördliche Lenkung oder gar rechtliche Absicherung entwikkelt sich beispielsweise das bargeldlose «Cottier System». Ein Pächter nimmt Landarbeiter in seinen Dienst, um den Vertragsverpflichtungen gegenüber dem Gutsherrn nachzukommen. Er weist seinen abhängigen Bauern einen Kartoffelakker zu, der diese Bauern ein Vielfaches der Jahrespacht kostet, die der Pächter selbst an den Gutsherrn zu entrichten hat. Für die fensterlose, aus Lehm und Stroh gebaute Kate, die nur ein einziges Zimmer hat, ist der Landarbeiter ebenfalls eine Jahrespacht schuldig. Die gesamte Jahresschuld der Arbeiter wird in Fremdarbeitstagen auf dem Hofe des Gutsherrn verrechnet. Zur Bewirtschaftung der eigenen Parzelle bleibt den abhängigen verarmenden Bauern kaum noch Zeit.

Die Monokultur der Kartoffel macht es außerdem praktisch unmöglich, Ersparnisse anzusammeln. Im Gegensatz zu Getreide oder Hülsenfrüchten läßt sich nämlich die Kartoffel nicht über den Winter aufbewahren. Daher legen sich viele Landarbeiter ein ungewöhnliches Sparkonto zu: ein Schwein. In Überflußjahren bekommt es die überschüssigen Kartoffeln, in schlechten Zeiten zahlt der Dorfhändler für den Export nach England. Gemäß seiner lebenswichtigen Rolle bekommt das Schwein einen wichtigen Platz in der Familie.

«Es mag vielleicht manchen nicht lieblich klingen», schreibt Kohl in seinen irischen Reisetagebüchern des 19. Jahrhunderts, «aber als eine bloße einfache Wahrheit darf man es aussprechen, daß der Irländer sein Schwein genauso gut füttert wie seine Kinder. Es wird durchweg in Irland in das Wohnzimmer mit aufgenommen und lebt darin entweder frei schaltend und waltend wie die anderen, oder es hat seinen kleinen Winkel darin für sich, wie die Kinder den ihrigen. Der Irländer teilt mit ihm seine Kartoffeln, seine Milch, und, wenn er es hat, sein Brot. Denn er weiß, daß er dies alles auf indirektem Wege doppelt durch sein Schwein wieder erlangt. Auf dem Schwein beruht gewöhnlich der beste Teil der Hoffnung jedes armen irischen Bauern.»

Die heute noch in Irland verwandte Redewendung «come *up* to the fire» zeugt von der tierfreundlichen Architektur jener Zeit. Der Feuerplatz liegt an der höchsten Stelle im Haus und ist damit ein warmer, vor allem jedoch trockener Platz, denn das Gefälle des Fußbodens erlaubt es, daß die tierischen Exkremente zur anderen Seite des Hauses abfließen.

Geschichtliche Lektion – Enthaltsamkeit

Alle zeitgenössischen Kritiker halten Pachtsysteme wie das Cottier-System nicht nur für menschlich beschämend, sondern vor allem für agrartechnischen Unfug. Es verhindert, insbesondere durch die große Fluktuation der Pächter, die nötigen Fruchtwechsel und die Kontinuität

Einst waren die Schulen noch belebt

in der Bebauung als wichtige Voraussetzung zu landwirtschaftlicher Produktivität. 1845 verspricht ein gutes Kartoffeljahr zu werden. Aber bei der Ernte zeigt sich, daß weite Ackergebiete von einer merkwürdigen Kartoffelkrankheit befallen sind. Mit bürokratischer Verzögerung ringen sich schließlich die englischen Regierungsstellen zu Hilfsmaßnahmen durch und teilen Irland in «relief districts», Wohlfahrtsbereiche, auf, die von englischen «relief officers» verwaltet werden. Nach der Überwindung zahlreicher Schwierigkeiten kann endlich Mais aus den USA zur Rettung der Hungernden herbeigeschafft werden. Voraussetzung für diese Hilfsaktion ist es, daß das protektionistische «Corn Law», das den englischen Markt vor billigem amerikanischen Weizen schützen soll, außer Kraft gesetzt wird.

Die Kartoffelernten der folgenden Jahre sind ebenfalls verdorben. Der an die irische Bevölkerung verteilte Mais hilft wenig, da es an geeigneten Getreidemühlen fehlt. In Flugblättern wird der hungernden Bevölkerung empfohlen, die Maiskörner über Nacht einzuweichen und stundenlang zu kochen. Erst als nach dem Verzehr von auf diese Weise zubereitetem Mais die ersten Todesmeldungen eintreffen, wird die englische Marine eingesetzt, um das Getreide zu den Mühlen nach England zu schaffen und als Mehl zurückzubringen.

Mit diesem Mehl überstehen die Iren unter entsetzlichen Leiden und Entbehrungen den Winter 1845/46. Alles Lebendige dient als Nahrung – Schweine, Hühner, Hunde verschwinden gänzlich, Brennesseln und Seetang werden zur Delikatesse. Alle Augen, Hoffnungen und

67

Regierungspläne sind auf die neue Kartoffelernte gerichtet. Die Bauern verschulden sich bis zum Letzten. Doch Wochen vor der Erntezeit, als jeder Flecken Erde in ganz Irland mit Kartoffelpflanzen bebaut ist, ereilt die leidende Bevölkerung ein weiterer unbegreiflicher Schicksalsschlag. Innerhalb weniger Tage wird die gesamte irische Kartoffelernte von einer stinkenden Fäulnis befallen. In der Annahme, staatliche Hilfen schränken den Handel mit Lebensmitteln ein, reagieren diesmal die englischen Behörden nicht mit Hilfsmaßnahmen, sondern appellieren an die Händler: «Irland steht euch offen, ihr könnt das Geschäft eures Lebens machen!» Doch da in Irland ein engmaschiges Handelsnetz fehlt, vergrößert sich die Katastrophe.

Getreu dem Motto «nach uns die Sintflut» reichen die Gemeinden die abenteuerlichsten Pläne ein, um ihre Bürger am Leben zu erhalten. Während des Winters sieht man in ganz Irland Trupps von kaum bekleideten, aufs Skelett abgemagerten Männern und Frauen, die bei Schnee und Regen sinnlose Arbeiten verrichten, zum Beispiel Straßen

nach nirgendwo bauen. Als Arbeiter an Hunger sterben, bricht die Regierung in London dieses Hilfsprogramm ab und geht wieder zum System der direkten kostenlosen Unterstützung über. 1847 verabschiedet das Parlament das «soup kitchen law», das Suppenküchengesetz, doch auch die im Auftrage Londons gebrauten Wassersuppen können die Bevölkerung nicht am Leben halten. Zwar treffen Hilfssendungen aus Amerika, England und Übersee ein, doch alles dies vermag die dritte Heimsuchung, eine Pest- und Typhusepidemie, nicht mehr aufzuhalten.

Medizin ist teuer und kaum vorhanden; Quarantäne läßt sich nicht konsequent durchsetzen, denn die Geschwächten und Kranken ziehen es vor, in den Städten eng zusammengepfercht in unbeschreiblichem Dreck zu vegetieren, weil sie dort wenigstens mit Almosen, Wärme und Hilfe rechnen können. Für die Kranken und Hungernden ist es kein Trost, daß die Krankheit im Gegensatz zum Hunger keine Klassenbarriere kennt.

Panik und Flucht – Fuck the British

Elend verwandelt sich in Panik – Flucht aus dem verdammten Land. Irland erlebt einen Exodus, von dem es sich bis heute nicht erholen kann. In knapp vier Jahren gehen der Insel durch Hungertod, Krankheit oder Auswanderung etwa 2,5 Millionen Menschen verloren.

Auf Schiffen, die den seltenen Rohstoff Holz von Kanada nach England bringen, werden die geschwächten und verhungerten Menschen nach Amerika transportiert. Da die «Passagiere» ihre eigene Ver-

Auswanderung – eine «irische» Lösung

Ein «Storyteller» kommt ins Dorf

pflegung mitbringen müssen, können die Reeder den Fahrpreis niedrig halten. Unter den Schiffskapitänen kommt es zum wahren Konkurrenzkampf um die menschliche Fracht. Jeder Passagier, ganz gleich, wieviel er bezahlt, ist noch ein Gewinn, da die Schiffe andernfalls ohne Ladung nach Kanada zurückfahren würden. Verwandte oder Freunde in Amerika schicken Fahrkarten für die Überfahrt; selbst die Landlords stellen kostenlose Tickets zur Verfügung, um ihre Pächter loszuwerden. Denn die Gutsherren nutzen die Gunst der Stunde. Die Abschaffung des Corn Law hat längst den Anbau von Getreide unrentabel gemacht.

Sind die Pächter erst einmal abgeschoben, ist es leichter, die Parzellen wieder zu großen Gütern zusammenzulegen. Auf eingezäunten Weideflächen lassen sich mit weniger Arbeitsaufwand Schweine und Schlachtvieh für den englischen Markt produzieren.

Den Pächtern versprechen die Grundbesitzer in ihrer neuen Heimat Landungs- und Überbrückungsgelder. Ein führendes Mitglied des englischen Kabinetts, Lord Palmerston, siedelt zum Beispiel mehr als 2000 Pächter von seinem Besitz nach New Brunswick um. Als die ersten Schiffe Lord Palmerstons in Amerika landen, sind die Anwohner entsetzt. Die Hälfte der Passagiere ist praktisch nackt. Wohltätigkeitsvereine müssen die Menschen vor ihrem Landgang zunächst einkleiden oder auf Bahren vom Schiff tragen.

Unterwegs sind zahlreiche Mitleider an Fieber gestorben oder einfach über Bord gegangen.

Zum Abtransport der vielen «auswanderungswilligen» Iren reichen die Holztransportschiffe schon bald nicht mehr aus. Es werden zusätzlich alte Segelschoner eingesetzt, die früher als Sklavenschiffe gedient haben.

Die amerikanische Regierung ist über den Zustand der täglich ankommenden Einwanderer entsetzt und verbietet die Landung von Schiffen mit kranken Passagieren. Aber die Kapitäne setzen daraufhin ihre Fracht an einsamen Stränden und Buchten ab, was wiederum zahlreiche Menschenleben fordert.

Neben der «humanen» Methode der organisierten Auswanderung inszenieren die Grundbesitzer eine große Landvertreibung, wobei sie die hohe Verschuldung der Bauern zum Anlaß nehmen.

Latifundienbesitzer, die gehofft haben, nach der Hungersnot und durch die Landbereinigung für sich eine bessere wirtschaftliche Situation zu schaffen, machen die Rechnung ohne den Wirt. Das Heer von Verwaltern, Mittelsmännern und Agenten hat ihre Anwesen mittlerweile hoch verschuldet. Auch gelingt es den Mittelsmännern nicht mehr, ausstehenden Pachtzins und Steuerschulden von den mittellosen Pächtern einzutreiben.

Nationales Trauma

Auch zivilrechtliche Maßnahmen haben gegenüber den Kleinpächtern keinen Erfolg. Daher erläßt die Londoner Regierung ein Gesetz, demzufolge die Grundsteuer für Kleinpachtungen in Zukunft vom zuständigen Latifundium zu tragen sind.

Hohe Schulden liegen plötzlich auf diesen großen Besitztümern, ein Hindernis mehr für die Herren, ihre Güter zu verkaufen. Erst ein weiteres Gesetz der englischen Regierung aus dem Jahre 1849 – das «Encumbered Estates Act» – befreit die Besitztümer wieder von ihrer Schuldenlast. Landlords stoßen daraufhin ihre Güter zu Schleuderpreisen ab. Jene Engländer oder Mittelsmänner und Agenten, die nun das Land übernehmen, investieren kaufmännisch klug in Fleisch und Wolle.

Nachdem ungefähr eine Million Iren getötet, eine weitere Million nach Australien oder Amerika ausgewandert sind und die gebliebene Bevölkerung auf Jahrzehnte von einem nationalen Trauma gezeichnet ist, kann nun endlich eine moderne Landwirtschaft entstehen.

Aber das Ende der Hungersnot und neue landwirtschaftliche Perspektiven können die Menschen auf dem Lande noch lange nicht befrieden – denn das Land gehört immer noch nicht denen, die es bewirtschaften. Die irischen Bauern müssen noch 50 Jahre kämpfen, einen regelrechten «Landkrieg» führen und sich für die Rechte der Pächter einsetzen, bis um 1900 zwei Landkaufgesetze zum erstenmal einheimischen Bauern erlauben, mit Darlehen der Regierung eigenes Land zu erwerben und zu bewirtschaften. Hungersnot, erzwungene Auswanderung und Landkrieg sind im Bewußtsein der Iren noch immer fest verankert – Schmeißt die Engländer raus, fuck the British.

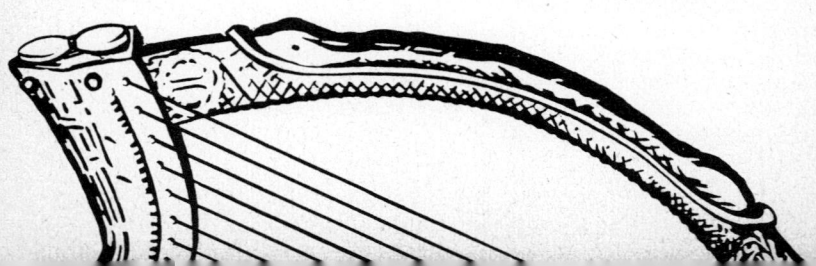

Kultur und Alltag

Essen und Trinken –
Schlicht und einfach

Dublin oder Belfast für das Zentrum irischen Lebens zu halten, ist ein großer Irrtum. Der wirkliche Mittelpunkt des irischen Alltags sind die Pubs, von denen es allein in der Republik 12 000 geben soll. In Kleinstädten wie Listowel, County Kerry, übersteigt die Anzahl von Kneipen die der Wohnhäuser; Cahirciveens Bewohner können gleich unter 56 Pubs auswählen – der Ort hat knapp 1400 Einwohner. Die Kneipe ist mehr als eine Schankstätte, sie ist im ländlichen Irland Dreh- und Angelpunkt sozialen Lebens: Lebensmittelladen, Konzerthalle, politisches Forum, Bar, Treffpunkt für Beerdigungsgesellschaften, ein Umschlagplatz für Neuigkeiten, der Ort des Gespräches und Palavers.

Man findet in Irland noch Kneipen ohne Wasserklos für Männer und gänzlich ohne Toiletten für Frauen. Die Gläser erleben nur eine kurze kalte Dusche unter dem Wasserhahn, und das Glas Guiness mag Fremden als eine Gefahr für die öffentliche Gesundheit erscheinen. Vielleicht schmeckt es gerade deshalb so vortrefflich. Ein paar Holzstühle, ein Tisch, der Boden voller Sägespäne und Kippen, das züngelnde Torf- oder Kohlefeuer in der Ecke verbreitet spärliche Wärme. Der Irish Whiskey kommt in Wassergläsern, und das einzige Eis findet man in der Stimme der Wirtin, wenn sie das Ende der Schankzeit verkündet. In verrauchter Dämmerung werden von den Bauern die neuesten Wetterergebnisse, die Gaunereien der Regierung und mit Besu-

chern aus der Stadt lebensphilosophische Fragen diskutiert. Hier sind die Männer unter sich. Pubs in größeren Städten weisen noch Überreste diskriminierender Innenarchitektur auf. Nur in den «snugs», den mit Spiegelwänden und Holzvertäfelung abgetrennten Separées, ist es nämlich bis vor wenigen Jahren Frauen erlaubt gewesen, zu trinken. Die Bar ist männliches Territorium. In der Lounge, einem weiteren wohnzimmerähnlichen Schankraum, dagegen sind besonders sonntags, am Familientag, die Frauen gern gesehen. Besucherinnen, die sich in eine düstere Bar verirren, sollten jedoch unbesorgt sein – zumindest im Pub hat die Gleichberechtigung der Geschlechter den irischen Alltag allmählich eingeholt. Ein Drink wird daher nur im Ausnahmefall verweigert.

Pubs of character – je stickiger, rauchiger und lärmiger, desto komfortabler erscheinen die Kneipen wohl ihren angestammten Besuchern. Der Wirt, im ländlichen Irland häufig eine Sie, sorgt durch den persönlichen Stil für die Atmosphäre. «Pulling a good pint», ein gut gezapftes Pint Guiness spricht sich in der Gegend in Windeseile herum. Die Kunst, das Glas braunen Gebräus so wachsen zu lassen, daß es mit seiner weißen Schaumkrone einem «Irish Coffee» zum Verwechseln ähnelt, ist das Geheimnis der Person hinter dem Tresen, wobei es darauf ankommt, zwar beiläufig, aber dennoch ritualisiert zu zapfen.

Pubs sind der Umschlagplatz lega-

Ansonsten gibt es Gemüse nur in Büchsen

ler Drogen in Irland. Hier ist der verbreitete Alkoholismus öffentlich. Die «schrägen» Schankzeiten in der Sommerzeit, wenn sonntags um 22 Uhr und werktags um 23.30 die Zapfhähne geschlossen und die Gäste vor die Tür gesetzt werden, dämpfen in keiner Weise die Sauferei. Stammkunden, die mit den Zeiten und den Gepflogenheiten des Wirtes vertraut sind, ordern kurz vor Toresschluß noch eine «Linie» von fünf oder sechs Halben, die sie nach Kneipenschluß in aller Ruhe leeren können. Gastwirte, mit den lokalen Polizisten in gutem Einvernehmen, verlegen die trinkende und zu vorgerückter Stunde nicht selten singende Gesellschaft häufig ins Hinterzimmer, in die eigene Küche oder ins Wohnzimmer und verrammeln die Eingangstür. Klandestin geht es dann bis in den frühen Morgen.

Klassenlose Gesellschaft

Bier und Whiskey sind in Irland eher sozialisierende Drogen. «Give us a song» – Bekannte und Fremde geben reihum feierlich Lieder zum besten, während die angetrunkene Gesellschaft aufmerksam lauscht. Gesang und Geschwätz wechseln auf angenehme Weise. Selten sind alkoholisierte Iren aggressiv, laut oder ausfallend. Ein gepflegter Angestellter aus Dublin ist vertieft ins angeregte Gespräch mit einem verdreckten Bauern; Nachbarn, Besucher, jung und alt stehen beisammen und wechseln zwanglos die Gesprächsthemen und -partner. Erlebt man Irland allein aus der Perspektive der Pubs, so scheint es keine Klassenunterschiede zu geben. Guiness is good for you ...

Die enormen Bier- und Schnaps-preise, die sich dank der Steuergier der Regierung in den letzten acht Jahren beinahe verdreifacht haben, sind den Kneipengängern ein wenig auf den Magen geschlagen. Ein Pint kostet knapp vier Mark, ein Whiskey das gleiche – da sollten sich budgetbewußte Reisende eine Pubkasse einrichten, damit es nicht schon nach wenigen Tagen ein böses Erwachen gibt. Die Einheimischen scheinen bescheidener zu trinken. Das Gewerbe organisiert im Sommer 1983 eine Protestmanifestation vor dem Dubliner Parlament, um auf den Niedergang der Branche aufmerksam zu machen. Die Inflation gefährdet selbst die wenigen Genüsse im «rural Ireland».

Als angenehmer Seiteneffekt sorgt diese Verteuerung dafür, daß Bier und Wein im Supermarkt so unerschwinglich sind, daß man auf die gesellige Atmosphäre des Pubs zurückgreifen und auf den heimlichen Suff am häuslichen Kaminfeuer verzichten muß.

In einigen wenigen Orten der Westküste, wie in Kenmare, County Kerry, oder in Galway, haben sich in den letzten Jahren kleine Cafés etabliert. Häufig handelt es sich um subkulturelle Gruppen, die dem Besucher vom Kontinent Kaffee, Kuchen und hausgemachte Köstlichkeiten servieren. Einheimische verirren sich selten an solche Orte. Sie sorgen daheim für eine gescheite Magengrundlage, bevor sie zum Biertrinken den Pub aufsuchen, wo es außer Chips und Erdnüssen nichts Eßbares gibt. Eine Ausnahme sind «Pub Grubs». Sie bieten Suppen, Sandwiches und manchmal sogar einen preiswerten Mittagstisch an.

Irland ist kein Land für Schlemmer. Das Essen ist bis auf wenige Ausnahmen teuer und schlecht. Be-

Verzicht auf kulinarische Genüsse

trachtet man die wenigen Cafés und Restaurants des Landes, fällt einem auf, daß die irische Kultur allein den Pub als öffentlichen Ort hervorgebracht hat. Typischerweise mixt das herbe Starkbier nicht eine gälischirische, sondern eine anglo-irische Brauerei, die in Dublin seit 1759 ansässig ist. Das Weltunternehmen entsteht zu einer Zeit, da Engländer nur solche Industrien zulassen, die ihnen daheim keine Konkurrenz machen. Guiness hat Glück gehabt.

Man spricht über Politik, er erzählt, daß seine Frau seit einer Woche außerordentlich krank ist. Man kennt sich nicht, nicht einmal mit Namen. Man ist sich einig, daß eine reglementierte Arbeit, ein «9 to 5 job», niemandem gut bekommen kann. Er erzählt von seinen Verwandten in Schottland, von den steigenden Preisen und fragt nach dem Leben in Kerry. Von persönlichen

Erfahrungen gleitet das Gespräch über zu Anekdoten, zu ernsten politischen Themen und wieder zurück. Bindeglieder einer alltäglichen Kommunikation sind die Mutmaßungen übers Wetter, die Preise.

Aus der Erkundigung nach dem rechten Reiseweg wird eine angeregte Konversation, der Einkauf dauert Stunden, weil einen das Palaver im Laden festhält. «Small» und auch «big talk» – Gespräch, Tratsch, Diskussion, nicht nur im Pub.

«Where do you come from?» Und überhaupt, das Wetter . . . Sympathie geht in Distanz, dann Wut über, wenn Gespräche sich nur so und nicht anders entwickeln. Freundlichkeit – sie ist bisweilen Fremden gegenüber so schrecklich penetrant, daß man sie verwünschen möchte.

Guinness ist wirklich nicht immer «good for you». Häufig ist dann der ständig lärmende Buntfernseher neben dem Tresen anregender als die quälende Wiederholung. Ihr entkommen Reisende auch, wenn Musiker oder Sänger den Kampf mit der Flimmerkiste gewonnen haben und zu einer «informellen Session» zusammenfinden. Da die Videooffensive und die bunte Programmvielfalt auch vor der Insel nicht haltmachen, wird man sich möglicherweise in wenigen Jahren nach dem freundlichen Geschwätz und den Musikanten zurücksehnen.

Kolonisierte Eßkultur

Neben der angenehmen Fährverbindung gibt es einen weiteren Grund, sich Irland über Nordfrankreich zu nähern. Besucher, die sich auf den Verzicht kulinarischer Genüsse in Irland seelisch eingestellt haben, sollten vor der Überfahrt noch einmal in aller Ruhe einen französischen Supermarkt «studieren». Ein Nahrungsmittelvergleich macht auf drastische Weise deutlich, wie sehr sich jahrhundertealte Kolonisierung in die Lebensgewohnheiten des Alltags eingefressen hat. Milch und Fleisch sind die landwirtschaftlichen Schätze, die Ressourcen der Insel überhaupt. Dem englischen Schinder wären die hart arbeitenden Massen ohne den billigen Nachschub von der Westküste schlicht verhungert. Doch außer dem grellgelben englischen Cheddar-Käse finden Besucher außerhalb der Hauptreisezeit kaum veredelte Milch auf der Insel. In den wenigen Wochen der Saison wechselt für kurze Zeit das Angebot, damit Besucher vom Kontinent auch Danish Blue und Camembert aus Frankreich genießen können. Milch verarbeiten die Einheimischen nur zu bester Butter, Quark

sucht man vergeblich, Joghurt kommt ohne die üblichen Farbzusätze nicht mehr aus, und Buttermilch verwenden die Bewohner auf dem Lande zur Veredelung des täglichen Kartoffelgerichtes. Beim Fleisch sind die Iren nicht viel phantasievoller als bei der Milch. Die Teile eines Rindes, kunstvoll zerlegt in Filet, Entrecote, Braten, oder aufbereitet zu Wurst und Aufschnitt, gehören nicht ins Angebot eines irischen Butchers. Fleisch ist eben Fleisch. Häufig hängen die Tiere noch in wuchtigen Hälften am Haken, und geschnitten bekommt der Kunde, was die singende Kreissäge gerade abwirft. «Irish Stew» wird in den Kochbüchern als irisches Nationalgericht bezeichnet. Doch wenn die Iren ein Nationalgericht haben, so ist das eher der Schinken, der roh oder gekocht das opulente irische Frühstück bereichert. Marmelade, Eier, Toast, Schinken und gebackene Würstchen, die wegen ihres Hormonreichtums eigentlich längst apothekenpflichtig sein müßten, bilden die Grundlage für den Tag. Die einheimische Küche verarbeitet die zur Verfügung stehenden Rohstoffe simpel, kalorienreich und eintönig. Auf lokalen Märkten werden Kartoffeln, Kohl und Karotten, Zwiebeln, ein wenig zerbrechlicher Salat angeboten. «Internationales Gemüse» wird für die Touristen eingeflogen und ist wie alle Importware entsetzlich teuer.

Ansonsten gibt es Gemüse nur in Büchsen. In den Läden sind die Erbsen und Bohnen in Tomatensauce so kunstvoll aufgestapelt, daß man meinen könnte, sich in eine Jahrmarktbude verirrt zu haben.

Irland hat über Jahrhunderte seine Nahrungsmittel ins Ausland exportieren müssen. Die Anbindung

Pubs: Umschlagplatz legaler Drogen

Die Treffpunkte der «Szene»

an die internationalen Märkte bringt sie als Konserven zurück. Die Mitgliedschaft in der Europäischen Gemeinschaft und der wachsende Wohlstand auf dem Lande hat nur für die Mittelschichten das Ernährungsverhalten und das Nahrungsmittelangebot verändert. So geht man gelegentlich in eines der wenigen, teuren Eßlokale, die eigentlich den Touristen vorbehalten sind, oder man leistet sich vielleicht einen geräucherten Lachs oder frischen Hummer.

Die Produkte einiger subkultureller Kollektive, die, wie auf dem Markt in Galway, selbst angebautes Gemüse, im eigenen Ofen gebackenes Brot und hausgemachten Käse feilbieten und damit auch einige einheimische Kunden gewinnen, zeigen die ungenutzten Möglichkeiten – das feuchtwarme Klima läßt beinahe alles gedeihen.

Wie exportorientierte EG-Politik die Entwicklung lokaler Ressourcen verhindert, zeigt nichts deutlicher als der heimliche Handel mit Landeiern. Der Verkauf von Eiern freilaufender Hühner ist nach EG-Richtlinien verboten. Country Eggs sind nur Eingeweihten zugänglich. Die Angst vor den Strafen der Regierungskontrolleure führt dazu, daß solche Eier nirgendwo öffentlich angeboten werden. Sie werden wie Drogen unter dem Ladentisch gehandelt.

In Dublin ist natürlich alles anders. Auf den Märkten in der Moore Street fühlt man sich nach Italien oder Frankreich versetzt. In der Stadt ist mittlerweile auch eine internationale Restaurantkultur entstanden. Der Mittelstand mit Geld lebt in Dublin und schafft sich allmählich kontinentale Annehmlichkeiten. Doch Irland ist nicht Dublin.

In den Midlands und im Westen weisen eher die «Health food»-Abteilungen in den Supermärkten auf eine Angleichung an kontinentale Standards hin.

Allein wegen kulinarischer Genüsse sollte niemand nach Irland reisen. Nur versierte Angler werden auf der Insel auf den Geschmack und auf ihre Kosten kommen.

Traditionelle Musik –
Sessions tonight

Irische Folk Music hat in den siebziger Jahren den Kontinent heimgesucht. Planxty, Paul Brady, die Fureys, die Dubliners und viele andere Gruppen spielen vor ausverkauften Häusern. Mit ihren traditionellen Ursprüngen hat diese Musik nicht mehr viel gemein. Trotz kommerziellem Ausverkauf ist die «traditional music» in Irland aber noch in recht guter Verfassung.

Séamus Ennis und Eddie Butcher sind tot. Séamus Ennis, in Irlands Hauptstadt geboren und aufgewachsen, war Dudelsackspieler, Sänger, Volkskundler und Erzähler – ein gebildeter, professioneller Musiker.

Eddie Butcher dagegen besaß nur die notwendigste Schulbildung. Kaum jemals hat er die paar Morgen mageren Bodens verlassen, die er in Magilligan, ganz im Norden der Insel, bewirtschaftete. Eddie war der Urtyp eines Folksingers. In seiner Gemeinde war es selbstverständlich, sich am Abend mit Freunden und Nachbarn zusammenzufinden und gemeinsam zu singen. Eltern hatten seit Generationen die Lieder an ihre Kinder weitergegeben, und Eddie kannte sie alle.

Séamus Ennis war als Interpret völlig spontan und echt, aber trotzdem spürte man seinen Hintergrund des professionellen Volkskundlers und traditionellen Musikers. Er kam aus einer Familie von Dudelsackspielern und erlernte die Musik durch seinen Vater. Zu Hause erwarb er auch seine Vorkenntnisse über die irische Tradition. Auf Grundlage seiner Kenntnisse gelang es ihm, die größte Sammlung von Volksmusik des 20. Jahrhunderts zusammenzustellen.

Ennis und Butcher, zwei Beispiele für Repräsentanten der traditionellen irischen Musik. Zwei Beispiele – unter vielen Tausenden. Es dürfte schwierig sein, Leute gleich welchen Alters zu finden, die nicht wenigstens einige der Lieder kennen, die immer schon gesungen wurden. Das gilt nicht nur für das Land, auch die Stadtbevölkerung hat ein ausgeprägtes Traditionsbewußtsein, das sich in der Musik manifestiert.

In jedem beliebigen irischen Pub, sogar in den riesigen «singalong lounges», ist mindestens einmal am Abend ein Lied zu hören, das schon aus dem 15. Jahrhundert stammt und nicht in der Schule gelernt wurde. Viele Musiker wählen den traditionellen Stil, einfach, weil er ihnen gefällt, aber auch die meisten Punkrocker scheinen von der traditionellen Musik beeinflußt zu sein.

Es ist eine reiche, kraftvolle und begeisternde Tradition, die Gesang, Tanz und Instrumentalmusik umfaßt. Sie ist überall auf der Insel zu finden und wird von allen Gesellschaftsschichten gepflegt, Rang, Religion und politische Überzeugung sind nebensächlich. Als natürliche Ausdrucksform des irischen Volkes hat diese Tradition mit großer Vitalität überlebt. Während jahrhundertelanger Unterdrückung ließen nämlich fremde Machthaber keine anderen Formen des Selbstausdruckes zu. Musik blieb beinahe der einzige kulturelle Schatz der Iren, und den lie-

Die Musikindustrie setzte Maßstäbe

ßen sie sich um keinen Preis nehmen.

Moderne Musik hat Irland überflutet wie jedes andere Land, und doch konnte sich daneben die ursprüngliche Musik behaupten. Und nicht nur das – sie genießt eine Popularität, die in Westeuropa einmalig ist.

Eine Gegenwelt

Die meisten größeren europäischen Städte haben ihren «Irish Pub», wo irische Gruppen auftreten. Bei Folkfestivals und Konzertreihen genießen irische Künstler hohes Ansehen. Es scheint, als würden die Menschen auf dem Kontinent irische Musik mystifizieren.

Vielleicht birgt sie die Erinnerung an etwas, das es auch für sie einmal gab. Entfremdung und die Übersättigung mit technischen Neuerungen machen die relative Einfachheit der Volksmusik sehr attraktiv. Zuhörer, die in zunehmend reglementierten Verhältnissen leben und arbeiten, finden in irischen Liedern eine Gegenwelt, frei von Regeln und Vorschriften. Die Schallplattenindustrie hat natürlich schnell Profit gerochen und die neue Milchkuh gründlich gemolken. In den meisten Fällen stehen Musiker im Blickpunkt, die schnelles Geld wittern und sich den Forderungen ihrer Vermarkter bereitwillig anpassen. Diese «Künstler» sind bereit, den Charakter der traditionellen Musik zu verändern, um den Anforderungen des großen Business zu entsprechen. Die meisten sind zudem so schlecht, daß sie daheim nur mit Ablehnung rechnen können.

Noch ist es in den meisten Gegenden Irlands möglich, gute Musiker zu hören, und es bedarf keines detektivischen Spürsinns, sie auch zu finden.

Pubs: musikalische Zentren

Die alte Sitte, zwecks Unterhaltung und Vergnügen die Nachbarn zu besuchen, mußte dem Fernsehen weichen. Allein im Pub finden Musiker und andere Menschen heute noch die Gesellschaft Gleichgesinnter.

Bis vor ungefähr zwanzig Jahren war jede Form von Musik im Pub verboten. Leute, die ihre Stimme zum Lied erhoben, riskierten einen Rausschmiß. Es gab natürlich immer Ausnahmen von dieser strengen Regel. Besonders die Pubbesitzer auf dem Lande waren gezwungen, stärker auf die Wünsche der wenigen Gäste einzugehen.

Wer heute einen Pub sucht, wo gute Musik gespielt wird, muß darauf achten, nach «traditional music» und nicht nach «folk music» zu fragen. Letztere wird gewöhnlich mit moderner amerikanischer «folk music» gleichgesetzt.

Außerhalb der Städte ist es ratsam, Plätze mit Bühne und Verstärkeranlagen zu meiden; in Dublin und einigen Provinzstädten gibt es allerdings auch Pubs, deren potentielle Zuhörerschaft groß genug ist, als daß der Einsatz solcher Anlagen gerechtfertigt wäre.

Nach zehn Minuten in einem Pub weiß man, ob die Musik gefällt oder nicht – ist sie schon am Anfang schlecht, wird sie es voraussichtlich auch bleiben. Klatschen die Zuhörer im Takt, ist von der Musik nichts zu hören; werden sie auch noch dazu ermuntert, ist die Musik wahrscheinlich gar nicht hörenswert, und es ist Zeit zu gehen, bevor man zahlen muß. Falls die Veranstaltung Eintritt gekostet hat und die Musik nicht gefällt, ist es nicht unüblich, das Geld zurückzuverlangen.

Die Veranstalter geben meist bereitwillig Auskunft, wo wirklich traditionelle Musik gespielt wird. Es ist wichtig, darauf hinzuweisen, daß man nicht an «ballads» interessiert ist. Das Wort «ballad» hat im populären Sprachgebrauch nichts mit der Definition im Wörterbuch gemein und bezeichnet eine Unterhaltungsart, die von viel Gebrüll und Lärm geprägt ist – im großen und ganzen eine Erfahrung, auf die man getrost verzichten kann.

Tanz: ein kultureller Schatz

Aber was kann man von einer traditionellen Session erwarten, wenn sich Musiker zwanglos treffen, die sich übrigens nicht notwendigerweise vorher kennen müssen. Viele der Stücke, die sie spielen, sind ohnehin im ganzen Land bekannt.

Zu einer typischen Session gehören meist zwei Geigen (fiddles), einige Flöten, ein Dudelsack und eventuell eine Konzertina. Ein Abend mit solcher Besetzung verspricht lebendige und raffinierte Musik. In den Pausen zwischen den Stücken ist Zeit für Unterhaltungen, häufig auch für einige Lieder, die von den Sängern gewöhnlich in der

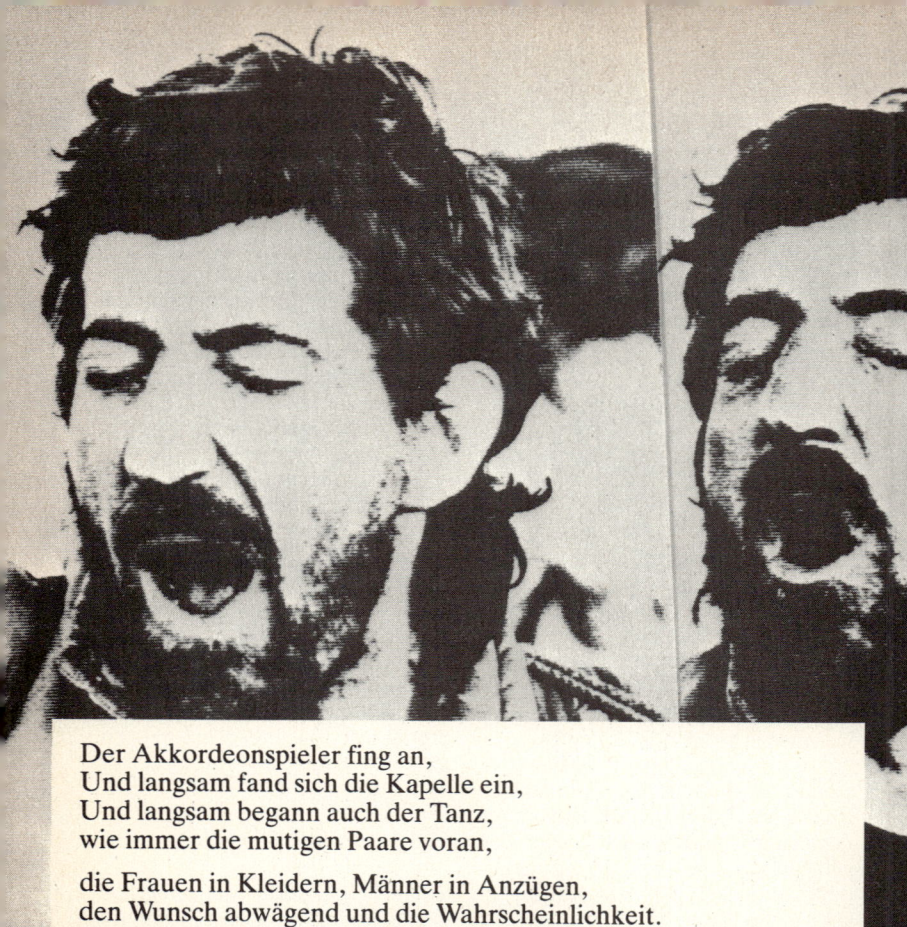

Der Akkordeonspieler fing an,
Und langsam fand sich die Kapelle ein,
Und langsam begann auch der Tanz,
wie immer die mutigen Paare voran,

die Frauen in Kleidern, Männer in Anzügen,
den Wunsch abwägend und die Wahrscheinlichkeit.
Ein Tanzabend auf dem Land. Der Dorfpriester
war da. Ein Bierausschank zog die Mengen an.

Manche tanzten Polka beim Foxtrott
und Foxtrott beim Walzer,
und manche swingten wie Experten.
Man konnte den Unterrock

des Mädchens im grünen Kleid sehen;
sie hielt ihre Handtasche beim Tanzen fest.
Manche tanzten Quickstep bei langsamer Musik,
aber die, die sich im Dunkel fanden,

tanzten engumschlungen
durch einen rhythmischen Himmel

und lernten, wie man sich auf Rücksitzen
der Autos liebt, geparkt in den Nebenstraßen

bis zur Morgendämmerung.
Und manche kamen spät und stritten
um ermäßigten Eintritt. Andere versuchten
es torkelnd mit Eintrittskarten

von anderen. Einer war so betrunken,
daß er nicht sitzen konnte.
Er kniete während der Nationalhymne
gestützt von Freunden und fuhr dann nach Hause.

Am nächsten Morgen bei MacShane
fragte ich Patsy Boland
ob ihm der Tanz gefallen hätte,
und er sagte: ‹Ich weiß nicht. War ich dort?›

«Eldorado» von Peter Fallon. Aus «Hundsrose. Neue irische Gedichte». Maro Verlag, Augsburg 1983

traditionellen Weise ohne Begleitung dargeboten werden. Die Atmosphäre ist zwanglos, und wenn die Musiker Lust haben, geben sie auch Soloeinlagen.

Ursprünglich war es Tanzmusik, die auf solchen Sessions gespielt wurde. Tausende von Melodien wurden komponiert, um die verschiedenen Grundtänze zu begleiten. Tanz ist seit jeher die Hauptunterhaltung des irischen Volkes. Bis vor kurzer Zeit gaben fahrende Tanzlehrer gegen ein Entgeld Unterricht in Scheunen und bei gutem Wetter unter freiem Himmel.

Jeder Tanzlehrer tanzt seinen eigenen Stil, und sämtliche traditionelle Musik, die heute gespielt wird, ist als Begleitung für die unterschiedlichsten Tänze dienlich. Die geläufigsten sind «jigs», «reels», «hornpipes», «polkas» und «slides». Wer tanzen wollte, konnte das auf dem Land fast jeden Abend tun. Der bevorzugte Ort für solche Zusammenkünfte war meist die Landküche; in Sälen wird erst neuerdings getanzt. Die beliebtesten Tänze, die «sets», werden eigentlich von vier Paaren getanzt, bei Raumknappheit, wie sie in den meist winzigen Küchen der «cottages» auf dem Land herrscht, geht es aber auch mit zwei Paaren (half sets).

Je nach Verfügbarkeit begleiten ein, zwei oder drei Musiker die meisten Tänze. Aber auch wenn kein Musiker da war, konnte getanzt werden. Ein oder mehrere Sänger, der Melodie kundig, begleiteten dann die Tanzenden mit ihrer Stimme. Tanzen war ein Zeitvertreib für die vielen langen Winterabende. Eines besonderen Arrangements bedurfte es dafür nie. Hatte sich eine Anzahl Leute in einem Haus versammelt, begann der Tanz. Neben diesen

Musik: Zeitvertreib für lange Abende

spontanen Zusammenkünften gab es auch besondere Anlässe. Hochzeiten, Totenwachen, Auswanderung, Ernte wurden mit Festen begangen, für die es galt, entsprechende Tänze vorzubereiten und einzuüben. Solche Abende versprachen stets lustig und ausgelassen zu werden. Die Küche war brechend voll, und das Fest dauerte meistens bis in den frühen Morgen. Die Tänzer und Tänzerinnen gaben Schrittfolge und Melodie von Generation zu Generation weiter.

Der Klerus schlägt zu

Die beliebte und vergnügte Form ländlicher Unterhaltung konnte sich so lange halten, bis eine «konzertierte Aktion» von stumpfsinniger Regierung und habgieriger Geistlichkeit dem Treiben ein Ende machte. Der Klerus witterte Geld. Der Bau von Tanzsälen unter kirchlicher Leitung würde die Kirchenkassen füllen. 1936 verabschiedete die Regierung ein Dance Hall-Gesetz, demzufolge für jede Tanzveranstaltung eine Lizenz erforderlich war. Eine Tuberkulose-Epidemie und die Auswanderungswelle dezimierten die Bevölkerung und trugen gleichfalls zum Absterben der Tänze bei.

Damit wurde auch den Musikern der Anlaß zum Musizieren genommen. Andererseits waren die Musiker jetzt nicht mehr reine Tanzbegleiter – Musik wurde auch um ihrer selbst willen gehört.

Die Schallplattenindustrie setzte durch ihre Auswahl musikalische Maßstäbe, wer wollte, konnte nun die Musik zu Hause hören. Vor den Tagen der Schallplatte gab es eine reiche Vielfalt an lokalen Musikstücken und Musikstilen. In Zeiten, als es noch keine Autos gab und ein Berg oder ein Fluß ohne Brücke noch riesige Umwege erforderlich machte, konnte es passieren, daß zwei Musiker, die nur 20 Meilen voneinander entfernt lebten, sich niemals trafen. Ihre Musik entwickelte sich meist sehr unterschiedlich. Heute noch spielen die Geiger in Donegal in einem anderen Stil als die in der Nachbargrafschaft Sligo. Mit dem Erscheinen einer Schallplatte mit Geigenmusik von Michale Coleman in den zwanziger Jahren war es plötzlich beinahe völlig vorbei mit regionalen Musikstilen. Junge Geiger versuchten, diesem vollendeten Musiker nachzueifern, und nur wenigen traditionsbewußten Spielern ist zu verdanken, daß noch lokale Stile und Melodien überlebt haben. Aber vieles ist für immer verloren.

Von Musik durchflutet

Trotz alledem gibt es in Irland nach wie vor traditionelle Musik. Zunehmender Wohlstand in den Nachkriegsjahren hat auch die Musik neu belebt. Die Organisation «Comhaltas Ceoltóirí Éireann» versucht seit 1950 traditionelle Musiker zusammenzubringen.

Heute ist «Comhaltas Ceoltóirí Éireann» ein mächtiger, einflußreicher Verband mit beträchtlichen Finanzmitteln. Auf geschickte Weise nutzt er die emotionale Zugkraft der Musik, um seinen Forderungen nach mehr Zuschüssen den nötigen Nachdruck zu verleihen.

Der bedeutendste Verdienst von «Comhaltas Ceoltóirí Éireann» ist die Einführung des «flead ceoil», eines großen Musikfestes, das jedes Jahr im August an unterschiedlichen Orten stattfindet.

Gewöhnlich kommen bis zu 10 000 Besucher, für ausreichende kostenlose Campingmöglichkeiten ist gesorgt. Wer ein festes Dach über dem Kopf wünscht, sollte unbedingt im voraus buchen, denn der Andrang ist groß.

Es herrscht eine euphorische Stimmung: Freunde, die sich nur einmal im Jahr sehen, fallen sich in die Arme, an Straßenecken stehen Gruppen von Leuten, spielen Musik, tanzen, singen, erzählen Geschichten. Ein fröhliches buntes Durcheinander, und überall Musik. Atmosphärisch und musikalisch sind solche Feste wesentlich beeindruckender als die kommerziellen Festivals, die hauptsächlich zum finanziellen Wohl ihrer Veranstalter organisiert werden. Für die «fleads» arbeiten die Einwohner der betreffenden Stadt zusammen, alle Altersgruppen sind beteiligt, und Eintritt kostet das ganze Vergnügen nicht!

Aber es gibt auch andere Veranstaltungen und Festivals, die einen Besuch wert sind. Besonders interessant ist die «Willie Clancy Summer School», die während der ersten Ju-

Gute Musik zu finden ist auch Glückssache

liwoche in Miltown Malbay, County Clare, stattfindet. Sie wird zu Ehren eines Dudelsackspielers veranstaltet, der in dem Dorf gelebt hat und vor zehn Jahren gestorben ist. Willie Clancys Vater Gilbert spielte Flöte und war musikalisch stark beeinflußt von dem blinden Dudelsackspieler Garrett Barry. Der Vater gab, ohne das Instrument zu beherrschen, die Künste des genialen Dudelsackspielers an seinen Sohn weiter. Willie Clancy erlernte auf diese Weise die Stile und Melodien der Musiker des frühen 19. Jahrhunderts. Die Musikschule, ihm zu Ehren gegründet, bietet einwöchige Kurse für interessierte Musiker an, die von erfahrenen Spielern unterrichtet werden. Es gibt Kurse für Dudelsack, Konzertina, verschiedene Flöten (flute, whistle) und Geige (fiddle). Musikalische Vorkenntnisse sind Voraussetzung – es hat keinen Zweck, sich auf

dem Wege nach Clare seine erste Geige zu kaufen. An dieser Summer School teilzunehmen lohnt sich – die Atmosphäre ist gut, die Umgebung zauberhaft, und den Leuten aus Clare wird nachgesagt, die gastfreundlichsten im ganzen Land zu sein. Die meisten, die einmal hier waren, kommen Jahr für Jahr wieder. Wichtig: Das Interesse ist groß, man muß sich also lange vorher zur Teilnahme anmelden.

Ein kleiner Pubführer

Musik hören kann man überall, doch am empfehlenswertesten sind Pubs auf dem Land, wo die Kommunikation schwierig war und noch immer ist und wo die Menschen weder Geld noch Lust hatten, die gängigen europäischen und amerikanischen Moden mitzumachen. In Miltown Malbay stolpert man geradezu über Musik und hat kaum eine Chance, ihr aus dem Wege zu gehen. In der ganzen Grafschaft Clare findet man eine stark ausgeprägte musikalische Tradition. Weiter südlich, an der Grenze zwischen Kerry und Cork, gibt es ein Gebiet mit Namen «Sliab Luachra», das berühmt ist für seine Gruppentänze, die die Musik lebendig halten. Dieses Gebiet umschließt das obere Tal des Blackwater mit den Städten Millstreet, Kanturk, Newmarket, Rathmore und Knocknagree. Die gesamte Bevölkerung von den Teenagern bis zu den Alten macht bei diesen traditionellen Tänzen mit, die regelmäßig in den lokalen Pubs stattfinden. Auch County Kerry ist eine musikalische Region. Gute Musik gibt es in Listowel und in Kenmare. Man kann sich aber auch zu abgelegeneren Pubs durchfragen, in denen sich die Menschen zum Tanzen und Singen treffen.

Auf halber Höhe an der Westküste liegt Galway, eine sehr alte und dennoch moderne Stadt mit eigener Universität. In der Umgebung gibt es eine Anzahl von Musikern, die sich oft und gerne zum Spielen in verschiedenen Pubs treffen.

Dublin ist natürlich auf Grund seiner Größe und seiner kosmopolitischen Bevölkerung eine Stadt, in der immer und überall Musik gemacht wird.

Der beste Ort für spontane Sessions ist das «Four Seasons» in der North King Street. Es liegt in der Nähe der Wohnung von John Kelly, der als *der* Chronist traditioneller Musik der letzten 50 Jahre gilt. Abends kommt John häufig auf einen Drink ins «Four Seasons» und dann entwickeln sich oft spontane Sessions in seinem Umfeld. Andere Pubs, in denen sich Musiker zu Sessions treffen, sind das «Brazen Head», «Kenney's» in der Westland Road und «O'Donoghue's» in der Merrion Row. Am bekanntesten ist «O'Donoghue's», das jedoch arg überschätzt wird und deshalb häufig ungemütlich überfüllt ist.

Das «Brazen Head» kann im Sommer auch überfüllt sein, aber es gibt in dem alten, weitläufigen Haus viel Platz. Manchmal laufen zwei bis drei Sessions gleichzeitig.

An den Nordquais der Stadt liegt das «Man of Aran». Hier treffen sich Leute, die aus Galway stammen. Oft spielen sehr bekannte Musiker, und die Musik ist meist ausgezeichnet.

Eine Stadt von der Größe Dublins hat genug Einwohner, um mehrere «Folk Clubs» zu füllen. Unterscheiden tun sich diese Clubs von den Pubs mit ihren Sessions nur dadurch, daß die Musik auf der Bühne gespielt wird. Die Veranstaltungen kosten Eintritt, der aber zum größten Teil an die Musiker ausgezahlt wird; die Veranstalter behalten nur soviel ein, wie sie zur Deckung der Kosten für Werbung und die Räume benötigen. Der Vorteil dieser Clubs besteht darin, daß klar ist, wann welche Musik gespielt wird. Der bekannteste Club ist der «Tradition Club» im «Slattery's» in der Capel Street, den ich selbst leite. Ich will mir hier jegliches Eigenlob sparen und kann nur empfehlen, daß ihr bei Gelegenheit vorbeischaut, um euch selbst von der Qualität zu überzeugen.

Ein anderer Pub mit Bühnenveranstaltungen ist «The Meeting Place» in der Dorset Street.

Im Arbeiterviertel Ballyfermot beherbergt «Downey's Pub» den «Ballyfermot Folk Club», wo ausgezeichnete Sessions mit ortsansässigen Musikern zu hören sind. Es würde zu weit führen, hier alle Ver-

Auf den Stil mit der «fiddle» kommt es an

anstaltungsorte für Sessions aufzuführen. Wo wann wer spielt, ist der Stadtzeitung *In Dublin* zu entnehmen.

Im Norden Irlands sind vor allem die Counties Donegal und Fermanagh für ihre ausgeprägte musikalische Tradition bekannt. Beide Counties waren wegen der schlechten Straßenverbindungen lange Zeit von Belfast und Dublin isoliert. In Donegal betreibt die irischsprachige Gemeinde «Gaoth Dobhair» einen großartigen Pub, den «Hiúidí Beag's», und in Crolly veranstaltet Leo O'Braonáin in seinem Pub fast jeden Abend spannende Sessions. In Fermanagh, in der Gegend von Derrygonnelly-Boho, kann man vielerorts sehr gute Musik im alten Stil hören.

In Belfast gibt es auf Grund der schwierigen politischen Situation nicht sehr viele Pubs. Der beste ist wohl «Tom Kelly's Pub» am Short Strand, und auch in «Pat's Bar» in der Dock Street finden gute Sessions statt. Bei Kelly wird nachmittags Musik gemacht, und es ist ratsam, die Gegend vor Dunkelheit zu verlassen, denn der Pub liegt in einem gefährlichen Stadtviertel. Bei Pat muß man viel Geduld mitbringen, denn man weiß nie genau, wann die Sessions anfangen.

Schallplatten und Lektüre können viel über irische Musik vermitteln, aber der beste Weg, sie wirklich kennenzulernen, ist, nach Irland zu kommen, zuzuhören und die Musiker zu treffen, die sich immer freuen, wenn sie neue Freundschaften schließen können.

Finbar Boyle

«Full-time collector» unterwegs

Folklore –
Erzählte Geschichte

«Im Irland, von dem wir träumen, wohnen Menschen, die materielle Reichtümer nur als Grundlage eines rechten Lebens sehen. Sie sind mit bescheidenem Komfort zufrieden und widmen ihre Freizeit geistigen Dingen. Ein Land, dessen Regionen mit gemütlichen Bauernhäusern überzogen sind, dessen Felder und Dörfer mit industriellen Rhythmen lebendig werden, ein Land, in dem kräftige Kinder herumtollen, in dem die Jugend im athletischen Wettkampf steht, in dem die Jungfrauen anmutig lächeln. Die Feuerstellen in den Häusern sind die Foren der Weisheit aus guter alter Zeit.»

Präsident de Valera bringt in einer Ansprache zum St. Patrick's Day die nationalistische Stimmung Irlands in den dreißiger Jahren auf den Begriff.

Die junge Republik, nach der formellen politischen Selbständigkeit von den wirtschaftlichen Folgen der Weltwirtschaftskrise und eines Handelskrieges mit dem Erzfeind England gebeutelt, besinnt sich auf ihre kulturelle Identität. Die Etablierten halten sich ans Vertraute: Wiederbelebung der irischen Sprache, Propaganda für ein unbeschädigtes gälisches Irland, das gegen Modernismus und Kulturinvasion zu verteidigen sei.

Das Klima irischer Neubesinnung

treibt jedoch nicht nur fragwürdige nationalistische Blüten. Um Tradition und Geschichte des absterbenden gälischen Irlands vor den Einflüssen des Konsumterrors, später des Buntfernsehers zu retten, beginnt die Folklore-Kommission ihre Arbeit, von der Besucher und Historiker bis heute zehren.

«So weit ich zurückdenken kann, war es in dieser Gegend während der Weihnachtsvorbereitungen üblich, einen gründlichen Hausputz zu veranstalten und das Wohnhaus neu zu kalken – die Häuser waren damals noch alle reetgedeckt.

Es war normalerweise die Aufgabe der älteren Jungen, das Haus mit einem großen Zweigenbündel zu schmücken. Und obwohl viele Familien so weit entfernt wohnen, versorgen sie sich mit diesen ‹holy›-Zweigen.

Sozialanthropologen und -forscher beschäftigen sich mit den Aspekten des sozialen Lebens, die meist von einer Generation an die nächste direkt weitergegeben werden. Diese mündliche Überlieferung ist jedoch abhängig von einer intakten Struktur des Gemeinschaftslebens und der Kontinuität von Sitten und Gebräuchen.

Das «Irish Folklore Institute» (1930–1935), dann die «Irish Folklore Commission» (1935–1971) beginnt damit, die folkloristisch reiche Geschichte Irlands zu dokumentieren. Eine Untersuchung der Weihnachtsgebräuche gibt beispielsweise einen Überblick über die Sitten und Gewohnheiten der Menschen.

Sogenannte «full time collectors», hauptberufliche Sammler, gehen mit einfachen Aufzeichnungsgeräten unter die Menschen, oft in den abgelegenen Tälern und auf den Inseln der Westküste, und lassen sich Geschichten und Geschichte erzählen.

1935 gibt der damalige irische Ministerpräsident de Valera Professor Dellargy von der «Folklore of Ireland Society» eine erste symbolische Unterstützung für Sammlungs- und Archivierungsarbeiten. Für jedes County Irlands stellt die Regierung 100 Pfund zur Verfügung.

Doch nicht nur freiberufliche oder professionelle Sammler begeben sich auf Spurensicherung. Von Juli 1937 bis zum Dezember 1938 machen sich die Kinder der Volksschulen auf den Weg und recherchieren unter Anleitung der Lehrer in ihrem Wohngebiet. Eine halbe Million handgeschriebene Manuskriptseiten kommen zusammen.

Ein Netz von Tonjägern

Die Kategorien, nach denen dieses reichhaltige Material geordnet wird, gehen auf das historische Werk «Handbook of Irish Folklore» zurück, das Seán Ó'Suilleabhin nach dem Vorbild des Folklore-Archivs im schwedischen Upsala zusammenträgt. Obwohl sich Alltag, Gewohnheiten und Glauben der Schweden von denen der Iren stark unterscheiden, stellt sich die Brauchbarkeit des schwedischen Untersuchungs- und Kategoriensystems auch für Irland heraus. Schwerpunkte historischer Forschungen waren und sind daher in Irlands Folklorestudien: Wohnviertel und Wohnungen; Alltag und Leben im Haushalt; Kommunikation und Handel; die Gemeinde; menschliches Leben; Natur; Folk-Medizin; Prinzipien und Regeln von gängigem Aberglauben; mythologische Geschichte, geschichtliche Traditionen; religiöse Gebräuche; populäre «erzählte Geschichte»; Sport und Vergnügen.

Zu diesen Themenfeldern schickt das «Department of Irish Folklore» am University College Dublin (UCD) nach wie vor ausführliche Fragebögen an das weite Netz von Sammlern oder interessierten Mitarbeitern! Bis heute kommen handgeschriebene Manuskripte im Archiv der Universität zusammen, die dann systematisch ausgewertet und veröffentlicht werden.

Eine der erfolgreichsten Befragungen beschäftigt sich mit dem Thema «Getränke und lokale Lieder». Hunderte von regionalen Korrespondenten antworten auf die Fragen, schicken Lieder auf Kassetten oder Texte von Songs, die in der Gemeinde beliebt und verbreitet sind. Die Fragebögen haben in der Regel einen einfachen Aufbau und lassen viel Platz für persönliche Bemerkungen:

«Wir würden gerne wissen, ob in Ihrer Gemeinde immer noch eigene lokale Lieder komponiert werden? Wenn ja, schreiben Sie uns doch den Text eines solchen Liedes einmal auf, wenn möglich mit den folgenden Informationen.
a) Name des Komponisten
b) Entstehungsdatum
c) Lokaler Name des Liedes
d) Gibt es einen Anlaß, aus dem das Lied entstand?
e) Wurde das Lied aufgeschrieben oder mündlich an Interessierte weitergegeben?
f) Wurde es bei bestimmten Anlässen gesungen? Wird es immer noch gesungen?»

Fragebögen dieser Art zu Kindergeburt, Todes- und Sterberiten, dem Leben der Fischerleute oder dem Alltag von Wanderarbeitern gehen auf die Reise und füllen heute ein akustisch-literarisches Archiv, das Hunderte von Wachsplatten und bespielten Kassetten, über 30 000 historische Fotos und über eine Million Manuskriptseiten umfaßt.

Die kleine Fachabteilung am University College Dublin arbeitet projektgebunden mit dem Ulster Folk Museum im Norden zusammen.

Geschichte von unten

Die großen ledergebundenen Folianten, die heute im Archiv des UCD stehen und die von Interessenten eingesehen und studiert werden können, sind zum großen Teil in irischer Sprache verfaßt. Kein Wunder: Schwerpunkte der Studien waren und sind die irischsprachigen Gaeltachtregionen und die vergleichsweise wenig anglisierten Gebiete an der Westküste Irlands.

Daß Folk-Traditionen nicht notwendig an ländliche Umgebung gebunden sind und daß städtische Zerstörung das Traditionsbewußtsein der Städter nicht zu vernichten vermag, dies können die Materialsammlungen über Dublin verdeutlichen.

Kommerzielle Interessen wirken selektiv auf die Konservierung von Geschichte. Was Touristen in Andenken- und Kleinhandwerksläden als Beispiele historischer Fertigkeiten angeboten bekommen, hat meist mit der wirklichen Geschichte des Landes nicht mehr das geringste zu tun.

Wer daher mit internationaler vergleichender Volkskunde und Folklore befaßt ist, kommt an der reichhaltigen Buch- und Zeitschriftenbibliothek und dem breiten Schatz historischer (Reise-) Studien im UCD nicht vorbei.

Historiker greifen auf Archiv und Bibliothek gleichermaßen zurück, um die «Geschichte von unten», von

Schon oft habe ich von diesen «American wakes» gehört. Hier in Moville, Donegal, hießen sie jedoch «Bottle Night» oder «Bottle Drink».

Während meiner Jugend verließen ja ganze Menschenhorden unsere Gegend. Die «Bottle Nights» zu diesen Anlässen beruhten auf Wechselseitigkeit. Die Leute, die während der Verabschiedungszeremonien in das eigene Haus kommen, muß man anschließend auch aufsuchen. Wenn wir zu einer solchen «Flaschennacht» gegangen sind, nahmen wir wie bei einer Hochzeit eine Flasche Whiskey mit. Die Leute kamen bei Anbruch der Dunkelheit zusammen, und wenn alle da waren, ging die Tanzerei los. Natürlich waren auch die Alten dabei, aber keiner war ausgelassener als die Person, die auswandern wollte. Manchmal dachten wir, die tanzen sich die

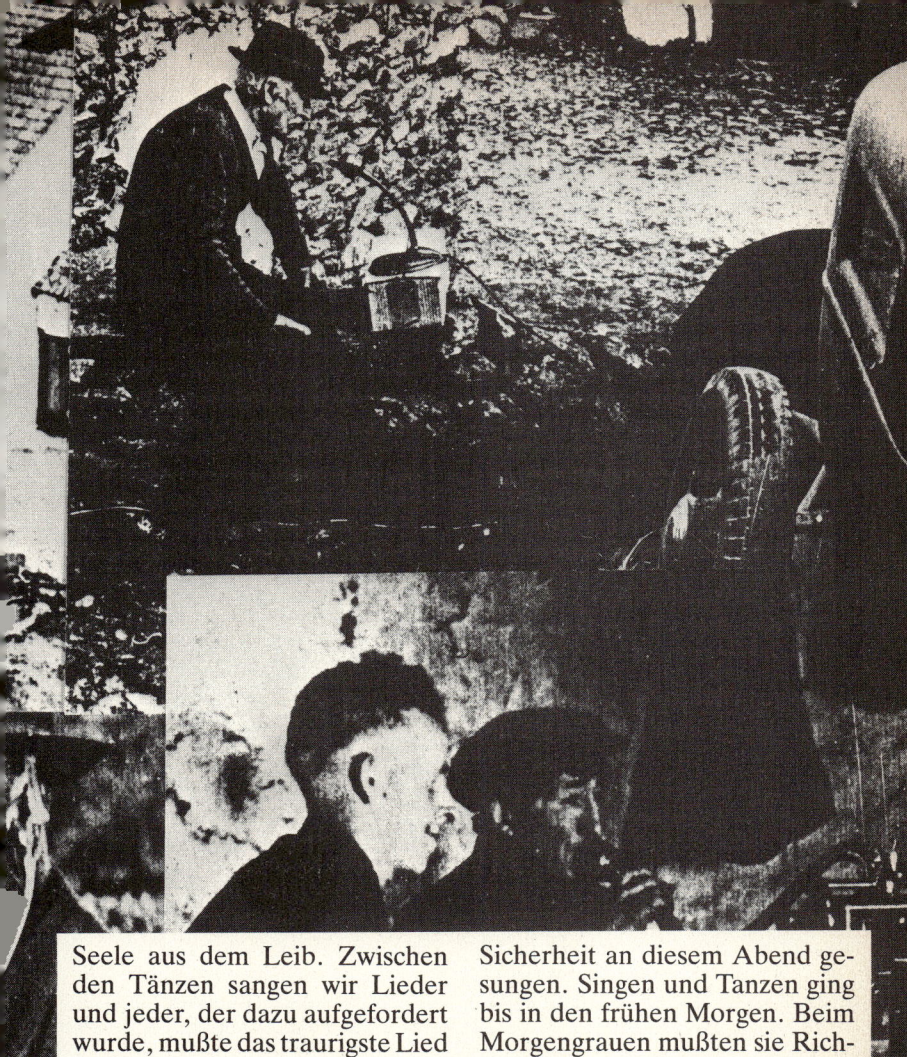

Seele aus dem Leib. Zwischen den Tänzen sangen wir Lieder und jeder, der dazu aufgefordert wurde, mußte das traurigste Lied singen, das er kannte. Die armen Emigranten nahmen sich diese Lieder besonders zu Herzen. Viele haben sie ihren Lebtag nicht vergessen. Die Songs waren gewöhnlich in der ganzen Region ähnlich. Aber wenn es ein spezielles Lied über die Heimatgemeinde gab, wurde es mit

Sicherheit an diesem Abend gesungen. Singen und Tanzen ging bis in den frühen Morgen. Beim Morgengrauen mußten sie Richtung Derry aufbrechen, weil sie ja noch ihre Habseligkeiten durch den Zoll bringen mußten. Der «Convoy» begleitete die Emigranten ein Stück ihres Weges, ein Bruder oder eine Schwester ging manchmal mit nach Derry, bis das Schiff ablegte und am Horizont verschwand.

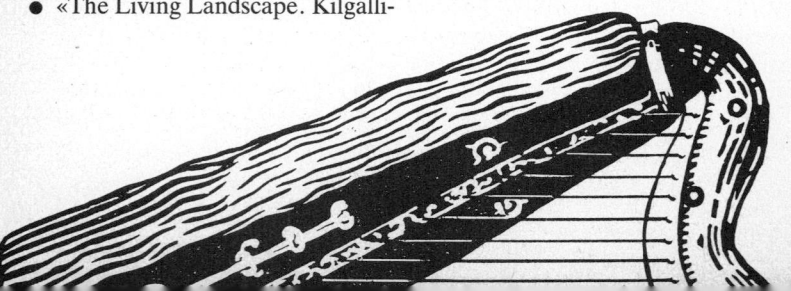

Die Großmutter erzählt

den wirklichen Erfahrungen der Menschen her zu schreiben. Arnold Schrier beispielsweise verfaßt 1958 ein Buch mit dem Titel ‹Ireland and the American Emigration› und nutzt für seine Arbeit die Studien der Folklore-Kommission zu diesem Thema.

Dokumentarische Spurensicherung entdeckt die Menschen und ihren Alltag – Aspekte, die von der offiziellen Geschichtsschreibung häufig übergangen werden.

«The Folklore of Ireland Council» veröffentlicht authentische Folklorearbeiten, die auch für Reisende in Irland sehr nützlich sein können:
● «The Living Landscape. Kilgalli-

gan, Erris, County Mayo», von Seamus O'Cathain and Patrick O'Flanghan.

Die «lebende Landschaft» und ihre Geschichte, verdeutlicht an einer kleinen Stadt an der Westküste.
● «All in! All in!»

A Selection of Dublin Children's Traditional Street Games with Rhymes and Music by Ellis Brady.

Eine illustrierte Geschichte von Straßenspielen der Kinder in Dublin
● «The Year in Ireland.» A Calendar by Kevin Danaher.

Traditionelle Gebräuche und Feste sind zu einem irischen Folklorekalender zusammengestellt.

Medien –
Schwarz auf weiß und flimmernd bunt

Im irischen Blätterwald kann man sich leicht verlaufen. Der Zeitungsverkäufer an der Ecke in Dublins Inner City hat gleich sieben Tageszeitungen zur Auswahl, auf dem Land kommen noch die Provinz- und Regionalzeitungen dazu, außerdem drei nationale Abendzeitungen und fünf Sonntagsblätter. Nach dem Gottesdienst hat der Kramladen des Ortes häufig einen Verkaufstisch am Ausgang der Kirche aufgebaut, und da bekommt man sie dann, die «Sunday Papers», ohne die das Wochenende nur halb so schön ist.

Die Zeitungsvielfalt bedeutet jedoch nicht unbedingt Pluralität. Für die Leser der Tages-, Wochen- und über hundert Regionalzeitungen ist Papier geduldig. Lesen ist eher Unterhaltung denn Information. Um die journalistischen Grundsätze wie Fairneß in der Berichterstattung und Sorgfaltspflicht ist es daher auch nicht besonders gut bestellt. Die konservativen Tageszeitungen legen ihre Schwerpunkte auf schlagzeilenträchtige Serien und Artikel. Wo der Leser am Kiosk zu entscheiden hat, muß das «Spektakuläre» her: Drogenkriminalität in Dublin, Sport natürlich, der bei allen Zeitungen täglich mehrere Seiten füllt, die Regierungskräche im Parlament. Die Anzeigenkunden und die Herren der Finanz- und Immobilienbranche können sich dagegen nicht beklagen. Seitenweise verständigt sich die «upper middle class» über Haus- und Anlagenbesitz, über Computer und Investitionssphären. Die sozialen Probleme des Landes sind häufig nur dann einen Artikel wert, wenn sie sich reißerisch aufbereiten lassen. Nach Betrachtungen über Ursachen und Folgen von Armut, Arbeitslosigkeit, steigender Kriminalität in den Städten, wachsenden Slums suchen Leser vergeblich. Auch die politischen Grundsätze der Gewerkschaften finden in diesen Zeitungen nur am Rande Erwähnung.

Der Konservativismus der irischen Presse verhindert einen «investigativen» Journalismus. Berufsschreiber und Herausgeber nehmen nicht das Risiko auf sich, «to publish and be damned», zu veröffentlichen und unter Beschuß zu geraten. Die Zensurgesetze der dreißiger und fünfziger Jahre, die es verboten, obszöne und beunruhigende Themen zu behandeln, wirken bis heute nach. Ausgewogenheit ist alles – offene ideologische Kontroversen über Staat und Gesellschaft haben in den meisten Zeitungen nichts verloren.

Einfältige Vielfalt?

Die drei größten Tageszeitungen der Republik – die *Irish Times*, die *Irish Press* und der *Irish Independent* – haben ihren Sitz in Dublin. Der *Independent*, die konservativste von ihnen, ist eng liiert mit dem rechten Parteiflügel von Fine Gael.

Die Gewerkschaften haben von dieser Zeitung nicht viel zu erwarten, und Frauen sind nur insofern von Interesse, als sie sich auf Mode, Kochen und Kosmetik reduzieren lassen.

Trotzdem findet man beim *Inde-*

Irisches Papier ist geduldig

pendent einen für die irische Presse typischen Charakterzug. Einzelne Artikel können völlig aus der politischen Reihe der Zeitung tanzen. Die politische Kolumne des Bruce Arnold, die stets interessant, faktenreich und couragiert geschrieben ist, steht in jeder Hinsicht im Gegensatz zur Redaktionspolitik des Herausgebers.

Zum *Independent* gehören ferner der *Sunday Independent* und der *Evening Herald*, außerdem hält der Zeitungsverlag Anteile bei zahlreichen Provinzblättern.

Der *Independent* tut sich vor allem bei der Verurteilung des Republikanismus und bei der Denunzierung jeglicher Vorstellungen von einem freien vereinigten Irland hervor. Besonders deutlich wird das heute in der schon fast rituell zu nennenden Verdammung von Gewalttätigkeiten im Norden.

Darin unterscheidet sich der *Independent* grundlegend von der *Irish Press*, die in den dreißiger Jahren von Eamonn de Valera, dem Republikaner und Anführer der Fianna Fail-Partei, in der Absicht gegründet wurde, der antirepublikanischen Presse jener Zeit ein oppositionelles Medium entgegenzusetzen. Seitdem ist die Zeitung eng mit Fianna Fail verbunden – über die «Troubles» im Norden wird relativ ausgewogen berichtet. In der Auslandsberichterstattung stützt sich die *Press* wie der *Independent* auf internationale Agenturen wie AP und UPI. Die *Irish Press*, die heute dem Enkel von de Valera gehört, hat die größte Verbreitung unter den Tageszeitungen. Der Verlag ist außerdem Herausgeber der *Sunday Press* und der *Evening Press*.

Die breite, kontroverse und meist dokumentarische Berichterstattung der *Irish Times* unterscheidet die Zeitung wohltuend von ihren Konkurrenten. Eine ganze Seite nehmen hochinteressante Leserbriefdiskussionen ein. Früher war die Zeitung das Organ der alten etablierten protestantischen Aufsteigerklasse, die sich bis heute ihren leicht akademischen und distanzierten Zugang zu den Tagesereignissen erhalten hat. Die liberale Zeitung im besten Sinne des Wortes lesen überwiegend gebildete Angestellte, Intellektuelle und Geschäftsleute.

Da die *Irish Times* in den sechziger und siebziger Jahren die Frauenbewegung unterstützte und für die Gleichstellung der Frau am Arbeitsplatz eintrat, arbeiten heute auch eine Reihe von Journalistinnen bei der Zeitung. Die sich in Irland zuspitzenden ökologischen Probleme sowie Fragen der Land- und Stadtplanung finden in der Zeitung einen breiten Diskussionsraum. Das Feuilleton ist vielfältig und der überregionale Veranstaltungskalender verdient Beachtung.

Der große Medienbruder

Der Zustand der irischen Medien ist nicht trennbar von der Rolle, die der große britische Nachbar in der irischen Öffentlichkeit spielt. Eine große Auswahl englischer Gazetten zirkuliert auf dem irischen Markt. Der *Daily Mirror*, die *Daily Mail* und der *Star* erfreuen sich mit ihrem Bildzeitungs-Niveau großer Beliebtheit. Bezeichnenderweise ist ein irischer Versuch, ein vergleichbares Massenblatt zu starten, kläglich gescheitert. Seit Beginn des irischen Pressewesens haben die irischen Medien mit der kapitalstarken britischen Konkurrenz zu kämpfen.

Die gesamte Ostküste bis tief hinein in die Midlands kann störungsfrei die englischen Fernsehkanäle empfangen. Der Kampf um die Einschaltquoten geht häufg zu Lasten des hausgemachten staatlichen Rundfunks und Fernsehens RTE. Die Amerikanisierung der elektronischen Medien in Irland, der Einkauf internationaler Fernsehserien, die zehnminütigen Werbepausen, die einem auch bei den Nachrichtensendungen nicht erspart bleiben – all dies läßt sich nicht allein auf die leeren Kassen der Funk- und Fernsehgesellschaft zurückführen. RTE mußte den Spielfilmen und Shows aus England ein konkurrenzfähiges Programmangebot entgegensetzen, um wenigstens im Ätherkrieg gleichzuziehen. Im Radio liefert die Popwelle RTE 2 ein trostloses Einerlei von Flachsinn und Musik, flotter Moderation und «phone-ins».

RTE 1 dagegen bietet eine Reihe hörenswerter Abendsendungen. Die Abendnachrichten, für deren Recherchen RTE das meiste Geld ausgibt, sind sehr ausführlich. Vor allem aber lohnt es, gelegentlich die Sendungen über Traditional Music und Folk-Geschichte, wie das Folkland-Programm am Sonntagabend, anzuhören.

Eine irische Medienkuriosität sind die «illegalen» Kommerzpiraten. Obwohl das Rundfunkgesetz die Sendehoheit dem staatlichen Rundfunk zuschustert, ist ein Betreiben privater Sender nicht ausdrücklich untersagt. Bis Frühjahr 1984 kämpfen daher, unbehelligt von der staatlichen Administration, «Radio Sunshine», «Radio Nova» und andere mit Rockpop-Einerlei und heißen Sprüchen um die lukrativen Werbeeinnahmen. Der ehemalige Post-

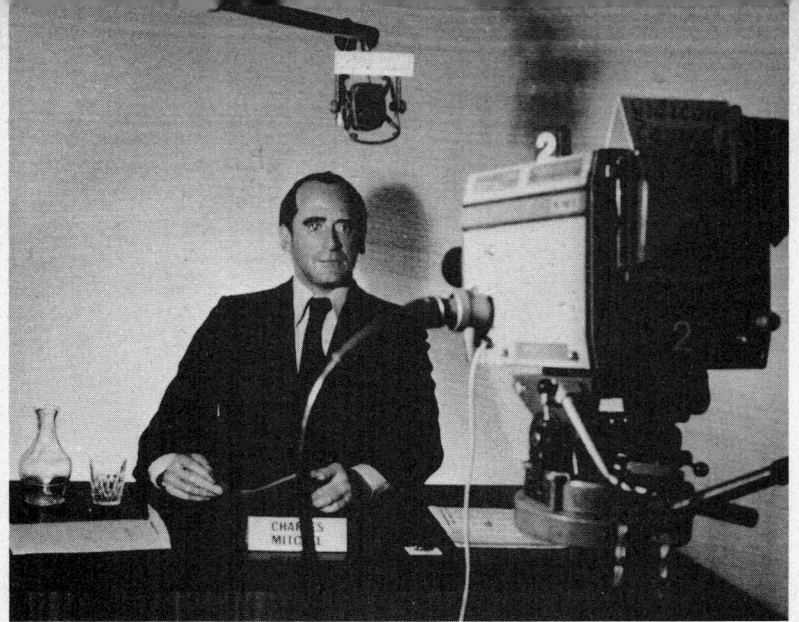

*Fernsehen: Dallas, «soap operas» und Werbe-
pausen*

minister war sogar an einem solchen
Sender beteiligt, was ihn verständlicherweise davon abhielt, gegen die
öffentlichen Ätherpiraten schon früher vorzugehen. Im Frühjahr 1983
wird der öffentliche Druck zur Neu-
regelung des Sendewesens so groß,
daß Polizisten die Sendeanlagen bei
Radio Nova konfiszierten. Doch
schon am nächsten Tag ist die Station mit ihrem Reservesender wieder im Äther zur Stelle. Die Regierung hat zur Beruhigung der Öffentlichkeit ein Exempel statuiert und
läßt seitdem den Piraten wieder ge-
währen. Ab Sommer 1984 soll das
irische Radiowesen mit 30 lokalen
Radiostationen neu geordnet werden. Aus Ministeriumskreisen ver-
lautet, daß die finanzschweren Piraten nicht gratis Zutritt zum Kreis der
Sendewilligen bekommen werden.
«Community Radio» habe mit Kommerzfunk nur wenig zu tun. Ob die

Polit-Beamten Wort halten, bleibt
abzuwarten.

Babylonische Sprachverwirrung

Kulturverantwortliche und Medienplaner hatten bei der Staatsgrün-
dung hochtrabende Pläne. Sie wollten die Medien auch zur Pflege irischer Traditionen nutzen und sogar
das Gälische zur offiziellen Sprache
machen. Geworden ist daraus wenig. RTE gibt die sozio-kulturelle
Verantwortung an einen Radiosen-
der ab, der an der Westküste täglich
sechs Stunden Programm in gälischer Sprache sendet. Daß auf den
beiden nationalen Wellen einmal
täglich die Nachrichten auf Gälisch
verlesen werden, wirkt eher wie ein
kläglicher Kompromiß. Gegen das
Englische als Geschäftssprache und
wichtigstes Verständigungsmittel
von Hollywood bis Dallas ist kein

gälisches Kraut gewachsen. So fügen sich irische Filmemacher resigniert in die schizophrene Situation, daß sie ihre Filme in Gälisch vertonen, bei einer Übernahme durch das Fernsehen jedoch mit englischen Untertiteln versehen, damit der Film überhaupt verstanden wird – Gälisch mit Untertiteln.

Viele Provinzzeitungen schließen, wie auch die *Irish Times*, ihren Kompromiß mit der Sprachenfrage, indem sie wöchentlich den Platz für eine Kolumne in der Muttersprache zur Verfügung stellen. Den Rest, Berichte über Hochzeiten, Todesfälle, die Veranstaltungen und Treffen der «community» und vieles mehr, gibt es, konservativ aufbereitet, in Englisch. Dennoch sind die Provinzblätter bei Fahrten übers Land eine unverzichtbare Quelle, um Mentalität und Kultur kennenzulernen und um Treffen und Veranstaltungen herauszufinden. Zu lachen und zu wundern findet man in diesen Regionalblättern genug. Es gibt kaum eine Alltagsbanalität, die bei ihnen keinen Nachrichtenwert hätte.

Zwar hat jede irische Region ihre Zeitung, aber für Dublin, wo ein Drittel der irischen Bevölkerung lebt, gibt es kein speziell auf die Stadt bezogenes Medium. Das gilt auch für die Sonntagsblätter – die *Sunday Press* und der *Sunday Independent* sind den Tageszeitungen ähnlich, widmen allerdings den schönen Künsten in Dublin ein wenig mehr Aufmerksamkeit. Der relativ neue *Sunday Tribune* versucht, sich auf dem von englischen Blättern dominierten «Sonntags-Markt» zu etablieren.

Die Sportberichterstattung ist ausführlich, die Leitartikel zu Themen wie «Multinationale Konzerne»

Irisches Radio gegen kulturelle Erosion

oder «Politische Gefange» geben Hintergrundinformationen in lesbarer und gut recherchierter Form. Der Kulturteil mit Film, Buch und Ausstellungsbesprechungen kann sich mit dem der *Irish Times* messen. Vincent Browne, der Herausgeber und einer der prominentesten irischen Journalisten, hatte schon die Zeitschrift *Magill* zu einem fortschrittlichen irischen *Spiegel* gemacht. Gut recherchierte Reportagen, aktuelle Interviews und eine Auseinandersetzung mit der Außenpolitik sind im *Magill* und im *Sunday Tribune* auf interessante Weise verwoben.

Zensur gegen Subversion

Die irische Frauenbewegung hat den illustrierten irischen Frauenmagazinen noch keine eigenständige Publikation entgegenstellen können. *U*, *Womens way*, *Image* und *It* sind schlechter als *Brigitte* oder *Freundin*. Der redaktionelle Teil dieser Zeitschriften scheint sich völlig an den Anzeigenkunden zu orientieren. Mode, Kochen, Kosmetik und Romantisches aus dem Ehe- und Beziehungsalltag sind die wesentlichen

99

Elemente des hochglänzenden Strickmusters.

Eine eigenständige kritische Frauenzeitschrift ist nicht das einzige, was man in der irischen Medienlandschaft vermißt. Auch eine aufklärerische Umweltzeitung, ein literarisches und politisches Diskussionsforum sucht man in Irland vergeblich. Die halbjährlich erscheinende *Crane Bag* versucht sich zwar mit Schwerpunktheften, zum Beispiel über Nordirland, irisches Theater oder Südamerika, vermag jedoch das politisch-kulturelle Informationsvakuum nicht zu füllen. Das gleiche gilt für die informativen «Newsletter» von ökologischen Gruppen wie der «Alliance of Safety and Health», die man nur in den wenigen linken Buchläden in Dublin, Cork und Belfast kaufen kann. Das einzige politische Stadtmagazin ist *In Dublin*, auf das Besucher der Hauptstadt schon wegen des ausführlichen Serviceteils mit Veranstaltungskalender, Filmtips und Adressen nicht verzichten können.

Im Vergleich zur politischen Debatte sind Kultur und Unterhaltung in der irischen Presse verhältnismäßig gut repräsentiert. *Theatre Ireland* ist zwar nicht besonders aufregend, gibt aber eine brauchbare Dreimonatsübersicht der Theaterereignisse im ganzen Land. Kleine politische Bühnen werden vorgestellt. Wer die im Verhältnis zur Größe des Landes gut entwickelte Theaterszene kennenlernen möchte, sollte sich *Theatre Ireland* in der Bibliothek oder im Buchladen besorgen. *Soundpost* ist eine Zeitschrift für Interessenten klassischer Musik, und das 14tägig erscheinende Rock-Magazin *Hot Press* bietet Neues aus der Musikszene – Gigs, Plattenbe-

sprechungen, irische Gruppen, neue Labels.

Jede kleine politische Gruppe oder Partei hat natürlich ihre eigene Publikation. Die kommunistische Partei, die Sozialisten, die Trotzkisten – ihre Veröffentlichungen sind in den linken Buchhandlungen in Dublin zu bekommen. In den Pubs auf dem ganzen Land verkauft dagegen die Workers Party ihre Wochenzeitung *Irish People* sowie *Workers Life*; beide Blätter sind zwar sehr polemisch und orthodox in ihrer Sprache, drucken jedoch bisweilen gute politische Analysen und Reportagen. Das Organ der Sinn Fein, die Zeitung *An Phoblacht*, soll die Propaganda der IRA besorgen. Die Untergrundorganisation ist auf ihre Zeitung schon allein deshalb angewiesen, weil ein besonderes Zensurgesetz die öffentliche Auseinandersetzung mit der politischen Gruppe untersagt. «Section 31 of the Broadcasting Act» verbietet beispielsweise dem staatlichen Rundfunk, Mitglieder subversiver Organisationen zu interviewen. Obwohl die IRA/Sinn Fein bei Kommunal- und Parlamentswahlen im Norden große Mehrheiten hinter sich vereint, herrscht Nachrichtensperre. Besonders grotesk ist die politische Zensur schon deshalb, weil sowohl BBC als auch die Fernsehstation Nord-Irlands, Ulster Television, alles über die diskriminierten Radikalen auf dem Bildschirm präsentiert.

Eine in solcher Weise geregelte «Informationsfreiheit» bringt die in der Republik arbeitenden Journalisten in schwierige Situationen. Eine politische Auseinandersetzung mit dem «Staatsfeind», gar mit seinem militärischen Flügel, ist trotz demokratischer Wahlsiege nicht erlaubt.

Sport –
Brot und Spiele

Rugby is a bowsie game played by gentlemen, soccer is a gentleman's game played by bowsies and Gaelic football is a bowsie game played by bowsies.

Rugby ist ein Spiel für Raufbolde, das von Gentlemen gespielt wird; Fußball ist ein Spiel für Gentlemen, das von Raufbolden gespielt wird. Gälischer Fußball ist ein Spiel für Raufbolde, das von Raufbolden gespielt wird.

Eine den Pubs vergleichbare flächendeckende Verbreitung haben in Irland nur noch die Wettbüros.

Wer auf Windhunde, Pferde, Rugby, Fußball, Hasenjagden und vieles andere wetten will, muß zum Sport und seinen vielseitigen, zum Teil skurrilen Entfaltungsformen ein gleichsam intimes Verhältnis haben. Etwa 70 verschiedene Sportarten betreiben oder verfolgen die Iren tagtäglich. Für aktuelle Informationen sorgen Tageszeitungen und Radio gleichermaßen – die ersten drei bis fünf Seiten jeder Zeitung, selbst der seriösen *Irish Times*, sind dem Sport gewidmet; RTE unterbricht außer für die Werbung nur für die aktuellen Sportnachrichten sein laufendes Programm.

Das Klatschen der Esche

Holzkeulen schlagen aneinander, ein kleiner Lederball fliegt über den Platz von der Größe eines Fußballfeldes. Zwei Mannschaften mit je 15 Spielern versuchen, den Ball wenn möglich ins Tor oder zwischen die höheren Pfosten des Gegners zu treiben.

Die Spieler dürfen zwar den Ball mit der Hand vom Boden aufnehmen, über das Feld darf er aber nur mit Hilfe der Holzkeule befördert werden.

Hurling, Irlands Nationalsport, sieht ungeheuer gefährlich aus. Aber die Tacklings und Zweikämpfe um den Ballbesitz machen den eigentlichen Reiz des Spiels aus. «The clash of the ash», das Zusammenklatschen des Ebenholzes, aus dem in der Regel die Schläger gemacht sind, läßt die Herzen der Zuschauer höher schlagen.

Das Spiel mit dem Hurling-Schläger beginnt für Iren schon im Säuglingsalter und geht so in Fleisch und Blut über, daß der bekannte Hurling-Star Christy King aus Cork mit dem kleinen Lederball sogar die Türschelle des Hauses gegenüber betätigen konnte. Hurling ist ein uraltes gälisches Spiel, mit dem sich die Iren seit über tausend Jahren die Zeit vertreiben. Der Hurling-Schläger ist in Irland mehr als nur ein x-beliebiges Sportgerät. Da die Iren im Laufe ihrer Geschichte häufig ihren Nationalsport gegen Verbote der Besatzer und Unterdrücker verteidigen mußten, ist es kein Zufall, daß bei den Aufständen in Nord-Irland Demonstranten Hurling-Schläger als Waffen mit sich führten. Das Nationalstadion für Hurling liegt denn auch im Dubliner Proletenviertel, nicht weit von den Slums der Stadt. Dort im Croke Park kommen bis zu 90 000 Zuschauer zu den jährlichen All-Ire-

Hurling: das nationale Spiel

land-Endspielen im September zusammen. Wie eng der urwüchsige Sport mit irischer Renitenz assoziiert ist, zeigt der «Bloody Sunday» während des irisch-englischen Unabhängigkeitskrieges. Nachdem Michael Collins, einer der Anführer des Osteraufstandes, mit seiner Spezialtruppe eines Morgens englische Geheimagenten erschießt, rächen sich die Kämpfer der britischen Spezialeinheit «Black and Tans», indem sie während eines All-Ireland Finals die Zuschauer zusammenschießen. Die Hogan-Tribüne im Stadion ist heute noch nach dem damals getöteten Tipperary-Spieler benannt.

Große Spiele beginnen stets mit kirchlichem Segen. Nach Absingen der Hymne ist es meist seine Exzellenz, der Erzbischof von Cashel, der den Ball ins Spiel einwirft.

Fußball auf Irisch

Hurling ist wie Gälischer Fußball ein strikter Amateursport. Und auch der Gälische Fußball ist eine rein irische Erfindung. Zuschauern erscheint das Spiel als eine Mischung aus Rugby, Fußball und Handball. Zwar dürfen die Spieler den Lederball von der Größe eines Fußballs mit der Hand werfen und abspielen, er muß jedoch stets mit dem Fuß vom Boden aufgenommen werden. Alle vier Schritte muß der Ball während des Laufens den Boden berühren. Gezählt wird wie beim Hurling nach Toren und Punkten: Ein Tor, wenn der Ball im Netz gelandet ist; ein Punkt, wenn er die höheren Pfosten überfliegt. Gälischer Fußball ist ein hartes Spiel, und es sind die Männer aus Kerry, die seit Jahrzehnten den Meisterschaftspokal nicht aus den Händen gegeben haben. «Ker-

Fußball auf Gälisch

ryman are tough boys» – die Männer aus Kerry sind harte Burschen.

Endspiele im Gälischen Fußball sollen bis heute einen Mikrokosmos der irischen Gesellschaft bilden. Wenn die Massen aus den Arbeitervierteln, die Popen aus ihren Residenzen und die Politiker aus ihren Ministerien in das Stadion strömen, dann gehen ein Wochenende lang in Dublin und seinen Pubs die Uhren langsamer.

Die «Gaelic Games» verdanken ihre Bedeutung der «Gaelic Athletic Association» (GAA), die mehr ist als nur ein Sportbund. Die GAA feiert 1984 ihr hundertjähriges Bestehen und kann auf eine erfolgreiche Geschichte sozialhygienischer Aktivitäten zurückblicken. Sie betreibt eine Art «Apartheid-Politik» auf dem Gebiet des Sports, und ihre Mitglieder dürfen sich nur gälischen Sportarten widmen. Fußball, Hok-key, Rugby oder Kricket haben in der GAA nichts verloren. Spracherziehung und kulturelle Bildung sind in der Organisation vom Sport nicht zu trennen. Die konservative GAA ist bis heute eine einflußreiche Organisation, ohne die im Sport nichts geht. Sie unterhält die Sportstadien und Trainingsplätze, seit den sechziger Jahren auch die Umkleidekabinen und Duschen, die im ländlichen Irland bis dahin nicht denkbar waren. Gälische Hochburgen sind Kerry, Cork, Galway, Tipperary und Kilkenny. «Na klar, wir fahren immer zum Irland-Endspiel, wenn Kerry spielt. Aber von Dingle nehmen wir nicht den direkten Weg. Wir fahren über Listowel, denn da gibt es 27 Kneipen, und wir lassen keine einzige aus, bevor wir unsere Heimat verlassen.»

Die Nationaldrogen Alkohol und Sport gehören in Irland untrennbar

Wetten als Volksdroge

zusammen. Die Anonymen Alkoholiker bauen jedes Jahr von neuem ihre Informationsstände am Croke Park auf.

Rugby war und ist, trotz seiner großen Popularität, eher ein Sport der Ober- und Mittelklassen, ein «protestant game». Nicht zufällig liegt das Dubliner Rugby-Stadion im reichen Stadtteil Ballsbrigde.

Der Sport nimmt in Dublins elitärem Trinity College seinen Ausgang. Irlands ältester Rugby Club – übrigens der zweitälteste in der Welt – macht den Sport unter den anglo-irischen Aufsteigern und Edelleuten populär. Daß Rugby trotzdem in Irland nicht so beliebt ist wie Gälischer Fußball, hängt zweifellos mit dem Bann zusammen, den die GAA über den Sport englischen Ursprungs verhängt hat.

Brot und Spiele

Ob es das Klima ist, das Feldspiele im Freien beinahe das ganze Jahr hindurch möglich macht, oder die Tatsache, daß jahrhundertelange koloniale Unterdrückung im Sport ein Ventil gefunden hat – Besucher können Irland vom Sportfeld aus erst richtig begreifen. Hier ist die Männergesellschaft unter sich, bis heute sind in besonders exklusiven Clubs Frauen ungern gesehen. Sport, Brot und Spiele setzen, wie der Alkohol, Klassenschranken außer Kraft. Politiker, die es zu etwas gebracht haben, können nicht selten auf eine erfolgreiche Karriere als Sportler verweisen. Jack Lynch, von 1968 bis 1973 Vorsitzender der konservativen Fianna Fail-Partei und Regierungschef der Republik, ist ein brillanter Sportler. Einer der erfolgreichsten irischen Geschäftsleute,

der Chef des mächtigen Heinz-Konzerns, Mr. O'Reilly, gehört zu den besten Rugby-Spielern des Landes. Und das große Sportstadion in Dublin, der Croke Park, trägt den Namen eines Erzbischofs.

Wo Sport und Politik so eng beieinander liegen, kann das Geschäft nicht weit sein. Allein 7000 Windhunde exportiert Irland jährlich. Das «Windhund-Ministerium» – The Irish Greyhound Racing Board – überwacht die Rennen, bei denen jährlich 23 Millionen Pfund umgesetzt werden. Wer die Jagd nach den elektrischen Hasen live miterleben will, braucht nicht bis zum Zentrum der Hunderennen in Clonmel, County Tipperary, zu fahren. 18 weitere Hunderennbahnen verteilen sich auf die größeren Städte des Landes.

Das irische Klima schafft außergewöhnliche Voraussetzungen für die Pferdezucht. Kein Wunder, daß ein «Irish Horse» in der ganzen Welt geschätzt ist und die Dublin Horse Show im August zu den ganz großen Ereignissen des Pferdesports gehört. Auch für diese Industrie, deren Zentrum im County Kildare in der Nähe Dublins liegt, schaffen sich die Iren ein eigenständiges Ministerium.

Das große Geld ist ferner dafür verantwortlich, daß es Irland nicht gelingt, eine starke Fußballmannschaft auf die Beine zu stellen. Eine Reihe guter Fußballer von Manchester United oder Tottenham Hotspurs sind irischer Nationalität. Spieler wandern aus, weil die Ablösesummen und die Trainingsbedingungen auf der Nachbarinsel sie locken.

Das Fernsehen hat Fußball neben Hurling und Gaelic Football populär gemacht. Die wichtigen englischen Spiele können in den Sportsendungen des britischen Fernsehens an der gesamten Ostküste verfolgt werden.

Daß Irland vom nationalen Touristen-Büro als ideales Reiseland für Sportsfreunde gepriesen werden kann, hat seinen Grund in der sportlichen Mentalität der Iren selbst. Wer Golf spielen will, muß sich nicht unter chromglänzende Mercedesfahrer und parfümierte Damen begeben, wem der Sinn nach Tennis steht, ist in den betreffenden Clubs auch als Nicht-Mitglied gern gesehen. Wasser, Wind und Wetter sorgen dafür, daß man in Irland außerdem segeln, windsurfen, kanufahren, rudern, tauchen und natürlich angeln kann.

Das andere Irland

Fahrendes Volk – Die Kanaken Irlands

Gepflegte Reihenhäuser, frisch gemähte Rasenflächen, Blumenbeete in akkurater Pracht – sterile und aufgeräumte Sauberkeit einer Mittelstandsiedlung in Clondalk, County Dublin. Nur wenige Schritte entfernt: Caravans, Schrottautos, schmutzige Kinder, offene Feuerstellen, Wäschestücke in den Hekken, streunende Hunde, grasende Pferde und Esel. Die Wohnstätte der Tinker ist den ansässigen Bürgern ein Dorn im Auge. Plötzlich stehen Autos in Flammen, schreiende Kinder flüchten, aufgeregte Pferde galoppieren davon.

«Wir geben euch 30 Minuten, dann wollen wir hier keinen mehr von euch sehen.»

Die Feuerwehr löscht Brände, die Polizei versucht zu schlichten. Zurück bleibt ein Schlachtfeld, verängstigte, aufgebrachte Familien – ein gescheiterter «Integrationsversuch».

«Es war ein friedlicher Protest, keiner von uns hat Gewalt angewendet. Wir sind nur hingegangen und haben ihnen eine halbe Stunde gegeben, um zu gehen. Wir können ihre Anwesenheit nicht mehr ertragen, sie holen uns die Wäsche von den Leinen, den Kindern nehmen sie das Spielzeug weg, und sie stehlen sogar Autos. Die sollen hier verschwinden und woanders hingehen, wir sind es leid!»

Ein Pogrom gegen Tinkers, auch Travellers genannt: die reisenden «Gäste» haben in bürgerlichen Wohnvierteln nichts verloren.

Einer Gesellschaft, die über Jahrhunderte als Kleinbauern, Haus- und Grundbesitzer überlebt hat, erscheinen diejenigen bedrohlich, die sich nicht an die ökonomischen Gepflogenheiten halten wollen oder können. Wo jeder dritte Ire eigenes Land und ein eigenes Haus besitzt, da müssen Land- und Obdachlose als Vision des Verlustes erscheinen, der einem drohen kann.

Weil sie niemand haben will, suchen die Fahrenden Orte auf, an de-

Betteln: Ein Penny von den Reisenden

nen sie vor den Übergriffen der Bürger, der Polizei und der stigmatisierenden Öffentlichkeit zumindest vorübergehend sicher sind: Müllplätze, Grünstreifen und Parkplätze an Hauptverkehrsstraßen. Touristen begegnen dem fahrenden Volk Irlands auf Schritt und Tritt.

Menschenmüll

Nur wenige County Councils haben einen regelrechten Lager- oder Wohnplatz für Travellers mit Wasseranschluß und sanitären Anlagen in ihren Gemeinden schaffen können. Immerhin 180 000 Pfund mußte der County Council Roscommon für 16 Caravan-Stellplätze aufbringen. Doch nur wenige Meter weiter, durch einen Erdwall abgetrennt, liegt die städtische Müllhalde, Tummelplatz der Ratten, Gestank.

«Das ist ein guter Platz hier – für den Müll», sagt John McDonagh, der hier mit seiner Frau und drei

Kindern lebt. «Ich finde, daß niemand als Bürger zweiter Klasse behandelt werden und neben einem Müllplatz leben sollte. Aber wenn wir Theater machen, dann schließen sie den Platz, und dann geht die Suche nach einer neuen Stelle von vorne los.»

Der County Manager äußert sich zufrieden. «Wir sind sehr stolz auf den Lagerplatz. Es ist zweifellos der modernste im ganzen Land. Ich finde ihn so gut, daß ich mein eigenes Haus dort bauen würde. Und mit dem Müll, das ist doch kein Problem, dreimal wöchentlich kommt ein Bulldozer, der den Müll zusammenschiebt und mit Erde zudeckt.»

Es sind verschiedene Erfahrungen, die schon seit Jahrhunderten die Tinkers auf die Straße treiben. Arbeiten innerhalb einer Region zu viele Menschen im gleichen Handwerk, verlassen einige die Heimat und versuchen ihr Glück auf der Wanderschaft. Die älteste Tradition der Tinker ist das Schmiedehandwerk. Sie fertigen aus Eisen, Silber, Bronze und Gold Ornamente, Hufeisen, Waffen und Werkzeuge, die sie so günstig wie möglich gegen Lebensmittel und Unterkunft zu tauschen versuchen. In ihrem Namen bleibt diese Tradition bewahrt: Tinsmith (Metallschmied) – Tinker.

Im Laufe der Jahrhunderte sehen sich aus ökonomischen Gründen auch andere Handwerker gezwungen, ihre Heimatorte zu verlassen. So machen sich Schneider, Schuhmacher, Weber, Schornsteinfeger, Musiker und Geschichtenerzähler auf die Wanderschaft.

Ende des 18. Jahrhunderts spitzt sich die ökonomische Situation in Irland zu. Innerhalb weniger Jahrzehnte wächst die Bevölkerung auf das Doppelte. Die erzwungene Parzellierung des Landes läßt vielen Landbewohnern zum Sterben zuviel und zum Leben zuwenig. Tausende kleiner Landarbeiter können nicht länger den steigenden Pachtzins an die Landlords entrichten und verlieren Haus und Feld. Finden diese Vagabunden nicht ein günstiges Auswanderungsschiff nach England oder in die USA, versuchen sie es mit einem Nomadenleben auf den irischen Straßen.

«Mein Urgroßvater hatte einen Hof. Doch als er starb, hinterließ er fünf Kinder. Das Land war so klein, daß es nicht alle ernähren konnte. Sie haben es verkauft und das Geld unter sich aufgeteilt. Dann haben sie nach Arbeit gesucht, sie haben anderen Bauern bei der Ernte geholfen. So sind sie auf die Straße gekommen.»

Auch persönliche Gründe, wie uneheliche Kinder, Alkoholismus und die unausweichlich damit verbundene Diskriminierung treibt ehemals Seßhafte auf die Straße.

«Oft gingen Frauen, die ein uneheliches Kind bekamen, von zu Hause weg. Sie versuchten ihr Glück mit Betteln und endeten meist als Prostituierte.»

Obwohl die Arbeiten und Fähigkeiten der Tinker für Seßhafte einen hohen Gebrauchswert haben, werden sie als Menschen verachtet. Sobald ihre Arbeiten verrichtet sind, haben sie Hof oder Gemeinde umgehend zu verlassen. Um sich rechtzeitig vor Übergriffen der Bevölkerung zu schützen, sich gegenseitig zu informieren und in prekären Lebensumständen eine Identität aufrechtzuerhalten, bilden Tinker daher ihre eigene Geheimsprache, die «Shelta» aus.

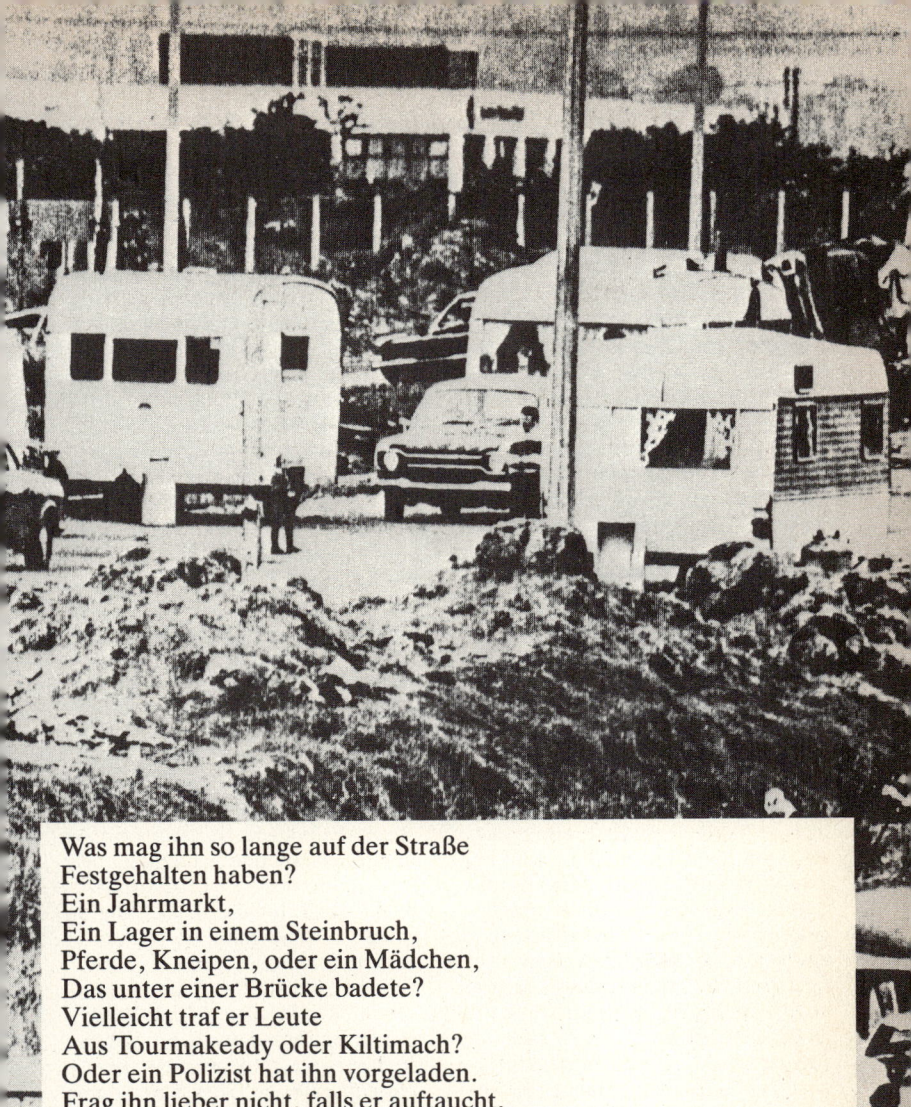

Was mag ihn so lange auf der Straße
Festgehalten haben?
Ein Jahrmarkt,
Ein Lager in einem Steinbruch,
Pferde, Kneipen, oder ein Mädchen,
Das unter einer Brücke badete?
Vielleicht traf er Leute
Aus Tourmakeady oder Kiltimach?
Oder ein Polizist hat ihn vorgeladen.
Frag ihn lieber nicht, falls er auftaucht,
Biete nur Obdach und Essen.
Deine Tür wird nie sein Reiseziel sein –
Manchmal im Vorübergehen
Wird er bei dir anklopfen.

«Fahrender» von Richard Murphy. Aus «Hundsrose. Neue irische Gedichte». Maro Verlag, Augsburg 1983

Not macht erfinderisch

«Vor vielen Jahren war ein Tinker jemand, der kannte hundert Wege zu überleben. Er verkaufte seine Waren, und wenn die niemand mehr haben wollte, wechselte er zu etwas anderem.»

Not macht erfinderisch: Tinker kennen eine Vielzahl von Überlebensmöglichkeiten. Sie flicken Metallkessel und stellen neue her, sie kleben zerbrochenes Geschirr, fertigen aus Weißblech Dosen verschiedener Größen. «On the road» kaufen sie in Fabriken oder Warenhäusern Linoleum auf und treiben damit einen bescheidenen Handel. Frauen fabrizieren Spitzen, Putzbürsten, Körbe und ziehen bettelnd über Land.

«Ich wanderte oft zehn Meilen, ein schweres Kind auf meinen Armen. Nur hin und wieder ein Haus, es ist verdammt schwer, dort was zu bekommen. Und dann wieder weiter, es kann sein, daß sie dir die nächste Tür vor der Nase zuschlagen. Es macht mich so einsam und traurig. Und wenn du den ganzen Tag schwer gearbeitet hast, sind bis zum Abend oft nur zwei Schilling und ein paar Zigaretten zusammengekommen.» In Zelten, Holzwagen und später in Caravans ziehen Gruppen von zwei bis vier Familien von Gemeinde zu Gemeinde. Selten legen sie mehr als 25 Meilen am Tag zurück. Auf Grünstreifen am Ortsausgang bleiben sie solange, bis angefallene Arbeit getan ist und Bürgerhaß oder Geldmangel sie zur Weiterreise zwingt.

Die meisten Familien verbringen das ganze Jahr an den Rändern der Landstraßen, oder sie suchen in verlassenen Häusern Schutz vor Wind und Wetter. Nur reichere Familien können es sich leisten, ein Haus für den Winter zu mieten.

Tinkers heiraten durchschnittlich zehn Jahre früher als seßhafte irische Bürger. Die jungen Mädchen sind zwischen 14 und 17 Jahre alt, wenn – meist von den Eltern – eine Hochzeit arrangiert wird. Im Ehestand zeugen sie ein Kind nach dem anderen. Kinder gelten Männern als Beweis ihrer Fruchtbarkeit. Die katholischen Tinkers sehen außerdem eine große Kinderschar als Beweis für die Zuneigung Gottes. 59 Prozent des fahrenden Volkes ist unter 14 Jahre alt. Die Frauen müssen bis zu 20 Schwangerschaften durchstehen. Die Kindersterblichkeit ist hoch. Von 1000 Kindern sterben etwa 100. Die Frauen schaffen mit Betteln und dem Verkauf von gebrauchten Kleidern das nötige Geld für den Haushalt heran. Ihre praktische Autonomie macht sie im Falle massiver ehelicher Auseinandersetzungen von den Ehemännern unabhängig. Trotz Streit und Gewalttätigkeiten leben Ehepartner gewöhnlich in Treue. Eifersucht ist häufig ein Anlaß zu Auseinandersetzungen. Wo die Familie der einzig sichere soziale Ort ist, haben die Beteiligten unter Verlustängsten besonders stark zu leiden.

Nur im überfüllten Wohnwagen werden Kinder angehalten, Ruhe und Disziplin zu bewahren. Wenn sie draußen rumtollen, sieht niemand nach ihnen. Sie können dann machen, was sie wollen. Sobald sie groß genug sind, erwarten die Eltern, daß sie mit der notwendigen Cleverneß auch ein paar Pfund zum Haushaltsgeld beisteuern.

Kinder lernen beizeiten, sich im rauhen Alltag durchzusetzen. Eine Mutter, die einen Kampf zwischen

Erzwungenes Leben auf der Straße

zwei Kindern beobachtet, wird selten eingreifen.

Einige Male im Jahr treffen auf Fairs, Hochzeiten oder Begräbnissen große Gruppen von Tinkern zusammen, um gemeinsam zu feiern oder zu trauern. Viele ältere Leute beherrschen noch heute die Kunst des Storytellers – mit ihrem Reichtum an Gesten und Gebärden geben sie bei solchen Zusammenkünften vor einem gespannten Hörerkreis ihre Erinnerungen und Geschichten zum besten.

Vom Land in die Stadt

«You can't get a living in the country anymore.» Auf dem Land kannst du nicht mehr überleben. Massenproduktion von Plastikwaren und die Mechanisierung der Landwirtschaft schränken die Arbeitsmöglichkeiten für Tinker immer stärker ein. Aus den gleichen ökonomischen Gründen wie die Seßhaften verläßt auch das fahrende Volk ländliche Regionen, in der Hoffnung, in den Städten eher Arbeit zu finden.

Dort schlagen sie sich mit Antiquitätenhandel, Verkauf von gebrauchten Kleidern und ähnlichem durch. Geld- und Arbeitsmangel zwingen die vom Lande Vertriebenen, die niedrigsten Arbeiten als Straßenfeger, Müllmänner, Toilettenreiniger anzunehmen. Einige Wohlfahrtseinrichtungen helfen mit billigem Mittagstisch. Um gegen regelmäßige Unterschrift das «dole», das Arbeitslosengeld, kassieren zu können, geben viele reisende Familien der stinkenden Enge neben einem Müllplatz den Vorzug vor der grünen Gleichgültigkeit ländlicher Idylle.

Die zuverlässigste Einnahmequelle ist das Betteln der Frauen. Wenn im Sommer Touristen Dublins

Straßen füllen, machen Almosen den bescheidenen Tagesverdienst von oft nicht mehr als fünf Pfund aus. Den meisten Erfolg haben die Frauen, wenn sie in ihren schlechtesten und schmutzigsten Kleidern mit einem im Tuch umgebundenen Baby herumlaufen. Ist gerade kein eigenes Kind im entsprechenden Alter zur Hand, leihen sie eines aus. Auch eingewickelte Gegenstände können ein Kind vortäuschen. Ohne diese «Uniform» sind die Chancen sehr gering, von mitleidigen Dublinern oder Touristen einen Penny zugesteckt zu bekommen. Natürlich stören die «heruntergekommenen» Gestalten das «saubere» Dubliner Stadtbild und müssen entsprechend auf der Hut vor der Polizei sein.

Die Zukunft der Tinker ist ungewiß. In der Wirtschaftskrise gibt es für die Ausgestoßenen erst recht keinen Platz. Die Konsequenz ist ein Leben von der Hand in den Mund; Ersparnisse, Zukunft, daran ist nicht zu denken. Nicht einmal beim Pubbesuch sind die Tinker Menschen wie andere auch – aus Angst, die anderen Gäste zu verlieren, verweigern viele Wirte die Bedienung. Die beliebten Kinos halten nur selten ihre Kassen für fahrendes Volk geöffnet.

Oft besteht die einzige Abwechslung darin, wieder auf die Straße zu gehen, weiterzuziehen, einen neuen Platz zu suchen.

Erzwungenes Reisen kann jedoch auch stolz und unabhängig machen.

«Du hast kein Theater mit der Miete und der Stromrechnung und kannst bis in den Morgen schlafen. Wenn du in einem Haus wohnst, mußt du früh aufstehen und dich ums Haus kümmern. Das ganze Geld geht dafür drauf. Aber wenn du auf der Straße lebst, ist alles Geld für dich.»

«Meine Frau und ich, wir hatten beide einen Job. Jeden Morgen um halb sieben aufstehen. Und das fünf Tage die Woche. Und wofür? Nur um Rechnungen und die Miete zu bezahlen. Nach sieben Jahren hatten wir es immer noch nicht zu etwas gebracht, und meine Nerven, die waren hin.»

Reisen und ständige Wechsel der Umgebung sind hochgeschätzt und gehören selbstverständlich zum Alltag. Doch für viele Familien hat das Reisen seinen ökonomischen Nutzen verloren. So leben zahlreiche Tinker inzwischen das ganze Jahr über in Häusern, oder sie bleiben mit ihren Zelten und Wagen an festen Plätzen.

Jüngere Leute, der unaufhörlichen Diskriminierung und Benachteiligung überdrüssig, stellen sich gezwungenermaßen auf das Leben in einem Haus ein. Erst eine angemessene Schulbildung der Kinder kann ihnen das nötige Wissen und Selbstbewußtsein geben, um eigene Interessen gegen eine Gesellschaft durchzusetzen, deren ökonomische und soziale Nischen mit wachsender Industrialisierung mehr und mehr verbaut sind.

Selbsthilfe

1965 entsteht das «Itinerant Settlement Movement», eine Bewegung, die sich für die Rechte der Tinker einsetzt und versucht, sie wieder seßhaft zu machen und damit ihre Probleme zu lösen. Lebten vor 20 Jahren noch alle Tinker auf der Straße, sind heute 38 Prozent in Häusern untergebracht, und 18 Prozent leben zwar noch in Caravans, aber auf festen Lagerplätzen. Die Kinder gehen regelmäßig in die Schule, und die medizi-

Pittoreske Armut für die Touristen

nische und soziale Versorgung ist weitgehend sichergestellt.

Ob diese Zahlen auf das Ende eines fahrenden Volkes schließen lassen, ist noch nicht abzusehen. Nach wie vor halten viele Tinker an ihrem Vagabundenleben fest. Ein Dach über dem Kopf schützt noch lange nicht vor der Diskriminierung durch die Nachbarn.

«Sie leben auf Kosten der Gesellschaft und bringen nichts ein. Sie sind Parasiten.»

«Die sind doch gar nicht daran interessiert, ihre Position zu verbessern. Von Arbeit wollen sie nichts wissen, und bezahlen wollen sie für gar nichts, außer für Alkohol. Sie sind schmutzige und schlechte Menschen.»

«Sie sind richtige Tiere. Man müßte ihnen die Kinder wegnehmen und sie sterilisieren.»

Seit 1982 arbeitet das «Comittee for the Rights of Travellers» gegen diese massiven Vorurteile. Ansässige Bürger und fahrendes Volk versuchen gemeinsam, die Öffentlichkeit auf die katastrophale Situation der Tinker aufmerksam zu machen.

Arbeitslosigkeit und Industrialisierung rauben den Reisenden ebenso wie ihren seßhaften Nachbarn die berufliche Perspektive. Wohnhaft zu sein ohne Geld und angestammtes Handwerk, muß den Tinkern eher als Wohn-Haft denn als Integration erscheinen.

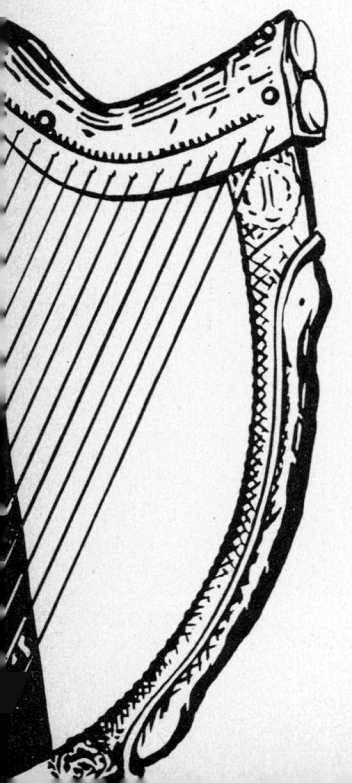

Herrliche Strände und wilde Klippen

Ökologie –
Gift-Grüne Insel

Donegal wird im Prospekt der Tourismuszentrale «Bord Fáilte» wie folgt beschrieben: «Die eigenwilligste aller irischen Landschaften. Bergiges Land, wildzerklüftete Küsten, phantastische Sandstränge. Dort finden Besucher noch die Verbundenheit von Mensch und Natur.»

Selbst bis hinauf in den abgeschiedenen Nordwesten ist die Verseuchung der Insel vorgedrungen.

Die Texter der Werbeagenturen müssen in naher Zukunft Formulierungssaltos schlagen, um ihre Botschaft rüberzubringen. Das landwirtschaftliche Irland verwandelt sich in eine chemische Müllhalde, für die Multis in einen gewaltigen Entsorgungspark. Wilde Müllkippen mit den Abfällen des Fortschritts verwunden die Landschaft, in vielen Meeresfjorden bringt es erst der Gezeitenunterschied an den Tag: verrottete Karosserien, Getriebeteile, Wagenräder.

Atomgegner und ökologische Initiativen haben bisher verhindern können, daß in Irland ein Atomkraftwerk gebaut wird, und es ist ihnen gelungen, das Versenken von hochradioaktivem Müll an der Südküste in einen öffentlichen Skandal zu verwandeln, gegen die alltägliche Vergiftung aber unternehmen die Iren bisher wenig. 20 Prozent aller irischen Milch ist antibiotisch bela-

Kunstdünger landet in den Flüssen

stet, Fleischproduktion ist ohne (illegale) Medikamente kaum denkbar. Da kann einem das Essen im Halse stecken bleiben.

Das Risiko exportieren

«Es kann nicht angehen», meint Mr. Cors Looney auf einer Diskussionsveranstaltung in Bandon, West-Cork, «daß eine Handvoll Bürger die Errichtung einer neuen chemischen Fabrik verhindern und dadurch 160 Arbeitsplätze gefährden. Die amerikanische pharmazeutische Gesellschaft Schering ist willkommen, und wir werden alles daransetzen, daß die 75 Millionen Pfund in Innishannon investiert werden. Eine Gefahr geht von Schering nicht aus.»

«Exporting the hazard» – der Export des Risikos – ist die Antwort der transnationalen Konzerne auf das wachsende Umweltbewußtsein in den Industrieländern.

«Die Inkriminierung von unsicheren Konsumgütern, Nahrungsmitteln, Medikamenten oder Pestiziden hat häufig zu einem Export dieser Produkte geführt. Die Umwelt- und Arbeitsschutzbestimmungen würden bald zu einem Exodus dieser Industriezweige führen. Daher wandern viele Fabriken nach Übersee ab, um die hohen Kosten für Auflagen und Entsorgung zu sparen ... Viele unserer verschmutzenden Risikoindustrien sind außerdem sehr alt. Um die strengen Auflagen der Behörden zu befolgen, müßten sie völlig neu entwickelt und gebaut werden. Da ist es wirtschaftlicher, einfach in Regionen abzuwandern, die weniger restriktiv mit diesen Industrien umgehen.

Armut und Unwissen machen viele Regionen der Welt sehr ver-

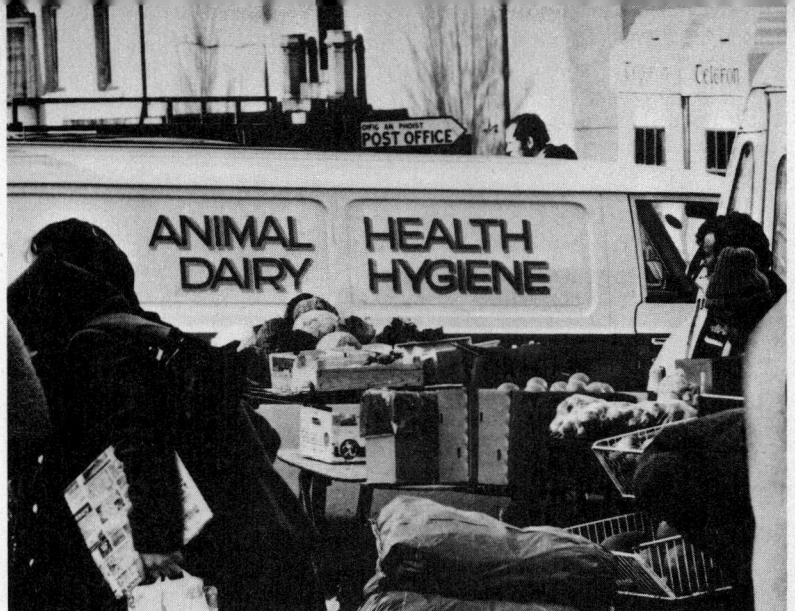

Illegale Tiermedizin unterm Ladentisch

letzlich für den Export dieser Risiko-industrien.»

So der amerikanische Wissenschaftler Barry Castleman in seinem US-Kongreß-Report. Für die Asbestindustrie, für die Chemikalien- und Pestizide-Herstellung hat sich Irland in eine große Müllkippe verwandelt. Hier sind die Bestimmungen für die Produktion, den Transport und die Lagerung gefährlicher Substanzen so profitfreundlich wie kaum sonst in Europa. Unzählige legale und illegale Müllkippen stehen zur Verfügung, die staatlichen Produktionskontrollen sind minimal, und auf die Verletzung von Bestimmungen steht eine äußerst geringe Strafe.

Am Beispiel des Wasserverschmutzungsgesetzes bedeutet das: Will eine Fabrik den anliegenden Fluß als Abwasserkanal benutzen, so ist dies bei den lokalen Behörden zu beantragen. Nach Prüfung durch das «Institute for Industrial Research» ergeht unter minimalen Auflagen eine Entsorgungserlaubnis. Da die Fabriken ihre Produktionsdaten in der Regel selbst erheben, verfügen die zuständigen Behörden häufig über eine weit schlechtere Ausstattung ihrer Labors zur Emissionsprüfung. Es sind sogar Fälle bekannt, wo die Unternehmen von sich aus höhere Sauberkeitswerte vorschlagen. Auf einem «Unfall» steht die Höchststrafe von 250 Pfund.

Ein Herz für Chemie

Irland ist heute der zehntgrößte Exporteur für pharmazeutische Produkte. Abbot, Johnson and Johnson, Merck, Pfizer und andere haben 1971 noch 33,2 Millionen Pfund investiert, 1979 sind es schon 334 Millionen. Arbeiten in diesen Fabri-

119

ken 1970 1546 Arbeiter, so wächst ihre Zahl bis 1979 auf 11 700.

In den späten siebziger Jahren bemüht sich die IDA, die «Industrial Development Authority», besonders um die elektronische Industrie. Jede zweite elektronische Fabrik, die heute in Europa gebaut wird, hat ihren Standort in Irland. 1980 vermelden die IDA-Nachrichten ein Rekordinvestitionsjahr: 140 Millionen Pfund gehen in die Teilefertigung von Microcomputern.

Der Widerstand gegen die gefährliche Lagerung von giftigen Abfällen im eigenen Land nimmt ihren Ausgang in den Vereinigten Staaten. Dort trotzen Arbeiter und Bürger der Petrochemie und den Atomindustrien wichtige Schutzbestimmungen wie das Sicherheits- und Gesundheitsschutzgesetz ab. Der «Resource Conservation and Recovery Act» verpflichtet dazu, künftig 15 Prozent des Kapitals in Schutz- und Entsorgungseinrichtungen zu investieren.

Viele Produktionen, wie die von Pestiziden und Herbiziden, werden daraufhin nach Indien oder Südkorea ausgelagert, die Asbestfabriken ziehen nach Lateinamerika oder Irland um. Allein in den siebziger Jahren wählen über 40 Unternehmen, die schwere und leichte Chemikalien oder Medikamente herstellen, eines der 26 irischen Counties zu ihrem neuen Standort. Beinahe alle drei Monate wird in Irland eine US-Tochtergesellschaft eingeweiht. Als in Cork die US Raybestos Manhattan Corporation die Anlieger mit Arbeitsplätzen und hochgiftigen Industrieabfällen beglücken will, wissen die Bewohner von Ovnes und Ringskiddy bereits von den gesundheitlichen Gefahren, die von Asbeststaub ausgehen. Eine Bürger-

initiative zwingt den Konzern, über Monate seinen Müll nur mit Polizeieskorten abzuladen, strengt Gerichtsverfahren an und mobilisiert die Bevölkerung mit Straßenblockaden und Flugblattaktionen. 1980 gibt Raybestos auf und wandert nach Puerto Rico ab.

«Die wachsenden Kosten bei der Verarbeitung von Asbest und die ungewissen Konsequenzen, die aus den zukünftigen Asbestbestimmungen erwachsen, zwingen uns dazu, Asbest aus unseren Produkten weitgehend herauszuhalten.» So äußerte sich die Industrie in den Vereinigten Staaten, nicht aber in Irland, wo 1980 die Arbeiter noch für minimale Schutzbestimmungen kämpfen.

Erst 1984 muß Irland, gezwungen durch die Europäische Gemeinschaft, regelmäßige Gesundheitsuntersuchungen bei Arbeitern an Asbest-Arbeitsplätzen durchführen.

Flußsterben

Eine nüchterne Zeitungsmeldung im Wirtschaftsteil der *Irish Times*: «Die irische pharmazeutische und chemische Industrie hat in den letzten sieben Jahren wesentlich zum Wirtschaftswachstum des Landes beigetragen», so Dr. Maurice Green von der IDA, «Healthcare and Chemical Division». Exporte dieses Sektors sind von 163 Millionen Pfund 1975 auf 580 Millionen Pfund 1982 gestiegen. Dr. Green verschweigt jedoch die Kehrseite dieser explosiven Entwicklung. Das schnelle Wachstum hat nämlich Transport und Lagerung von Industrieabfällen zu einem beängstigenden Umweltproblem werden lassen. Der letzte vertrauliche Bericht der IDA weist 1977 die geschätzte Menge von 20 000 Tonnen hochgiftiger Industrieabfälle in firmeneigenen oder kleinen privaten Deponien aus.

Allein in Dublin verdienen 23 private «Entsorgungsfirmen» an der Beseitigung von giftigen Flüssigkeiten, Metallschlämmen, Abfällen wie Phenolen, Cyaniden oder Arsensubstanzen. Im ganzen Land sind 26 weitere Unternehmer tätig, um per Tankwagen oder auf Lastzügen in Fässern die giftigen Flüssigkeiten zu den meist ungeeigneten Müllkippen zu fahren. Unfälle sind nicht selten. In den Flüssen Gradogue und Funcheon setzt im Juni 1980 ein unvermitteltes Fischsterben ein, Lastwagen verunglücken, Seen sterben ab.

Donal Musgrave, der zuständige Fachredakteur der *Sunday Tribune*, schätzt, daß täglich in Irland etwa 30 Tonnen Industriemüll unbeobachtet und unter der Hand verscharrt werden. Im Einzugsgebiet Dublins laden allein die Fahrer der Beseitigungsfirma O'Brien wöchentlich zehn Wagenladungen mit Chemieabfällen ab. Der Bezahlungsmodus der Kraftfahrer fordert geradezu zum illegalen Dumping auf. Ein sehr niedriger Grundlohn läßt sich nämlich mit Prämien für entleerte Lkw aufbessern.

Außerdem importiert Irland Tausende Tonnen giftiger Substanzen zur Endlagerung. Gift ist das große Geschäft. 1981 genehmigt deshalb das Dublin County Council am Rande des dicht besiedelten Stadtteils Finglas den Bau der Müllkippe Dunsik für hochtoxische Abfälle. Die «Finglas Anti Toxic Group» entdeckt auf dem Gelände zahlreiche von der EG verbotenen Substanzen. Eine Analyse der Abwässer ergibt einen hohen Blei-, Kadmium- und Chromgehalt.

Es gibt kein wirksames Gesetz in Irland, durch das eine fachgerechte Kennzeichnung oder gar die Angabe von Menge oder Gefährlichkeit des Industriemülls geregelt würde. Diese Tatsache nutzen Firmen zu einer besonders infamen Art der Entsorgung. Sie verschenken mit Giftmüll gefüllte Fässer an Tinker, fahrendes Volk, die bei ihrer finanziellen Notlage das Material dringend für ihren Schrotthandel benötigen und den Inhalt der Fässer in den nächstbesten Fluß entleeren. Biologisch tote Wasserläufe sind die Folge.

Dublin Bay – radioaktiv

Nur ein starker Westwind bewahrt vor 25 Jahren Irland vor einem atomaren Unfall. Auf Grund einer skandalösen nuklearen Panne beim Kernkraftwerk Windscale im Nordosten Englands werden hochgiftige Gase freigesetzt, die mittlerweile laut einer Untersuchung des britischen «National Radiological Board» zu mindestens 260 Fällen von Schilddrüsenkrebs geführt und 13 Todesopfer gefordert haben. Das Feuer in Englands größter Kernkraftanlage wütet drei Tage.

Die Irische See als radioaktivstes Gewässer dieses Planeten und die Dublin Bay als verseuchten Küstenstreifen – das haben die Iren dem großen atomaren Nachbarn zu verdanken.

In Windscale, das genau gegenüber von Belfast liegt, laufen nicht nur Atomreaktoren zur Stromgewinnung, dort stellen die Briten auch Plutonium für ihre Nuklearwaffen her. Produktionsabfälle gelangen ins Meer.

1983 treffen sich die Mitglieder der «Convention on the Prevention of Marine Pollution by Dumping of Wastes and other Matter», um über

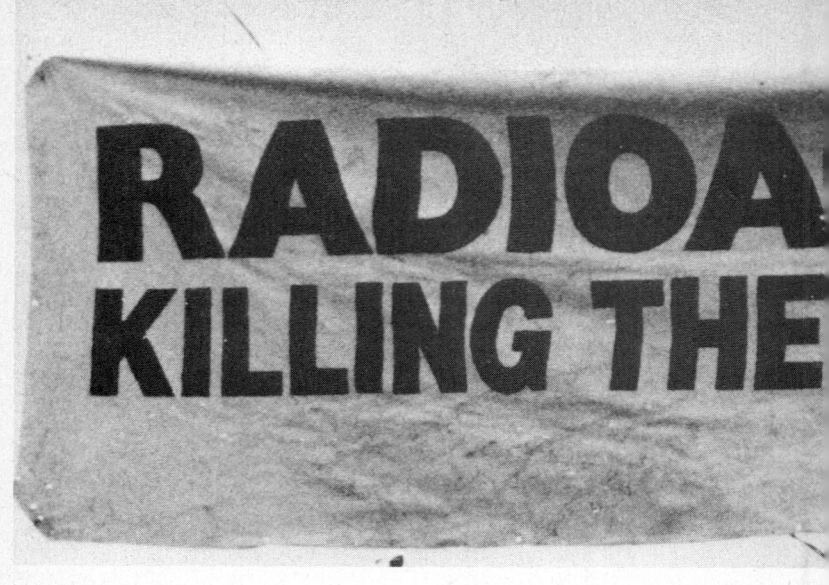

die Probleme der Verschmutzung des Meeres zu beraten. Den Untaten vor ihren eigenen Küsten haben die Iren in der Vergangenheit tatenlos zugesehen.

Der Februar 1983 wird zum historischen Ereignis in Irlands Umwelt-Politik. Die Delegation unterstützt zum erstenmal die Anti-Dumping-Fraktion und kritisiert die Versenkung von Industriemüll durch die Holländer, Belgier, Deutschen und Briten vor der irischen Küste.

Seit 30 Jahren nämlich versenken diese Staaten ihren Müll etwa 360 Meilen südlich von Kinsale in 4300 Metern Tiefe im Meer. 145000 Tonnen hochgiftiger Abfälle aus Atomreaktoren, Atom-Schiffen -U-Booten sowie der Atomforschung liegen hier in Stahl- oder Betoncontainern in der Tiefsee.

Amerikanischen Untersuchungen zufolge halten viele Fässer hohem Wasserdruck auf Dauer nicht stand, oder das Mantelmaterial wird so porös, daß Meerwasser, Plankton und kleine Meeresfische zum hochgiftigen Innenteil vordringen. Diese alarmierenden Untersuchungsergebnisse führen schließlich zum Verzicht auf diese Entsorgungspraxis.

Langjährige Tests der «Atomic Energy Commission» zeigen außerdem, daß viele der Giftfässer gar nicht die berechnete Meerestiefe erreichen, sondern von starken Strömungen über den gesamten Ozean verteilt werden. Immerhin ist es den Umweltschutzorganisationen «Greenpeace» und «HOPE» durch direkte Aktionen und durch eine intensive Öffentlichkeitsarbeit gelungen, einen positiven Einfluß auf die irische Nuklearpolitik zu nehmen.

Die Irische See: europäische Nuklearmüllkippe

Going Nuclear?

Regierung und Energietechnokraten sitzen die Schrecken der Ölkrise noch im Nacken, als sie den Vorschlag für den Bau einer 650 Megawatt «Nuclear Power Station» in Carnsore, County Wexford, in die Öffentlichkeit bringen. «Energy Ireland»: Die zukünftige Energiepolitik steht vor dem Hintergrund prognostizierten wirtschaftlichen Wachstums und der Abhängigkeit von multinationalen Ölkonzernen die wirtschaftliche Selbständigkeit Irlands bedroht. Immerhin muß Irland 80 Prozent seiner Energie importieren. Ein und/oder zwei Reaktoren sollen her, um die erwarteten jährlichen Wachstumsraten von 8 bis 10 Prozent sicherzustellen. 1977 verbraucht die Industrie 45 Prozent der gesamten Energie, 22 Prozent verschlingt der Transport.

Da dieses moderne Konzept Irlands Energie-Abhängigkeit nun auf die Einfuhr hochsensibler, lebensgefährlicher und kapitalintensiver Technologie ausweiten will, formiert sich der Widerstand schnell.

Bauplatz Carnsore Point: Im Sommer treffen sich in den ersten zwei Jahren 10 000 meist jüngere Atomkraftgegner – viele kommen aus England oder vom Kontinent und errichten auf dem Kraftwerksgelände eine Zeltstadt. Konzerte und alle Arten von Veranstaltungen gehen über die Bühne, der Strom, das Wasser, die Lebensmittel stellen die benachbarten Bauern, die ihre Skepsis gegenüber den bunten AKW-Gegnern schnell verlieren. Denn auch die lokale Landwirtschaft fürchtet Gefahren für die Milchproduktion.

Die Vermessungsingenieure der Baugesellschaft kommen gar nicht

123

erst auf die Grundstücke. Im Juli 1978 legt sich außerdem der irische Gewerkschaftskongreß auf eine oppositionelle Linie fest: Diese Anlage, einmal abgesehen von den mit ihr verbundenen Gefahren, schafft so gut wie keine neuen Arbeitsplätze für irische Arbeiter. Technisch besteht die Anlage fast vollständig aus importierten Teilen und importierter Technologie und bringt insofern der irischen Wirtschaft keinerlei Nutzen.

Atomfreie Zonen

Der Kongreß fordert daher eine Energiepolitik, die sich schwerpunktmäßig auf Energieeinsparungen, kleine dezentrale, kohlegetriebene Kraftwerke und die Ausnutzung nationaler Ressourcen wie Torf, Öl, Gas und Wind konzentriert.

Windmühlen – ohne staatliche Unterstützung

Mittlerweile hat die Regierung die Kernkraftpläne zurückgezogen, und zahlreiche Gemeinden wie Listowel in Kerry oder der Badeort Tramore im County Waterford erklären ihren Einzugsbereich zur atomfreien Zone.

Dem Widerstand kommt die

enorme Staatsverschuldung zu Hilfe, da die Techniker des «Electricity Supply Board» keinen Weg zur Finanzierung der 500–600 Millionen Pfund teuren Anlage finden. Nördlich von Dungloe, in der Gegend um Ardara und im Gebirgszug von Glenties und Creeslough ist die Ruhe nachhaltig gestört, seit die Anglo United, ein Ableger der Munster Base Metals, und die Northgate Exploration, eine Tochter der Irish Base Metals, dort nach Uran bohren.

Die wachsende Nachfrage auf dem Weltmarkt nach diesem gefährlichen Rohstoff der Atomindustrie macht Donegals Berge für die multinationale Ausbeute interessant. 50 000 Tonnen Uran sollen dort im Felsgestein verborgen liegen, und den Bewohnern von Fintown wird im Zusammenhang mit diesen Funden ein industrielles Paradies versprochen. Doch den Bewohnern von Fintown sind die Weissagungen der Atompropheten ein Dorn im Auge. Allein die Vorstellung, daß 2 Millionen Tonnen Gestein und Muttererde jährlich bewegt werden müssen, um das begehrte Erz abzubauen, ruft die Bürger auf den Plan.

Die Anti-Uranium-Gruppen im County Donegal besorgen die nötigen Hintergrundinformationen, damit ein jeder sich das schaurige Szenario ausmalen kann: Da gibt es giftigen Staub, der beim Abbau unkontrolliert frei wird; Abwässer, die das Grundwasser unbrauchbar machen; hochgiftiges Gas, das freigesetzt wird, wenn man Uran aus dem Gestein herausbrennt. Die Erfahrungen der Navajoindianer in New Mexico, auf deren Grund und Boden amerikanische Konzerne seit Jahren nach Uran suchen, lassen die Wachstumsversprechen der Regierung

Wind gegen Atom

zum Alptraum werden. Die Lungenkrebserkrankungen unter den Anwohnern und Minenarbeitern in Amerika überzeugt die irischen Bürgerinitiativen, das Erz unter allen Umständen im Boden zu lassen. Demonstrationen, Picket Lines vor den Bohrgeländen und Informationsveranstaltungen zwingen seitdem einige Bohrgesellschaften zur Aufgabe.

Kloaken

Es ist etwas faul im Staat Eire. Der Lough Derg, 26 Meilen lang und sieben Meilen breit, «Herzstück» des Shannon und im Sommer Anglerparadies und ein Reservat für Freizeitkapitäne, verwandelt sich zusehends in eine stinkende Kloake. Seine Versumpfung ist die Folge eines explosionsartigen Algenwuchses, wie er durch übermäßige Anreicherung des Wassers mit Phosphaten – zum Beispiel mit ausgewaschenen Düngemitteln – oder durch Abwasserverschmutzung ausgelöst wird. Lough Derg ist zu einem riesigen Auffangbecken für Fäkalien, Industrieabwässer und Siloabflüsse aus der Landwirtschaft geworden.

Ein wenig erinnert die Situation an den Fall des Lough Ennel. Damals weisen die Binnenfischer vergeblich auf die Gefahren für den See hin. Eine Empfehlung von Wissenschaftlern Anfang der siebziger Jahre, eine Verbesserung der Kläranlage von Mullingar könnte das Binnengewässer retten, bleibt unbeachtet. Heute ist das Gewässer biologisch tot. Nicht weit entfernt liegt der von den «Wolfetones» besungene Lough Sheelin – ebenfalls tot. Selbst im berühmten Killarney steht die Katastrophe bevor. Lough Leane droht unter der Belastung durch völlig ungefilterte Abwässer umzukippen, und auch ein EG-Zuschuß von 31 000 Pfund für den Ausbau der Kläranlage wird den See kaum retten können. Lough Mask im County Mayo gilt mit seiner hohen Konzentration von Kolibakterien als akute Gesundheitsgefahr für die 600 Anliegerfamilien.

In vielen irischen Binnengewässern, Flüssen und Seen schwimmen die Abfälle einer industriellen Landwirtschaft herum. Die enorme Vergrößerung der Vieh- und Schweinebestände schafft Unmengen zusätzlicher giftiger Abwässer, die bislang unbehandelt in die nahen Wasserwege geleitet werden. Angler und Wassersportler sollten unbedingt bei Anliegern den Zustand der Gewässer erfragen.

Beschleunigter Graswuchs hat nicht nur zur Folge, daß grasende Kühe oder Schafe beträchtliche Mengen von Chemikalien aufnehmen – darüber hinaus werden die angrenzenden Wasserwege mit erheblichen Nitratmengen angereichert. Das «Institute of Industrial Research and Standards» (I.I.R.S.) hält die Kontrolle oder gar Reduzierung einer solchen Verschmutzung für gänzlich ausgeschlossen. Denn eine intensive Landwirtschaft, die mit Kunstdünger und anderen Chemikalien arbeitet, läßt dem bewirtschafteten Boden keine Ruhe, sich von selber zu regenerieren. Der immer weniger fruchtbare Boden dürstet nach wachsenden Mengen künstlicher Zusätze.

Auf dem Trockenen

Industrielle Landwirtschaft ist im Begriff, Wasserwege und angrenzende Ökosysteme nachhaltig zu zerstören. Bis heute gibt es in Irland

Sonnenkollektoren – zwei Farmer greifen zur Selbsthilfe

keinerlei Bestimmungen für den Import und den Verkauf von Herbiziden und Fungiziden, obwohl das «Department of Agriculture» schon seit Jahren an entsprechenden Gesetzesvorlagen arbeitet. Es ist ironischerweise der Manager eines der größten Hersteller für landwirtschaftliche Chemikalien, Mr. Richard Hickey von Ciba Geigy Ltd., der in der *Irish Times* erklärt: «Viele große Chemiekonzerne werden bald das Interesse am irischen Markt verlieren, wenn man nicht zum Mittel der Kontrolle greift. Denn es gibt weder Sicherheitsbestimmungen noch Verordnungen für den Import, Verkauf und die Anwendung von Pflanzenschutzchemikalien. Eine große Anzahl von Gesellschaften beziehen Importe von zweifelhafter Herkunft, aus Ländern, in denen diese Chemikalien weder patentiert noch zugelassen sind. Teure, ge-

prüfte Chemikalien stehen in Konkurrenz zu wissenschaftlich nicht überwachten Produkten. Wenn genug dieser billigeren Produkte auf dem irischen Markt zugänglich werden, dann ist Irland für die ‹ethischen› Industriezweige nicht mehr interessant. Denn wir bekommen keinen Preis mehr für unsere Ware. Alles was wir wollen, ist, Irland auf den Stand der anderen Länder innerhalb der Europäischen Gemeinschaft zu bringen.»

Eine weitere schwere Umweltbelastung in Irland sind die «drainageschemes», Trockenlegungsprogramme, mit deren Hilfe feuchte Wiesen oder Moorland in ertragreiche Ackerfläche verwandelt werden. Das Shannon-Projekt, der Blackwater River (s. Kapitel: «Von Kerry nach Tipperary») und der Finn-Lackey sind augenblicklich von derartigen Aktionen betroffen.

127

Professor Palmer Newbold von der Universität Ulster gibt den häufig überhörten irischen Umweltschützern auf einem Seminar der Royal Irish Academy wissenschaftliche Unterstützung: «Umweltschutz muß um jeden Preis einer subventionsabhängigen, energieintensiven, überflußorientierten Landwirtschaft vorausgehen. Die Trockenlegungsprogramme sind eine Gefahr für das ökologische Gleichgewicht weiter Regionen. Objektiv betrachtet ist die Konzentration auf Ackerland volkswirtschaftlicher Unsinn. Dieselbe Summe Geld, im Westen des Landes investiert, würde sich besser auszahlen, es könnte damit nämlich die Entvölkerung jener Regionen gestoppt werden. Und eine weitere Auswirkung der großräumig betriebenen Landwirtschaft ist nicht zu übersehen: Finanzielle Anreize ermuntern Landwirte, neues Land zu erschließen und durch intensive Nutzung von Herbiziden und Kunstdüngern oder durch extensive Flurbereinigung die dort lebenden Tiere drastisch zu reduzieren, Insekten und Unkraut zu vernichten. Viele Landbesitzer werden durch Trockenlegungs- oder Landverbesserungsprogramme geradezu herausgefordert. In Zeiten knapper Ressourcen brauchen wir jedoch eine radikale Überprüfung unserer Kosten-Nutzen-Analysen derartiger Projekte.»

Schwer wie Blei

Widerstand gegen die alltägliche Vergiftung Irlands geht von Bürgerinitiativen, Elterngruppen und Kreisen von Wissenschaftlern aus, die sich seit Jahren gegen den hohen Bleigehalt irischen Benzins wenden. Vor allem Frauen und Kinder in städtischen Regionen sind gefährdet.

Blei im Benzin – auch hier hält Irland einen traurigen Rekord. Sollten von Januar 1981 alle EG-Staaten nur noch 0,40 Gramm Antiklopfmittel im Benzin haben, beantragten die Iren eine Ausnahme von dieser Verordnung, so daß sie bis heute Benzin mit einem Bleianteil von 0,64 Gramm pro Liter verkaufen dürfen.

In Dublin hat diese automobilfreundliche Regelung bereits zu einer bedrohlichen Lage geführt. Untersuchungen der Umweltabteilung des Trinity College weisen einen Bleigehalt über der Norm aus. Die Umwelt-Akademiker fordern nachhaltig das Verbot von Blei im Benzin. Bisher scheuen Regierung und Petromultis die höheren Raffinierungskosten, damit die zum Himmel stinkende Luft Dublins wieder genießbar wird.

Frauen –
Kinder, Kirche, Küche

«Ich zahle das Geld nicht, lieber gehe ich ins Gefängnis, ich habe nichts Falsches getan.» Dr. Rynne aus Kildare erwartet nach seiner Verurteilung eine Geldstrafe über 500 Pfund und ersatzweise 28 Tage Gefängnis, weil er eines späten Abends im Sommer 1982 zehn Kondome im Wert von zwei Pfund verkaufte. Sämtliche Apotheken in der Umgebung sind zu diesem Zeitpunkt geschlossen. Ob sie Verhütungsmittel überhaupt auf Lager haben, ist noch nicht einmal gewiß.

Laut einer Untersuchung über Familienplanungspraktiken hält im Frühjahr 1983 nur jede vierte Apotheke Kondome vorrätig. Befragungen von 1040 Frauen im Einzugsbereich des Portrimcula-Hospitals in Ballinasloe enthüllen die Schwierigkeiten, die sie haben, wollen sie von ihren Ärzten Verhütungsmittel bekommen; statt dessen werden ihnen «natürliche» Methoden der Empfängnisverhütung verschrieben. Das «Family Planning»-Gesetz von 1979 macht eine Verurteilung von Dr. Rynne möglich: Nur verheiratete Ehepaare dürfen auf Rezept Verhütungsmittel in der Apotheke kaufen.

Dr. Rynne: «Bald ist es wahrscheinlich so weit, daß bei uns auch Kaugummi rezeptpflichtig wird.»

«See you next year!» Bis zum nächsten Jahr. Das Abschiedswort einer Krankenschwester auf der Säuglingsstation. Sie spricht aus Erfahrung.

Die Ablage des Kinderwagens vollgepackt mit Einkaufstüten, an der freien Hand ein Kleinkind, zwei weitere Kinder trotten hinterher, der Bauch ist schon wieder dick. Ein übliches Bild auf irischen Straßen.

Daß Frauen Gebärmaschinen bleiben, dafür sorgen seit der politischen Unabhängigkeit Kirche, sexualfeindliche Moral und Familienpolitik gleichermaßen. Lust und Sexualität stehen in Irland nach wie vor unter klerikalem Zugriff.

«Seit vor 1500 Jahren der heilige St. Patrick zu uns kam, ist Irland eine christliche und katholische Nation. Alle gewalttätigen Versuche konnten dieses Volk über Jahrhunderte nicht von seinem Glauben abbringen. Es ist und bleibt eine katholische Gemeinschaft.»

Diese Botschaft des Präsidenten de Valera zum St. Patrick's Day 1935 charakterisiert ein öffentliches Klima – im gleichen Jahr werden Verkauf und Einfuhr von Verhütungsmitteln untersagt. In einer bislang nur modifizierten kulturellen Atmosphäre bleiben die Geschlechter bis heute auf ihre traditionellen Rollen festgelegt.

Männer in die Öffentlichkeit, Frauen ins Haus. Bisweilen haben sie sonntags Glück, und ihre Ehemänner «führen» sie aus. Was Reisende als angenehme Erscheinung schätzen – Frauen, Männer und Kinder gemeinsam in den «Lounges» der «Public Houses» zu treffen – ist für Frauen eher demütigend. Die Männer versorgen die Seele der Familie noch mit einem Glas Gin oder Limonade, dann kehren sie ihren Lieben den Rücken und stehen mit ihren Kumpeln am Tresen. Erst zur

Frauen als Gebärmaschinen

Polizeistunde wird die familiäre Gemeinschaft wieder hergestellt. «It's time please, it's time», ruft der Wirt und meint natürlich das Ende der Schankzeit.

«Autoritärer Familismus» ist seit Jahrzehnten in Irland die bestimmende soziale Kraft. Die beiden Sozialforscher Arensberg und Kinnball stellten 1930 in einer Untersuchung des irischen Landlebens die Rolle des Mannes wie folgt dar: «Der Vater ist verantwortlich für das Geld und das öffentliche Leben. Bis ins hohe Alter steht ihm der Stuhl direkt neben der Feuerstelle zu. Die Gesellschaft ist strikt hierarchisch, und die Familieneinheit ist ihr organisierendes Prinzip.»

Der letzte Aufmarsch der Kirche?

«The times they are a-changing»: Das Fernsehen läßt seit 25 Jahren die Libertinage in die Wohnstuben flimmern. Die Errungenschaften einer jungen Industrie entwerfen eher ein dynamisches Frauenbild, ausgewanderte Familienmitglieder bringen bei ihren Besuchen die «permissivness» der Emigrantenländer mit nach Hause. Da könnten irische Frauen natürlich auf den Gedanken kommen, ihre Reduzierung auf die Mutterrolle den Ehemännern, Popen und politischen Charaktermasken vor die Füße zu werfen. Also ist Prävention die Devise, und die erweist sich als wirksame Waffe der kulturellen Gegenrevolution. Regierung und konservativ-kirchliche Interessengruppen denken seit Frühjahr 1982 laut über eine Volksabstimmung nach, die die ohnehin verbotene Abtreibung zusätzlich mit einem in der Verfassung festgeschriebenen Bann belegen soll. Zentraleuropäern erscheinen die in der Kampagne bemühten Argumente haarsträubend. Das befruchtete Ei, der Fötus sind nicht länger biologische Begriffe, sie werden nunmehr als «Gruppe der Ungeborenen» bezeichnet.

«In den meisten Ländern der Welt ist die Gruppe der Ungeborenen der schutzloseste Teil der menschlichen Rasse. Die Juden waren in Hitlers Deutschland in der gleichen Situation.» Aber es kommt noch schlimmer. «Mehr Ungeborene werden in einem Monat umgebracht, als Menschen in den Gaskammern der Nazis umkamen.»

Ausnahmen für Abtreibungen bei Schwangerschaften auf Grund von Vergewaltigung oder Inzest sind nicht vorgesehen. Die seelische, körperliche oder ökonomische Situation der Frau spielt überhaupt keine Rolle. Es gilt, das Leben und den Erhalt der traditionellen Familie zu schützen, koste es, was es wolle.

Mangelnde Sexualerziehung in den Schulen, der illegale Status der wenigen Familienplanungskliniken und die Unzugänglichkeit von Verhütungsmitteln führen immer wieder zu unerwünschten Schwangerschaften, die unverheiratete Frauen in katastrophale Situationen bringen.

«Als ich erfuhr, daß ich schwanger bin, wollten meine Eltern nichts mehr mit mir zu tun haben. Der Arzt schlug ihnen vor, mich entweder sieben Monate zu verstecken oder in ein von Nonnen geführtes Heim zu bringen. Diese Häuser sind für ‹bad girls›, für schlechte Mädchen gedacht; die gehen dahin, um die Zeit zu überbrücken und ihre Sünden zu bereuen. Ich bin fast verrückt geworden, den ganzen Tag beten, und von den Nonnen wurden wir nur angeschrien. In der Zeit hab ich mich

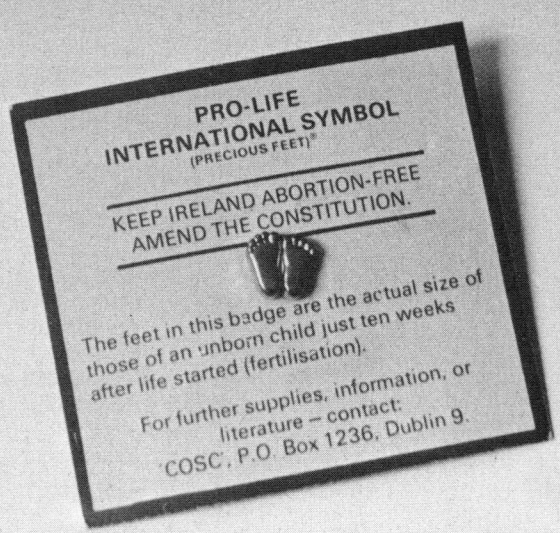

Der Fötus: Die Gruppe der Ungeborenen

dann für eine Adoption entschlossen, was sollte ich denn mit dem Kind? Schließlich war ich erst 17, hatte kein Geld, keine Wohnung, und meine Eltern hatten mich verstoßen.

Nach der Geburt im Krankenhaus kam ich in einen Saal mit 30 anderen Frauen. Die Krankenschwester wollte mir das Baby an mein Bett stellen. Ich hab ihr gesagt, daß das Kind zur Adoption freigegeben sei und ich es nicht sehen wolle. Daraufhin rief sie aus vollem Hals durch den ganzen Saal: ‹Wir haben hier eine Mutter, die ihr Baby nicht will.› Ich bin bald gestorben vor Scham.»

Mittlerweile bieten Frauengruppen in den wenigen Großstädten Hilfe in derartigen Situationen an. Die Organisation «Cherish» leistet unverheirateten schwangeren Frauen und ledigen Müttern Beistand. Die «Women Right To Choose»-Gruppe hat eine Beratungsstelle für Schwangere gegründet, und das Dubliner «Well Woman Centre» steht Frauen bei unerwünschten Schwangerschaften mit Rat und Tat zur Seite. Aber diese Einrichtungen haben einen schweren Stand. Die Anti-Abtreibungsbewegung mit dem symbolischen Namen «Pro Life» möchte alle diese Hilfseinrichtungen unter dem Vorwand, sie würden Frauen zur Abtreibung verhelfen, in einem großen Rundumschlag schließen lassen.

Im September 1983 gehen die Iren zu den Wahlurnen und stimmen nach einem öffentlichen Theater ohnegleichen, das die Gesellschaft in verfeindete Gruppen und Lager spaltet, knapp für das verfassungsmäßige Verbot der Abtreibung. Knapp, denn beinahe die Hälfte der irischen Bevölkerung enthält sich der Stimme. Die Kirche mobilisiert

Abtreibungskampf: Mobilisierung der letzten Reserven

ihre letzten Reserven, um die Abstimmung in ihrem Sinne zu entscheiden. Sogar Nonnen aus geschlossenen Klöstern, die nie zuvor in ihrem Leben die Wirklichkeit gesehen haben, dürfen zur Stimmabgabe die frommen Gemäuer verlassen.

Traditionsverluste

Früher bildet in Irland auf dem Lande die Großfamilie das Fundament der Gesellschaft. Verschiedene Generationen leben unter einem Dach, Frauen und Männer sind für spezifische Arbeitsbereiche zuständig.

Die Mutter kümmert sich so lange um die kleinen Kinder, bis sie als Heranwachsende auf dem Hof mithelfen können. Dann nimmt der Vater die Jungen unter seine Obhut, die Mädchen lernen von den Müt-

tern alle häuslichen Reproduktionstätigkeiten, für die Frauen verantwortlich sind. Neben der Zubereitung des Essens kümmern sie sich um die Hühnerzucht, melken die Kühe, machen Butter, ziehen Gemüse im Garten. Die Vielseitigkeit ihrer Arbeiten, die Verantwortung für eigene Bereiche und die Einbindung in die Großfamilie definieren die Identität der Frauen.

Die Industrialisierung der letzten 25 Jahre hat diese Struktur erschüttert. Sind 1926 80 Prozent aller Arbeitskräfte mit Ackerbau und Viehzucht beschäftigt, arbeiten heute in Irland nur noch 25 Prozent in der Landwirtschaft, während die restlichen 75 Prozent anderen Berufen nachgehen. Auf der Suche nach Arbeit müssen die Menschen vertraute Zusammenhänge verlassen und in die Städte ziehen. Isolierte Kleinfamilien lösen die integrierte Großfamilie ab und beginnen die traditionellen Lebensvorstellungen an moderne, freizügigere, mittelständische Standards anzupassen.

Für die Frauen hat diese Veränderung drastische Konsequenzen. In kleinen Wohnungen oder Reihenhäusern beschränkt sich ihr Betätigungsfeld nun ausschließlich auf Haushalt und Kinderhüten. Die alten Rollenzuweisungen im Kopf, die Realität einer modernen Gesellschaft vor Augen, erleben die Frauen Orientierungslosigkeit, Verwirrung und Frustration.

In einem solchen Vakuum wäre eine neue Familienpolitik fällig, die sich an veränderten kulturellen Werten orientiert. Staat und Kirche sind jedoch auf diesem Auge blind. Sie beharren nach wie vor auf ihrer Definition der Familie von 1937. Noch heute ist Artikel 41 der irischen Verfassung in Kraft: «Der Staat erkennt die Familie als natürliche, primäre und fundamentale Einheit, als moralische Institution der Gesellschaft an. Er erkennt, daß die Frau mit ihrem Leben im Haus den Staat in einer Weise unterstützt, ohne die gemeinschaftlicher Wohlstand nicht entwickelt werden kann. Der Staat muß deshalb dafür sorgen, daß Mütter nicht aus ökonomischer Notwendigkeit heraus arbeiten und damit ihre Verpflichtung vernachlässigen müssen.»

Die sexualfeindliche Kirche umschreibt «erfülltes» Eheleben so:

«Wer die Zahl seiner Kinder beschränken will, erweckt Gottes Zorn. Wohl mag es wichtige Gründe für die Beschränkung der Kinderzahl geben, sei es Krankheit oder Gefahr für das Leben. In einem solchen Fall muß das Ehepaar seine Willenskraft und Klugheit einsetzen und wie Bruder und Schwester leben. Diese Enthaltsamkeit ist schwer, aber möglich. Es gibt keinen anderen Weg.»

Für den Großteil der zu 95 Prozent katholischen Bevölkerung scheint diese Maxime nach wie vor verbindlich zu sein – die Hälfte der irischen Bevölkerung ist unter 25 Jahre, und die Familien haben durchweg mehr Kinder als in jedem anderen europäischen Land.

Scheidung auf Irisch

Ein «ja» in Irland bleibt ein «ja», da gibt es kein Zurück. Eltern und Kinder, die gemeinsam nicht mehr weiterkommen, hält das Scheidungsverbot zwangsweise zusammen. Selbst bei restlos ruinierten Ehen soll das strengste Scheidungsgesetz ganz Europas die Institution der «heiligen» Familie schützen. Von den 70 000 Menschen, die in zerrütteten Ehen leben, wissen Psychiater zu berichten. 80 Prozent ihrer Klientel kommt mit Eheproblemen.

Gruppen, die für eine Revision des Ehescheidungsgesetzes plädieren, sorgen 1983 für erste Veränderungen.

Die Labour Party macht sich für eine Gesetzesreform stark. Doch die Institution der Ehe tastet auch sie nicht an. Ihr Votum für eine Ehescheidung soll lediglich ermöglichen, mit einem neuen Partner neues Glück zu finden. Genauere Modalitäten soll, wie so oft in der irischen Politik bei drängenden Problemen, eine Parlamentskommission ausarbeiten.

Einige Paare unterwandern das rigide Scheidungsgesetz und lassen sich während eines Englandaufenthaltes nach englischem Recht scheiden oder sie treten aus der Kirche aus und lassen auf diesem Wege ihre

Ehe annulieren. Zweitehen nach solchen Scheidungen sind jedoch in Irland nicht gültig. Kinder aus diesen «Ehen aus Gewohnheitsrecht» haben keinen legalen Status. «Illegitime» müssen den Namen der Mutter tragen und haben keinen Anspruch auf das väterliche Erbe. Bekommt eine unverheiratete Frau ein «illegitimes» Kind und dann in einer späteren Ehe weitere Kinder, so hat das erste Kind keinerlei Anspruch auf den gemeinsamen Besitz. Nicht einmal ein Testament hilft ihm weiter. Nur über die entwürdigende Prozedur einer Adoption des eigenen Kindes kann die Mutter denselben Namen auf alle Familienmitglieder übertragen. Rechtlicher Benachteiligung und sozialem Stigma versuchen Mütter unehelicher Kinder mit einer Heirat zuvorzukommen.

«Wir trafen uns immer montags, ein guter Tag für Veränderungen. Wir wollten herausfinden, was falsch war mit der Welt. Wir versuchten, strukturlos zu sein, eine führerlose Gruppe. Zwar wußte keine von uns genau, was das ist, aber unser Ziel war eine einfache Reaktion auf das, was wir kannten, auf die sozialen Strukturen, in denen wir groß geworden waren. Alle wollten es so, weil jede von uns den Wunsch hatte, sich frei zu fühlen. Wir redeten alle durcheinander. Es gab kein Gebäck und keinen Kuchen, wir tranken nur Kaffee, wir wollten uns von dem ganzen Kram befreien.

Wir waren eine ganz gemischte Gruppe. Die Interessen und Prioritäten variierten, und nicht selten redeten wir aneinander vorbei. Alle wollten Veränderung. Die Sozialistinnen wollten die ganze Gesellschaft verändern, die anderen die Kleinfamilie auflösen, aber alle wollten friedliche Reformen.»

Solche Selbsterfahrungsgruppen finden sich in den frühen siebziger Jahren in den irischen Großstädten zusammen. Doch Verständigung ist erst möglich, wenn Frauen und ihre Familien über «Räume», zunächst über eine eigene Wohnung verfügen. Mit ihrer Forderung nach besseren und mehr Wohnungen kann sich jedoch die Frauenbewegung bis heute nicht durchsetzen. Slums, enge und überbelegte Sozialwohnungen legen ebenso wie andernorts die Villen und Herrenhäuser beredtes Zeugnis ab.

Bis 1976 haben Ehefrauen außerdem keinen rechtlichen Anspruch auf den ehelichen Besitz. Nicht selten kommt es vor, daß Ehemänner das Dach über die Köpfe ihrer Frauen hinweg veräußern. Der neue «Family House Protection Act» soll vor allem Mütter vor solchen Zumutungen schützen. Doch ohne Informationen keine Sicherheit: Nur ein spezieller Eintrag bei der Eheschließung gibt Frauen die gleichberechtigten Besitzansprüche.

Frauenrechte und Wirklichkeit

In Irland beginnt die Ungleichheit der Geschlechter mit unterschiedlicher Schulbildung für Mädchen und Jungen. Koedukation ist unüblich. Wenn kleine Mädchen lesen lernen, sehen sie in ihren Fibeln, wie Vater und Sohn mit dem Auto beschäftigt sind, während Mutter und Tochter in der Küche arbeiten. Curricula und die Qualifikationen der Lehrer unterscheiden sich in Mädchen- und Jungenschulen. Neun von zehn Mädchen verlassen die Schule ohne technische und wissenschaftliche Kenntnisse, ausgenommen im Fach Biologie. Drei Viertel werden später in typisch «weiblichen» Berufen arbeiten.

«Wer die Zahl seiner Kinder beschränkt, erweckt Gottes Zorn»

Auf dem College für Kommerz sind nur 17 Prozent der Studenten weiblich, während das College für Erziehung zu 93 Prozent junge Mädchen ausbildet.

Die meisten Frauen geben sich ohnehin mit einem Bürojob zufrieden, sie sehen ihre Arbeit als Überbrückung bis zur späteren Ehe.

Noch vor 20 Jahren sind Frauen gesetzlich verpflichtet, mit dem Tag ihrer Eheschließung auch ihren Arbeitsplatz aufzugeben und ab sofort das Haus zu hüten. Erst während des ökonomischen Aufschwungs der sechziger Jahre werden alle verfügbaren Arbeitskräfte benötigt, was zur Abschaffung dieses Gesetzes beiträgt. Unter Einfluß der EG verabschiedet Irland in der Folge gezwungenermaßen ein neues Gesetz: Der «Employment Equalitiy Act» soll Frauen gleichen Lohn für gleiche Arbeit wie ihren männlichen Kollegen sichern.

Spätestens die einsetzende Massenarbeitslosigkeit macht diese rechtlich fixierte Gleichberechtigung zur Makulatur. Obwohl Frauen die gleichen Beiträge an die Sozialversicherungen abführen, müssen bei Arbeitslosigkeit zunächst die Ehemänner für sie aufkommen. Haben sie ihren Anspruch auf das sogenannte «dole», das Arbeitslosengeld, nachweisen können, bekommen sie pro Woche vier Pfund weniger als die Männer. Die Begründung: Als Ehefrauen und Mütter stünden sie dem Arbeitsmarkt gar nicht zur Verfügung.

Eher Gerichtsentscheidungen als politischer Druck haben Frauen in den vergangenen Jahren zu ihrem Recht verholfen.

Obwohl Verhütungsmittel heute

noch immer auf legalem Wege nur verheirateten Frauen zugänglich sind, hat 1975 eine ledige Frau vor Gericht die Verschreibung der Pille für sich durchsetzen können; eine andere Frau verlangt von den Richtern die legale Auflösung ihrer Ehe; eine Ehefrau, finanziell vom Ehemann abhängig, kann auf dem Rechtsweg eine Unterhaltsforderung für sich durchsetzen.

Diese Rechtsstreitfälle sind sehr aufwendig und kosten viel Kraft, Nerven und Geld. Frauen, die solche Prozesse anstrengen, können daher mit großer emotionaler und finanzieller Unterstützung durch Frauengruppen rechnen.

Körperlos

Verliebt schmusende Paare, der Austausch von Zärtlichkeiten zwischen Frauen und Männern sind im irischen Alltag nicht zu beobachten. Körperlosigkeit dominiert, selbst die Werbung hält sich mit sexuellen Anspielungen zurück, Pornografie ist verboten, und die Deckblätter der Illustrierten sind bislang noch bar aller barbusigen Damen.

Das eher erotische Verhältnis zum Alkohol kommt alleinreisenden Frauen zugute. Selbst zu vorgerückter Stunde können sie vor Anmache und Belästigungen sicher sein. Daß Vergewaltigungen dennoch vorkommen, belegt die Existenz der «Rape Crisis Centres». Täter sind jedoch meist Bekannte, Nachbarn oder Ehemänner. Rechtlich gibt es gegen eheliche Vergewaltigung keinen Schutz.

In den Rape Crisis Centres in Dublin, Cork, Limmerick und Belfast können vergewaltigte Frauen dagegen mit Hilfe und Unterstützung rechnen. Dort haben sie die Möglichkeit, ihre Erfahrungen psychisch zu verarbeiten, bei einem eventuellen Gerichtsprozeß steht ihnen moralische und finanzielle Hilfe zur Verfügung. Obwohl in den letzten sieben Jahren insgesamt 2000 Frauen und 15 000 Kinder den Unterschlupf des einzigen Frauenhauses in Dublin in Anspruch nehmen müssen, wird die Einrichtung nicht mit öffentlichen Geldern unterstützt. Nach einem Brand ist das Frauenhaus in Dublin nur tagsüber geöffnet, am Abend müssen Frauen und Kinder dahin zurück, von wo sie geflüchtet sind. Suchen sie in ihrer Not einen Arzt auf, sind es oft Tranquilizer, was ihnen als Hilfe angeboten wird. Beruhigungsmittel sind die am zweithäufigsten verschriebenen Medikamente in Irland.

Die Überhöhung der Familie macht besonders lesbischen Frauen das Leben schwer. Gemeinsam mit homosexuellen Männern haben sie sich in der Hauptstadt ein Zentrum geschaffen. Dienstags ist dort Frauennacht mit Musik und Tanz. Doch die lesbischen Frauen wollen aus ihrer Isolation heraus, sie versuchen durch regelmäßige Diskussionsabende und verstärkte Agitation, ihre Diskriminierung in die Öffentlichkeit zu tragen.

Schlecht bestellt ist es um die Verbreitung von Frauenerfahrungen in den Medien. Die feministische Zeitung *Wimmin* muß nach eineinhalb Jahren ihre Arbeit wieder einstellen. Die einzige politische Frauenzeitung gibt viermal im Jahr die AIM-Gruppe heraus.

Doch gibt es auch Lichtblicke am Medienhimmel. Arlen House, eine feministische Verlagsgruppe, hat in den letzten acht Jahren eine Anzahl interessanter Frauenbücher auf den Markt gebracht.

Sehr nützlich, was Adressen und Ratschläge angeht, ist der jährlich erscheinende Frauenkalender «Irish Women's Diary and Guide Book». Seit dem Herbst 1982 befassen sich zwölf arbeitslose Frauen in der staatlich unterstützten «Women's Community Press» mit der Herausgabe von spezifisch irischen Frauenbüchern. Im Sommer 1983 sind die ersten drei Neuerscheinungen auf dem Markt.

Der wichtigste Umschlagplatz für aktuelle Informationen ist das Frauenzentrum in der Dame Street in Dublin. Ein umfangreiches schwarzes Brett und zwei hilfsbereite Frauen geben jeden Nachmittag Auskunft. Gruppen können dort Räume mieten, und täglich wird ein billiger und reichhaltiger Mittagstisch angeboten. Bleibt zu hoffen, daß trotz Geldmangel und auslaufendem Mietvertrag die «Dame Street» irischen Frauen und ihren ausländischen Feundinnen erhalten bleibt.

Außer in Dublin, Belfast, Limmerick, Galway und Cork suchen Frauen vergeblich nach «eigenen» Räumen. Im Frühjahr 1983 öffnet in Ennis, County Clare, das erste Frauenzentrum in der Provinz.

Stadt und Land sind in Irland noch wesentlich weiter voneinander entfernt als auf dem Kontinent.

Eine Gruppe Dubliner Feministinnen hat mit einer Reise in die westlichen Landesteile diese Distanz überbrückt und dabei gute Erfahrungen gemacht:

«Die Frauen kennen ihre Probleme ganz genau. Sie kritisieren zwar vielleicht nicht das System, das sie zu Menschen zweiter Klasse macht, aber sie sprechen über ihre Schwierigkeiten mit den Männern und den Kindern. Sie sehen genau, daß sie gefangen sind in der Rolle, sich um die Kinder zu kümmern. Und vor allem reden sie über Verhütungsmittel. Das Problem ist, daß es auf dem Land keine Frauenärzte gibt, aber wenn die Frauen erst mal wissen, was sie wollen, dann nehmen sie die sechs Stunden Autofahrt auf sich und kommen nach Dublin, um sich hier in der Anonymität der Großstadt nach Verhütungsmitteln oder Abtreibung zu erkundigen.»

Wehe dem, der die «Picket line» durchkreuzt!

Gewerkschaften –
Ein Machtfaktor im Land

Irland – ein Agrarland mit ländlicher Kultur, eingebettet in wundervolle Landschaften? Das Bild von Irland im Ausland ist irreführend. In den vergangenen 25 Jahren schreitet die Industrialisierung rasch voran. Die Insel hat heute eine der am breitesten organisierten Arbeiterschaften innerhalb der EG. Mit 60 Prozent aller Arbeitnehmer ist der Organisationsgrad höher als in Deutschland, Frankreich oder England.

Die neue Gewerkschaftsbewegung steckt voller Paradoxien. Sie ist sehr schnell gewachsen und hat ganz neue Bevölkerungsteile für sich erschlossen, vor allem Frauen, Angestellte und sogar Ärzte, Tierärzte,

Buchhalter und höhere Angestellte des öffentlichen Dienstes.

Gleichzeitig ist die Gewerkschaftsbewegung sehr alt und in der Geschichte tief verwurzelt. Die «Ancient Guild of Incorporated Brick and Stonelayers» (etwa: Ehrwürdige Gilde der Vereinigten Ziegel- und Natursteinmaurer) empfing ihre Gründungsurkunde im Jahr 1670 aus den Händen von König Karl II. Diese Gewerkschaft spielt auch heute noch eine Schlüsselrolle; ihr Generalsekretär Kevin Duffy ist gleichzeitig Sekretär des Komitees der Bauindustrie im irischen Gewerkschaftsbund ICTU (Irish Congress of Trade Unions).

139

Der irische Gewerkschaftsbund selbst trägt in sich die größten Widersprüche. Als gesamtirische Körperschaft klammert er die wichtigste Streitfrage des irischen Volkes aus: Die Teilung des Landes. Sein Vorgänger, der «Irish Trade Union Congress» (ITUC), zerbrach 1944 an Streitigkeiten zwischen seinen Mitgliedern – einerseits irische Tochterorganisationen britischer Gewerkschaften, andererseits rein irische Gewerkschaften. Es dauerte 15 Jahre, um den Bruch zu kitten; erst 1959 formierte sich als Nachfolgeorganisation der ICTU.

Bis zum Ende des letzten Jahrhunderts organisiert sich nur die «industrielle Aristokratie» der Handwerker gewerkschaftlich, so zum Beispiel die Maurer. Das ändert sich, als diese Gewerkschaften dem britischen Beispiel folgen und örtliche Gewerkschaftsräte bilden. Diese Räte treffen 1894 zusammen, um den ITUC zu gründen, der wiederum dem britischen Gewerkschaftsbund TUC nachgebildet ist. Die Gewerkschaftsräte verkommen jedoch schnell zu «talking shops» und tauchen erst in jüngster Zeit wieder als Machtfaktor in der Bewegung auf.

Big Jim – Gründer und Spalter

Erste Massengewerkschaften bilden sich etwa zehn Jahre nach dem Aufbau des ITUC. 1907 trifft Big Jim Larkin, aus Liverpool kommend, in Irland ein. Er ist Ire und Organisator der britischen Hafenarbeitergewerkschaft «National Union of Dock Labourers». Big Jim macht seinem Namen alle Ehre – auch seine Fehler sind groß.

Er ist ein vorzüglicher Organisator und großer Redner, aber er kann auch hitzig und ungeduldig werden; Widerspruch duldet er kaum. Seiner Fähigkeit, eine Massenorganisation zu schaffen, entspricht nur sein Talent, Spaltungen zu verursachen. Innerhalb weniger Monate nach seiner Ankunft in Irland bricht er mit seiner alten Gewerkschaft und gründet für die Tausende von Hafenarbeitern und ungelernten Arbeitskräften, die er rekrutiert hat, die «Irish Transport and General Workers Union». Heute ist die ITGWU mit 155 000 Mitgliedern die stärkste Gewerkschaft im Land, vor der «Amalgamated Transport and General Workers Union», einer britischen Gewerkschaft mit irischem Ableger (55 000 Mitglieder). Zweitstärkste rein irische Gewerkschaft ist mit 50 000 Mitgliedern die «Federated Workers Union of Ireland», die 1923 ebenfalls von Larkin gegründet wird, nachdem er sich von der ITGWU getrennt hat.

Die traditionelle Militanz der irischen Arbeiter, ihre Bereitschaft zu wilden Streiks und zur Herausforderung von Gerichten und Regierungen, hat ihren historischen Ursprung in der heroischen Phase der Bewegung zwischen 1907 und 1913. Eine Reihe wichtiger Arbeitskämpfe, stets angeführt von der ITGWU in Dublin, Belfast und Cork, finden in diesen Jahren statt.

Sie kulminieren 1913 in der Großen Aussperrung von Dublin (Great Dublin Lock-Out), als 400 der größten Arbeitgeber Dublins ihre sämtlichen Arbeitnehmer mit der Forderung konfrontieren, sie sollen ein Schriftstück unterschreiben, mit dem sie ihren Austritt aus der Gewerkschaft erklären – andernfalls würden sie entlassen. Während der folgenden sechs Monate erlebt Irland

«Big Jim» macht seinem Namen alle Ehre

seinen größten und bittersten Arbeitskampf.

«Ich hörte von folgendem Fall: Ein Arbeiter wird aufgefordert, die Austrittserklärung aus der ITGWU zu unterschreiben. Er antwortet seinem Arbeitgeber, einem kleinen kapitalistischen Bauunternehmer, daß er die Unterschrift verweigere. Der Arbeitgeber, der die Lebensumstände seines Angestellten kennt, macht diesen darauf aufmerksam, daß binnen einer Woche seine Frau und die sechs Kinder hungern werden», schreibt Jim Connolly, einer der Gewerkschaftsorganisatoren. «Die Antwort dieses einfachen Arbeiters: ‹Es ist wahr, Sir, sie werden hungern; aber ich sehe sie lieber einen nach dem anderen im Sarg das Haus verlassen, als daß ich Schande über sie bringe, indem ich diese Erklärung unterschreibe.›»

Die Bitterkeit der Arbeiter wird verstärkt durch die niedrigen Löhne und die entsetzlichen Lebensbedingungen. Der Wochenlohn beträgt weniger als die Hälfte des in England ausbezahlten Lohns, und der größte Anteil des Geldes geht für die überfüllten Unterkünfte drauf. Ein nach der Aussperrung 1914 veröffentlichter Wohnungsbericht enthüllt, daß ein Drittel der Dubliner Bevölkerung in Mietshäusern lebt, die als menschliche Behausung ungeeignet sind. Die Kindersterblichkeitsrate ist die höchste in Europa, vergleichbar mit der im indischen Kalkutta.

Polizei läuft Amok

Darüber hinaus werden Gewerkschaftsdemonstrationen auf brutale Weise auseinandergeprügelt. Ein alter Fenier, Tom Clarkem, selbst Veteran manch eines Straßenkampfes, schreibt: «Nichts in meiner gesamten Laufbahn kommt der ausgesprochen unmenschlichen Grausamkeit gleich, die sich in unseren Straßen und in einigen Häusern unserer Stadt abspielt, als die Polizei losgelassen wird und Amok läuft, wobei sie blindlings jeden niederknüppelt, der sich in den Weg stellt, gleichgültig ob Mann, Frau oder Kind.»

Die Repression erreicht ihren Höhepunkt am «Bloody Sunday», dem 31. August 1913. Die Dublin Metropolitan Police löst mit brutaler Gewalt ein Gewerkschaftstreffen in der O'Connell Street auf, wo Jim Larkin reden soll. Ein Larkin-Denkmal steht jetzt in der Nähe der Stelle, wo ein Gewerkschaftsmitglied zu Tode kommt. Die Statue, die Larkin mit erhobenen Armen in einer charakteristischen Rednerpose zeigt, befindet sich gegenüber dem Imperial Hotel, von dessen Balkon aus er am «Blutigen Sonntag» das Wort an die Versammlung richtet. Das Gebäude steht noch, und die alte Fassade ist intakt, allerdings beherbergt es heute Clery's, eines der größten Kaufhäuser Dublins.

Die Aussperrung von 1913 endet mit einer vorläufigen Niederlage der Arbeiter; der Klassenhaß, den sie schürt, ist von vielen Gewerkschaftern noch immer nicht vergessen.

Die andere große Gestalt in der irischen Arbeitergeschichte ist der bereits erwähnte James Connolly. Wie Larkin kommt er als Kind irischer Eltern außerhalb des Landes, in Edinburgh, zur Welt. Connolly, 1913 Larkins erster Stellvertreter, rückt zum geschäftsführenden Sekretär der ITGWU auf, als Larkin 1914 nach Amerika geht. Larkin wird fast zehn Jahre lang nicht wiederkommen; bei seiner Rückkehr entzweit er sich mit den neuen Führern der Gewerkschaft und gründet

Betriebsbesetzungen, ein Mittel gegen die Krise?

die Splitterorganisation «Federated Workers Union of Ireland».

Klein, schweigsam und systematisch in Denken und Handeln, ist Connolly das exakte Gegenstück zu Larkin. Connolly ist überzeugter Marxist und entschiedener Nationalist. In seinen Augen ist ein Sozialismus in Irland untrennbar mit der Unabhängigkeit von der englischen Krone verbunden. Connolly arbeitet eng mit den militanten Nationalisten seiner Zeit zusammen und wird Mitglied des «Revolutionary Republican Committee», das den Aufstand von 1916 plant und ausführt. Er wird wegen seiner Beteiligung am Aufstand hingerichtet – seinen Tod fordern vor allem seine Gegner in der Arbeitgeberschaft aus den Tagen der Aussperrung 1913.

Heute ist sein Grab im Gefängnis auf dem Arbour Hill ein Nationaldenkmal. Am Sonntag vor oder nach dem 12. Mai – Connollys Todestag – veranstaltet die ITGWU alljährlich eine Gedenkfeier in Arbour Hill. Man kann das Gefängnis von der Parkgate Street, nahe beim Phoenix Park, oder von der Manor Street, einer Seitenstraße der nördlichen Uferstraßen des Liffey, erreichen.

Leere Reformversprechen

Gewerkschaftssprecher beziehen sich noch heute auf die Namen und Ideen der beiden großen Kämpfer, und schlechte Arbeitgeber werden noch immer mit William Martin Murphy verglichen, jenem Großindustriellen, der die Aussperrung von 1913 organisierte.

Nach dem Tod von Connolly im Jahr 1916 zieht sich die Arbeiterbewegung aus dem Kampf um die nationale Unabhängigkeit mehr und mehr zurück. Die gemäßigten Ge-

143

werkschaftsführer fürchten, eine zu starke Identifizierung mit der nationalen Frage könne zum Konflikt mit der großen Zahl von protestantischen und königstreuen Gewerkschaftsmitgliedern im Norden führen. Nordirland, besser industrialisiert als der Süden, zählt mehr als die Hälfte aller Gewerkschaftsmitglieder des ganzen Landes.

Infolge dieser politischen Enthaltsamkeit seitens der Gewerkschaften kann sich Sinn Fein die nationalistisch gesinnten, und die Unionist Party die loyalistisch gesinnten Bevölkerungsteile als Anhängerschaft sichern.

Die Labour Party, nach den Arbeitskämpfen von 1913 im politischen Aufwind, wird durch den militanten Nationalismus hinweggeschwemmt – daran kann auch die Tatsache nichts ändern, daß 1922 die 26 Grafschaften im Süden Irlands unabhängig werden.

Die schwache Präsenz der Labour Party im Dail Eireann, dem irischen Parlament, hat zu ernsten Spannungen zwischen Partei und Gewerkschaften geführt. Die Partei, 1912 ursprünglich als politischer Flügel der Gewerkschaften gegründet, konnte von den insgesamt 166 Parlamentssitzen nur zwischen sieben und 22 für sich gewinnen. Der «Irish Trade Union Congress» und die Labour Party, zunächst Teil einer Gesamtorganisation, trennen sich 1930, da eine wachsende Zahl von Gewerkschaftern die Parlamentspolitik für unwichtig hält und alle Kräfte auf die Interessenvertretung der Gewerkschaftsmitglieder direkt am Arbeitsplatz konzentrieren will.

Die Beziehungen zwischen den beiden Flügeln der Arbeiterbewegung verschlechtern sich in den vierziger und fünfziger Jahren weiter. Viele Gewerkschaften, darunter auch die ITGWU, lösen sich von der Partei, und der ITUC selbst spaltet sich auf Grund von Unstimmigkeiten zwischen den britischen Gewerkschaften mit irischen Tochterorganisationen und den rein irischen Gewerkschaften. Die größeren Gewerkschaften organisieren sich nun im ICTU, der Nachfolgeorganisation des ITUC, und erneuern seit den sechziger Jahren ihre Bindungen an die Labour Party. Allerdings wächst die Kritik an der Beteiligung der Partei an Koalitionsregierungen mit Fine Gael. Viele Arbeiter halten nichts von dieser Rechtspartei und ihrer monetaristischen Wirtschaftspolitik.

Auch der Aufstieg der Workers Party (WP) verspricht nichts Gutes für das alte Bündnis zwischen Labour Party und Gewerkschaften. Mehrere prominente Gewerkschaftsführer haben sich der Workers Party angeschlossen, und viele andere machen kein Geheimnis aus ihrer Sympathie für deren Politik, die ein gutes Stück links von der der Labour Party angesiedelt ist.

Die Kluft zwischen Gewerkschaften und der Labour Party ist in erster Linie bedingt durch die wachsende Stärke der Gewerkschaften. 1945 gibt es nur 175 000 Gewerkschafter in den 26 Grafschaften des Südens; heute sind es mehr als 640 000. Der ICTU ist nach der katholischen Kirche die größte soziale Organisation im Staat.

Die Gewerkschaften müssen sich mit den wechselnden Regierungen um die Durchsetzung ihrer ökonomischen und sozialen Forderungen prügeln. Die Präsenz von Labour-Abgeordneten in Regierungskoalitionen wirkt sich auf eine aggressive

Wenn man die englische Armee morgen aus Irland vertreiben würde und die grüne Flagge über Dublin Castle hissen würde, wäre doch alles vergebens, wenn man nicht gleichzeitig die sozialistische Republik aufbauen würde. England würde Irland weiter beherrschen. Es würde Irland weiter beherrschen durch seine Kapitalisten, durch seine Landbesitzer, durch seine Finanziers, durch den ganzen Apparat ökonomischer und persönlicher Unterdrückung, den es in unserem Lande aufgebaut und mit den Tränen unserer Mütter und dem Blut unserer Märtyrer genährt hat.

James Connolly, 1897

Interessenvertretung seitens der Gewerkschaften eher hinderlich aus. Viele Gewerkschaftsführer sehen die Labour Party deshalb lieber in der Opposition, um die Regierung ohne Rücksichtnahme kritisieren zu können. Außerdem wäre die Partei dann mehr von Geld und Unterstützung der Gewerkschaften abhängig.

In den letzten Jahren haben die Gewerkschaften ihre Lohnforderungen gemäßigt und sich damit die Zusage der Regierung eingehandelt, neue Arbeitsplätze zu schaffen und soziale Reformen für benachteiligte Arbeitnehmer in Niedriglohngruppen und für Behinderte in die Wege zu leiten.

Dieses Abkommen setzt Lohngrenzen fest. Dafür verpflichtet sich die Regierung, eine nationale Entwicklungsbehörde zu gründen, um mit Hilfe verstaatlichter Industrien die natürlichen Ressourcen Irlands zu entwickeln und auf diesem Wege zusätzliche Arbeitsplätze zu schaffen. Im gleichen Abkommen verspricht die Regierung einen Bericht zur Situation der Behinderten sowie ein Reformprogramm zu ihrer Unterstützung; außerdem wird eine umfassende Überprüfung des Steuersystems ins Auge gefaßt.

Das Abkommen scheitert. Die nationale Entwicklungsbehörde gibt es erst seit 1983, und zwar in der verstümmelten Form eines Koordinierungsorgans zwischen bereits existierenden verstaatlichten Industriebetrieben. Die Regierungsvorlage zur Situation der Behinderten ist für Ende 1983 angekündigt, die Steuerreform bleibt vorläufig Zukunftsmusik.

Der Steuerkampf geht weiter

Seit 1979 wird die Steuerreform zunehmend zur Klassenfrage. Die meisten Gewerkschaftsmitglieder unterliegen dem «Pay As You Earn»-(PAYE-)System, das heißt, die Steuer wird direkt vom Lohn oder Gehalt abgezogen. Die meisten anderen Einkommensgruppen wie Bauern, Geschäftsleute, Freiberufler und Selbständige zahlen ihre Steuern erst am Ende des Jahres, und ihnen werden großzügige Steuernachlässe eingeräumt. Die nach dem PAYE-System besteuerten Arbeitnehmer, die 65 Prozent des Nationaleinkommens verdienen, bringen daher fast 90 Prozent der direkten Steuereinnahmen des Staates auf.

Diese Situation hat zu massiven Arbeitskämpfen und Demonstrationen geführt. Die Kampagne für eine Steuerreform wird von den fast totgeglaubten lokalen Gewerkschaftsräten unter der Führung des «Dublin Council of Trade Unions» initiiert – die ICTU sieht sich gezwungen, sie aufzugreifen. Die Regierung setzt eine Steuerkommission ein, deren Empfehlungen für die Gewerkschaften jedoch unannehmbar sind. Der Steuerkampf geht weiter.

Nach den gewaltigen Steuerdemonstrationen Anfang 1979, an denen sich 750 000 Arbeitnehmer beteiligen, weist Tomas MacGiolla, der Vorsitzende der Workers Party, auf einen wichtigen Zusammenhang hin:

Solange die Arbeiter ihre Streiks nicht in politische Aktion umsetzen und sozialistische Abgeordnete wählen, können sie nicht erwarten, daß die im Parlament dominierenden konservativen Parteien freiwillig ihre eigene Wählerschaft in Landwirtschaft und Geschäftswelt besteuern.

Ähnlich verhält es sich mit der Arbeitslosigkeit. Die Gewerkschaften haben wiederholt versucht, von den konservativen Regierungen eine Expansion der produktiven Staatsbetriebe zu erzwingen, um Arbeitsplätze zu schaffen. Außerdem wehren sie sich heftig gegen die Einführung neuer Technologien, die Tausende von Arbeitsplätzen im Angestelltenbereich vernichten. Trotz all ihrer Anstrengungen können die Gewerkschaften das Ansteigen der Arbeitslosigkeit nicht stoppen; Irland hat mittlerweile die höchste Arbeitslosenrate innerhalb der EG.

Dem britischen Beispiel folgend, hat der «Dublin Council of Trade Unions» in Finglas, einem Vorort von Dublin, das erste lokale Zentrum für Arbeitslose gegründet. Das Pionierprojekt wird hauptsächlich vom Gewerkschaftsrat selbst finanziert und von Gewerkschaftsfunktionären auf ehrenamtlicher Basis betreut. Der Gewerkschaftsrat von Waterford wird in Kürze ein ähnliches Zentrum eröffnen. Auch in anderen Regionen sind derartige Einrichtungen geplant.

Die Zentren haben gegenwärtig ausschließlich die Funktion von Beratungsstellen für Arbeitslose. Zukünftig sollen aber auch Weiterbildungsmaßnahmen und Berufsbildungskurse angeboten und sogar lokale Betriebe aufgebaut werden.

Esso und die Umweltschützer

Der Kampf gegen die Arbeitslosigkeit hat die Gewerkschaften in Konflikte mit den Bürgerinitiativen für Umweltschutz gestürzt. Ein bemerkenswertes Beispiel ist die Kontroverse über den Vorschlag, in der Bucht von Dublin eine Ölraffinerie zu errichten. Die Gewerkschaften unterstützen das Projekt, da es Arbeitsplätze und möglicherweise petrochemische Folgeindustrien

Es geht um mehr als um Lohnverhandlungen

schaffen würde. Gleichzeitig soll es die Herrschaft der Ölmultis über Irlands Energieversorgung einschränken.

Die Umweltschützer halten die landschaftliche Verschandelung der Bucht und die schwerwiegende Umweltverschmutzung dagegen. Interessanterweise kommt ein Großteil des Informationsmaterials über die Bedrohung der Umwelt von Esso. Einige der Umweltschützer sollen von den Ölgesellschaften beeinflußt worden sein. Das Projekt scheitert. Daraus resultiert wiederum eine größere Luftverschmutzung in Dublin, denn ein großer Teil des Benzins kommt nach wie vor aus veralteten Raffinerien in Cork und England, wo Sprit mit hohem Bleigehalt produziert wird.

In Fragen der Atomkraft dagegen ziehen Gewerkschafter und Umweltschützer an einem Strick. Der Plan, einen Reaktor am Carnsore Point in der Grafschaft Wexford zu bauen, wird durch öffentlichen Widerstand zu Fall gebracht. Die ITGWU finanziert während der Kampagne ein Anti-Atom-Buch, das die Gefahren der Kernenergie beschreibt. Der Vorsitzende der Ge-

147

werkschaft, John Carroll, und die grüne Bundestagsabgeordnete Petra Kelly zeichnen als Herausgeber.

Pro und kontra Multis

Über die Rolle der multinationalen Konzerne diskutieren die Gewerkschaften sehr kontrovers. Viele Jahre lang war es üblich, die Multinationalen zu verurteilen und gleichzeitig ihre Anwesenheit zu nutzen, um in der heimischen Industrie die Löhne in die Höhe zu treiben und die Arbeitsbedingungen zu verbessern.

Die wirklichen Verbesserungen in den Lebensbedingungen der irischen Arbeiter gehen auf die frühen sechziger Jahre zurück, als die ersten großen ausländischen Gesellschaften ins Land kommen. Die ITGWU bietet den neuen Betrieben ein ganzes Paket geregelter Beziehungen zwischen Arbeitgebern und Arbeitnehmern an: Sicherung des Arbeitsfriedens über einen gewissen Zeitraum gegen Gewerkschaftspflicht der Betriebsmitglieder. Multis unter Beschuß sind Bergbau- und Energiekonzerne, die nach Erdöl, Gas und Mineralvorkommen suchen, aber keine Folgeindustrien schaffen, sondern lediglich Rohstoffe abziehen.

Die Massenrekrutierung von Angestellten und Frauen hat die Gewerkschaft stark gemacht. Dennoch sitzen keine Frauen in der Exekutive des irischen Gewerkschaftsbundes, und es sind keine weiblichen Kandidaten für die anstehenden Wahlen aufgestellt.

Nur bei fünf Gewerkschaften sind in den nationalen Exekutivorganen weibliche Funktionäre entsprechend der Anzahl der weiblichen Mitglieder repräsentiert. Eine dieser Gewerkschaften ist die «Irish Women

Workers Union», eine Teilorganisation der «Federated Workers Union of Ireland», von der Schwester Jim Larkins, Delia, in den ersten Jahren dieses Jahrhunderts gegründet.

Die Diskrepanzen zwischen den Zahlen weiblicher Mitglieder und ihrer Repräsentation in den Organen sind bei anderen Gewerkschaften zum Teil erschreckend. In der «Irish Transport and General Workers Union» (ITGWU) zum Beispiel stellen Frauen 30 Prozent der Mitglieder, aber nur eine Frau ist im 15köpfigen Exekutivorgan vertreten. 74 Prozent der «Irish National Teachers Organisation» sind weiblichen Geschlechts, und nur zwei Frauen sitzen im 18köpfigen Exekutivrat.

Die Jahreskonferenz des irischen Gewerkschaftsbundes nimmt 1982 einen Gleichberechtigungsbericht an. In Zukunft sollen Frauen ihre eigenen Jahreskonferenzen abhalten. 1983 kommen zum erstenmal 155 weibliche Delegierte zusammen, die 40 Gewerkschaften und zehn lokale Gewerkschaftsräte vertreten. Es nehmen auch Beobachter des Arbeitsministeriums, der «Employment Equality Commission», der «European Trade Union Confederation» und anderer Organisationen teil.

Die Zukunft birgt für die Gewerkschaften größere Probleme als nur zähe Lohnverhandlungen. Es wächst die Kluft zwischen der schwindenden Gruppe von Arbeitern mit sicherem Arbeitsplatz, die von ihren Arbeitgebern Zugeständnisse und einen höheren Lebensstandard erzwingen, und der wachsenden Zahl derer, die von der Arbeitslosenunterstützung leben müssen.

Durch Arbeitskämpfe können Arbeiter und Angestellte ihren eigenen

Lebensstandard verteidigen; gegen die Notlage derjenigen mit niedrigem Einkommen und der Arbeitslosen vermögen sie jedoch nur wenig auszurichten.

Das durchschnittliche Gewerkschaftsmitglied ist heute weniger ein qualifizierter Arbeiter, der zeit seines Lebens in einem bestimmten Beruf gearbeitet hat und ein ausgeprägtes Klassenbewußtsein besitzt. Es gibt immer mehr nicht spezialisierte Arbeiter mit verschiedenartiger Berufserfahrung, mehr Angestellte und mehr Frauen. Die «Association of Scientific, Technical and Manageral Staff» (ASTM) zum Beispiel ist zur Zeit die fünftgrößte Gewerkschaft im Land.

Wenn der irische Gewerkschaftsbund nicht nur ein loser Zusammenschluß von Interessengruppen werden will, muß er eine klarere Politik im Bereich übergreifender sozialer und ökonomischer Planung entwickeln, um den Lebensstandard der schwächsten Teile der Arbeiterklasse zu verbessern oder mindestens zu verteidigen.

Padraig Yeates

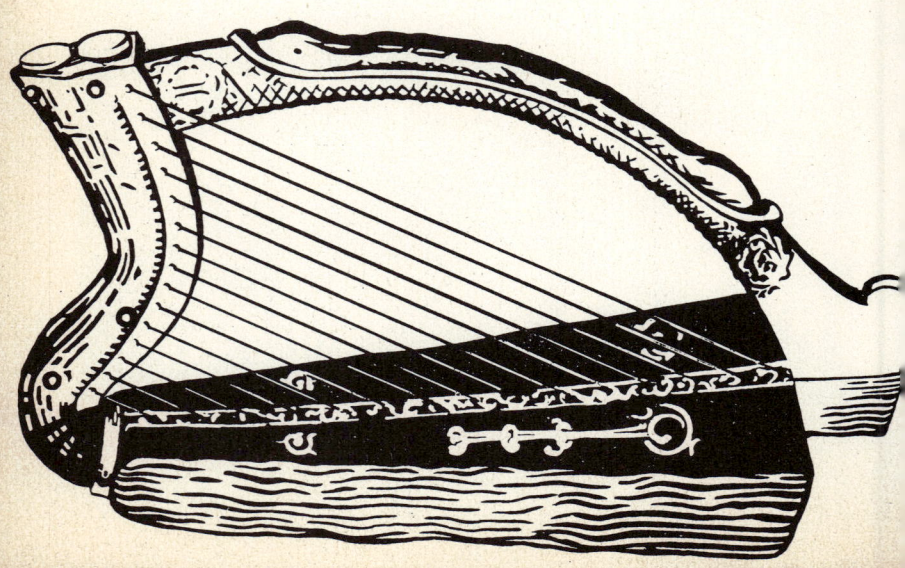

West-Cork –
Mit dem Rad an die irische Riviera

Wo sich der River Lee zum Lough Mahon weitet, wo ein tiefer Meeresfjord einem aufgeplusterten Hafen Platz gibt, dort liegt Cork, mit 130000 Einwohnern drittgrößte Stadt der Insel und Landeplatz für Fähren und Flugzeuge vom Kontinent.

Cork: eine hügelige Stadt, kulturelles Zentrum des größten – gleichnamigen – Countys; «heimliche» Hauptstadt der Insel. Die vermögenden Farmer Irlands sitzen nicht in Dublin, sondern im Agrarzentrum der Provinz Munster. Den höchsten «Wolkenkratzer» Irlands bestaunen zweifelnd zwei Farmer in Bronze; die Markthallen in der Innenstadt bieten die Schätze des landwirtschaftlich reichen Umlandes feil und sind beispielhaft für eine gelungene Stadtarchitektur, die ansonsten in Cork nicht gerade üppig gesät ist. Die vor wenigen Jahren abgebrannten victorianischen Hallen sind mittlerweile neu aufgebaut und mit modernen Baumaterialien ergänzt worden.

Eine Ansammlung von Hängen und Stufen, Kirchtürmen und Brücken geht schnell über in graue Vorstädte. Mit Dublin scheint die Stadt den unerbittlichen Zugriff von Häuserspekulanten und Schreibtischtätern gemein zu haben. Die lieblichen Fassaden des O'Sullivan Quay mußten bereits einem abwaschbaren Büromonstrum weichen. In symbolischer Nachbarschaft, nur Rufweite entfernt, hat die «Quay Coop» ihr Zuhause, Irlands einziges «richtiges» Alternativzentrum mit Buchla-

den, vegetarischer Küche, Kleiderladen, Schwulen- und Frauengruppen und einer Lebensmittel-Coop, die die wenigen biologisch-dynamischen Lebensmittel vertreibt, die auf den ansonsten eher chemisierten Farmen West-Corks produziert werden. Quay Coop als politisches Zentrum – im Restaurant kann man die Szene kennenlernen, über die man sich am schwarzen Brett einen ersten Überblick verschafft hat. Die Nachbarhäuser der Coop stehen leer. Um sie eifern Makler und Kooperative gleichermaßen – sie sollen sich für Gemeinschaftswohnungen besonders gut eignen.

Über Nacht wird Cork zum sozioökonomischen Krisengebiet, als 1983 innerhalb weniger Monate Ford, Dunlop und die Murphys-Brauerei ihre Tore schließen. Die Stadt, von der «Industrial Development Authority» zum strategischen Platz für Industrieansiedlung auserkoren, steht vor der Auszehrung.

In Cork liegen die Widersprüche oft dicht beieinander. Auf Fota Island, einer hübschen Insel am Osthafen, haben sich gleich dreierlei irische Unvereinbarkeiten angesiedelt: in trauter Nachbarschaft ein ungewöhnliches Freiwildreservat, weder Zoo noch Safaripark, eher ein Stück Land, auf dem sich Tiere fast wie in freier Wildbahn bewegen können; gleich nebenan die nukleare Müllkippe des hauseigenen Testreaktors der Universität Cork; und schließlich das erste kommerzielle Sonnenenergieprojekt. 55000 Siliziumzellen speisen die Aggregate

Hier kann man die «Szene» kennenlernen

zur Bewirtschaftung von 250 Milchkühen. Die mit deutscher Hilfe betriebene 50 000 Watt-Anlage soll zeigen, daß sich die Nutzung des Sonnenlichts gerade für die Milchproduktion und -verarbeitung besonders gut eignet. Im Sommer nämlich, wenn die Wiesen grün und die Euter prall sind, stellt die Sonne genügend Energie zum Betreiben von Melk- und Kühlmaschinen zur Verfügung. Und da im Winter für die Milchproduktion weniger Energie benötigt wird, reicht auch dann noch der bescheidenere Output der Kollektoren.

Wellenreiter

Spätestens das aggressive Verkehrsgewühl Corks könnte Besucher dazu verleiten, das Auto während des Inselbesuches stehen zu lassen und statt dessen die abwechslungsreiche Küstenregion West-Corks nervenschonend mit dem Fahrrad zu entdecken. Wenn einem nicht gerade der Westwind ins Gesicht bläst, machen die leichten Anhöhen und Abfahrten des Südwestens das Radeln zum reinen Vergnügen. Fahrräder lassen sich in Cork wie in jeder größeren Stadt Irlands ausleihen. Wer über West-Cork in die Berge Kerrys will, sollte sich auf jeden Fall ein Zehngangrad mieten.

Bevor man Cork verläßt, lohnt es sich, noch ein wenig in die Widersprüche des Äthers hineinzuhorchen. Der Wellensalat der Stadt strahlt exemplarisch die außergewöhnlichen Radio-Aktivitäten der Insel ab. Cork und Dublin beherbergen die meisten kommerziellen Radiopiraten Irlands. Cork Radio, Capital Radio Cork und viele andere mehr machen den Verantwortlichen der irischen Medien im Sommer

1983 erhebliche Kopfzerbrechen. Musik und Werbung ist die Botschaft. Hörer danken diese Alltagsunterhaltung mit hohen Einschaltquoten. RTE, der Staatsrundfunk, steht vor finanziellen Sorgen. Wie den Piraten das Wasser abgraben, wo doch das Rundfunkgesetz das private Betreiben von Sendeanlagen nicht untersagt? Wie den reichen, häufig englischen Betreibern und den zu allem Überfluß beliebten Stationen den Strom abdrehen, wo sich doch Freunde und Gönner der Unterhaltungsbranche bis hoch hinauf in die Ministerränge am Werbemarkt eine goldene Nase verdienen?

Die Regionalwelle von RTE in Cork ist der Versuch, die Beliebtheit des Radios nicht allein den Kommerziellen zur Ausschlachtung zu überlassen. Nachrichten und Informationen aus Cork und seiner Umgebung gehen hier bürgernah über den Sender. Wer will, kann anrufen und im laufenden Programm seine Meinung loswerden. Ab und an entwickeln sich über Telefon angeregte Hörerdiskussionen. Veranstaltungshinweise und Kulturkalender machen Local Radio Cork auch für Besucher interessant.

Ab Frühjahr 1984 sollen die Hörer noch auf ein weiteres lokales, allerdings nicht staatliches Radio zurückgreifen können. Ein Gesetz zur regionalen Sendearbeit erlaubt ab Sommer 1984 prinzipiell den Betrieb von insgesamt 40 Lokalradios in Irland. Für eine Begrenzung der Werbung und für Ausgewogenheit sollen die Gemeinden vor Ort sorgen.

Ermuntert zeigen sich die Medienplaner nicht nur durch die Werbeoffensive der Piraten. Seit gut zwei Jahren ist ein Sendewagen des Staatlichen Rundfunks wöchentlich oder 14tägig in verschiedenen Dörfern und Städten unterwegs. Hier können Interessierte mit technischer Unterstützung der Profis Radio selber machen.

Community Radio, Local Radio – wie immer die geplanten Rundfunkstationen auch heißen werden, Zugang sollen die Bewohner des Sendegebietes bekommen. So zumindest sieht es das Konzept vor.

Ölfluten

Gut, daß die gemieteten irischen Drahtesel noch nicht mit Radiogeräten ausgerüstet sind: Radfahrer können sich beruhigt dem rasch ausdünnenden Verkehr, der Landschaft und der Witterung überlassen. Es ist immer wieder verblüffend, wie abrupt die Städte in das ländliche Irland übergehen.

Im 20 Kilometer entfernten Badeort Kinsale ist nur den teuren Motorbooten und Segeljachten (auch zum Ausleihen!) anzusehen, daß eine größere Stadt mit wohlhabenden Bewohnern in der Nähe ist.

Wenn das «spanische» Städtchen nicht gerade am Wochenende von erholungsbedürftigen Corklern heimgesucht wird, ist der geschichtsträchtige Ort eine lohnende Station auf dem Wege entlang der Küste. Im 16. Jahrhundert noch wichtigster irischer Hafen, weil hier der River Bandon mit der See einen großen geschützten Meerbusen bildet, bringt das Jahr 1601 die Wende. Die Spanier landen in Kinsale, um einen Aufstand der Iren gegen die Engländer zu unterstützen. Trotz Überlegenheit der Invasoren gelingt es den Briten, sie in die Flucht zu schlagen. Die Engländer ziehen ihre Lehren aus dem Ereignis und ändern ihre bis dahin eher lasche Kolonisierungspolitik. Mit der Schlacht von Kinsale

Mein Gott! Bloß raus aus dem Regen!

Es war in Kenmare; während der Saison ein Mekka für die Jugend unterwegs. Hier waren die Touristen unter sich, konnten sich in ihrer Sprache unterhalten und fühlten sich nicht allein. Das Pub war wie alle andren. Leer während der Mittagszeit. Ein alter Bauer saß mit seinem Guinness auf einem dreibeinigen Schemel. Ein paar Instrumente zierten die Wand: zwei Fideln, eine Trommel, eine Concertina. Auf einem Stuhl am Herd schlief eine Katze. Wir dämmerten still in den Nachmittag.

Dann füllte sich das Pub in Wellen, im ganzen drei, um präzise zu sein. Eine deutsche, eine französische und eine Crew von Yanks. Es waren Wellen von schaumigem Bier, Motorradhelmen, Regenzeug, Tabakbeuteln, Gitarrenkasten, Zigarettenpapier – eine unruhige Suche nach einer «Session». Jede Gruppe fing an, in der kleinen Pinte zu singen. Jede ein bißchen irischer als die nächste. Ich zwängte mich zur Bar durch. Ich sah den alten Mann, der gegen das Fenster geklemmt war. Er hatte gerade so viel Platz, seinen Arm wie in einem Schanier zu bewegen, von der Brust zu den Lippen und langsam zurück. War er es, nachdem sie gesucht hatten? Ich zahlte mein Bier, ich zahlte doppelt und sagte zu dem Barmann: «Gib dem alten Knaben einen aus, wenn er fertig ist», und ich murrte, daß man ihm seinen Stuhl weggenommen hatte. Der Barmann zwinkerte mir zu, als er das Wechselgeld herausgab, warf einen abfälligen Blick auf die trinkenden Gäste rundrum und sagte: «Yerra, die guten alten Zeiten sind vorbei.» Und ich beobachtete aus meiner Ecke, wie der alte Mann sein Glas leerte, ein neues bestellte – und noch einmal dafür bezahlte.

Michael Conant, 1982

West-Cork – tropisch warm

beginnt die im engeren Sinne militärische Unterwerfung Irlands. Dem Ort mit seinem englischen Flair und seinen Befestigungsanlagen entlang des Meeresarmes sind die Spuren der Vergangenheit noch anzumerken.

Die Küste Cork – Waterford im Jahre 1988: Neue Satellitenstädte und petrochemische Industrien schießen aus dem Boden, die Region ist überschwemmt mit ausländischem Kapital und fremden Arbeitskräften. Farmer verkaufen Bauland zu astronomischen Preisen, der Ölboom sucht den Süden der irischen Republik heim.

Als im Sommer 1983 die Ölmultis Gulf und Esso die Ölfunde vor der irischen Küste für profitabel erklären, macht sich in Irland eine wahre Öl-Euphorie breit. Das schwarze Gold vor der Küste soll alle wirtschaftlichen Schwierigkeiten Irlands auf einen Schlag lösen. Die enorme Staatsverschuldung für Öl- und andere Energieimporte gehören der Vergangenheit an, Irlands Währung wird an den Börsen begehrt sein wie keine andere. Neue petrochemische Konzerne schaffen Arbeitsplätze, südirische Ölfunde werden mit denen im nahen Osten verglichen. In wenigen Jahren verwandelt sich eine pittoreske Küste und eine landwirtschaftliche Region in einen «synthetischen» Wirtschaftsraum. Was internationale Unternehmen bisher in Irland nicht schaffen konnten, das irische Öl soll es endgültig bringen.

Alles spricht dafür, daß es der irischen Südküste so ergehen wird wie den Shetland-Inseln. Nur 150 Meilen von den größten Ölfeldern der Nordsee entfernt, hat sich die Inselgruppe vom Ölschock nie erholen können. Ausländische Konzerne überrollen eine kleine landwirt-

Als wären die Besitzer erst gerade gegangen...

schaftliche Lebensgemeinschaft. Der «spin-off»-Effekt des unvermittelten Reichtums: Geisterstädte, Kriminalität, Zerstörung lokaler, gewachsener Industrien, Inflation. Der Reichtum fließt in die Taschen derer, die das Öl aus der See holen: BP, Gulf und andere Ölkonzerne, die nach wenigen Jahren ihre Bohrinseln dorthin schaffen, wo hauseigene Geologen neue profitable Funde versprechen. Zurück bleibt eine verwundete Region, der die Preise zum Überleben längst davongelaufen sind.

Es ist fraglich, ob Reisende in wenigen Jahren noch die Südküste Irlands mit dem Fahrrad werden entdecken können, ohne sich im Gewirr von Pipelines, Tanks, Containern und Industrieanlagen zu verlieren.

Ruinen, Schafe, Stille

Auf der Straße nach Clonakilty. Wann immer möglich, sollte man mit dem Fahrrad die schmaleren Küstenstraßen benutzen, die zahlreichen Wege zu Piers oder Anlegestellen, wo man den herrlichen Blick über die Küste genießen und an einem der vielen kleinen Sandstränden Rast machen kann.

Über das ganze Land hingestreut findet man Mauerwerke, verwunschene Ruinen, eingefallene Kirchen, überwucherte Kirchhöfe, Ginster, Heidekraut, Wollgras, Rinder und Schafe. Überall, außer an den brandungsumtosten Küsten und in den mit Autos vollgestellten Ortschaften – Stille. Stundenlang kann man über ein Netz von kleinen Feldwegen radeln, ohne einem Menschen zu begegnen. Die Landschaft wirkt unverdorben. Die Mißhand-

157

lungen durch die industrielle Landwirtschaft sieht man ihr noch nicht
an. Das Summen der Melkmaschine
trägt der Wind von einem entlege-
nen Gehöft herüber, Schwäne flat-
tern aus nahen Tümpeln auf. Die
Luft ist unendlich klar und weit – die
Luft ist ohnehin das Sauberste in Irland. Die ständigen Westwinde sorgen dafür.

Wer Farben genießen will, hat mit
dem Fahrrad das richtige Tempo,
um die Landschaft wie im Film an
sich vorbeiziehen zu lassen. Grün,
Gelb, Brauntöne vom Ginster,
Moor oder Heidekraut, unzählige
Graufärbungen, die je nach Sonnenlicht und Nebel in grelle oder milde
Silbertöne übergehen. Der Dunst,
der Niesel, die frühen Morgen in einer tautriefenden Landschaft, die
späten Abende mit dampfender
Feuchtigkeit und dem intensiven
Geruch des Grases – bei Vollmond
entsteht ein Lichterspiel, das kaum
auszuhalten ist. Warum nicht nachts
durch die schemenhafte Landschaft
radeln und tagsüber ruhen? Auch
wer Gerüche liebt, sollte Irland oder
zumindest West-Cork mit dem Fahrrad erkunden. Kaum ist man der
kühlen Feuchtigkeit einer Hecken-
wildnis entkommen, sticht schon der
frische Heugeruch in die Nase, der
süße Duft der Azaleen und Rhododendren, die blubbernde Fäulnis
von Seegras an den unzähligen Fjorden entlang der Küste.

Skibbereen, heute ein geschäftiges
Marktstädtchen, ist während des Unabhängigkeitskrieges mit England
ein subversives Nest. Michael Collins, der Anführer der «Irish Volunteers», stammt aus der Region und
findet in dem Ort beim Aufbau des
Widerstandes gegen die Engländer
und Großgrundbesitzer tatkräftige
Unterstützung. Die Männer operie-
ren gegen die Landherren meist
nachts, versteckt und gedeckt von
den Anwohnern; sie zünden Herrenhäuser an, sprengen Brücken oder
Straßen. Bei der Beschaffung von
Ausrüstung sind die Frauen nicht
untätig. Arbeiten sie als Postfrauen
auf dem Amt, untersuchen sie die
englischen Briefe; sie verstecken
Fahrräder und Waffen oder versorgen die Verwundeten mit Erster
Hilfe und Nahrungsmitteln.

Auch nach dem Unabhängigkeits-
und dem Bürgerkrieg, als es zur
Spaltung der Insel und des Widerstandes kommen soll, spielt der Ort
Skibbereen erneut eine entscheidende Rolle. Der lokale IRA-Füh-
rer Michael Collins will den Vertrag
mit England unterzeichnen. Der
Verlust Nordirlands und die politische Souveränität der 26 Counties
sind für ihn ein taktischer Sieg. Sein
Widersacher de Valera dagegen ist
für Kompromisse nicht zu haben.
Unabhängigkeits- und Bürgerkrieg
betreffen in seinen Augen und in den
Augen seiner Anhänger ganz Irland.
Die Spaltung des Widerstandes findet im mysteriösen Attentat auf Michael Collins in Skibbereen ihren
Ausdruck. Die Auseinandersetzungen im politischen Widerstand der
Region spitzen sich zu – Familien, in
denen die Brüder unterschiedlichen
Fraktionen angehören und nicht
mehr miteinander sprechen, aktive
Kämpfer, die den Kampf um die
Freiheit verraten sehen und sich resigniert zurückziehen. Bis heute ist Irland von diesem Widerspruch gezeichnet. Die «Troubles» im Norden
sind der sichtbare Ausdruck.

Geschichte zum Anfassen

Wer sich für die politische Geschichte Irlands und der Region

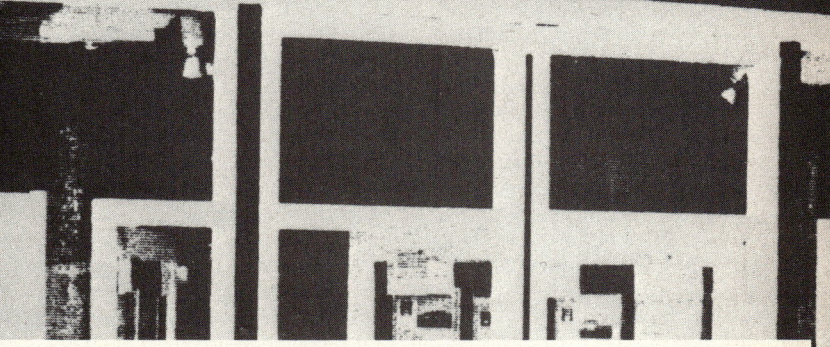

IRISH PROPERTY

Für die auf dem Pier, die mit den Fotoapparaten, muß es pittoresk ausgesehen haben. Die schwarzgeteerte Schale eines Curragh mit zwei Paar Beinen und eingeknickten Knien kroch die Helling hoch wie ein müder Käfer, der einen Platz zum Schlafen sucht.

Niemand hörte die fluchenden Rippen dieses erschöpften Kanus; niemand verstand, daß heute seine Fracht nichts wert war und daß die zwei in stinkendes Ölzeug gekleideten Kreaturen aufgegeben hatten wie getretene Hunde.

Wir nahmen unser Abendessen – Seezeug, das nichts taugte – mit zum Pub und trockneten uns am Feuer. Naß, niedergeschlagen und nach faulen Fischen riechend.

Durch die Tür trat ein Fremder, starrte die drei alten Männer an, die regungslos am Tresen saßen, und nach einer unsicheren Pause setzte er sich auf einen Stuhl am Feuer – dicht neben mir.

Er hatte eine Art gut gepflegtes Lederaccessoire bei sich, typisch für viele Germans. Solche Kleinigkeiten machen es leicht, die verschiedenen Nationalitäten auf Urlaub zu klassifizieren.

Zuerst sagte er nichts. Aber ich sah, daß er mich aus den Augenwinkeln beobachtete. Dann – ohne auch nur «Guten Tag» zu sagen – fragte er: «Wissen Sie, wo ich hier ein Haus kaufen kann?»

Michael Conant, 1982

West-Cork interessiert, sollte es unter keinen Umständen versäumen, Thérèsa O'Mahony einen Besuch abzustatten. Allein die Fahrt Richtung Union Hall lohnt sich, der Blick auf die Küste und die zahllosen Inseln der Roaring Water Bay ist einzigartig.

Ein ausgeblichenes Hinweisschild «Museum» führt zu einem alten, ein wenig abgelegenen Farmhaus, in dem Uneingeweihte ein kulturelles Archiv am wenigsten vermuten.

Thérèsa hat das Haus ihrer Familie in eine bewohnte Ausstellung verwandelt und alles zusammengetragen, was sie und ihre Vorfahren auf dem Areal haben finden können. Wie eng Vergangenheit und Gegenwart in Irland beieinanderliegen, wird hier anschaulich und erlebbar.

Äxte aus der Steinzeit, Haushaltsgegenstände aus der Eisenzeit – Küche und Wohnzimmer sind überfüllt mit Gegenständen zum Anfassen. Zu allem hat Thérèsa eine Geschichte zu erzählen.

Thérèsas Vater, beim Osteraufstand und in der IRA aktiv, hat seiner Tochter politische Tagebücher, Kompasse, Gewehre, Uniformen hinterlassen – ein persönliches Museum, in dem die Gegenstände durch Thérèsas Erzählungen zu neuem Leben erweckt werden. Ihr Farmhaus ist ein kultureller Brennpunkt. Seit Jahren hat sie die Kräuter- und Landmedizin West-Corks mit Kassettenrecorder und einer Sammlung von Rezeptbüchern dokumentiert. Im Frühjahr 1983 organisiert sie eine Ausstellung in der Stadt Cork zu diesem Thema. Daß Spinnenweben blutende Wunden heilen können und Pflanzen der Region, im Mörser zerstampft, immer hilfreiche Medizin sind, kann Thé-

rèsa mit Geschichten aus ihrer Nachbarschaft anschaulich belegen. An einem fachlichen Austausch ist sie außerordentlich interessiert.

In jedem Farbbildband ist er ganzseitig abgebildet, der Drombeg-Steinkreis bei Glandor, aber Menschen, die wir unterwegs nach diesem prähistorischen Monument fragen, zucken nur mit den Schultern.

Archäologische Reisebücher beschreiben die Formation aus aufrechten Steinen, die in annähernd gleichem Abstand aufgestellt sind, als eine Art Kalender, mit dessen Hilfe sich der längste und der kürzeste Tag vorhersagen ließen. Riten und Gebräuche, die sich mit solchen Monumenten verbanden, sowie ihr sozialer Kontext kommen in derartigen historischen Darstellungen nicht vor. Die Frauengeschichtsforscherin Heide Göttner-Abendroth interpretiert dagegen Steinkreise – von denen es in Irland noch eine Reihe gibt, größtenteils gut erhalten – als Tanzplätze matriarchalischer Gesellschaftsformen. «Ein Hauptmerkmal aller matriarchalischen Kulte ist der Tanz. Die Mondin ist die Göttin, von der alles Leben abhängt. Jeden Monat vollzieht sie vor den Augen der Menschen das Wunder zu wachsen, voll und rund zu werden, abzunehmen, zu verschwinden und wiederzukommen. Mit ihren Phasen beeinflußt sie die Erde. Sie bewegt das Meer in Gezeiten, von ihr wird das Pflanzenwachstum bestimmt, die Grundlage matriarchalischer Akkerbaukulturen. Es darf daher auf keinen Fall geschehen, daß die Mondgöttin sich nach der Phase des abnehmenden Mondes nicht wieder erholt. Darum versuchen die Menschen, ihrer Wiederbelebung durch Magie nachzuhelfen. So kommt es zu den Mondtänzen, die in allen

Steinkreis: matriarchale Reste

matriarchalen Kulturen auf der ganzen Erde verbreitet sind.

Sie tanzen nicht irgendwie im freien Gelände, sondern innerhalb bestimmter markierter und gebauter Steinkreise. Diese Steinkreise bestehen gewöhnlich aus neun, achtzehn oder siebenundzwanzig Steinen, je nach Größe des Ringes. In der Mitte dieser Kreise steht ein steinerner Obelisk, der viele Bedeutungen hat: Altar der Göttin, steinerne Herme als Symbol des Heros, riesiger Zeigefinger als Orientierung für das in den Ring fallende Sonnen- und Mondlicht. Diese Steinkreise sind gleichzeitig in Stein gebaute Mond- und Sonnenkalender. Durch die bestimmte Position der Außensteine und den Schatten des inneren Steines können Mond- und Sonnenaufgänge und -untergänge gemessen werden.»

In Drombeg sind von den 18 Außensteinen nur noch 17 erhalten, der Mittelstein ist noch als flache Bodenplatte erkennbar. Drombeg ist bislang verschont geblieben, aber generell muß gesagt werden, daß archäologische Funde und Ausgrabungen in Irland nicht länger mehr vor ihrer Zerstörung sicher sind. Das Ministerium für Öffentliche Arbeiten hat in einem Bericht von Spezialisten untersuchen lassen, wie sich Landschaftschutz und industrielle Agrarwirtschaft miteinander vertragen.

Über Steinkreise, megalithische und frühchristliche Gräber und Kirchen steht in der Studie zu lesen: Bulldozer und Traktoren haben in den letzten Jahren in Donegal 29 Prozent, in Dublin 27 Prozent, in Kerry 44 Prozent aller Monumente dem Erdboden gleichgemacht. Die schockierendsten Daten kommen aus der Gegend um den Hafen von Cork: ganze 66 Prozent aller Steinkreise wurden hier plattgewalzt.

Jenseitswelten

In Skibbereen muß man sich entscheiden. Die Fahrt entlang des Mi-
zen-Rings auf der gleichnamigen
Halbinsel geht über Ballydehob.
Wer aber auf die wunderschöne gälischsprachige Clear-Insel will, die
von einem Postboot angelaufen wird
und wer im Sommer Ferien macht,
wer gerne Irisch lernen möchte, der
sollte die gewundene Straße Richtung Baltimore radeln, von wo das
Postboot abfährt. Das regnerische
Wetter gibt den Ausschlag für Ballydehob, einen bunten Ort, dessen
große Zahl an Speiselokalen und
Kunsthandwerksläden schon auf die
«cosmopolitan» Atmosphäre West-
Corks einstimmen. Man kehrt in einen der zahlreichen Pubs ein, um
sich bei einem heißen Whiskey zu
wärmen und zu trocknen, und die
Wirtin erzählt. Ihre Geschichten
sind ein Beispiel für den verbreiteten
Glauben an Magie und Übernatürliches,
der die keltisch-irische Tradition des ländlichen irischen Westens
bis heute bestimmt. Einen Bauern
stören beispielsweise zwei aufrechte
Steine auf seinem Feld bei der Feldarbeit. Er entschließt sich, sie umzu-
legen und beiseite zu schaffen. Wie
alle Leute weiß er, daß er diese
Steine nicht anrühren darf. Aber er
denkt an die Mühen der Feldarbeit
und überwindet seine Skrupel. Nur
kurze Zeit später, im darauffolgenden Februar, stirbt er unvermittelt,
weder alt noch krank. Das Sprichwort sagt, daß Leute, die diese
Steine anrühren, den Jahrestag ihrer
Tat nicht mehr erleben. Oder:
«Meine Tante wohnt in der Nähe einer verfallenen Kirche. Dort findet
sie zwei herrliche Steinplatten, die
sie in ihren Kamin einmauert. Von
jenem Tag an hört sie im Haus während der Nächte merkwürdige Stimmen. Eines Nachts nimmt sie allen
Mut zusammen, steigt die Treppe
hinunter und sieht auf jeder Stein-
platte einen grünen Frosch sitzen.
Am kommenden Morgen reißt sie
das Mauerwerk wieder auf und
bringt die Platten zurück an ihren
Platz.»

Frederik Hetmann, der aus den
Schätzen irischer Erzählkunst einen
Band irischer Märchen zusammengestellt hat, schreibt in seinem Vorwort: «Für den von Märchen faszi-
nierten Leser läßt sich feststellen,
daß alle irischen Erzählgattungen
der Folklore – einschließlich der er-
zählenden Balladen, die in Irland
‹recitations› genannt werden – von
der Vorliebe dieses keltischen Volkes für die ‹Jenseitswelt›, für das Sin-
nieren und Träumen, für das Phan-
tasmagorische und Ornamentale,
das Verschlungen-Labyrinthische
durchdrungen sind.»

Die irische Vorliebe für Aberglauben wird von Hetmann verstanden
als instinktive Abneigung gegen den
engstirnigen «common sense» der
Engländer, verbunden mit einem lei-
denschaftlichen Verlangen nach
dem Mystischen und Unsichtbaren.
«Eine Vorliebe, die sich bis in den
heutigen Tag erhalten hat und als un-
heilvoller Einfluß auf das politische
Bewußtsein vieler Iren fortwirkt und
mitbedacht sein will, wenn jemand
über keltisches Jenseitsverlangen
gar zu sehr ins Schwärmen gerät.»

Glänzende Warzen

Weiter geht es Richtung Schull, und
schon von weitem sind, glänzenden
Warzen ähnlich, die Gipfel des
Mount Gabriel zu erkennen. Diese
«zivilen» Radarstationen werden
1982 von Mitgliedern der militanten

Gärten wie in Italien

Gruppe INLA zu militärischen Einrichtungen erklärt und in die Luft gejagt. Die INLA-Leute lagen mit ihrer Definition durchaus richtig.

Irland, militärisch neutral und politisch wie wirtschaftlich mit EG und NATO aufs engste verbunden, ist von zahlreichen «zivil-militärischen» Einrichtungen überzogen, die zur Schließung einer strategischen Lücke an der Westflanke Europas beitragen. So liefert die Radarstation auf dem Mount Gabriel Daten für die Militärrechner in England. Mikrowellen-Kommunikation stellt die Verbindung her zu den modernen AWACS-Spionagefliegern der USA. Offizielle Post- und Fernsehleitungsnetze schicken militärische Impulse in die Einsatzzentralen nach London. Irlands «heilige Kuh», seine militärische Neutralität, wird schon mit der EG-Mitgliedschaft 1972 geschlachtet. Die Insel nimmt an sämtlichen Beratungen teil, bei denen wirtschaftliche und politische Sicherheitsprobleme erörtert werden, und stellt gemäß geheimen Absprachen ihre Infrastruktur den «befreundeten» NATO-Mitgliedern England und USA zur Verfügung.

Um den begrenzten Atomkrieg in Europa führen zu können, ist die irische West- und Südwest-Küste für die Planer der Apokalypse unverzichtbar. Wenn russische Bomber die Radarlücke von Westen überfliegen, ist Europa verloren. Die «elektronischen Knoten» auf dem Mount Gabriel in West-Cork schaffen Abhilfe. Seit Jahren versuchen außerdem amerikanische und englische Diplomaten, die militärische Neutralität Irlands offiziell zu brechen, weil ihnen im Ernstfall die «technologische» Zusammenarbeit allein nicht genügt. Die Amerikaner wollen

dann in Irland landen und von dort aus Europa verheeren können – der Flughafen Shannon und die Buchten der Westküste sind geopolitisch äußerst «stützpunktfreundlich».

Auch wenn sich die Wiedervereinigungschancen mit dem britischen NATO-Satellit Nordirland vergrößern würden – eine offizielle militärische Integration ins NATO-Bündnis ist für Irland wenig wahrscheinlich. Eine gemeinsame Allianz mit dem historischen Erzfeind scheint selbst den Iren undenkbar, die eine konsequente Verteidigung gegen den kommunistischen Erzfeind für nötig halten. Daneben gewinnt die «Campaign for Nuclear Disarmament» (CND) in Irland, vor allem in den Städten, zunehmend an Boden. Fischern vor der Südküste gehen hochsensible Horchbojen ins Netz, U-Boote werden gesichtet und reißen im Frühjahr 1982 vor der Küste West-Corks sogar einen Trawler in die Tiefe, weil die Fangnetze im Wege sind – die unvermittelte Militarisierung des Alltags schafft in Irland neue Verbündete: «Macht Irland blockfrei und militärisch neutral!»

Eines ist sicher: Die internationalen Gäste, die als Erst- oder Zweitwohnsitz West-Cork gewählt haben und Geld wie «Kultur» in die Region bringen, bleiben bei einem möglichen europäischen Desaster nicht in gewähnter Sicherheit. Holländer, Deutsche, Amerikaner – viele Intellektuelle und Künstler scheinen das milde südirische Klima und die Flughafennähe Corks zu schätzen. Die schillernden Radarknoten bei Schull irritieren sie nicht.

«Man kauft jedenfalls eher in West-Cork» – die ausladenden Schaufenster des Grundstücksmaklers in Schull lassen daran keinen

Der Himmel – bombastische Kulisse

Zweifel. Und so steht es in einem Werbeartikel der *Irish Times*: «Die bevorzugten Regionen zum Häuserkauf in Irland sind Wexford, West-Cork, Kerry, Donegal. Hier bekommen Sie den besten Preis für das beste Haus in der besten Umgebung. Wenn Sie eine Familie unterzubringen haben, wählen Sie das größte Haus, das Sie sich leisten können. Und das neueste. Denn bei neuen Häusern fallen geringere Instandsetzungskosten an als bei alten.» Diese Ausverkaufspolitik hat selbst das «geschmackvolle» West-Cork nicht von der Bungalow-Seuche verschont. Die zentralen Planungsbehörden stellen im Frühjahr 1983 mit Erschrecken einen «dramatischen Anstieg von Einzelbungalows und Einfamilienhäusern» fest. Der Trend – 80 Prozent aller neuen Häuser auf dem irischen Land sind Bungalows – macht den Regional-planern erhebliches Kopfzerbrechen. Das häßliche Ausfransen der kleinen Ortschaften entlang der Straßen mit normierten Häusern von der Stange führt dazu, daß immer mehr Acker- in Bauland umgewandelt wird. Zersiedlung und steigende Grundstückspreise sind auch in West-Cork die Folge.

Der kleine Fischerort Schull ist von diesem in Glasbausteinen und Fertigtüren daherkommenden Kulturimperialismus noch weitgehend verschont. Aber in der Gegend um Goleen und Crookhaven steht die Eigenheimbewegung trotzig in der Landschaft.

Allein, aber nicht einsam

Die Mizen-Halbinsel kann man auf einer gut ausgebauten Küstenstraße umfahren, die zum Radeln geradezu einlädt. Wind und Wetter sind die einzigen Hindernisse, die von dieser Rundfahrt Richtung Mizen Head abhalten können. Buchten und Sandstrände, die besoffen machen. Und wieder – die unglaubliche Stille. Einfach in der Hecke liegen, vom Felsvorsprung den Ausblick auf die Klippen und Inseln genießen – eine Ruhe, die durch Autos, Züge in weiterer Entfernung oder Flugzeuge kaum gestört werden kann. Es ist eine Ruhe, die ängstigt, entspannt, ansteckt; ein Schweigen, in dem das Alleinsein nicht länger als Einsamkeit erscheint.

Die Straßen sind selten flach. Kleinen Anhöhen folgt mit Sicherheit die Abfahrt, der lustvolle Freilauf. Dieser Wechsel von An- und Entspannung macht Fahrradfahren angenehm. Nicht Geschwindigkeit, das Finden des eigenen Rhythmus bringt den Genuß.

Der Regen kann alles verderben, und der Wind natürlich. Flatternde Regenkleidung, Capes oder weite Mäntel sind eher hinderlich. Trockene Ersatzkleidung auf dem Gepäckträger, in einer Plastiktüte verstaut, ist mindestens so empfehlenswert. Hört der Regen auf, trocknet einen der Wind in Windeseile.

Verläßt man die Mizen-Halbinsel in Richtung Bantry, erwartet einen die «snobbish society» mit vielen exklusiven Delikateßläden, Pubs und Restaurants. Kreidestriche auf der Straße weisen in West-Cork nicht auf die Erdarbeiten des Gaswerkes hin. Sieht man weiße Markierungen mit einem großen Initial, so stößt man Sekunden später auf die Verursacher. Was von weitem wie ein Menschenauflauf bei einem Verkehrsunfall aussieht, entpuppt sich beim Näherkommen als eine Horde spielender Männer, die ihren Sonntagnachmittag mit Straßenbowling

verbringen. Zwei Mannschaften schleuden eine kleine stählerne Kugel die Straße entlang. Wo sie ausläuft oder sich in Hecken oder Brennesseln verfängt, ziehen die Spieler auf der Fahrbahn eine entsprechende Markierung. Straßenbowling, eine originäre Sportart West-Corks, verbindet wie beinahe alle Sportarten in Irland Vergnügen und Geschäft. Es ist die Regel, daß Beträge um die 150 Pfund an einem Sonntagnachmittag die Besitzer wechseln.

Auf dem Wege nach Bantry. In der Bay die geschickt getarnten Öltanks von Gulf Oil, deren mangelhafte Betriebssicherheit vor Jahren 40 Arbeiter das Leben und Bantry die geschätzten Arbeitsplätze des Petrokonzerns kostet.

Vom Ölboom kann die Stadt nur kurz profitieren – der heilige St. Brendan auf dem Marktplatz ist ihr als multinationales Gastgeschenk geblieben. In Bantry arbeiten die Aktiven des «Clean Seas Committee» seit Jahren mit großem Erfolg (s. Kapitel: «Ökologie»). Sie haben nicht nur die Gleichgültigkeit der irischen Regierung gegenüber der nuklearen Müllkippe vor der irischen Südküste in wachsende Opposition verwandeln können. West-Corks «Öko-Szene» soll den Farmen der Gegend Augen und Ohren für ökologische Energiegewinnung geöffnet haben. Das kleine Büro des «Clean Seas Committee» in Bantry beherbergt eine eindrucksvolle Bibliothek zum Thema «alternative Energien».

Das Bantry House, ein schmuckloser Kasten in georgianischer Architektur, überragt den Ort und die Bucht. Die Fürsten von Bantry bauen dieses Haus und statten es mit kostbaren Dingen aus, die sie von ihren Reisen in ferne Länder mitbringen und die heute, vielleicht an einem der unvermeidlichen Regentage, in einer von klassischer Musik untermalten Atmosphäre bestaunt werden können. Die leibhaftigen Besitzer dieses Anwesens und ihr liebebedürftiger Bernhardiner scheinen die Besucher nicht zu irritieren.

Von Bantry ist es nach Glengarriff, dem Zentrum der irischen Riviera, nicht mehr weit. Viele prächtige Sommerhäuser verlieren sich an einer ausgefransten Küste, die üppig bewachsen ist mit exotischen Pflanzen, blühenden Rhododendrondschungeln und exotischen Palmen und Sträuchern. Die Vegetation zieht im Sommer Tausende amerikanischer Touristen an, die sich die Überfahrt zu den exotischen italienischen Gärten auf Garnish Island nicht entgehen lassen. Boote setzen sie für drei Pfund in einer blühenden Azaleen- und Rhododendronlandschaft ab. Lord Dunraven hat Ende des 19. Jahrhunderts jedes Gramm Erde dieser Insel mit Booten vom Festland herüberbringen lassen, damit die importierten Bäume und Pflanzen aus Japan, Südamerika, dem Himalaya und China auf dem felsigen Boden Halt und Nahrung finden. Das subtropische Klima sorgt seitdem dafür, daß sie wild und üppig wachsen.

Szenen-Wechsel

Es sind diese geballten Naturschönheiten, die Besucher im Frühling und Sommer nach Glengarriff, auf seine Inseln und in seine Täler locken und im Winter den Ort zum Geisternest werden lassen.

Wer sein Rad den langen Paß von dort nach Kenmare hinaufschiebt, wird für den mühevollen Anstieg mit einem faszinierenden Blick über die zerklüftete Küste belohnt; und kaum ist der am Gipfel durch den Felsen getriebene Tunnel passiert, sieht man sich mit einem unvermittelten Szenenwechsel konfrontiert. Die satte, saftige, feucht triefende Wildnis ist einem weiten moorigen Torftal gewichen. Die genußvolle Abfahrt bis Kenmare ist mühelos, geht eher zu schnell.

Auch wer von Glengarriff zunächst nach Castletown Bearhaven will, kommt um einen langen, mühevollen, doch nicht minder großartigen Anstieg über den Healy-Paß nicht herum. Der gut ausgebauten Straße, die sich die Felsen hinaufwindet und in jeder Kurve einen weiteren Ausblick über das Küstenpanorama erlaubt, sind ihre traurigen Ursprünge nicht mehr anzusehen. Behörden haben sie im Rahmen öffentlicher Beschäftigungsprogramme während der Hungersnot bauen lassen (s. Kapitel: «Blick zurück»).

Die «stilvollen» Tunnel sind von Hand durch den Stein getrieben – eine Touristenstraße, die zahlreichen Menschen das Leben und die Gesundheit gekostet hat.

In der Nähe von Castletown Bearhaven gibt es einen bizarren, sehenswerten Platz. Im Schatten von Dunboy Castle liegt im kleinen Hafen ein dahinrostender Kahn; Rinder entweihen die heiligen Hallen der Burgruine. Ein Säulengang als Kuhstall, ein Ochse steckt seinen Schädel durch die Reste eines kunstvollen Türbogens, aus den verbliebenen Gewölben hallen die schmatzenden Geräusche der wiederkäuenden Tiere zurück.

Die Bäume des Anwesens, in denen sich in der Dämmerung die Krähen versammeln, erinnern noch an den vergangenen Baumreichtum der

Dunboy Castle: Säulengänge und Ausblicke

Beara-Halbinsel. Die wilde Öde wurde zum großen Teil von Menschenhand verursacht. Als die Briten Holz zum Flottenbau benötigen, hacken sie rücksichtslos irischen Baumbestand nieder. Heute erinnert neben einigen Ortsnamen nur noch die Folklore an diese Wälder. In dem Büchlein ‹Irish Place Names› findet man die Übersetzung der anglisierten Ortsnamen ins Irische. Das Verständnis dieser ursprünglichen Namen kann dabei helfen, die Geschichte der Regionen zu dechiffrieren.

Über den Healy-Paß geht es in Richtung Kenmare. An der schmalen, kurvigen Küstenstraße, die man in wildem Slalom hinuntersaust, inmitten von Hecken, Palmen und mächtigen Laubbäumen, liegt Deeren Garden, ein prachtvolles Herrenhaus der «english gentry». Auf vorgelagerten Inseln wuchern subtropische Gewächse. Wie alle irischen Gärten verdanken heutige Besucher diese öffentlich zugänglichen Anlage anglo-irischer Initiative. 1660 schenkt seine Gewalttätigkeit Cromwell dieses Land William Petty, der die Tochter des Lords von Kerry heiratet und sich zum Lord Landsdowne machen läßt. Seine Nachfahren schaffen im späten 19. Jahrhundert die Rhododendren und Palmen von Indien und dem Himalaya zu ihrem irischen Anwesen.

Richtung Kenmare verraten die Spitzenvorhänge und Blumenbänke vor den Fenstern auf den ersten Blick – die Autokennzeichen geben bei näherem Hinsehen die Bestätigung –, daß Kenmares Umgebung und der ursprüngliche Charakter des Ortes durch internationale Aussteiger nachhaltig verändert werden. Vor allem holländische Aufkäufer haben aus dem Ort eine Boutique, ein Zentrum mit Bistros, Restaurants und Craft-Shops gemacht. Die Gefühle der Einheimischen scheinen durch das veränderte Ortsbild wenig berührt. «The dutch community» hat ihre Häuser jedoch häufig mit importierten Materialien und unter Verzicht auf nachbarschaftliche Hilfe renoviert und betreibt heute einen regen «Schwarzhandel» mit eingeführten Lebensmitteln.

Trotzdem – es gibt noch Pubs von der guten alten Sorte in Kenmare, wo man einkehren und sich, erschöpft von einer genußvollen Reise, erholen kann.

Kerry –
Bilder aus dem irischen Mezzogiorno

«Ich muß offen gestehen, daß mir diese Seen einfach zu schön sind. Und was die Leute betrifft, die für einen Tag aus ihren Büros in London oder Dublin kommen, um ‹die Seen zu sehen›, und denken, sie kennten Killarney – so könnte ebensogut ein ABC-Schütze eine Zahlentabelle anschaun und dann behaupten, er verstünde sich aufs Rechnen.» Was William Makepiece Thackeray in einer zeitgenössischen Beschreibung über Killarney als victorianisches Paradies sagt, könnte noch heute für die irisch-amerikanischen Touristen gelten. Sie zieht es vor allem in den Bourn Vincent Memorial Park am Lower Lake, wo inmitten von wuchernden Rhododendren und Azaleen, Bambussträuchern und riesigen Farnen, Bäumen und Büschen das gepflegte Muckross House liegt. Was heute ein Museum für Volkskunde und Handwerk beherbergt, ist bis 1932 der prächtige Wohnsitz des amerikanischen Ehepaares Mrs. und Mr. William Bowers Bourn. Ihr Schwiegersohn vermacht Haus und Anwesen dem irischen Staat: «Muckross möge ein wirklicher Garten der Freundschaft, der größte Spielplatz auf der ganzen Welt werden.» Es gibt in Killarney Besseres zu sehen: Die drei durch einen vielfach gewundenen Fluß miteinander verbundenen Seen; die subtropisch überwucherten Inseln – der Golfstrom und der Schutz des mächtigen Carrantuohill in den McGillycuddy's Reeks schaffen die klimatischen Voraussetzungen; das Gap of Dunloe, eine zum Davonlaufen schöne Schlucht entlang der Seen und Berge; die Torc-Wasserfälle; für Golfspieler die phantastischen 18-Löcher-Plätze am Seeufer; für Angler die fischreichen Seen. Es macht Spaß, Killarneys üppige Ufer, satte Vegetation, Ruinen, Türme und Gärten mit dem Fahrrad zu entdecken. Aber nur zur Vorsaison, wenn das Gap of Dunloe noch nicht wegen einfallender Touristenmassen für den Verkehr geschlossen ist. Auch heute kann es einem ergehen, wie seinerzeit Thackeray, der mißgestimmt Killarney verläßt: «Ich will keine Seen mehr befahren, keine Berge mehr besteigen, auch keine Türme, ich will kein Gap of Dunloe mehr besuchen, keine Naturschönheiten und keine Aussichtspunkte – es sei denn, sie lägen mir bei einem geruhsamen Spaziergang direkt am Wege.» Es sind die Naturschönheiten der Umgebung und der «strategisch» günstige Ausgangspunkt für Exkursionen, was die Stadt Killarney zum Touristenzentrum machte. Eine der Landschaftsidyllen gehört ins Pflichtprogramm für Pauschalreisende: In Busse gepfercht verlassen sie das verbaute, häßliche, mit Andenkenläden und Touristenpubs vollgestellte Stadtzentrum Richtung Tralee, lassen die deutschen Fabriken entlang der Straße rechts liegen, halten möglicherweise in Killorglin für ein paar Fotos, um dann in einer Tagestour die «schönste aller Küstenstraßen», den «Ring of Kerry» von Killorglin nach Kenmare zu «machen».

Blicke, die besoffen machen können

Volksfestrummel

Der Reichtum Killorglins sind die ausländischen Fabriken, die Arbeitsplätze schaffen. Nicht zufällig haben die deutschen Herren Liebig + Co. den verkehrsgünstigen Platz im «goldenen Dreieck» Kerrys zwischen Tralee und Killarney als Standort für ihre Fabrik gewählt. Dem geschäftigen Marktstädtchen ist an einem gewöhnlichen Wochentag nicht anzusehen, daß es einmal jährlich kopf steht, dann nämlich, wenn König Puck, ein stattlicher und mit einer Pappkrone geschmückter Ziegenbock, das alkoholisierte Treiben während des traditionellen «Fair», des Markttages, überwacht. Dann strömen Tinker, fahrendes Volk, Viehhändler, Kirmeswagen und mobile Second-hand-Geschäfte in den Ort und lockern Mitte August für drei tolle Tage die Sperrstunden der Pubs, die sittlichen Gebote des Pfarrers und den behäbigen Alltag. Trotz Volksfestrummel ist noch etwas von der sozialen und wirtschaftlichen Bedeutung dieser Märkte zu spüren, die bis zum Aufkommen großer, überregionaler Viehauktionen und landwirtschaftlicher Kooperativen in Südwest-Kerry und entlang der Westküste ein wichtiger Umschlagplatz für Waren, Geld und Neuigkeiten sind.

In der Nähe Killorglins soll während des Osteraufstandes 1916 Sir Roger Casement auf einem deutschen mit Waffen beladenen Schiff landen. Doch der Plan fällt im wahrsten Sinne des Wortes ins Wasser – die jungen Männer, die Casement abholen wollen, damit er sich als Führer dem Aufstand in Dublin anschließe, kommen in der entscheidenden Nacht von der Straße ab. Das Auto stürzt ins Meer. Sir Casement fällt in die Hände der Engländer, und der Kapitän versenkt das Waffenschiff, ehe die Besatzer es in ihre Gewalt bringen können.

Der Ring of Kerry umzingelt Iveragh, die mittlere der drei Halbinseln im Südwesten Irlands, die wie dicke Finger weit in den Atlantik hineinragen. Die Dingle-Halbinsel nördlich von Iveragh kann man bei gutem Wetter sehen; das gleiche gilt für Beara im Süden. Der Ring of Kerry – sieht man einmal von dem kleinen aber feinen asphaltierten Weg durch die wunderschönen Moore von Glencar und über den Ballasheen-Paß ab – ist der einzige Zugang zu dieser Halbinsel. Noch ist dieser Verkehrsweg in die Landschaft integriert, man spürt noch, daß er eine bis ins 19. Jahrhundert isolierte Region zugänglich zu machen hilft.

Auf der Fahrt von Killorglin Richtung Kenmare liegt linker Hand der Curagh Lake – wie ein Spiegel sammelt er die Farben und Formen seiner Umgebung, die mit Sonne und Nebel wechselnden Grüns der üppigen Sträucher, des wirren Gestrüpps, das Blutrot der Rhododendren und Fuchsien, das Moorbraun der Bäche und Tümpel, das Glühen des Gesteins in der Abendsonne. Kurz hinter Glenbeigh findet man die verdiente Ruhe, um sich vom trubeligen Killarney zu erholen. Während der Saison hat dieser kleine Ferienort einen mächtigen, reizvollen Sandstrand zu bieten, Rossbeigh Strand. Eine gewaltige Dünenzunge schiebt sich ins Meer, von deren Ende man glaubt, nach Dingle hinüberhüpfen zu können. Im Windschatten der Sandgebirge läßt sich das faszinierende Panorama genießen: Die wuchtigen, mit grünbraunen Matten überzogenen

Killarney: wenn nur die Touristen nicht wären

Berge, die bis in den Atlantik hineinragen; Moore und Wiesen, die in den Tälern des Gebirges auslaufen, drüben die silbriggraue Silhouette von Dingle.

Diese Bilder können süchtig machen. Wer weiter Richtung Cahirciveen fährt, wenn sich die Straße eng an die Felsen klemmt, wird Großartiges erleben: Ist gerade noch eine ins Meer ragende Dünenzunge im Blick, an deren weiten Stränden sich die Besucher verlieren, steigt gleich darauf die Straße an und gibt den weiten Blick über den Atlantik frei. Dann tauchen Inselformationen auf, Klippen, Buchten und wieder ein kleiner goldgelber Sandstrand. Palmen, wuchernde Farngräser, Bambus; riesige kahle Felsen hat die rauhe Brandung des Atlantik glattgeschliffen. Taucht die Sonne in feuchter Luft diese Szenerie in mattes Licht, kriecht Nebel die rostigen

Berghänge hinauf, dann ist es schwer, sich sattzusehen. Anhalten hieße, die nächste Aussicht zu verpassen. Weiterfahren – der Film könnte reißen. Aber erinnert man mehr von einem Film, wenn Bilder sich jagen, statt in weichen Überblendungen aufzugehen? Auf diesen Straßen ist Fahren mehr als das Überbrücken räumlicher Entfernung. Es ist Wandern – mit den Augen, mit Gefühl. Es ist Träumen, ein Traum.

Grünes Patchwork

Schaut man von der Küste nicht aufs Meer, sondern landeinwärts, präsentiert sich Südwest-Kerry wie ein Puzzle: Felder und Parzellen, von Hecken gesäumt oder mit einfachen Steinmauern gefaßt, kleben an den Berghängen oder gehen in verwilderte Moore über. Die Schafe und

173

Der Golfstrom macht das Wasser «warm»

Rinder, wie weiße Punkte, müssen sich in diesem Schachbrett verloren vorkommen. Ruinen und Gemäuer überall. Ein eingefallenes Dach, die Stirnwände des Hauses stehen noch; ein Stuhl etwas abgerückt; die Schwärze der Feuerstelle legt nahe, die Bewohner könnten gerade erst weggegangen sein. Aber die Wirklichkeit ist härter. Die Auswanderung ist in Südwest-Kerry nur für die kurze Zeit des wirtschaftlichen Aufschwungs während der siebziger Jahre spürbar zurückgegangen.

Leben 1951 noch 11 000 Menschen auf der Iveragh-Halbinsel, sind es 1979 nur noch knapp 8000. Die eingefallenen Häuser, die zum Verkauf stehenden Bungalows, Geschäfte und Pubs machen deutlich, daß Irlands Aderlaß im Westen noch lange nicht zu Ende ist. Wer die Schule abgeschlossen hat oder glaubt, seine Arbeitskraft in Dublin oder Cork verkaufen zu können, wandert ab – nicht länger mehr nach England, wohin früher die Männer der Region zur Erntezeit als Saisonarbeiter gehen. Die Arbeitslosigkeit auf der großen Nachbarinsel hat dieser Art der Zuwanderung ein Ende gemacht. Zurückbleiben müssen diejenigen, die nicht mehr können. Es sind die Alten. Mehr als ein Drittel der Bevölkerung Südwest-Kerrys ist über 60 Jahre, und Regionalplaner sprechen davon, daß Iveragh seine Fähigkeit, sich selber zu erhalten, schon lange verloren habe. Die kleinen Parzellen, die vom Auto aus so pittoresk ausschauen, sind nur die Fassade einer Lebensform, der man ihre feudale Geschichte noch ansieht, die zu sperrig ist, als daß sie sich einer modernen dynamischen landwirtschaftlichen Entwicklung anzupassen in der Lage wäre. Die harten Pachtgesetze, mit denen bis

Grünes Patchwork

ins 20. Jahrhundert hinein die englischen Kolonialherren und ihre anglo-irischen Nachfolger auch die Iren im Südwesten zwingen, ihr Land immer wieder zu unterteilen, um so den Nachgeborenen eine – wenngleich unwirtschaftliche – Reproduktionsmöglichkeit zu verschaffen, haben sich längst in das Bewußtsein der Bewohner eingefressen. Wenn das Erwirtschaften von Überschüssen, das Ausweiten bebaubaren Landes, ein gut gepflegter Hof erhöhte Pacht zur Folge hat, wen wundert dann die Konzentration auf Selbstversorgung, die Resignation in Bescheidenheit und Armut. So ist auch heute noch das Land mit einem Irrgarten von Parzellen überzogen, nur wenige Farmer verfügen über größere zusammenhängende Landflächen. Das grüne Patchwork genügt dem einzelnen gerade, um einige wenige Schafe und Rinder zu halten. Für mehr trägt der magere Boden ohnehin nicht. Schon lange grasen auf diesen grünen Parzellen die «Kerry-Kühe» nicht mehr. Vieh aus Kerry, wegen seiner Langlebigkeit und Robustheit seit Jahrhunderten geschätzt, wird heute vom «Rare Breeds Survival Trust» in England geschützt. Die Farmer der Region haben «ihr» Vieh längst gegen milchwirtschaftlich produktivere Tiere eingetauscht. Die Steinmauern geben noch Zeugnis davon, mit wieviel Mühe urbares Land dem Felsen und Moor abgerungen werden muß. Das Landwirtschaftsministerium sieht in den vielen kleinen Höfen, den zahlreichen Arealen nicht bewirtschafteten Bodens, den Eigentumsverhältnissen auf dem Lande eine kaum zu überspringende Barriere auf dem Weg zur dringend notwendigen Steigerung der Produktivität.

«Wir organisieren hier Kurse im Umgang mit Düngemitteln, zur Steigerung der Milchproduktion. Aber da müssen wir die Bauern an die Hand nehmen, sonst kommen sie gar nicht. Um eine zusammenhängende Fläche guten Bodens zu haben, muß man kaufen. Und wer kaufen will, muß Schulden machen. Aber das Leihen von Geld ist verpönt, man ist zufrieden mit dem, was man hat! Geld, es ist zum Sparen da – die Vergangenheit hat ja gezeigt, daß man nie wissen kann.» Der zuständige Entwicklungsingenieur berichtet resigniert von den gescheiterten Versuchen, mit staatlichen Anreizen die Arbeitsmentalität der «peasants», der Kleinbauern, umzukrempeln. «It's enough to keep yourself going.» Was früher die Pachtgesetze besorgen, richten heute die EG-Subventionen aus. Solange das Geld reicht, um mit der Familie mehr schlecht als recht durchzukommen, bleibt die Eigeninitiative aus. Ein neues «Land-Leasing»-Gesetz soll ab Herbst 1983 dem in Kerry verbreiteten «underusing of land» ein Ende machen. Statt Eigentum an Grund und Boden brach liegen zu lassen und der landwirtschaftlichen Nutzung vorzuenthalten, sollen vor allem ältere Landwirte motiviert werden, ihr Land zu verpachten. Ob sich jedoch die konservativen Bauern der Westküste von ihrem Besitz durch staatliche Aufforderung auch nur begrenzt trennen lassen, erscheint höchst zweifelhaft.

For Sale – Zu verkaufen

Ein kleines buntes Marktstädtchen, die Häuser leuchten in den verschiedensten Farben, Öl ist dem Pink oder Marineblau beigemischt, um die Fassaden vor der salzigen Feuch-

tigkeit zu schützen. Daniel O'Connell, der Befreier, in Lebensgröße auf dem Marktplatz. Der Metzger hat auch Gemüse und Grundnahrungsmittel im Angebot. Ein Hardware-Shop, frisch renoviert, bietet Farbfernseher, Pinsel, Recorder, Schrauben, Werkzeuge feil, im Pub gibt es Angelzubehör, und der «Iveragh-Store» verramscht im Räumungsverkauf seine Gebrauchtmöbel und abwaschbaren Fertigteile. Das Ladenlokal des «Electricity Supply Board», neu und modern, fällt besonders ins Auge. Bügeleisen, Gefriertruhen, Waschmaschinen und Einbauküchen warten auf zahlungskräftige neue Stromabnehmer.

Es ist Freitag, und man muß früh dran sein, um noch etwas zu bekommen. Die Fleischerläden sind überfüllt, eine Fischersfrau verkauft aus einer Pappkiste Makrelen und Kabeljau. «Fresh Fish» – ein nagelneuer kleiner Fischladen hat sich auf einen katholischen Freitag eingerichtet. Noch vor 40 Jahren ist Cahirciveen ein blühender Fischmarkt, Fässer gesalzener Makrelen verlassen auf der längst stillgelegten Eisenbahn die Stadt. Vergilbte Fotografien in der lokalen Bücherei geben ein Bild von der verstorbenen Blüte: Frauen beim Salzen der Fische, reges Treiben auf dem Markt.

Heute ist dieser Markt mit wild geparkten Autos vollgestellt, Lkw donnern die enge Straße entlang – sie fahren Torf zum nahegelegenen Kraftwerk, holen die Milch für die nächste Molkerei in Killarney, Tanklastzüge bringen Benzin, ohne das die Region völlig aufgeschmissen wäre, ein Gemüsestand hat Karotten, Kartoffeln, Rüben und Zwiebeln in der Auslage. Sein Besitzer sucht im ausgedienten «animal

Nach der Abwanderung kommt der Verfall

health»-Auto Schutz vor Lärm und Abgasen. Die Schrottkiste dient ihm als Zwischenlager und Stauraum, denn nicht Gemüse der Region steht in Cahirciveen zum Verkauf. Es kommt jeden Morgen von Tralee.

«For sale» – von Glenbeigh kommend fallen schon die grellen Plakate des örtlichen Maklers auf, die an Bungalows und im Ort an den Gaststätten und Geschäften kleben. Die Auslagen in den zum Verkauf stehenden Häusern sind verstaubt, verblichenes Zeitungspapier verdeckt altes Gerümpel. Am Ortsrand sind eingeschlagene Fenster mit Pappe und Brettern vernagelt. Cahirciveen wird verkauft. Der örtliche Makler hat die Verantwortung für das Eigentum der Abwandernden übernommen. Den bunten Farbfotos und seinem bescheidenen Office ist schwer anzusehen, ob er gut dabei wegkommt.

Cahirciveen, der seltsame Name der Stadt, hat seinen Ursprung in der verbreiteten Praxis der Engländer, bei der Unterwerfung der Insel auch die gälische Tradition auszurotten. Die Anglisierung der ehemals irischen Orte macht aus Cathair-Saidhbhin – zu deutsch: das Steinfestung von Sabina – das beinahe unaussprechliche Cahirciveen.

Die wirtschaftlichen Grundfesten dieses «Stonefort» sind erschüttert, als vor wenigen Jahren die drei Fabriken – norwegisch, deutsch, irisch – ihre mit staatlichen Entwicklungsgeldern erstellten Gebäude außerhalb des Städtchens verlassen. Selbst die Steuerfreiheit kann die Produzenten von Socken und Pullovern nicht halten. Die von der staatlichen Entwicklungsgesellschaft IDA (Industrial Development Authority) finanzierten Arbeitsplätze verändern die Region nachhaltig. Als die

177

Fair: kulturelles Zentrum

erste Generation von Lohnarbeitern, nebenher noch mit Heuernte, Torfabbau und Viehzucht beschäftigt, sich ohne jegliche industrielle Erfahrung sowohl an Arbeitsdisziplin als auch den Umgang mit Maschinen gewöhnt hat, als die Kinder den Rhythmus der Fabrikarbeit von ihren Eltern hätten lernen können, in diesem Augenblick machen die Fabriken dicht. Die industrielle Kontinuität in Süd-Kerry bricht so überraschend ab, wie sie entstanden ist. Sie hat nicht nur die Vergeudung öffentlicher Zuschüsse sowie zahlreiche Arbeitslose zu verantworten – 80 Prozent der Menschen leben von Arbeitslosenunterstützung oder Sozialhilfe.

Warten auf fremde Hilfe

Entscheidend ist: Die Fabriken kommen von außen, von irgendwoher, sie gehen, keiner weiß wohin, die Gelder der EG fließen von Brüssel, das ist weit weg, die Sozialhilfe stammt aus Dublin, vom Staat. Auch der Staat ist «draußen», das war in Kerry schon immer so und hat sich kaum verändert. Eine Mentalität, Hilfe von «draußen», von Subventionen oder Fabriken zu erwarten, hat das Bewußtsein von Selbsthilfe und Selbstversorgung in Abhängigkeit, Apathie und Resignation verwandelt. Mit der Entwicklung des Tourismus glaubten viele Ende der sechziger Jahre, aus dem Schneider zu sein. «Bed and breakfast», Zimmer mit Frühstück, kleine Gasthäuser schießen aus dem Boden, die Region entwickelt ihre Infrastruktur für den in den siebziger

Fair: Abtransport

Jahren schier unerschöpflich scheinenden Reisemarkt. Unmerklich entsteht eine erneute Abhängigkeit von «draußen», diesmal von den Touristen, die wegen Inflation und Krise heute nicht mehr so zahlreich kommen wollen. Warten, hoffen, schließlich Resignation: Die große Reisewelle, die Irland in den siebziger Jahren heimsucht, hinterläßt in Südwest-Kerry eine Bevölkerung, die ihrer eigenen Geschichte entfremdet, der regionalen Ressourcen enteignet ist. Hilfe kann, wie gehabt, nur von außen kommen. Eine Nachbarin erzählt: «Ja, als die Fabriken noch da waren, gab es in den Kneipen noch Musik und Leben. Im Sommer hielten sich die Menschen in ihren Gärten auf, Feste und Einladungen zu Geburtstagsparties waren keine Seltenheit ... Heute müssen die Leute sparen, die Kneipen sind wie ausgestorben, und jeder sitzt allein zu Hause, mit seinem Farbfernseher. Ich weiß auch nicht, irgendwie haben die Menschen ihre Gärten einfach aufgegeben!» Heute gilt: Warten – «Warten auf ein Wunder, das aus der ruhig dahinfließenden Zeit auftauche; Warten auf Geringeres: Geld aus Amerika, einen Brief aus England – daß die Kneipe sich öffne. Warten auf nichts Bestimmbares. Es wird eine Mystik des Wartens geübt, die dem sich nach Tätigkeit drängenden Europäer fast orientalisch vorkommt. Im Lande des Abends ist man vom Morgen nicht fern: Man wartet auf nichts und wartet doch ...» (Heinrich Böll)

Rituelle Solidarität

Diese Öde und Langeweile bricht in Cahirciveen nur zu Festtagen auf, wenn Enkel, Brüder und Schwestern aus London, Amerika oder Dublin

179

IRA im Süden: rituelle Solidarität

aufs Land kommen. In die ausgestorbenen Kneipen und Geschäfte hält für wenige Tage großstädtisches Leben Einzug. Der Ort ist wie verwandelt: Sportlich gekleidete Damen, schicke Frisuren, in den Pubs wird sogar geknutscht.

Wer um Ostern nach Cahirciveen fährt, kann sich nicht nur unter dieses «fremde» Volk mischen, sondern darüber hinaus an einem politischen Gedenkmarsch teilnehmen. Wie in jeder anderen Gemeinde soll er den Osteraufstand 1916 ehren und in Cahirciveen, dem Geburtsort Daniel O'Connells, zusätzlich an dessen politische Verdienste erinnern. Der «Befreier» bringt nämlich zu Beginn des 19. Jahrhunderts eine Massenbewegung der Katholiken gegen die englischen Protestanten auf die Beine, an deren Ende die Aufkündigung des «Act of Union», der gesetzlichen Zwangsvereinigung

mit England, steht. Eine Million Menschen versammeln sich beispielsweise in Tara, dem einstigen Sitz der irischen Könige. Die Herren in Dublin geraten über den zivilen Ungehorsam in Erregung und verurteilen O'Connell wegen subversiver Umtriebe. Mit Massenveranstaltungen kann jedoch seine Freilassung durchgesetzt werden. Mit diesen historischen Ereignissen hat das österliche Gedenken in Cahirciveen nur noch das Datum gemein. Schwarz gekleidete IRA-Männer marschieren im Stechschritt, angeführt von einer Dudelsackkapelle, durch den Ort. Vorbei am Denkmal, wo Zeit für eine Gedenkminute bleibt, geht der Zug zum Friedhof. Am Grab O'Connells haben die politischen Kader der IRA für eine kurze Ansprache gesorgt, ein Straßenkämpfer ist aus Belfast angereist, um den unerschütterten Kampf gegen die

Engländer zu proklamieren. Die etwa einhundert Bürger, die gekommen sind, weil ihnen die rituelle Solidarität jedes Jahr zur Osterzeit politische Pflicht ist, hören nichts zu den wirklichen Problemen ihrer Region, zu Abwanderung, Fabrikschließungen, den kürzlichen Steuererhöhungen der Regierung, den Kosten der EG. Dieser Marsch geht wie vor 60 Jahren gegen die Engländer. Es lohnt sich dennoch, an einer solchen Veranstaltung teilzunehmen, denn sie erlaubt einen Einblick in die Vielzahl von Wirklichkeiten in Irland.

«Sie warten schon auf uns, die Tür steht immer offen. Aber leider bleibt nicht viel Zeit zu reden. Einige freundliche Worte, das Essen aus dem Plastikcontainer in die bereitstehende Schüssel abgefüllt, und weiter geht's. Unsere eigene Familie wartet, wir machen das ja nur nebenbei. Der Landarzt und die einzige Sozialarbeiterin für die Region können das alleine ja nicht schaffen», erzählt eine der Frauen des Freiwilligen Sozialen Dienstes, die bei der mobilen Essenausgabe «Meals and Wheels» tätig ist. «Es bleibt einfach zu wenig Zeit, um mit den Alten zu reden, dabei ist das doch alles, was sie wirklich brauchen.»

Vornübergebeugt, ohne Zähne, seinen handgeschnitzten Gehstock in der einen Hand, in der anderen eine Eisenstange, mit der er in der Glut des Torffeuers stochert, so wartet ein alter Mann in seiner dunklen Küche. Der Lehmfußboden hat die Farbe der schwarzen Asche angenommen, sein abgetragener Mantel ist verdreckt.

Wer vom Ring of Kerry abfährt und die kleinen Straßen über die Pässe nimmt, wird viele alleinstehende alte Menschen treffen. Außerhalb des Ortes erreicht sie der soziale Dienst nicht mehr, dort sind sie völlig auf sich selbst und die nachbarschaftliche Hilfe angewiesen, die mit dem Einzug des Fernsehens in der Region an Verläßlichkeit verloren hat. Fällt ein morsches Dach über den Bewohnern zusammen, birst eine Scheibe im Sturm, kann vielleicht noch die Hausreparaturgruppe des freiwilligen sozialen Dienstes helfen. Wenn auf Grund von Geld- und Personalmangel auch von dieser Seite keine Unterstützung zu erwarten ist, bleibt nur noch der Umzug in einen Wohnwagen. Vor allem im Innern der Halbinsel sieht man sie zuhauf herumstehen, und man muß sich das Leben im Herbst und im Winter vorstellen, wenn die unerbittlichen Atlantikstürme hereinbrechen und Feuchtigkeit, Schimmel und Fäulnis bringen. Dann endet die Einsamkeit nicht weniger alter Menschen in der nächsten psychiatrischen Klinik Killarneys. Auf Rheuma, Arthritis, vor allem auf Schizophrenie lauten die Diagnosen.

Alternativen?

Die Statistik ist nüchtern. 50 Prozent der Bevölkerung in Südwest-Kerry ist über 50 Jahre alt. Die jungen Menschen unter 18 machen ein Drittel der Verbliebenen aus. Um sie an die Region zu binden, muß etwas geschehen. Eine regionale Bürgerinitiative hat sich Gedanken gemacht: Das «South West Kerry Development Committee» schlägt eine «alternative Nutzung» der EG-Subventionen vor. Seit fünf Jahren argumentieren acht Männer, die Region nicht länger dem Steuerurlaub von Fabriken zu überlassen, sondern statt dessen die regionalen Ressourcen der Iveragh-Halbinsel zu nutzen. Damit Entwicklungsgelder wirklich «greifen», stellen sie dem «Sprinkler-Effekt» aus Brüssel eine integrierte Regionalplanung entgegen, die die gleichzeitige Förderung mehrerer miteinander verknüpfter Projekte vorsieht: Verbesserung der Landwirtschaft, Ausbeutung der Torfvorkommen zur regionalen Energiegewinnung, Ansiedlung fischverarbeitender Industrie, Verbesserung des Straßennetzes zur Lösung der Transport- und Tourismusprobleme.

Südwest-Kerry als «Black spot»-Region anzuerkennen, fällt dem Regionalfonds in Brüssel und den Entwicklungsplanern in Dublin nicht schwer. Die Fakten sprechen für sich: überalterte Bevölkerung, beschleunigte Auswanderung, große Arbeitslosigkeit und Armut in einer geographisch umgrenzten Region. Wer jedoch Gießkannenförderung durch integrierte Unterstützung ersetzen will, muß Gelder und Kompetenzen umleiten, gar neu bündeln.

Doch eine integrierte Planung steht quer zu den auf Initiative von Regierung und Verwaltung gewachsenen Strukturen.

Sollen die ehrgeizigen Pläne der regionalen Bürgerinitiative in die Tat umgesetzt werden, so müssen die Zuständigkeiten für Fischerei, Forstwirtschaft, Energie, Kleinindustrie unter einen Hut kommen. Bisher haben Politiker und Planer außer wortreicher Unterstützung keine wirkliche Hilfe nach Kerry gebracht. Noch steht die kleine Bürgerinitiative allein mit ihren guten Argumenten in der soziokulturellen Wüste Kerrys.

Die Bewohner Kerrys sind die Ostfriesen Irlands. Über sie gibt es zahlreiche Witze, die in Büchern gebunden die Dummheit und das Hinterwäldlertum dieses Menschenschlages zum besten geben: «The best of all Kerry jokes». «What do you call a Kerryman with brains? – Lucky.» «How many Kerrymen does it take to change a lightbulb? Five, one to turn the bulb and the others to turn him around.»

Doch die Bewohner von Kerry scheinen sich in ihrem Charakter auch durch außerordentliche Kraft, durch Teamgeist und Vitalität auszuzeichnen. Nicht ohne Grund gehören die regionalen Hurling- und «Gaelic football»-Teams zu den gefürchtetsten der Insel. Über Jahre können die Mannschaften aus Kerry bei den «All Ireland Finals» den Sieg für sich reklamieren.

«Kerry people» sind obendrein für ihre Subversivität bekannt. Steuerhinterziehung gehört ebenso zum Alltag wie die Ausnutzung des Umstandes, daß Autonummern in Irland nicht auf den Herkunftsort der Besitzer schließen lassen, sondern nur zur Registratur von Steuer und Versicherung dienen.

Da Gebrauchtwagen aus Kerry im Wiederverkauf einen geringeren Marktwert haben, melden die Besitzer ihre Blechkisten einfach in Galway oder Sligo an, weil dort auf Grund besserer Straßen die Wagen weniger strapaziert werden. Der Käufer eines Gebrauchtwagens wird diese «Herkunft» mit einem besseren Preis honorieren.

Valentia – eine Insel erzählt

Wer auf dem Ring of Kerry Cahirciveen verläßt, kann die Straße durch die Moore im Landesinneren wählen, die erst im kleinen charakterlosen Ferienort Waterville wieder auf den Ozean und an herrliche, kilometerlange Sandstrände trifft. Die kleine Straße Richtung Valentia

Ruinen – Überreste der Besatzer

Island, Richtung Portmagee führt dagegen zu einem verschlafenen Fischerort, den eine gut befahrbare Brücke mit der Insel verbindet. Im Sommer geht auch eine Fähre nach Valentia Island, die Personen und Fahrräder befördert. Es gibt viele Gründe, nach Valentia zu fahren. Die Lage der Insel erlaubt bei klarer Sicht eine faszinierende Umsicht – am Horizont sieht man die mächtigen Gebirge von Kerry, die zahlreichen Fjorde und großen und kleinen Inseln. Von der Anhöhe «Valentia Heights» reicht der Blick bis nach Dingle, die mächtigen Blaskets Islands ruhen im Atlantik, und im Westen sind wie schwimmende Makronen die Skellig Islands zu sehen. Von Knightstown, dem Hauptort von Valentia, gehen bei ruhigem Wetter Boote zu diesen archäologisch interessanten Klippen, auf denen bis heute Überreste eines Klosters,

Steinhütten der Mönche sowie ein alter Friedhof dem Atlantik standgehalten haben. Heute ist die kleinere Skellig-Insel ein von zahlreichen Biologen besuchtes Vogelreservat. Außerhalb von Knightstown, in einer geschützten Bucht und inmitten eines prächtigen exotischen Gartens, liegt «Glenleam House», das ehemalige Anwesen der «Knights of Kerry». Das prachtvolle Gebäude, mit Antiquitäten vollgestellt, ist seit Jahren im Besitz jener deutschen Fabrikanten, für die die Fabrik im benachbarten Cahirciveen nicht mehr rentabel war. Valentia Island war schon immer etwas Besonderes – im 19. Jahrhundert ist diese damals vom Festland noch abgeschnittene Insel ein Mikrokosmos der irischen Gesellschaft. Das Prachthaus Glenleam und die wenigen strohgedeckten einfachen Bauernhäuser erzählen noch davon.

Grundmauern ohne Dach – steuerfrei

Gemessen an den sonstigen Verhältnissen in Kerry, ist der Boden auf Valentia gut und von der Küste bis hinauf zu den Höhen – Geokaun Mount 270 m / Bray Head 240 m – kultiviert. Doch die Kartoffel-Monokultur hat auch hier ihren Tribut gefordert – leben im 12. Jahrhundert die Farmer und Fischerleute noch vielseitig, führt die Bereinigung der Felder und der Zwang zum Kartoffelanbau dazu, daß «überflüssige» Pächter von ihren Anwesen vertrieben werden oder höhere Pacht bezahlen müssen. In mancher Hinsicht hat Valentia Glück, denn der Knight of Kerry ist ein vergleichsweise gutmütiger, gar paternalistischer Gutsherr. Die in aller Welt bekannte Schiefermine gibt Arbeit sogar während der Hungersnot. Doch seit dem großen Hunger nimmt die Bevölkerung kontinuierlich ab: 2920 im Jahre 1841; 1864 im Jahre 1901.

Heute leben noch gut 700 Menschen auf der Insel.

Eine einschneidende Erfahrung für die irischsprechende Gemeinde bringt die Ansiedlung der «Transatlantic Cable Station», der ersten Radiostation, die Sendungen nach Amerika ausstrahlt. Die Gebäude der Station sind noch heute zu besichtigen, wichtiges Material hat auch das «Museum of Broadcasting» in Dublin gesammelt (s. Kap.: «Dublin»).

Von Knightstown war damals noch kaum die Rede. Das alte Zentrum der Insel ist Caol, Chapeltown. Knightstown gehört zusammen mit der Schiefermine, der Fähre zum Festland und der Radiostation zur «anderen Welt». Einige Inselbewohner erinnern noch, wie sie aus ihrer irischsprechenden Umgebung als Kinder vom Lande, wo die Menschen Torf verbrennen, nach

Schwimmende Makronen: Skellig Rock im Atlantik

Knightstown mit dem «englischen Geruch» kamen, so genannt nach dem Geruch der Kohlefeuer im Ort. Die gutbezahlten Angestellten der Cable Station leben in komfortablen Häusern, während der Rest der Insel arm und primitiv bleibt.

Die Ärmsten der Armen leben in zusammengefallenen Hütten aus Stein und Kalk, ihre einzige Mahlzeit besteht aus trockenen Kartoffeln. Trotz der benachbarten Mine ist nicht ein einziges Pächterhaus auf Valentia schiefergedeckt. Die einzige Ausnahme: das Anwesen der Knights of Kerry.

Barfuß nach Tipperary

Es gibt immer noch einige strohgedeckte Häuser auf Valentia, einige kleine, die aus einem einzigen Raum mit einem Schornstein bestehen. Aber diese Häuser sind schon Klassen besser als die armseligen Hütten aus dem letzten Jahrhundert.

Um überhaupt durchzukommen, verdingen sich die verarmten Bewohner in vergangenen Tagen während der Erntezeit bei den reichen Farmern in Kilkenny, Tipperary oder Cork. Barfuß sind sie 30 Meilen am Tag marschiert, ihre kostbaren Arbeitsstiefel, die sie nur zum Schutz gegen die scharfen Halme anziehen, tragen sie über der Schulter.

Thomas O'Shea aus Chapeltown erinnert sich, daß in seiner Kindheit eine Familie etwa zwei Ar Kartoffelfeld brauchte, um die Angehörigen und die Schweine durchzubringen. Familien auf Valentia haben nach einem lokalen Sprichwort nicht «the grass of the hen», nicht soviel Gras wie eine Henne. Jeder hält Schweine, aus den Torfmooren kommt nach schwerer Arbeit im Frühling der Brennstoff für den

Winter. «Als ich jung war», erzählt Mary O'Shea, «war die Arbeit hart und langsam. Vor allem gab es kein Licht. Paraffinöl kam viel später auf den Markt und wurde in einer kleinen Handlampe verbrannt. Gewöhnlich haben wir in einem Topf am Feuer geschmolzenes Fischfett benutzt und es in einer Muschelschale verbrannt, getrocknete Binsen dienten als Docht. Eine andere Lichtquelle war ein in Späne geschnittenes Stückchen Torf, das ich halten mußte, wenn die Frauen Wolle spannen. Und es war meistens Nacht, wenn sie die Wolle spannen und kämmten.»

Auf einem Grashügel über dem Glenleam House und dem Leuchtturm steht ein großes keltisches Schieferkreuz mit einer Inschrift, gewidmet Sir Peter Fitzgerald Bart, im Dank für seine Großzügigkeit, in tiefer Trauer ob seines Todes. Sir Peter hatte als Manager der Schiefermine und Ingenieur des Glenleam House viel mit Valentia im Sinn. Die damals noch intakte Eisenbahn in Portmagee, die gesalzene Makrelen nach England und Dublin bringt, ist für seinen Reichtum von strategischer Bedeutung. Sind ihm Pächter im Weg, so greift er zu rücksichtslosen Methoden der Landvertreibung.

Wer etwas über die irische Frühgeschichte erfahren will, für den sind Valentia und das kleine benachbarte Beginish Iland interessante, überschaubare Regionen, um Nachforschungen anzustellen. In ganz Südwest-Kerry lassen sich vorchristliche Ruinen, Steinforts wie das große und gut erhaltene Staigue Fort bei Caherdaniel, Überreste keltischer Kirchen und megalithische Gräber finden – die Geschichte Irlands von 3000 vor Christus bis ins 20. Jahrhundert ist auf Valentia aufzuspüren. Da die Insel nicht groß und nur leicht hügelig ist, lassen sich diese Entdeckungen vortrefflich zu Fuß oder mit dem Fahrrad machen.

Von Valentia muß man nicht auf den Ring of Kerry zurück. Die Straße über den Paß hinter Portmagee ist schmal, aber man wird entschädigt mit einem atemberaubenden Rundblick über die gesamte Küste vom höchsten Punkt aus; tief unten liegt der geschützte Sandstrand der St. Finians Bay. Die schmale Straße führt entlang der kilometerlangen Sandstrände und trifft erst bei Waterville wieder auf den Ring.

Zwischen Waterville und Parknasilla liegt an einer langgestreckten Bucht in einem kleinen Nationalpark das «Derrynane House», wo Daniel O'Connell wohnte. Das kleine Museum ist der Öffentlichkeit das ganze Jahr hindurch zugänglich. Draußen beginnt es sanft zu regnen, aber es ist warm. Schwere Wolken drücken auf den Ozean. Die graue Landschaft wird um so heller, je mehr sie zu einer einzigen Fläche verschwimmt. Die farbigen Häuser liegen wie bunte Farbtupfer zwischen den Steinmauern und den grün-braunen Hügeln. Der würzige Torfgeruch liegt in der Luft. Es wird schon Abend, und es gilt, noch vor der Dunkelheit in dieser tropischen «Oase» Kerrys anzukommen. Wenn der Park nicht zu dem reichen alten Southern Hotel gehörte, könnte nichts die Freude trüben an den Palmen und Blumen und Farnen, an den Flamingos, die über den Golfplatz stolzieren. Als Silhouette am Horizont ist Garinish Island zu erkennen, ein Wildvogelreservat, in dem sich sogar noch atlantische Robben aufhalten sollen. Unvorstellbar, was passiert wäre, wenn die «phantastischen» Planungen der

Entwicklungskomitees sich hätten verwirklichen lassen – hier wäre ein schöner Platz für eine Autobahnraststätte Ring of Kerry, Exit Parknasilla. Sie ließe sich sogar harmonisch in die Landschaft einpassen.

Eine Mischung aus hämischer Freude und Dankbarkeit über die «Rezession», wie es die Politiker hier nennen, macht sich breit – für derartige Pläne wird vorläufig kein Geld übrig sein.

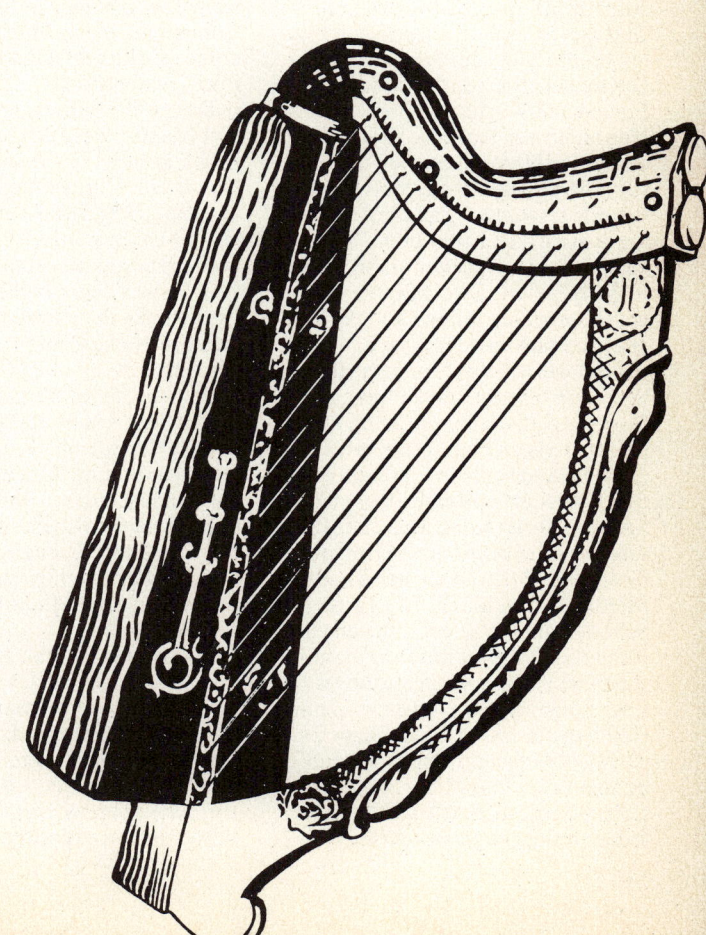

Connemara –
Gälisch mit Untertiteln

«Nimmt man die Straße von Galway aus, braucht es nicht lange, und schon trifft man auf Leute und Orte, die ganz und gar typisch sind für Connemara. Auf jeder Straßenseite liegen kleine Parzellen mit Hafer, Kartoffeln oder eine winzige Viehweide, abgeteilt mit lockeren Steinmauern, die ohne jeglichen Mörtel aufgetürmt sind. Wo immer einige Cottages, kleine strohgedeckte Hütten, in der Nähe der Straße stehen, tauchen auch schon barfüßige Frauen auf, Körbe mit Torf oder Heu auf ihrem Rücken. Einige Kinder laufen hinter ihnen her, und wenn Markttag ist, überholt man lange Karawanen von Landleuten, die in niedrigen Esels- oder Pferdekarren von Galway heimfahren. Wie es die Regel ist: Zwei Männer sitzen vorne, und die Frauen haben es sich auf Mehlsäcken oder zwischen jungen Schweinen bequem gemacht. Sie reden beinahe ohne Punkt und Komma Gälisch miteinander. Die Männer tragen Handgestricktes aus grauer Naturwolle, die Frauen Mieder, Petticoats und einen braunen Schal um ihren Kopf. Das erste Gefühl, wenn man auf diese lärmende Gesellschaft trifft oder sich diesen Menschen anschließt: Es ist eine Schande, daß jede Veränderung ihre Individualität eher untergräbt, anstatt wirklich zur Verbesserung ihrer Lage beizutragen. Und dann kommt einem etwas später in den Sinn: Es ist Teil des irischen Unglücks, daß beinahe alle Charaktere, die dem Leben Farbe und Attraktivität verleihen, unter so großer Armut le-

ben.» (John M. Synge in Connemara ca. 1904)

Connemara, eine Region des County Galway: Westlich des Lough Corrib deuten zerklüftete Landfinger und Gebirgshalbinseln zwischen der Clew Bay im Norden und der Bertraghboy Bay im Süden in den Atlantischen Ozean hinaus. Ctonnacht, der östliche Teil der Halbinsel Connemara, ist «a little gaelic kingdom», ein kleines gälisches Königreich, immer noch.

Das größte gälischsprachige Gebiet Irlands, die Gaeltacht Connacht, kündigt sich dadurch an, daß die Straßenschilder nicht länger in zwei Sprachen ihre Richtungen weisen. Es ist die mittlerweile für den Tourismus gut ausgebaute Straße von Galway über Oughterard nach Clifden, die diese karge, schöne und gegensätzliche Region in flaches küstennahes Stein- und Moorland im Süden und hohes Bergland mit weiten torfigen Tälern im Norden teilt. Die Gaeltacht, ein «Reservat» irischer Kultur und Sprache, schließt die Aran Islands ein und zieht sich entlang der Nordküste der Galway Bay von Bearna – englisch Barna – bis nach Casla – englisch Costelloe – und entlang des Atlantiks von Casla bis nach Carna.

«Was hat es eigentlich auf sich mit diesem Landstrich? Da sind doch nur Hochmoore, schwarze schnelle Bäche auch, Gebirgszüge und vereinzelt stehende Berge; da sind Seen, unzählige Seen, da ist die Küste, ein Steingewirr, ein Felslabyrinth, ein Hereinlecken des Atlan-

Es ist nicht genug Erde da, nicht einmal genug Moor

tiks mit vielen Zungen. Ist es sein magischer Name, der dieses Land im Westen berühmt macht? Wohl kaum.

An seinen Küsten ist Connemara eine schöne Steinwüste, in seinem Innern ist es weithin kahl. Dann und wann haben sich ein paar Bäume zusammengefunden, sie stehen eng beieinander, gemeinsam Schutz suchend vor einem Wind, der sie alle ein wenig nach Osten gekrümmt hat und ihnen ein zerzaustes, gar unordentliches Aussehen gibt. Ab und zu trifft man auf tapfere Reihen junger Fichten, die erst vor ein paar Jahren gepflanzt wurden. Plötzlich flammt Rhododendron auf, am leuchtendsten da, wo das Schloß Ballynahinch in seinem Park steht.

Aber sonst ist Connemara kahl. Es ist allein ein Garten der Farben. Sein Boden, Moorboden, über den die Straße ihren unebenen Lauf nimmt, ist schwarz von Torf und rot von Heidekraut, und smaragdfarben sind die Tümpel im Widerschein des Himmels; der kann beinweiß sein und fahlgrün, ich habe ihn wie Samt und purpurn oder silbern gesehen, dann war er mit Wasser getränkt und vollgesogen. Felsen sind hier im Innern glatte Wände, sie sind nackt.

Es ist nicht genug Erde da, nicht einmal genug Moor. Es sind nur Fetzen magerer Weide über das Gestein gezogen. Aber die guten Geister, die Connemara bewohnen, haben diese Armut mit himmlischen Farben zugedeckt, mit unbeschreiblichen Tönen, in die sich die Bergkegel träumend hüllen.» (Margit Wagner)

Eine unbesiegbare Provinz

Stein, Steine, Felsbrocken jeder Größe und Form, Mauern – wie können in dieser Region so viele Men-

189

Connemara: schöne Steinwüste

schen leben? Die offensichtliche Kargheit des Landes steht im sinnfälligen Gegensatz zur Dichte seiner Bevölkerung. Zwischen Geröll sind die Häuser verstreut: Bungalows im Selbstbau und gleich daneben, nur durch Steinhaufen getrennt, weiße niedrige Hütten, manchmal noch mit einem «traditionellen» Strohdach, über das ein riesiges Netz gebreitet ist, um es gegen die unerbittlichen Stürme des Atlantiks zu sichern. Im Herbst und Frühling peitschen sie hier wie in keiner anderen Gegend Irlands übers Land. Südwest-Connemara ist zwar reich an Geschichte, Tradition und Folklore, jedoch arm an gutem Boden. Schafe entlang der Straße nibbeln das spärliche Grün, Rinder und Kühe, die mitten auf der Fahrbahn stehen und immer wieder zum Anhalten zwingen, vergreifen sich an Ginsterbüschen. Daneben eine Parzelle

fruchtbaren Landes. Wie mit dem Lineal gezogen ein Kartoffelfeld, die Früchte in sorgfältig aufgeworfenen, langgezogenen Haufen schwarzer Erde vergraben. Die Armut dieser Küstenstreifen mag nahelegen, daß Fischen einen gewichtigen Beitrag zur Ernährung leistet, aber das Wetter macht es unmöglich, sich allein auf die See zu verlassen. Eine lange Liste gesunkener Schiffe zeugt von der Unberechenbarkeit dieser Küste. Die einst zwischen den unzähligen vorgelagerten Inseln und dem Festland verkehrenden einmastigen Segelschiffe, die sogenannten Hooker, sind mittlerweile durch Dampfschiffe ersetzt. Häufig zwingen Wind, Strömung und die unzugänglichen Hafenanlagen dazu, vor der Küste zu ankern und die Fracht auf Curraghs umzuladen, kunstvoll gebaute, enorm seetüchtige Kähne, die aus einem Holzgerippe be-

Kartoffel-Felder: wie mit dem Lineal gezogen

stehen, das mit geteerten Tierhäuten überzogen ist.

Wo Holz und Werkzeuge in vergangenen Tagen noch knapper sind als heute, sind Schiffsrümpfe kaum konstruierbar. Die Bauweise der Curraghs nutzt die natürlichen Ressourcen der Region. Und wo die Wogen des Atlantiks mit ungebremster Wucht hereinbrechen, sind nur Boote sicher, die leicht wie Kork auf den Wellen tanzen und vor allem rasch in Sicherheit zu bringen sind.

Wer von den sattgrünen, saftigen Midlands über den Shannon nach Connacht fährt, wird schnell begreifen, warum die Eroberer und Besatzer Irlands in den vergangenen Jahrhunderten diese Provinz, die heute aus den Counties Galway, Sligo, Mayo, Leitrim und Roscommon besteht, so lange in Ruhe gelassen haben. Sollten sie Stein, Moore, Seenplatten besetzen, wenn fruchtbare

Gebiete zu haben waren? Den meisten Invasoren ist es jedenfalls nicht schwergefallen, Connacht jenen Stämmen zu überlassen, deren Lebensstil von der Härte der Umgebung und deren Mentalität von der irisch-keltischen Tradition gezeichnet war. Die Wikinger kommen von Osten, die Normannen treiben zahlreiche Iren der Midlands über den Shannon, und die Anglo-Normannen haben Jahrhunderte gebraucht, um die Territorien von Connacht zu unterwerfen. Der «wilde Westen», eine unbesiegbare Provinz.

Jahrhunderte hindurch sind bewaffnete Unterwerfung und friedliche Besetzung durch englische Farmer und Handelsleute in Irland an der Tagesordnung. Die Normannen, die britische Königin Maria, später Elisabeth und Jakob I. versuchen es mit Beschlagnahme von Land, mit Plünderungen, mit der Ansiedlung loyaler Farmer und Kaufleute. Im 17. Jahrhundert fällt Cromwell ein und macht mit Massenmord und Flächenbrand reinen Tisch im aufmüpfigen Irland – die Iren der Midlands und der Ostküste treibt er nach Westen. «Go to hell or to Connacht» – zur Hölle oder nach Connacht. Und Cromwell weiß, was er tut.

Der passive Widerstand, den Natur und Bewohner geleistet haben, hat Connemara als eine Region erhalten, in der irische Sprache, Kultur und Mentalität für Reisende noch spürbar sind.

Erst die Hungersnot von 1840 leitet das Siechtum ein. Wen wundert, daß diese landwirtschaftlich armselige Region von Hunger, Tod und Auswanderung am stärksten heimgesucht wird. Es gibt dort Menschen, die kennen Boston in den USA besser als Dublin. Nicht viel hat sich an alledem geändert.

Stolzes Schweigen

Immer noch ist Connemara wild, immer noch stößt es die aufdringlichen, lauten oder arroganten Besucher von sich. Die rauhe See und das Klima haben die Menschen verschlossen, aber auch selbstbewußt gemacht. Oberflächlicher Freundlichkeit, wie Fremde sie in Kerry antreffen, begegnen sie hier selten. Einheimische begrüßen Besucher nicht, wenn sie ihnen auf der Straße begegnen. Und in den Kneipen herrscht eher stolzes Schweigen als palavernde Geschwätzigkeit.

Kleine religiöse Gruppen und Orden müssen schon vor Jahrhunderten auf der Suche nach dieser Atmosphäre im unwirtlichen und einsamen Westen gewesen sein. Überreste großer Klosteranlagen wie in den Provinzen Munster oder Leinster sind hier nicht zu finden – verständlicherweise, denn große Gemeinschaften kann das Land nicht ernähren. Einige interessante Relikte sind trotzdem in den geschützteren und fruchtbareren Teilen der Region zu entdecken. In Cong, an der Grenze zwischen Mayo und Galway, steht eine Abtei aus dem 12. Jahrhundert, und in Balintober findet man beispielsweise die Überreste eines Klosters.

Vor der Küste Carnas, auf der kleinen St. Mac Dara-Insel, gibt es ein steinernes Oratorium sowie verfallene Steinhütten der Mönche und Steinkreuze; ferner sind die frühchristlichen Monumente und Ringforts auf den Aran Islands zu erwähnen.

Daß diese Deprivation religiöse «Aussteiger» anzog, wird schnell begreifen, wer die rauhe Abgeschiedenheit der Inseln und Landzipfel auf sich wirken läßt.

Die Aran Islands werden von Wissenschaftlern und Reisenden lange Zeit für einzigartig gehalten. Das Leben auf den Inseln, von Robert Flaherty, dem «Vater» des Dokumentarfilms in seinem Film «Die Männer von Aran», von Tom O'Flaherty in «Aranmen All», von J. M. Synge im Theaterstück «Riders to the Sea» festgehalten, unterliegt jedoch derselben Erosion, die Sprache, Kultur und Alltag in der gesamten Gaeltacht auszehrt.

Jeder Besucher, der mit dem Boot von Galway aus hinüberfährt, trägt unwillkürlich dazu bei. Wer es dennoch nicht lassen kann, tut gut daran, vor allem in den Sommermonaten vorzubuchen, da die Fähren nach Aran – insbesondere die von Rossaveel – häufig ausgebucht sind.

Cromwell: «To hell or to Cannacht – Zur Hölle oder nach Connacht»

Diversifikation – Nicht alle Eier in einem Korb

Will man von Carraroe auf die über eine Brücke mit dem Festland verbundene Insel Lettermullen, so fährt man dieselbe Straße, die John M. Synge 1904 bereist haben muß, als er Material für sein Büchlein über Connemara zusammenträgt: «Die Straße ist bemerkenswert. Beinahe jeden Zentimeter, so wie er heute noch da ist, haben die Leute der Umgebung bei öffentlichen Notstandsarbeiten während der Hungersnot gebaut und diese ‹Hilfsarbeiten› sind heute wieder in vollem Gange. An einigen Stellen werden Verbesserungen vorgenommen, einfache Wege in Straßen umgewandelt, hier und dort eine neue Verbindung zu einem abgelegenen Ort gebaut. Viele Meilen, Costelloe und Carraroe im Rükken, entlang der Torfstraße mit ihrer

seltsamen Führung, mit breiten grasbewachsenen Torfstücken an jeder Seite, vielleicht, um den barfüßigen Menschen den Weg zu erleichtern . . . Im schnellen Vorbeifahren sehen wir beinahe jeden Mann und jede Frau mit einer Unterwerfung und Niedergeschlagenheit arbeiten, die der eines gestraften Hundes gleicht. Jeder zufällige Passant könnte diese Gruppe mit Strafgefangenen verwechseln. Der Lohn für diese Arbeit ist ein Schilling am Tag, und mit fester Regelmäßigkeit ist nur das Familienoberhaupt zu dieser Arbeit zugelassen.»

Heute weigern sich die Bewohner, für diese Straße, die eher Kühen, Schafen, und Zweirädern als Pkw eine angemessene, gar vergnügliche Fortbewegung erlaubt, Straßensteuer an die Regierung in Dublin zu zahlen. Trotz schlechter Infrastruktur zieht es im Sommer Zehntau-

Gälisch – im Herzen der «Gaeltacht»

sende Kinder nach Carraroe, die dort ihre Sprachkenntnisse im Irischen vervollkommnen. Vogelkundler und Biologen kommen an die Küste und auf die Inseln. Wildgänse im Frühling, Kormorane auf ihrem Flug von nahegelegenen Seen zu den Klippen, Schnabeltaucher, auch für Sniper ist Connemaras Küste noch unverdorbene Brutstatt.

Auffällig sind die Haufen getrockneten Seegrases, die nicht nur den Grundstock für Connemaras karge Muttererde bilden. Seetanghaufen sind noch vor Jahren entlang der ganzen irischen Küste zu finden. Beim Verbrennen gewinnen die Menschen den «kelp» – die Asche ist Basis für Jod und Kali. Heute dient Tang als Rohstoff für industriell erzeugte Alginsäure, einer Verdikkungssubstanz für Lebensmittel oder einer elastischen Abdruckmasse, wie sie beispielsweise in der Zahnmedizin verwendet wird. Daß diese Industrie und die damit verbundene Zulieferarbeit in der Gaeltacht ausstirbt, wundert nicht. Schon Synge beklagt 1904 die Vernachlässigung der lokalen Fertigkeiten Connemaras. «Einige, die diese Region entwickeln wollen, haben die unglückliche Tendenz, einigen ausgewählten Industrien wie der Zucht der Connemara-Pferde, dem Fischen oder sogar der Bienenzucht große Aufmerksamkeit zu schenken, während sie die verbreiteten Industrien vernachlässigen.»

Paradoxerweise ist es jedoch gerade das Scheitern von Industrialisierungskonzepten der Regierung und der zuständigen Gaeltacht-Entwicklungsgesellschaften, wodurch in Connemara vielseitige Überlebensformen weitgehend erhalten wurden. Warum die Ölkrise 1963 zwar Irland viel, dem «armen» Mittelwe-

Seetang als Dünger

sten jedoch vergleichsweise wenig anhaben kann, hängt mit einem historisch gewachsenen und von der Natur aufgezwungenen Zustand zusammen, den Ökonomen wohl «Diversifikation» nennen.

«Not all eggs in one basket» – nicht alle Eier in einem Korb zu haben, bedeutet für die Menschen, statt einer geregelten aber krisenanfälligen Fabrik- oder Lohnarbeit nachzugehen, viele unterschiedliche Berufe gleichzeitig zu beherrschen und auszuüben. Kartoffeln aus den mit Tang gedüngten Parzellen; Seegras für die Jodfabriken; Torf als eigener Brennstoff oder zur Fütterung des regionalen kleinen Torfkraftwerkes; ein paar Kühe bringen die Milch; ein Dutzend Schafe das Fleisch und die Wolle; Weben und Stricken in Heimarbeit; Tomaten aus den Gewächshäusern; Häuserbau in Selbsthilfe; Meeresfrüchte aus der See.

Hätten Polizei und Regierung nicht das verbreitete und illegale Brennen des heimischen Whiskeys, des Potteen, verfolgt und somit das Entstehen einer kleinen Schnapsindustrie wie in Schottland unterbunden, auch ein Rausch könnte in Connemara hausgemacht sein. Wer lange genug bleibt, wird möglicherweise noch ein Glas unter dem Ladentisch angeboten bekommen.

Sprachinseln

Gelbe Flecken, ausgezackte Ränder, unsystematische Formen – beim Blick auf die irische Landkarte fallen die in Irisch gedruckten Ortsnamen und Hinweise auf, die die Zeichenerklärung auf der Rückseite als «Gaeltacht», als irischsprachige Region ausweist. Vor allem an der Westküste sind diese Sprachinseln noch erhalten. In Dingle, County

195

Kerry; in Mayo und Donegal; in der Umgebung von Cork oder am Cape Clear an der Südküste. Die Galway Gaeltacht ist geographisch die größte; 13 000 Menschen, die die irische Sprache sprechen, lesen und schreiben können, soll es in Connemara noch geben.

Damit Menschen ihrer Kultur und Geschichte nicht völlig entfremdet werden, vor allem damit der aktive Gebrauch der Sprache im Alltag wachgehalten wird, sollen die Iren der Gaeltacht sicht- und hörbare Unterstützung bekommen. In Costelloe im Südwesten Connemaras hat «Radio Gaeltachta» seinen Sitz. Die kleine Radiostation sendet inmitten einer Mondlandschaft aus Felsen, Torf und Tümpeln sechs Stunden täglich in gälischer Sprache. In Zusammenarbeit mit den Regionalstudios in Dingle und Donegal entsteht ein Programm, das sich vom Discoeinerlei ebenso unterscheidet wie von den Showparaden des staatlich-kommerziellen RTE 2. Für Radio Gaeltachta hängen die Einschaltquoten weniger von Rockpop und dynamischen Moderatoren ab – die Hörer der Westküste wollen «ihre» Neuigkeiten. Darum beziehen sich die Nachrichten auf regionale Ereignisse: der Tod der Nachbarin, eine Folkveranstaltung im nächsten Ort, Geburten, Hochzeiten, Klatsch und Wissenswertes aus den ländlichen Gemeinden. Verbraucherberatung auf Gälisch, landwirtschaftliche Fachsimpelei, Sport, Gaelic Football und Hurling (s. Kap. «Sport») natürlich live, im Sommer die regionalen Folkkonzerte und Festivals vom mobilen Übertragungswagen.

Wer im Westen Irlands reist, sollte nicht versäumen, in Ruhe die rauhe Melodie der gälischen Sprache – in sich aufzunehmen. Es muß 1971 erst ein Piratensender in die Luft, um das Bedürfnis nach einem gälischsprachigen Radio durchzusetzen. Und der staatliche Rundfunk RTE hat zwar heute für die Forderungen nach einem gälischsprachigen Fernsehsender Verständnis, aber kein Geld.

Rundfunkkommuniqués zufolge sollen die leeren Kassen dafür verantwortlich sein, daß aus Radio Gaeltachta kein lebendiges Bürgerradio werden kann. Die einzige mobile Sendeeinheit ist ständig vom englischsprechenden großen Bruder RTE belegt, im Budget sind Live-Sendungen, in denen die Gaeltachtbewohner unmittelbar ihre Sprache «gebrauchen» könnten, nicht vorgesehen.

Sprache ohne Wert?

So ist Radio Gaeltachta zwar geschätzter lokaler Dienstleistungsbetrieb, kulturelle Animation geht von ihm aber selten aus. Der Konkurrenzkampf gegen das Farbfernsehen – die Antenne auf dem traditionellen Reetdach sorgt für einwandfreien englischsprachigen Empfang – scheint längst verloren.

Doch nicht nur «Dallas» und amerikanische «soap operas» in englischer sprache, die vom staatlichen Fernsehen ausgestrahlt werden, bringen das Gälische in Gefahr, häufig sogar in Verruf. Die Insel Irland mit ihren Zeitungen, Büchern und Filmen in der Geschäftssprache Englisch hat ein gebrochenes Verhältnis zu ihrer «eigenen» Sprache. Selbst die Verwaltungen der Gaeltacht, die zuständigen County Councils, lassen sich nicht dazu bewegen, mit ihren «Kunden» die in der Verfassung festgeschriebene, offizielle Erstsprache des Landes, das Irische, zu sprechen.

«Versuchen Sie das mal, Sergeant!» sagte er.

«Er sieht gut aus!» urteilte er.

«Das soll er auch.»

«Und er schmeckt ausgezeichnet!»

«Whisky», sagte der alte Mann, «ist ein Stoff, der seine Zeit braucht. Gut Ding will Weile haben! Jede Kunst hat ihre Geheimnisse, und die geheimen Rezepte für Whiskybrennen gehen genauso verloren, wie die alten Lieder verlorengingen.»

«Dan, manchmal denk ich, es war ein großer Fehler vom Gesetz, dagegen einzuschreiten.»

«Vielleicht – vielleicht auch nicht», erwiderte er sachlich.

«Doch bestimmt, Dan! Was bleibt den armen Leuten denn sonst noch?»

«Die Gesetzemacher werden schon ihre guten Gründe haben.»

«Trotzdem, Dan, trotzdem: 's ist ein hartes Gesetz!»

Dan erhob sich nicht, den Sergeant aus dem Haus zu begleiten. Er setzte sich wieder auf seinen alten Platz am Feuer. Er nahm die Pfeife aus dem Mund, blies nachdenklich hindurch, und gerade, als er sich bückte und nach einem Hölzchen griff, um die Pfeife wieder in Gang zu bringen, hörte er Schritte, die zum Haus zurückkehrten. Es war der Sergeant. Er steckte den Kopf zur Halbtür herein.

«Sie haben wohl nicht im Sinn, die kleine Buße zu zahlen, was, Dan?»

«So wie ich nun mal bin, Sergeant», erwiderte Dan gleichmütig, «hab ich's nicht im Sinn.»

«Sie haben mir den Haftbefehl mitgegeben», sagte er endlich in einem Ton, der ihn von jeder Beziehung zu dem Schriftstück freisprach. «Wenn es Ihnen gelegentlich passen würde ...»

Am nächsten Freitag spannte Dan den Esel vor sein Wägelchen und brach auf. Unterwegs sammelte er eine Anzahl Nachbarn auf, die ihm gern das Geleit geben wollten. Auf der Anhöhe oben hielt er an, um sie wieder heimzuschicken.

Nachdem Dan all seinen Freunden die Hand geschüttelt hatte, hieb er dem alten Esel eins über, rief: «Hü!» und begab sich allein auf den Weg zum Gefängnis.

«Ja, das Gesetz» von Frank O'Connor. Gesammelte Erzählungen VI. Diogenes Verlag, Zürich 1976

Vor Jahren, als viele Auswanderer aus Amerika nach Connemara zurückkommen oder die Iren von ihren Verwandten in Übersee hören, wie nutzlos und beschämend die irische Sprache in einem englischsprechenden Milieu ist, hören viele einfach auf, mit ihren Kindern Irisch zu sprechen. Unsere Kinder sollen es besser haben, es reicht, wenn sie dieses «nutzlose» Irisch in der Schule lernen. Erst die Angst, die Regierung könnte die Subventionen zurückziehen, die jeder Gaeltachtbewohner für den Hausbau, für die Schaffung von Arbeitsplätzen und für das aktive Sprechen der irischen Sprache mit den Kindern bekommt – 10 Pfund nach Prüfung durch den Inspektor am Ende der Schulzeit –, hat die Sprache wieder lebendig gemacht. Mittlerweile sind Sprachferien für Kinder aus anderen Teilen Irlands in Connemara ein wichtiger Erwerbszweig.

Nicht wenige Revivalisten halten die jährliche Verschickung von 20 000 Kindern für eine Kur, die dem Patienten den Garaus zu machen droht. Theoretisch sollen die Kinder in den Gaeltacht-Urlauben Irisch sprechen. Tatsächlich verständigen sie sich außerhalb ihrer Kurse in Englisch. Irischer Sprachunterricht wandelt sich ironischerweise zum Beitrag einer Anglisierung der Gaeltacht.

Nicht selten machen die Kinder bei ihren Sprachferien die Erfahrung, daß die englischsprechenden Gastfamilien nur dann auf das Irische zurückgreifen, wenn die kleinen Gäste die Verständigung nicht mitbekommen sollen. Irisch als Geheimsprache – auch Reisende werden die Erfahrung machen, wie unvermittelt im Pub die Konversation von Englisch auf das für Fremde unverständliche Irisch übergeht. Gegen (ungebetene) Besucher besitzen die Gaeltacht-Bewohner nach wie vor eine wirksame Waffe.

Seit der politischen Selbständigkeit Irlands ist die Sprachenfrage umstritten. Der verfassungsmäßigen Verankerung des Irischen als Staatssprache folgt ein umfassendes Umerziehungsprogramm für Lehrer, damit sie den Unterricht entsprechend umzustellen in der Lage sind. Doch gegen die mangelnde Vorbildung der Lehrer kommen die guten Vorsätze ebensowenig an wie gegen die schmerzliche Erfahrung, daß die englische Sprache der Wirtschaft noch immer auch die Sprache der Gesellschaft bleibt. Schüler empfinden daher häufig Irischunterricht als lästiges Pflichtprogramm, das sie vom Eigentlichen abhält.

Sollen sie etwa mit fließendem Irisch leichter einen Arbeitsplatz finden?

Kulturelle Erosion

Daß Spracherhaltungspolitik entlang der Westküste, will sie erfolgreich sein, auch Wirtschafts- und Sozialpolitik sein muß, erkennt die Regierung in den sechziger Jahren und installiert eine eigenständige Gaeltacht-Entwicklungsbehörde, «Gaeltarra Eireann», heute «Uderas na Gaeltachta». Ihre Aufgabe soll es sein, die fortdauernde Emigration, Armut und Unterentwicklung in den 1956 geographisch festgelegten Gaeltachtgebieten zu stoppen und die davon unweigerlich begleitete Erosion von Sprache und Kultur abzufangen. Uderas na Gaeltachta versteht sich weniger als Unterstützungsagentur regionaler Fertigkeiten, sie bringt vielmehr, wie die große Schwesterorganisation IDA, fremde Arbeitsplätze in die Region. Wen wundert, daß viele Fabriken in der Gaeltacht Connemaras leerstehen. Doch Frank Flynn, der Organisationschef für Udera na Gaeltachta, gibt sich optimistisch: «Zwar hat die Gaeltacht in den letzten zwei Jahren mit 20 Fabrikschließungen 700 Arbeitsplätze verloren, doch die absolute Beschäftigung hat nicht nachgelassen. Neue Unternehmen sind gekommen, 4100 Menschen verdienen 1982 ihr Brot in den Fabriken.»

In vier Jahren wollen Regierungsbehörden die Gaeltachts lebendig und Irland bilingual gemacht haben. Dieser Erfolg scheint jedoch nur unter zwei Bedingungen wahrscheinlich: Entweder bricht in Irland eine Kulturrevolution aus, oder die englischen Besatzer kommen zurück und machen ungewollt die Sprache im Untergrund erneut lebendig.

Was sonst könnte den alltäglichen Abrieb der Sprache aufhalten, zumal die landschaftlich schönsten und zugleich ärmsten Regionen Irlands die Einfallstore für den Tourismus sind. Fremdenverkehr und kulturelle Identität erscheinen so aussichtslos wie die Quadratur des Kreises.

Vom reizvollen Fischerdorf Roundstone an der Bertraghboy Bay bis zur Jugendherberge außerhalb Clifdens am Derryclare Lake ist es nicht weit. Die Straße folgt der zerklüfteten Küste, Orte sind kaum als solche zu erkennen, so «zersiedelt» erscheint die Gegend. Häuser stehen nur dort, wo Felsen Windschatten spendet oder wo eine Quelle den Reichtum eines eigenen Brunnens verspricht. Wasser gibt es weiß Gott genug in Connemara, aber es läßt sich in diesem Felsgestein nur schwer zähmen und nutzbar machen.

In Roundstone haben die staatlichen Schaffer von Arbeitsplätzen einmal etwas anderes versucht. Moderne Häuser mit kleinen Werkstätten beherbergen eine Töpferei, einen Instrumentenbauer, eine kleine Weberei und einen deutschen Kleincomputerspezialisten – eine Form der steuerfreien Subvention, wie sie ansonsten in Irland nur große internationale Unternehmen in Anspruch nehmen können.

Es lohnt sich, eine Weile in der Nähe von Roundstone zu bleiben. Eine Besteigung des 300 Meter hohen Urisbegberges gibt den Blick frei auf die mit Seen und Mooren überzogene Landschaft im Norden frei. Überall plätschert, sprudelt, rauscht Wasser – mal ist es der milde weiche Regen, der im Sommer über die Landschaft driftet, mal das Tosen eines Wasserfalles oder das silbrige Glitzern eines moorigen Fleckens im Torf, gekräuselt vom Wind oder von der zarten Flosse der Regenbogenforelle. Entlang der Südküste finden im Sommer auch die Revivals der traditionellen Hooker- und Curragh-Rennen statt. Während dieser kleinen Volksfeste, wenn von einem Lkw eine lokale Musikgruppe zum Tanz aufspielt, kommen die Nachbarn aus der Umgebung zusammen, und jeder spürt die Energie und Lebenskraft, mit der die Menschen bis heute ihr Überleben der See abringen. Statt mühsam Wege über das steinige Land zu bauen, entscheiden sie sich trotz Wind und Strömung immer noch für den einfachen Verkehr zu Wasser. Verständlich, daß in Connemara die Küste stärker besiedelt ist als das Binnenland.

Die Küstenstraße Richtung Clifden folgt den zahllosen Fingern des Felsgesteins – immer dort, wo die Steinfinger mit dem Festland zusam-

Smaragdfarbene Tümpel im Widerschein des Himmels

menwachsen, liegen prächtige Sandstrände – der mächtigste und schönste ist Dogs Bay bei Roundstone.

Schafzucht –
24 Stunden auf den Beinen

Überschreitet man die unsichtbare Grenze der Gaeltacht, werden die Steinmauern weniger, das hügelige Land geht in weite, flache Moore und Seen über. Die platte Ebene läßt die Berge der «Twelve Bens» – einige sind an die tausend Meter hoch – gewaltig erscheinen. In ihrem Schatten liegt Clifden, die «Hauptstadt» Connemaras, im geradezu alpinen Panorama. Der schnuckelige Flecken, der aus nicht mehr als drei Straßen, zwei unerwartet großen Kirchen, dafür aber einem prachtvollen Touristenkaufhaus, Cafés und Läden besteht, ist «französisch». Rotwein und Paté, Pastiz und Baguette warten auf frankophile Kunden. Clifden, in der französischen Fremdenverkehrswerbung der vergangenen Jahre besonders hervorgehoben, hat die sommerlichen Besucherströme nicht heil überstanden.

Der Ort hat mit der nur 20 Kilometer entfernten Gaeltacht nicht mehr das geringste gemein. Bis zur Unabhängigkeit Irlands 1922 ist Clifden Flotten- und Militärstützpunkt der Engländer, und das Brandschatzen der britischen Spezialeinheit «Black and Tans», ist von vielen Bewohnern noch lange nicht vergessen. Die speziell für Irland ausgehobene Schlägertruppe soll während des Unabhängigkeitskrieges mit gefürchtetem Vandalismus gegen die Zivilbevölkerung das Blatt für die Besatzer wenden. Das Gefängnis und die Unterkünfte der Black and Tans in Clifden erinnern noch heute an diesen Terror.

Die geologischen Gegensätze in Connemara prägen auch die Möglichkeiten, den Lebensunterhalt zu bestreiten. In den Tälern des gebirgigen Nordens kann man lediglich Schafe und einige Rinder halten. An Milchwirtschaft oder gar Ackerbau ist nicht zu denken. Am meisten wird Schafzucht betrieben, die den Bauern das ganze Jahr hindurch im wahrsten Sinne des Wortes auf den Beinen hält. Da es keine Wege und kein geeignetes Weideland gibt, werden die Schafe zu Fuß die weiten Täler der Gebirge hinaufgetrieben. Aber das süße aromatische Schaffleisch scheint nicht lange mehr ohne die Zusätze der chemischen Zulieferindustrie auszukommen. Denn mit Qualität allein können die Farmer seit der Mitgliedschaft Irlands in der Europäischen Gemeinschaft nicht länger konkurrieren. Das Versprechen fester Abnahmepreise hat die Konkurrenz billigerer Importe aus Übersee unerwähnt gelassen. Die Endfütterung der Tiere bis zur Schlachtung übernehmen, da es in Connemara an fettem Weideland fehlt, ohnehin die reicheren Landwirte der Midlands. In der Vergrößerung der Herden liegt die erhoffte Wettbewerbsfähigkeit. Intensivierung der Schafzucht bedeutet Düngen, Impfen, Rundum-Sicherung gegen Infektionen der Herden. Die Kredite für solche Expansionen sind teuer und bringen die Viehfarmer in zusätzliche finanzielle Abhängigkeit. Wenn Tierärzte mit ihrem Service bei der Vergrößerung des Viehbestandes nicht länger nachkommen und die notwendige Medizin ohnehin unter dem Ladentisch zu bekommen ist, wen erstaunt es da, daß Connemaras Spezialität bald der Vergangenheit angehören wird.

Steine, Wind und Schafe

Doch noch ein weiterer Gegensatz lebt in den Bergen. Während in den Tälern die Farmer häufiger unverheiratet und Junggesellen bleiben, heiraten in Sichtweite der Küste die Menschen früh. Großen Familien und überfüllte Schulen wie im Flachland sind in den Bergen nicht zu finden.

Wer schon einmal in Clifden ist und nicht weiter entlang der Küste nach Mayo will, sollte den «Umweg» über Letterfrack und den Kylemore-Paß machen. Die Straße folgt dem Ufer des längsten Meerbusens Irlands, des Lough Corrib.

Joyce Country am Nordostzipfel Connemaras, eine seenreiche Berg- und Moorlandschaft, ist mal lieblich, mal rauh. Torfabstiche, Ebenen aus Gestein, fischreiche Tümpel und Bäche, Gras, hart wie Teppich, Moose und Farn, dann lange Hügelzüge, mit violettem Heidekraut und dem immergelben Stechginster bewachsen. Als die Sippe der Joyce im 13. Jahrhundert von Wales in diese Gegend kommt, gibt sie dem Landstrich den Namen.

Wo der Lough Corrib in die Galway Bay mündet, liegt die expandierende Hafenstadt Galway. Ihre Universität richtet während der Sommermonate Sprachkurse für ausländische Studenten aus, das Druid Theatre beherbergt eines der wenigen fortschrittlichen professionellen Ensembles im Lande.

Ende Juli jeden Jahres, während der «Galway Races», steht der Rennplatz der Stadt im Brennpunkt des Interesses der pferdebegeisterten Iren und ihrer Wettbüros.

Galway ist eine eher intime Stadt, nicht vergleichbar mit den charakterlosen Zentren wie Limerick oder Cork.

Cottages: pittoresk, aber armselig

Auswanderung und Niedergang liegen in der Luft

Donegal – Irlands Alaska

Reisende müssen schon mächtige Gebirgszüge überqueren, um in den Nordwesten Irlands zu gelangen. Die stattlichen Erhebungen der Muckish, Errigal und Slieve League-Berge erinnern noch daran, daß es vor Menschengedenken einmal eine direkte Landbrücke zwischen Schottland und Irland gab.

Das County Donegal breitet sich von Malin Head, der nördlichsten Spitze der Insel, bis hinunter nach Ballyshannon und der Stadt Donegal an der Westküste aus. Die felsige Küste und die vorgelagerten Insellabyrinthe umspült der Golfstrom, der beinahe das ganze Jahr über für ein konstant feuchtwarmes Klima

sorgt. Donegal hat die meisten Regentage Irlands und wird im Winter von heftigen Atlantikstürmen heimgesucht. Klima und geographische Abgeschnittenheit prägen bis heute Leben und Alltag. Politische und wirtschaftliche Isolation haben eine große Gaeltacht – eine gälischsprechende Bevölkerungsgruppe – erhalten. Erst in den letzten 20 Jahren erreicht Donegals arme Bevölkerung der Segen eines marktwirtschaftlichen Austauschs und bald darauf auch staatliche und europäische Unterstützungsgelder.

Heute noch ist die Reise von Donegal nach Dublin zeitraubender und mühsamer als der Sprung über den schmalen North Channel nach Schottland.

Der Flug in die USA geht schneller als die Fahrt im Autobus zur Hauptstadt der Insel. Irische Abgeschiedenheit in Donegal gilt bei «irlandtümelnden» Reisenden als Geheimtip. Dort, so heißt es, ist noch das eigentliche Irland zu finden.

Angefangen hat es mit der willkürlichen Teilung Irlands nach dem Unabhängigkeitskrieg. 1921 kommen die – wie Donegal – zur Provinz Ulster zählenden Counties Antrim, Armagh, Down, Fermanagh, Derry und Tyrone zu England. Über diesen Grafschaften weht bis heute der Union Jack. Die Teilung, so willkürlich und zufällig sie erscheint, ist politisch-wirtschaftliches Kalkül. Die Region östlich einer gedachten Linie von Letterkenny nach Donegal ist reiches, fruchtbares Land. Östlich der Linie gibt es nur noch Felsen und Torf, der 80 Prozent der Fläche West-Donegals ausmacht. Die reichen Regionen gehen an England und trennen die zurückbleibenden armen Grafschaften der Provinz Ulster, Cavan, Monaghan und Donegal von ihrem wirtschaftlichen Bezugspunkt Derry. Das Wirtschaftszentrum des Nordens und der für Donegal lebenswichtige Hafen ist seit der Teilung für den Westen unzugänglich. Donegals besondere Schwierigkeit besteht darin, daß es geographisch zum Norden und politisch zum Süden gehört. Die Grenze durchtrennt die bis 1921 zusammenhängende Region und zerstört eine soziale und wirtschaftliche Gesamtheit, die so einheitlich nicht ist.

Berührungsängste

Donegals jüngere Geschichte ist von der «plantation», der willkürlichen

Ansiedlung protestantischer Schotten und Briten, nicht zu trennen. Im 16. Jahrhundert beginnt die systematische Vertreibung der Bewohner Ulsters und die Kolonisierung der Provinz. Die regierenden Earls können oder wollen der eindringenden englischen Übermacht nicht länger standhalten. 1641 sind von 3,5 Millionen Acre Land nur noch 500 000 in der Hand der einheimischen Katholiken. In jener Zeit hat eines der gravierenden Probleme der irischen Gesellschaft seinen Ursprung: Den Norden und Nordwesten okkupieren streng königstreue Briten; die Einheimischen werden von ihnen als Pächter übernommen. Diese neue herrschende Klasse setzt sich außerdem aus Protestanten zusammen, die die früheren katholischen Bewohner nach Westen abdrängen oder als Kleinbauern ansiedeln. Was als Klassengegensatz entsteht, hat auch in Donegal starke religiöse und soziale Auswirkungen. Das «Ulster problem» ist von Anfang an geknüpft an die Dominanz einer reichen presbyterianischen Allianz aus englischer Krone, Adeligen und Großbauern.

Diese Klassen- und Religionsgrenze ist selbst innerhalb Donegals noch sichtbar. Westlich der Stadt Donegal, im Niemandsland von Mooren, Hochtälern, Felsen und Wasserflecken, haben sich häufig noch irischsprechende, katholische Gemeinden erhalten. Je weiter sich Reisende von der Westküste entfernen, um so eher treffen sie auf protestantische Enklaven, die an ihren satten Weideflächen und den reicheren Höfen erkennbar sind.

Über die Jahrhunderte sind sie trotz Assimilation weitgehend unter sich geblieben. Selbst die Intimität des ländlichen Lebens hat die ka-

Cottages und Bungalow – alt und modern

tholischen und protestantischen «Gettos» kaum verschmelzen lassen. Ihr sozialer Kontakt ist steril, aber nicht feindselig. Wechselseitige «ethnische» Vorurteile halten die gesellschaftlichen Gruppen auseinander. Katholiken gelten bei protestantischen Iren als faul, jammernd, unaufmerksam in ihrem äußeren Erscheinen, unproduktiv. Die Katholiken halten ihre protestantischen Nachbarn häufig für hart arbeitend, materialistisch, humorlos und ernst. Wie alle Vorurteile haben auch diese eine materielle Basis.

Die Grenze zu Nordirland und die Präsenz der protestantischen «community» erinnert in Donegal unwillkürlich an die leidvolle Geschichte Irlands. Kein Zufall, daß der Nationalismus noch immer Donegals wirkungsvollster «sozialer Kitt» ist, der die abgelegene Region mit dem Süden verbindet.

Man nähert sich Donegal, von Sligo kommend, über eine autobahnähnlich ausgebaute Straße. Ballyshannon, der erste Ort hinter der Grafschaftsgrenze, gerät im Hochsommer gewöhnlich für mehrere Tage aus den Fugen, wenn die kleine Marktstadt Folkgruppen und Tausende Besucher zum großen Ballyshannon Folk Festival beherbergt.

Während des Festivals sind die Sperrstunden der Pubs außer Kraft. Bis spät in die Nacht spielen in den verschiedenen Lokalen die Musikgruppen und improvisieren «sessions».

Noch haben die Rucksacktouristen den Ort nicht vollständig übernommen, auch wenn die Zeltstadt der Besucher sich bis zur einige Meilen entfernten Rossnawlagh Beach hinunterzieht.

Dieser weite Sandstrand, auf den

Auf «curraghs» gegen das Wetter

ungehindert die Brecher des Atlantik rollen, ist das Zentrum der Surfer in Irland. An einem strahlenden Sonntag steht alles voller Autos. Im ländlichen Irland kommt auf Grund des Mangels an geeigneter Infrastruktur dem Auto eine hohe praktische Bedeutung zu, es sichert Beweglichkeit, Kontakt und Zugang zu Erfahrungen. Außerdem scheint dem Automobil ein hoher symbolischer Stellenwert anzuhängen. Anders läßt sich kaum erklären, warum Hunderte Familien bei glühender Hitze das Auto nicht einmal verlassen und besondere Autofreunde die kilometerlange Sandfläche in eine Rennbahn verwandeln.

Die Bedeutung der Brücke in Ballyshannon über den Erne River macht erneut die Abgeschiedenheit der Region deutlich. Ohne diese Brücke wäre der Zugang von Südwesten her verwehrt und die Versorgung Donegals nicht länger gesichert.

Der breit angelegte Verkehrsweg führt über die Stadt Donegal, die sich während der Saison mit ihren Hotels, Andenken- und Donegal-Tweed-Läden ganz dem Tourismus widmet. Weiter westlich liegt Killybegs, das Zentrum der irischen Fischerei. Die aus Schottland stammenden Bewohner des Ortes haben erst während der letzten Jahrzehnte ihren Lebensunterhalt in der Fischerei verdienen können. Noch bis ins 20. Jahrhundert bringen die englischen Fischer ihre schottischen Landsleute als Arbeiter in die Stadt. Wer heute in Killybegs sein Auskommen findet, hat eine Vergangenheit auf dem Lande hinter sich. Fisch ist erst mit der gezielten staatlichen und zentralisierten Förderung irischer Fischerei eine lokale Einkommensquelle geworden. Die von einer

Regierungskommission ausgearbeitete Enquête stellt 1837 die fehlende Fischereigeschichte in Südwest-Donegal besonders heraus: «Die meisten Leute hier wissen nichts über Fischerboote; sie haben ihre Kleinfarmen und gehen nur bei ausgesprochen gutem Wetter zum Fischen, wenn es nichts anderes zu tun gibt. Es gibt außerdem kaum Boote oder Netze an der Küste. Die arme Bevölkerung näht bisweilen ihre Decken oder Bettlaken zusammen, häufig 60 an einem Stück, und jeder, der eine Decke oder ein Laken zur Verfügung stellt, bekommt etwas vom Fang ab.»

Erst als die Reproduktion an der Küste mit Beginn des 20. Jahrhunderts von einer Subsistenzwirtschaft in kommerziellen Austausch übergeht, gewinnt der Fisch als zusätzliche Einkommensquelle an Bedeutung. Zwischen 1915 und 1920 tuckern die ersten Motorboote nach Donegal. Aus Killybegs wird mit staatlicher Förderung ein kleines Fischereizentrum.

Es ist ein Ort funktionalen Reichtums ohne Seegeschichte – Supermärkte, Wohncontainer, Bungalows, Baracken, Fischfabriken. Verarbeitende Industrie, die dem Fisch zusätzlichen Wert und der Region wertvolle Arbeitsplätze bringen könnte, fehlt auch in Killybegs. In ganz Irland gibt es bis heute keine Firma, die beispielsweise Fänge in Büchsen für den Export aufbereiten könnte. So profitieren auch in Südwest-Donegal vom Fischreichtum ausländische Investoren.

Heimarbeit für den Tourismus

Von Killybegs Richtung Teelin und Glencolumkille verengt sich die Straße und bekommt vertraute irische Qualität. Schlaglöcher und Gegenverkehr bestimmen ab nun wieder das Reisetempo durch die bezaubernd wilde Landschaft. Meeresfjorde reichen bis tief in die Gebirge, kleine Ortschaften kleben verloren an grünen oder felsigen Hängen. Hügel, Bergmassive, Moor. Der Slieve League stürzt fast 1500 Meter senkrecht in den Ozean. Häuser mit Strohdächern, viele von ihnen neu gedeckt und frisch gekalkt, sogar kleine Gärten sind bestellt, Blumenkübel stehen vor den Türen. «Aran Knitters» – Aran-Pullover, in Heimarbeit hergestellt, sind zu kaufen, die Schilder an der Straße sollen die Touristen anlocken.

Abgeschiedenheit und Armut müssen in Südwest-Donegal nicht identisch sein. Dafür sorgt neben der Fischindustrie in Killybegs die Industrialisierung eines über Jahrhunderte gewachsenen lokalen Handwerks. Donegal-Tweed und Wolle sind wegen ihrer Verarbeitung und Qualität sogar in Japan und Amerika geschätzt. In Kilcar geben Garnherstellung und maschinelle Weberei 250 Leuten Arbeit. Trotz Rezession in der Textilwirtschaft lassen sich Tuch und Strickwaren aus Donegal noch in Übersee verkaufen. In der Handweberei des «Donegal Studio» können Reisende den Webern bei der Arbeit zuschauen. Der Sprecher des Kilcar-Entwicklungskomitees stöhnt jedoch über die Verschlechterung der Arbeitsmoral. Wer für die Akkordschufterei in den benachbarten Fischfabriken bis zu 150 Pfund wöchentlich mit nach Hause bringen kann, läßt sich nur noch widerwillig für 70 bis 80 Pfund in der Weberei abspeisen. Und wo jeder noch seine kleine Farm und während der Lachs- und

«Ich hätte bald mein Wollknäuel verschluckt...»

Hummersaison auch noch zusätzliche lukrative steuerfreie Nebeneinnahmen in der Hinterhand hat, machen die steigenden Ansprüche dem mit Gaeltacht-Entwicklungsgeldern versorgten Management große Sorgen. Wie lange sich die Marktnische auf dem Weltmarkt für Donegalstoffe noch wirtschaftlich nutzen läßt, ist nämlich keineswegs sicher.

«Ich habe fast meinen Wollknäuel verschluckt, als ich das hörte. Gay Byrne interviewt in seiner Radio Show einen weitgereisten Mann, der Strickwaren auf der ganzen Welt vertreibt. Er erzählt, daß die Russen keine Strickwaren aus der Dritten Welt kaufen, weil die Pullover mit nur zwei Schalen Reis am Tag bezahlt sind. Aber was wir hier für die Aran-Pullover in Heimarbeit bezahlt bekommen, ist wirklich nicht viel mehr.» Für Pullover, die Touristen bis zu 70 Pfund kosten können,

sehen die Hausarbeiterinnen nicht mehr als elf Pfund.

«Mit 25 Jahren, als das Geld bei uns knapp wurde, habe ich mit dem Stricken angefangen. Da konnte ich schon mal für die Kinder etwas stricken. Als ich dann mit den Aran-Pullovern anfing, hatte ich am Anfang einige katastrophale Flops. Das braucht nämlich eine große Konzentration. Daneben Fernsehen gucken, so wie viele Leute sich das vorstellen, ist gar nicht drin. Für einen Pullover brauche ich fast 21 Stunden, und ich muß das Stricken über mehrere Wochen verteilen, weil sonst die Arme und der Rücken vor Schmerzen nicht mehr mitspielen. Wenn ich in einer Fabrik und nicht zu Hause arbeiten würde, dann bekäme ich das Doppelte bis Dreifache an Bezahlung und außerdem Ferien und Krankengeld.»

Aran-Pullover, deren Schnittmu-

209

ster und Machart von der gleichnamigen irischen Insel stammen, entstehen in früherer Zeit durch Männerhand. Die Frauen besorgen lediglich das Spinnen der Wolle. Die Muster haben eine hohe symbolische Bedeutung. Das «cable», die Leine des Fischermanns, soll Glück und Sicherheit beim Fischen versprechen. Der «diamond» bedeutet Erfolg und Reichtum, und das doppelte «zig-zag» symbolisiert die Ehe, die Höhen und Tiefen des Lebens. Die praktische Funktion der Aran-Muster besteht außerdem in der möglichen Identifizierung eines ertrunkenen Fischers.

Mit dieser Tradition hat die frühkapitalistische Ausbeutung, wie sie heute betrieben wird, nichts mehr zu tun. Für 60 Pence die Stunde sind die Frauen auf der Nadel, dabei erzielen die Pullover für den Export nach Amerika und Übersee erstaunliche Erlöse – 150 Pfund für eine «Pretiose» aus Donegal ist keine Seltenheit.

Im Kampf gegen diese Ausplünderung hat die kürzlich gegründete «Traditional Handknitters Association» einen schlechten Stand. Frauen, die dieser Heimarbeiterinnengewerkschaft beitreten, fürchten häufig zu Recht, nicht mehr länger als Strickerinnen eingesetzt zu werden. Oder Unternehmer und Kirchenherren sehen den Kommunismus in Donegal auf dem Vormarsch. Vereinzelt in ihren Häusern, ohne industrielle Vorerfahrung und mit geringem Selbstbewußtsein, haben die Frauen kaum eine Chance. Außerdem ist das Zubrot durch die Strickerei eine unentbehrliche Ergänzung zum Familienhaushalt. Nur widerwillig setzen daher Handstrickerinnen in einer ländlichen Gemeinde ihren Verdienst und ihren guten Ruf aufs Spiel.

Das «Irish Export Board», Geschäftspartner der Strickereien und Verhandlungsgegner in Sachen Bezahlung, ist nicht glücklich über die ersten Anzeichen von Aufsässigkeit bei den Landfrauen.

«Wir wollen nicht etwas unterstützen, was die gesamte Industrie ruinieren kann. Wir schätzen eine Kooperative, die sich geschäftsmäßig verhält und uns beim Marketing und bei der Arbeitsplanung unterstützt. Wenn das möglich ist, dann ist die Initiative gewiß von Erfolg gekrönt.» Das letzte Wort in ihrem verdeckten Arbeitskampf haben die Strickerinnen Donegals noch nicht gesprochen.

Das Wunder von Glencolumkille

Von Kilcar führt die schmale Straße über Carrick durch ein mooriges Hochtal. Die auf dem Plateau verstreuten Torfgebiete mit ihren geometrischen Abstichen haben im Licht der tiefstehenden Sonne und vor den grünbraunen Matten des Slieve League fast magische Formen. Torf ist hier wie im gesamten Donegal eine unentbehrliche Ressource, die überwiegend für den Hausbrand Verwendung findet. Die Straße erreicht die zerklüftete felsige Küste und führt weiter nach Glencolumkille. Das «Tal des Heiligen Columba» erstreckt sich von einem kleinen Meeresarm und einem geschützten Sandstrand bis zum Mount Errigal. Der kleine Ort sorgt in den vergangenen 20 Jahren in den irischen Medien für großes Aufsehen. Als Father McDyer in den sechziger Jahren in dieses sterbende Dorf versetzt wird, sieht er sich als Gemeindepriester mit einer Entwicklung konfrontiert, die in jener Zeit ganz Donegal heimsucht. Die

Torf und Schafe – regionaler Reichtum

Bauern haben zum Leben zuwenig und zum Sterben zuviel, die Abwanderung raubt dem Ort die junge und tatkräftige Generation. Father McDyer glaubt an die kooperative Tatkraft einer irischsprechenden Bevölkerung, die «als Wunder von Glencolumkille» Schlagzeilen macht.

Als ein Journalist der *Irish Press* im Frühjahr 1976 den Ort besucht, weiß er in der Zeitung zu berichten: «Vor zehn Jahren habe ich Glencolumkille besucht, um zu sehen, was im Tal der Verzweiflung in der Zwischenzeit geschehen war. Vor kurzem machte ich einen zweiten Besuch ... Das Tal ist mit elektrischem Strom versorgt, und fast jeder hat fließendes Wasser. Die Bevölkerung hat wieder zugenommen – nicht gerade ein Zeichen für eine sterbende Gemeinde. Es gibt keine Armut mehr im Tal. Der re-

volutionäre Plan für den Fortschritt wird konsequent verwirklicht. Der Traum von wirtschaftlicher Unabhängigkeit ist für eine Gemeinschaft im äußersten Westen weiterhin Wirklichkeit ...»

Der Priester startet ein kleines Cottage-Feriendorf, baut in Gemeinschaftshilfe ein lokales Folkmuseum, investiert mit gesammelten Geldern in ein Ferienhotel, versucht sich mit den ansässigen Bauern in einer Gemüsefabrik, die Karotten und Sellerie aus der Umgebung weiterverarbeiten soll. Eine Strick-Kooperative entsteht, fischverarbeitende Industrie kommt in den abgelegenen Ort. Der Priester gibt nicht eher Ruhe, als bis mit Hilfe von Studenten aus dem Ausland, die zu freiwilligen Sommercamps nach Glencolumkille kommen, die über Weiden und Berghänge verstreuten Bauernhäuser mit fließendem Wasser versorgt sind. Was die Regierung nicht schafft, setzt Father McDyer in die Tat um. Er bringt die konservative Bevölkerung dazu, elektrischen Strom schätzen zu lernen und ihm in der Lobby zur Verbesserung des Straßennetzes den Rücken zu stärken.

Besuchern des sehenswerten kleinen Museums, das auf anschauliche Weise einen Eindruck von der Arbeits- und Lebenswelt Südwest-Donegals vermittelt, muß Glencolumkille als kommunitäre Insel erscheinen. Brötchen und Marmelade in der Cafeteria sind hausgemacht, die Einrichtung in der umgerüsteten Wollfabrik wurde von den Bewohnern selbst gefertigt. Doch der Schein trügt – was von außen nach Kollektivgeist aussieht, entpuppt sich bei näherer Recherche als Ein-Mann-Unternehmen eines profilhungrigen Priesters, der sich heute resigniert über den mangelnden Rückhalt seiner konservativen «Schafe» beklagt. Der Museumstrust, der eigentlich finanzielle Mittel für eine bessere Schulbildung der Heranwachsenden abwerfen soll, hat nach 15 Jahren nur Gelder für die Erweiterung des Museums selbst übrig. Hotel und Fabriken verkauft der Priester, der über die Besitztümer schaltet und waltet, ohne Konsultation mit der Bevölkerung an private Träger. Und von der Wichtigkeit der Gemüsefabrik sind die Farmer auf Dauer nicht zu überzeugen. Daß der Boden in Glencolumkille für Karotten und anderes Gemüse nicht gut geeignet ist, daß die Bauern an der Planung des Projekts nur beschränkt beteiligt sind, daß Rückstände bei Abnahme und Bezahlung das Mißtrauen der ahnungslosen Landwirte schürt, davon erfahren kooperativ-begeisterte Reisende von Father McDyer nichts.

Der Priester, der es sich nicht nehmen läßt, Besucher persönlich durchs Museum zu führen und dessen Wandbild die Cafeteria beherrscht, ist auf die Tatkraft der Bevölkerung nicht mehr gut zu sprechen. Was er als «Hans Dampf in allen Gassen» in Glencolumkille ins Werk setzt, hat mit der Geschichte der Bewohner nur wenig zu tun. Ohne Father McDyer geht bis heute nichts. Wen wundert, daß die Bewohner den Gang der Dinge dem Priester überlassen; Projekte, die sie sich nie regelrecht aneignen können, bleiben die Angelegenheit eines dynamischen Kirchenmannes, der es nicht versteht, seine Kontakte nach Dublin und zu den Medien auch in kollektive Fähigkeiten umzusetzen.

Reisende gewinnen den Eindruck, in Glencolumkille muß eine Revolution ohne Revolutionäre stattgefunden haben. Keiner der freundlichen Bewohner des Ortes sagt ein böses Wort über Father McDyer. Wenn der Kirchenmann jedoch Hilfe braucht, dann steht er nicht selten allein im Nieselregen Südwest-Donegals.

Die Kooperativen in Glencolumkille sind ein Beispiel dafür, daß sich in Irland hinter gleichnamigen Vereinigungen nicht notwendig solidarische Zusammenschlüsse verbergen müssen. Die mächtige Milch-Kooperative in Kerry ist in Management und Geschäftsgebaren von einem Milchkonzern nicht zu unterscheiden. Nur die wenigen «Workers Cooperatives» sind Beispiele für wirklich kollegiale Zusammenschlüsse von Arbeitern auf der Insel.

Pittoreske Armut

Etwa bis 1950 sind mehr als ein Viertel der Farmhäuser Donegals strohgedeckt. Typisch die zahlreichen einfachen, weißgekalkten Häuser, neben denen sich immer häufiger standardisierte Bungalows aus dem Boden schießen. Ihr ästhetischer Vandalismus hebt sich kraß von den mit den Materialien der Region – Stroh, Flachs, Torf, Stein – gefertigten einfachen Häusern ab. Cottages waren und sind meist armselige Unterkünfte. Ihre Größe und Bauweise, wie auch die verwendeten Materialien, unterscheiden sich grundlegend von denen der Landhäuser und Bauernhöfe der besitzenden «Gentry», wie man sie auch in Donegal, jedoch hauptsächlich in Nordirland antrifft. Es fällt auf, daß Irland neben der Architektur der Armut in einfachen Katen oder Cottages keine eigenständige wohlhabendere Wohnform entwickelt. Die pittoresken aber armseligen Cottages haben meist eine einfache, langgezogene, rechteckige Form. Von dem mittleren Raum, der gleichzeitig als Küche und Wohnzimmer dient, gehen, je nach Größe des Hauses, ein bis zwei Schlafzimmer ab. Die Haustür führt unmittelbar ins Herz des Hauses, wo sich auch die Feuerstelle befindet. Häufig bestehen die Farmhäuser auch nur aus einem einzigen großen, rechteckigen Raum.

Das zum Giebel hin abgerundete Strohdach soll den Wind brechen. Bis zum Ende des 19. Jahrhunderts lebt die ländliche Bevölkerung zusammen mit ihrem Vieh unter einem Dach. Daher befindet sich an der Wand gegenüber der Feuerstelle die Schlafstatt für Kühe oder Esel. Der Boden ist leicht abschüssig, damit die tierischen Exkremente nicht in die Wohnecke der Familie fließen können. Eine verbreitete Erscheinung in Donegals einfachen Landhäusern ist die Hintertür, die dem Eingang genau gegenüberliegt. Diese Tür ist nicht nur Ein- und Ausgang für die Tiere, sie hat auch eine heiztechnische Funktion – solange die Häuser noch über keinen Schornstein verfügen, dient bei ungünstigem Wind die Hintertür als Abzug. Natürlich haftet ihr auch eine «magische» Bedeutung an: Kein Fremder soll über die Hintertür das Haus verlassen.

Aus Konstruktionsgründen, und weil Glas teuer ist, sind die Fenster in den Cottages sehr klein. Im 19. Jahrhundert – wo die meisten Cottages entstehen, die man heute in Donegal noch findet – erhalten die Pächter bei ihrem Häuserbau von den «landlords» keinerlei materielle Unterstützung. Darüber hinaus sorgt die sogenannte Fenstersteuer dafür, daß die Hausöffnungen möglichst klein gehalten werden. So findet man in Donegal auch häufig Bauernhäuser, die keinerlei Fenster haben. Auf die Konstruktion des Daches legen die Bewohner aus klimatischen Gründen einen besonderen Wert. Mehrere Lagen eigens angebauten und speziell bearbeiteten Strohs liegen auf einem Unterfutter aus gesondert gestochenen Torffladen, deren Grasoberfläche zusätzlich für Halt und Wasserisolation sorgt.

Die zahlreichen Himmelbetten in Donegal sind nicht Zeichen für eine besonders liebliche Variante irischer Erotik. «Himmel» und Vorhänge haben vielmehr die praktische Funktion, aufzufangen, was vom Dach herunterrieselt und von den nach innen unverputzten Torffladen abbröckelt. Häuser, ihre Innenarchi-

Fruchtbare Enklaven – dem Felsen entsprungen

tektur und Geschichte lassen sich im Museum von Glencolumkille studieren.

Richtung Ardara verliert die Landschaft an grünen Farben. Felsen und Stein bestimmen das Bild, und Torf natürlich. Leute in Wohnmobilen, eingefallene Häuser, Parzellen säumen die Straße – Auswanderung und wirtschaftlicher Niedergang liegen in der Luft. Ardara ist noch geprägt von einigen Stoffabriken, dann begegnet man nur noch Schafen, Schafen, Schafen, von denen es in Donegal 30000 geben soll. Reisende, die die zerklüftete Küste, die Strände und die «backside» Donegals sehen wollen, sollten, wenn immer möglich, die «coast road», die Küstenstraße fahren. Der Weg Richtung Crohy Road, zwischen Maas und Dungloe, ist einzigartig. Die Straße liegt auf dem felsigen Untergrund auf und kennt beinahe keine

ebene Stelle – eine alpine Achterbahn, die besser für Fußgänger und nur für sehr sportliche Radler geeignet ist.

Lachskrieg

Von der Felsenzunge aus ist weiter nördlich Burtonport zu sehen, ein kleiner Hafen, in dem sich die einheimischen Fischer im Sommer 1983 mit der Navy und der Wasserschutzpolizei einen regelrechten «Lachskrieg» liefern. Die Regierung verbietet die Benutzung der zwar im Handel erhältlichen, aber für den Fang nicht erlaubten unsichtbaren, engmaschigen Netze, um die ohnehin überfischten Lachsbestände vor dem Exitus zu retten. Den einheimischen Fischern ist jedoch das schnelle Geld wichtiger als der Schutz ihrer maritimen Ressourcen. Sie hindern daher die Besatzungen der Patrouillenboote an der Inspektion ihrer Ausrüstung, es gibt blutige Köpfe, Schußwaffen kommen zum Einsatz. Regionale Parlamentarier sehen sich gezwungen, die Fischer in ihre Schranken zu weisen, auch wenn das die Loyalität ihrer Wählerschaft aufs Spiel setzt. Die Küste um Burtonport ist in den Sommermonaten ein wirklich «Wilder Westen».

Nördlich von Burtonport, wo sich das «Bloody Foreland» weit in den Atlantik hinausschiebt, liegen die «Rosses», eine für Donegal sehr ungewöhnliche Region. Die Kargheit des Bodens steht im offensichtlichen Gegensatz zur dichten Besiedlung. Die Häuser ziehen sich als ein «coastal belt», als langer Küstenstreifen am ausgefransten Felsgestein entlang. Der Fisch kann es nicht sein, der so viele Menschen in diesen ärmsten Teil Donegals lockt, denn auch für «die Rosses» stellt die zuständige Regierungsbehörde, das «Congested District Board», 1891 fest, «daß praktisch keine regelrechten Fischer an der Küste anzutreffen sind, obwohl die Makrelen und der Hering bis nah an die Küste kommen».

Die auffällige Abwesenheit alter Steinmonumente zeigt an, die Rosses und etwas weiter nördlich die Region Gweedore werden erst vor wenigen hundert Jahren von Kleinbauern besiedelt. Erst als die Engländer und Schotten die ehemaligen Bewohner der reicheren Nordostküste ihrer Ländereien berauben, kommen Bauern hierher, wo das feuchte Klima und die schlechten Böden Landwirtschaft beinahe unmöglich machen. Seetang dient wie in Connemara zur Jod-Herstellung und als Dünger zur Anreicherung des Bodens. Den Bergen Donegals haben

erst im 20. Jahrhundert die Bewohner eine funktionierende Kommunikation mit dem Hinterland abgetrotzt. Die Küste bietet den Menschen die einzige Möglichkeit, sich auszubreiten, dem Felsen neue fruchtbare Parzellen abzuringen und eine Selbstversorgungswirtschaft aufzubauen. Wirtschaftliche und geographische Abgeschiedenheit erklären bis heute die Macht von Tradition in dieser Gegend, die von einigen Sozialforschern als «storehouse of the past» bezeichnet wird. Professor Evans stellt 1939 in einer Untersuchung über Donegal fest: «Im Norden Irlands nimmt das ‹cultural lag›, das schon im Nordosten offensichtlich ist, drastisch zu. Jahrhunderte bleiben hinter einem zurück, wenn man sich der Westküste des Atlantiks nähert, die Reise von Osten nach Westen ist eine Reise in die Vergangenheit.»

Traditionsgebundenheit hat schon in früheren Zeiten soziale Veränderungen in den Rosses außerordentlich erschwert. Als die Landbevölkerung im frühen 19. Jahrhundert extrem schnell wächst, geraten die Menschen mit der gewachsenen Organisation ihres bescheidenen Landbaus in Konflikt. Farmarbeit wird nach dem «rundale»-System betrieben. Die Bewohner eines Ortes teilen das fruchtbare «Binnenland» nach Qualität und Größe in hunderte kleiner, nicht eingezäunter Parzellen auf. Das Land in der Umgebung benutzen die Viehhirten als gemeinschaftliches Weideland. Diese auf Kooperation und Nachbarschaftshilfe beruhende landwirtschaftliche Überlebensform, im gesamten Westen und Nordwesten verbreitet, verliert mit steigender Bevölkerungsdichte und der weiteren Unterteilung der Parzellen gänzlich an Produktivität. Dennoch wehren sich die Bewohner gegen die Modernisierung ihrer Landwirtschaft. Die Aufzeichnungen aus dem Jahre 1839 des Gutsherren Lord George Hill, der im Unterschied zu seinen Kollegen als «improving landlord» in die Geschichte eingeht, berichten davon. Vergeblich beginnt er große Agrarreformen im Interesse seiner Pächter und versucht, Ländereien zur wirtschaftlicheren Nutzung zusammenzulegen. Er scheitert an der Traditionsgläubigkeit seiner Untergebenen. Übrig bleibt ein Kompromiß, der als außergewöhnliche topographische Erscheinung noch heute zu erkennen ist. Von der Spitze Malin Heads, dem nördlichsten Zipfel Irlands, lassen sich noch lange Streifen beackerten Landes ausmachen. Diese «striped farmings» sind das Mittelding zwischen zersplitterten Parzellen und großen Ackerflächen. Lord George Hill zeigt sich resigniert: «Die Leute hier reden gern und viel; wenn es genügend Brennstoff gibt, dann sitzen sie die ganzen Winternächte vor dem Feuer, schwätzen und erzählen sich Geschichten. Sie wollen gar nicht in befestigten Bauernhäusern wohnen.»

In ihrem historischen Kontext jedoch sind die «people of the rocks» außerordentlich rege. Das Congested District Board stellt nämlich in seiner Enquête nicht nur die mangelnden Fischereiaktivitäten heraus: «Die Leute der Region sind sehr viel energischer als ihre Nachbarn, wenn es um die Landgewinnung geht. Jedes Jahr ringen sie dem Felsen und dem Moor neue kleine Flächen ab. Hunderte Tonnen Steine sind zu Mauern aufgeschichtet oder tief in der Erde vergraben, damit das Land kultiviert werden kann.»

Das «rundale»-System läßt seinen Bewohnern keine andere Wahl, als sich auszubreiten, statt die Agrarwirtschaft zu intensivieren. Auch von daher erklärt sich die ungewöhnlich dichte Besiedlung der Rosses.

Geld ist die Devise

Mit dem Beginn einer modernen Landwirtschaft setzt auch in Donegal und in den Rosses die Auswanderung ein. Während Donegal zwischen 1891 und 1936 25 Prozent seiner Bevölkerung verliert, bleibt die Bevölkerung um Dungloe und Burtonport eigentümlicherweise konstant, sie nimmt sogar zu.

Lange können sich die Menschen durch saisonale Auswanderung gegen den endgültigen Verlust ihrer Heimat wehren. Für einige Monate zur Erntezeit in Schottland als Landarbeiter zu verbringen, gehört zum festen Verhaltenskodex der Bewohner. Die Erfahrungen im ländlichen Schottland sind so unterschiedlich nicht von denen daheim. Einer Konfrontation mit städtischer Kultur, wie sie viele Fabrik- und Straßenarbeiter erwartet, die nach England oder in die USA auswandern, können die Männer der Rosses lange Zeit entgehen. Das Bedürfnis, den Glanz der Stadt auch nach Donegal zu importieren oder die traurige Heimat ganz zu verlassen, entsteht mit der Verstädterung Irlands in der Mitte des 20. Jahrhunderts. Die Auswanderung infiziert auch die Rosses. Die Massenmedien erreichen den Nordwesten. Der Tourismus, der «Duft der großen weiten Welt» überlagert seitdem den beißenden Geruch der Torffeuer.

Noch immer halten sich die «people of the rocks» mit einer «mixed economy» über Wasser. Die Subven-

Straßen als «Achterbahnen»

tionen der EG, die Donegal zum Notstandsgebiet erklärt, und die unendlich vielen staatlichen Unterstützungsgelder für die Landwirtschaft machen auch hier einer unabhängigen Selbstversorgung allmählich den Garaus. Die Zentralisierung Irlands erreicht die Außenposten. Geld ist die Devise, nicht länger Torf, Fisch, Schafe oder Tweed. «That's not my job» – noch vor Jahren ist diese Redensart in Donegal unüblich. Die harten Lebensbedingungen erforderten praktische Vielseitigkeit.

Die aufgegebenen Inseln

Die meisten Boote nach Gola Island fahren von Bunbeg Harbour. Nur für sehr kurze Zeit ist das Boot der offenen See ausgesetzt. An einem ruhigen Tag ist die Fahrt schnell gemacht, und nur für wenige Minuten wird man die hohe Dünung des offenen Atlantik spüren, die durch die schmalen Sunde der so zahlreich vorgelagerten Inseln dringt.

Die Geschichte Golas steht für viele einmal bewohnte oder allmählich ausblutende Inseln, die der irischen Westküste vorgelagert sind und alle unterschiedliche eigene Welten beherbergen. Die wohl bekanntesten sind die immer noch bewohnten Aran Islands, deren eigenwillige Folkgeschichte reich dokumentiert ist.

Die Blaskets, eine der Halbinsel Dingle, County Kerry, vorgelagerte Inselgruppe, werden in den sechziger Jahren endgültig evakuiert. Tomás O'Crohan, ein Inselbewohner, und Peig Sayers haben das Leben dieser gälischsprechenden Volksgruppe in authentischen Selbstzeugnissen festgehalten. Golas Schicksal – erst vor zehn Jahren verlassen die letzten regelrechten Inselbewohner

217

die Insel und gehen aufs Festland oder nach Schottland. Alle ökonomischen und kulturellen Unwetter, die die Rosses auf dem gegenüberliegenden Festland in den fünfziger Jahren heimsuchen, kommen auf Grund der Abgeschiedenheit mit zehnjähriger Verzögerung auf Gola an. Heute lebt noch eine Frau mit ihren Kindern auf der Insel, darüber hinaus gibt es zahlreiche Pendler, die den Sommer auf Gola und den Winter an der Küste der Rosses verbringen. Die Bewohner hängen an Gola. Verkauft wird nicht. Kein einziges Haus ist im Besitz von Touristen und Inselfremden. Reisende auf der Suche nach abgeschiedenem Eigentum stoßen hier auf taube Ohren.

Im Gegensatz zu den Bewohnern der Rosses sind die Männer auf Gola durch die eingeschränkte Kommunikation mit dem Festland zum Fischfang gezwungen.

Das Wetter bestimmt das Leben auf der Insel. Im Sommer, wenn der Atlantik noch passierbar ist, gehen die Männer dem Herings- oder Hummerfang nach. Den Verkaufserlös benötigen sie zum Erwerb von auf der Insel nicht zu beschaffenden Materialien. Der Fisch ist die einzige finanzielle Einkommensquelle. Es läßt sich leicht vorstellen, wie drastisch das Verschwinden des Herings vor der Nordwestküste Irlands Anfang der sechziger Jahre den Alltag der Inselbewohner umgewälzt hat. Wo soll von nun an das Bargeld herkommen, um Paraffinöl für das Licht, Mehl für das Brot sowie Gas und wichtige Haushaltsgegenstände zu kaufen?

Die See dominiert mit ihren Gewalten das Leben. Nur im Frühling haben die Männer daher Zeit, sich um die «lazy bed»-Kartoffeln zu kümmern, Flecken mit Gemüse zu

bebauen oder für den Winter Torf auf der Insel zu stechen. Die Frauen versorgen das Geflügel und die wenigen Kühe. Ihre Milch dient als Rohstoff für Butter, Sauermilch, für das Sodabrot. Farmarbeit auf Gola ist ausschließlich auf die persönliche Subsistenz ausgerichtet. Der Felsboden, der sich in seiner Kargheit von dem der Rosses nicht unterscheidet, hat bei den Bewohnern landwirtschaftlichen Enthusiasmus nie aufkommen lassen.

Dieser selbst- oder vom Klima regulierte Alltag bleibt auf Gola bis 1930 intakt. Erst als die Subsistenzwirtschaft zu den steigenden Erwartungen an «Wohlstand» in Widerspruch gerät, setzt der Zerfall der Inselkultur ein. Die Geldsendungen der Abgewanderten, die soziale Unterstützung der Regierung und die Berührung mit industriellen Lebensvorstellungen lassen die Inselbewohner mit ihrem bescheidenen Leben unzufrieden werden. Das Leben auf Gola kann doch nicht alles gewesen sein.

Gola hat bis heute keinen Strom, also können auch Radio und Fernsehen auf der Insel nicht Fuß fassen und ihre Botschaften unter die Leute bringen. Touristen kommen wegen der Abgeschiedenheit so gut wie nicht.

Die Winter auf Gola werden einsamer und die Insel insgesamt verwundbarer, seit immer mehr Bewohner sich zum «Pendeln» entschließen und damit unter den kulturellen Einfluß des Festlandes geraten. Der Überlebenswille einer lebensfähigen Gemeinschaft krankt schon lange an Auszehrung, als in den sechziger Jahren die letzten aufgeben.

Eine der wenigen verbliebenen «irischen» Lebensgemeinschaften stirbt.

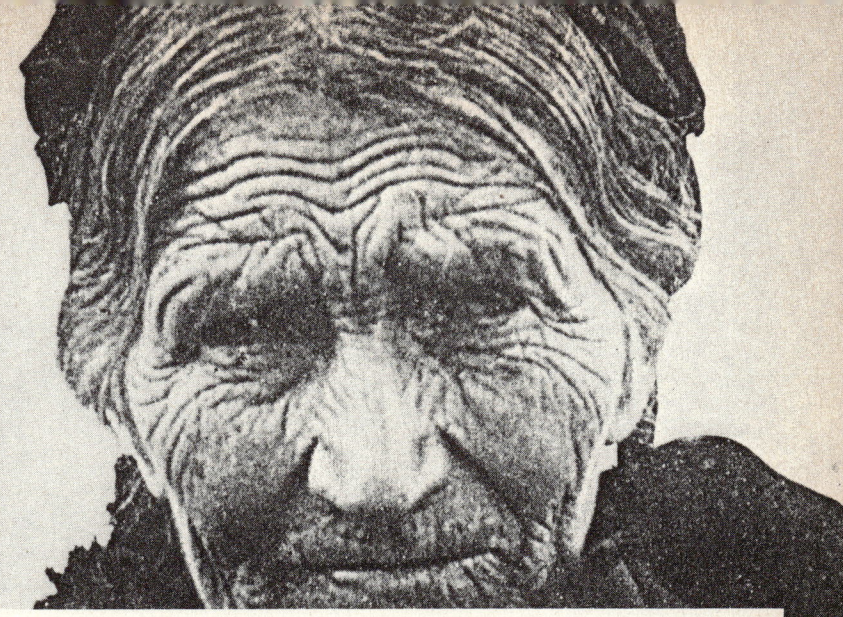

Der erste Abend verlief sehr friedlich. Die Mutter packte die Geschenke aus: ein Brathuhn, Brot, Eier, einen Wandbehang mit einem
Kirchturm, an dem sie den ganzen Winter gestickt und sich fast blind
gestichelt hatte, ein Weihwassergefäß und aus Muscheln gebastelte
Aschenbecher, zu Lampen umgearbeitete Flaschen und ein Bild von
einem Stierkämpfer, das aus kleinen lackierten und auf Karton ge-
klebten Kieseln zusammengesetzt war.

«Danke», sagte sie so liebevoll zu ihrer Mutter, wie sie es vielleicht
früher als Kind getan hätte. Sie war gerührt über die Geschenke,
besonders über den Wandbehang, obwohl er häßlich war. Sie dachte
an die Winterabende, und an die qualmende Spirituslampe und wie
ihre Mutter sich über die Arbeit beugte, und nicht einmal einen Fin-
gerhut benutzte, um die Nadel leichter hindurchstecken zu können,
weil sie an Selbstkasteiung glaubte, und wie ihr Vater sich dann zu ihr
umdrehte und sagte: «Kannst du mir deine Brille leihen, Mom. Ich
will mal in die Zeitung schauen.» Er war zu faul, seine Augen untersuchen zu lassen, und dachte, die Brille seiner Frau würde es auch
tun. Sie konnte es sich ausmalen, wie sie Abend für Abend am Kaminfeuer saßen: grüne Flämmchen flackerten aus dem Torf, die Hühner waren eingesperrt und draußen schlichen die Füchse durch den
Wind.

**«Bindungen» von Edna O'Brien. Aus «Das Diogenes Lesebuch iri-
scher Erzähler». Diogenes Verlag, Zürich 1976**

Weit vor Bloody Foreland, in der windigsten Ecke Irlands, liegt Tory Island. Die Insel ist so unzugänglich, daß vor Jahren die Behörden dort sogar ein Gefängnis bauen wollten. Der katholische Klerus schickt auf die Insel sündige Pfaffen, die einer Reinigung in Abgeschiedenheit bedürfen. 1982 klagt das «Donegal County Council» die Regierung in Dublin eines «Genozides» an den Inselbewohnern an. Die Zentralregierung weigert sich beständig, die nach wie vor gut bewohnte Insel mit den notwendigen Einrichtungen zu versorgen. Der Köder steht auf dem Festland – Sozialwohnungen für jene, die die Insel verlassen wollen. Straßenbau, sanitäre Einrichtungen, Wasserleitungen, einen Hafen und eine Windmühle hat die Regierung den Bewohnern 1971 versprochen. Übrig geblieben sind die Festlandwohnungen, die die Insel aushungern sollen. Es gibt kaum eine Ansiedlung in Irland, deren Bewohner sich noch so viele unterschiedliche Fertigkeiten bewahrt haben. Die Insulaner sind geschickte Bootsbauer und Seeleute, sie betreiben eine gälischsprechende Kooperative, bauen ihre Häuser und Gemeinschaftseinrichtungen selber und bringen 1982 sogar ein eigens entwickeltes Theaterstück über den Alltag auf Tory in ein gälisches Theater nach Dublin. Noch ist die Insel eine einmalige gälischsprechende «community». Besucher können mit Booten von Burtonport auf die Insel übersetzen.

Lauschangriffe

Die Unterhaltung in einer kleinen Farmhausküche im ländlichen Irland kommt unvermittelt zu ihrem Ende. Ein merkwürdiges Geräusch ist zu hören – das mechanische Flirren scheint aus der Schultertasche eines jungen amerikanischen Besuchers zu kommen. Die Bauersfrau fragt grinsend, «Habt ihr da eine Bombe drin?» Das Gesicht des Amerikaners ist schon kreidebleich. Seinem gut versteckten Kassettenrecorder geht nämlich gerade das Band aus.

Bücher über den irischen Sozialcharakter sind in jedem besseren Buchladen, die gängigen Titel auch in gewöhnlichen Andenkenläden zu bekommen. Zwischen farbigen Buchdeckeln tragen amerikanische Anthropologen Weisheiten über das ländliche Irland zusammen. Eine wahre Rennaissance anthropologischer Untersuchungen erleben Donegal und die übrigen Counties an der Westküste. Irlands Westen – ein Prüfstein, gar Schlachtfeld für neue theoretische Konzepte. Traditionelle Kultur, eine außergewöhnliche demographische Struktur, ein spannungsreicher Übergang in die Industrialisierung, unvergleichliche religiöse Observanz und tragische Schicksale von Niedergang und Veränderung machen es den nach Doktortiteln und universitären Auszeichnungen strebenden Wissenschaftlern leicht.

Wo von Depression, Demoralisierung, von Niedergang und Anomie die Rede ist und sich die studierten Damen und Herren besonders fortschrittlicher, nämlich einfühlend «weicher» Explorationsmethoden bedienen, da kann die Kränkung, die Beleidigung des «Feldes», der betroffenen Menschen nicht weit sein.

Ein Dorfbewohner erzählt: «Es macht einen Unterschied, ob wir uns am Feuer oder über den Ladentisch etwas zuflüstern oder es schwarz auf weiß irgendwo gedruckt finden.

Nicht abzustreiten, es gibt eine Menge Wahrheiten. Aber haben sie ein Recht, das alles zu veröffentlichen?»

In den dreißiger Jahren, mit der ersten Untersuchung von Arensberg und Kinnball in einem Dorf des Countys Clare, kommen die Wissenschaftler. Hugh Brody beschreibt an Hand eines fiktiven Dorfes den Niedergang einer Gemeinschaft – Innishkillane. Nancy Scheper-Hughes verdient sich an der Universität im kalifornischen Berkeley die Meriten mit einer einfühlsamen Studie über Geisteskrankheit im ländlichen Irland, veröffentlicht 1979.

Professor Messenger von der Ohio State University ist die empörte Kritik an seiner Studie über Inisheer Island geradezu eine Bestätigung seiner wissenschaftlichen Vermutungen: «Unter den hervorstechendsten Charakterzügen, die der irischen Persönlichkeit zugrunde liegen, sind sexuelle Unterdrückung, Masochismus, Depression, Konformismus, Ambivalenzen gegenüber Autoritäten, Verschwiegenheit, Neid und Eifersucht, Schwäche, Dogmatismus, sprachliche Behendigkeit und das Gefühl von Minderwertigkeit. Dies alles erklärt, warum die Iren so ungewöhnlich sensibel auf meine Untersuchungen reagieren.»

Donegals wilde Landschaft mit ihren mächtigen Fjorden, weiten, geschützten Sandstränden, Hochmooren und Bergen, abgeschiedenen Schluchten und Seen besteht im wesentlichen aus vier großen Landfingern. Die ständig wechselnden Wolkenlandschaften am Himmel machen den Nordwesten unvergleichlich.

Auf der Inishowen Peninsula merken Reisende, daß sie sich dem landwirtschaftlich reicheren Nordirland nähern. Das grüne Schachbrett ist hier in große Einheiten gegliedert. Dem Ort Ramelton sind seine englischen Bezüge anzusehen. Die graziösen georgianischen Häuser am Quai zum Lough Swilly sind jakobinischer Herkunft, die großen Quais und Hafenanlagen verweisen noch auf den frühen Reichtum Nord-Donegals – das Leinen. Flachsanbau und Leinenherstellung, eigentlich mehr im englischen Ulster zu Hause, haben sich bis hierher ausgebreitet. Reste einer Flachsmühle und Leinenfabrik sind noch in Kindrum in der Nähe von Fanad Head zu sehen. Jede kleine Farm hat bis vor wenigen Jahrzehnten noch eine kleine Flachsparzelle und ein Wasserloch, in dem die Ernte verrotten kann.

Seitdem die Viehwirtschaft der Leinenindustrie ein Ende macht, liegen die Ländereien brach oder dienen lediglich noch zur Heuproduktion. Die grünen Parzellen machen aus dem entvölkerten Nord-Donegal eine Postkartenlandschaft.

Donegal-Mafia

Der wirtschaftliche Wandel Donegals hat das soziale Leben weitgehend verändert. Die engen Freundschaften und nachbarschaftlichen Bande, die in Donegal wie sonst kaum in Irland wechselseitige Kooperation unter Landwirten zur Selbstverständlichkeit machen, sind auf Grund der Abwanderung der Söhne so gut wie verschwunden. Die für den Norden typische Bauernkultur steht vor der Auflösung. 1960 beträgt das Einkommen in Donegal 153 Pfund pro Kopf. Davon sind jedoch nur noch 119 Pfund selbst verdient. Die Differenz kommt aus staatlichen Subventionen. Das «kinship system», eine Überlebensform in einer Art Großfamilie, ist sozialstaatlicher Abhängigkeit geopfert. Mehrere miteinander verwandte oder befreundete Familien bilden ein weitläufiges Netz von Freunden, Bekannten und Kontakten. Dieses Netzwerk hilft beinahe in jeder schwierigen oder alltäglichen Lebenslage und ist streng hierarchisch gegliedert. Die «Clans» verfügen über eine enorme soziale Kohäsion, aber auch über Ausgrenzungskraft. Clans legen die Heiratsbeziehungen fest, kaufen bei bestimmten Läden, kontrollieren Moral und Geschäft der Großfamilie.

Wer als Reisender länger an einem Ort verweilt, häufiger dieselbe Kneipe besucht und die unentwegten Geschichten und Klüngelaffären eines Dorfes verfolgt, wird bald die unsichtbaren Knoten dieses Beziehungsnetzes fühlen, dem mit dem Wegfall wirtschaftlicher Zusammenarbeit unter den Familien eher die Funktion sozialer Kontrolle zukommt. Freundschaft, Loyalität, Verpflichtung zur gegenseitigen Hilfe – diese gewachsenen Werte gelten nur für diejenigen, die sich dem sozialen Rhythmus unterordnen.

Hinter der Freundlichkeit und Geschwätzigkeit vieler Iren auf dem Land lugt grimmig die Maske des Richters, des «Feindes». Es geht nicht mehr nur freundlich zu. Wo sich alle aus geschichtlicher Erfahrung helfen «müssen», setzt sich nicht selten der Stärkere durch, der Großbauer, der mit dem besseren Draht zur Verwaltung, zum Lokalpolitiker, zur Kirche.

Das Großfamiliensystem auf dem Lande ist in einem verfilzten Netz personalisierter Politik aufgegangen, und es scheint allein wichtig zu sein, die richtigen Parteien, Gruppen, Personen zu kennen. Beziehungen zwischen Menschen haben auch im abgeschiedenen Donegal einen «instrumentellen» Charakter. Eine Überlebensform degeneriert zum Mittel für individuelle Zwecke. Politiker profitieren von diesen Clans, die über Generationen politische Loyalität sichern können. In Donegal hat die «Donegal Mafia» der politisch einflußreichen Blaney-Familie seit Jahrzehnten verhindert, daß die Interessen der Bauern außerhalb der Parteien überhaupt nur artikuliert werden können. Jeder Ort hat seine Komitees für Fragen der Schule und der öffentlichen Sauberkeit, seinen Festivalausschuß, die Gruppe der Regionalentwickler, Zuständige für die neue Straße und anderes mehr. Komitees dienen als soziale Frühwarnsysteme im Interesse der politisch etablierten Parteien.

«Wenn die Wähler nur ein Zehntel der Dinge in diesem Land wüßten, von denen ich Kenntnis habe, es würde schon morgen früh eine Revolution geben. Jedoch sind wir diejenigen, die das Land von den Engländern befreit haben, also sind wir auch zu bestimmten Überlegungen befugt.» Aus einem Brief eines Donegal-Politikers an seine Tochter.

Leute «on the rocks»

Nordirland –
Reisen im Vorfeld des Krieges

Schenken Reisende den internationalen Medien Glauben, so ist Derry Beirut und Belfast Südafrika. Terror und Mord überlagern eine rassistisch-politisch-religiöse Spaltung der Gesellschaft. Nur in Ausnahmefällen wird auf die politischen Treibsätze der Region eingegangen. Meistens heißt es nur, «Über 20 nächtliche Bombenanschläge in Belfast»; oder, «Die Revolution endet in Mord und Terror»; oder, «Neue Truppen nach Ulster».

Dumpfe Unruhe, seichte Angst beschleicht den, der sich der festungsartig ausgebauten Grenze nähert, wo es überraschenderweise ausgesprochen «menschlich» zugeht. Hinter Panzerglas und Betonwänden, Straßensperren und spanischen Reitern schieben zwar schwer bewaffnete Soldaten Wache, der Zöllner scheint jedoch froh, Touristen ins Gespräch ziehen zu können. Die Versicherung, im Norden nur «touren» zu wollen, wird mit persönlichen Reisetips belohnt.

An der Straße zwischen Letterkenny und Derry liegt einer der zahlreichen autorisierten Grenzübergänge für Reisende auf der ansonsten grünen Grenze zwischen dem Norden und der Republik. Die «unapproved roads», eigentlich unpassierbare Nebenstraßen, schaffen gleichfalls Verbindung, nicht selten für den Schmuggel von Spirituosen und «explosives».

Die ersten tragenden Eindrücke: Von braungeflecktem Militär zunächst keine Spur – auch der Norden ist grün. Nicht die Farben, sondern die gesamte Zeichnung der Landschaft deutet an, daß man in einem anderen Land ist, obwohl die Republik nur wenige Meilen entfernt liegt. Im Nordosten Ulsters ist das gute, satte Land zu riesigen, industriell bebaubaren Einheiten zusammengefaßt.

Das Land wirkt aufgeräumter, nicht länger trifft man auf das Chaos von Felsen und Torf, Weide und Wiese, Hecken und Steinmauern.

In Nordirland bemühen sich nämlich während des 19. Jahrhunderts sogenannte «improving landlords» um die Verbesserung der Ausbeute. Dem Land ist seine «reformistische» Vergangenheit anzusehen; sauber und perfekt gezogene Maschendrahtzäune geben ihm ein ordentliches Aussehen. Kein Slalomfahren mehr zwischen am Straßenrand grasenden Schafen wie in Donegal, kein Wildwechsel von Rindern und Eseln. Die Zäune Ulsters gebieten auch Reisenden Einhalt.

Der markanteste Unterschied sind die Straßen. Die vertrottelten, unwegsamen Achterbahnen des Südens – im Norden ist alles Süden, was zur Republik gehört, auch wenn es westlich liegt, wie Donegal – sind prächtig asphaltierten, mit Mittelstreifen und Parktaschen ausgestatteten Verkehrsadern gewichen. Die Holperwege im Süden machen die Fortbewegung zur «Arbeit» und hinterlassen trotz allen Fluchens über Schlaglöcher ein Gefühl für die Gegend, durch die man fährt. Straßen in Nordirland sind dagegen «kontinental»; sie verführen dazu, sie le-

Please Fold · Umbrellas 'fore Entering Check

Bus Search Point Only

Dem glorreichen, gottesfürchtigen und unsterblichen Gedenken von König Wilhelm III., der uns errettet hat von Schurken und Schurkerei, Sklaven und Sklaverei, Gaunern und Gaunerei, Papisten und Papistentum, von Messinggeld und Holzschuhen. Und wer immer diesen Trinkspruch verleugnet, der soll geschlagen, gestampft und gestopft werden in das Loch der großen Kanonen von Athlone, und die Kanone soll in des Papstes Bauch gefeuert werden, und der Papst in des Teufels Bauch, und der Teufel in die Hölle, und das Tor soll verschlossen werden, und den Schlüssel soll man in die Tasche eines Orangeman legen.

Trinkspruch der Orange-Order, Anfang des 19. Jahrhunderts

diglich zu gebrauchen, Reisen wird zur zielgerichteten Bewegung.

Wo Straßen und Felder so mächtig und prächtig sind, fallen die großen, reichen Gehöfte fast gar nicht mehr auf. Die stattlichen Farmhäuser mit ihren verzweigten Stallungen und Schuppen verweisen auf den «Reichtum» des Nordens. Es ist nicht mehr das Leinen, dessen Flachs noch bis vor wenigen Jahrzehnten auf den Bauernhöfen zur Weiterverarbeitung in den Mühlen und Webereien von Derry und Belfast verrottet. Moderne Viehwirtschaft betreiben heute 70 Prozent aller Höfe im Norden, und sie ist der wichtigste Beitrag zur Ökonomie Nordirlands.

Wer von Donegal in den Norden reist, wird eine Sonderbarkeit Ulsters bemerken und in östlicher Richtung verschwinden sehen.

In Ulster muß das englische Wort «town» nicht notwendig ein «cluster of houses» meinen. «Townland» – ein Wort, nach dem man in englischen Wörterbüchern vergeblich sucht – bezeichnet lockere Menschenansammlungen, wie sie für diese Gegend typisch sind.

Die anglisierte Form der ursprünglich gälischen Namen dieser «townlands» verbirgt häufig die historische Bedeutung. «Derry» ist zum Beispiel abgewandelt vom irischen «doire». Der irische Name verweist auf die vielen Eichen, die früher in der Umgebung der heute zweitgrößten Stadt Nordirlands stehen.

Vor allem die Präfixe und Anhängsel der Ortsnamen geben über die versteckte Vergangenheit Auskunft. «Kill» steht für Zelle, Kirche; «bally», irisch «baile», meint einen Flecken fruchtbarer Erde.

Die Bezeichnungen dieser «townlands» wiederholen sich in Ulster selbst auf kürzeste Entfernung. Die Gemeinden lebten folglich früher außerordentlich isoliert voneinander.

Ulster ist zwar die britischste irische Provinz, doch hält es in seiner reichen Folktradition und in dem hohen Anteil gälischer Ortsnamen aktiv irische Geschichte fest.

Die Berge Ulsters, alle mit flachen «blanket bogs», also Flachmooren, überzogen, haben die frühen Bewohner und Kolonisatoren auf dem Gewissen. Der Bedarf an Holz als Brenn- und Baumaterial führte zum rigorosen Kahlschlag – die zahlreichen Aufforstungsareale sollen die Erosion des 17. und 18. Jahrhunderts heute wettmachen.

Typisch für die Landschaft Nord-Ulsters sind nicht in erster Linie die Moore, es ist der Wechsel von Hügeln, Seen, Bergen und steiler Sand- und Kreideküste. Tief hat sich das Meer ins Land hineingefressen, die weiten Buchten sind gesäumt von leuchtend gelben Sandstränden.

Fremde Enklaven

In den Counties Donegal, Tyrone, Derry und Armagh, Cavan und Fermanagh lassen sich zwischen 1608 und 1610 zahlreiche königstreue Siedler aus dem benachbarten Schottland und England nieder. Schon zwischen 1550 und 1570 versucht die englische Krone, in Regionen der heutigen Republik loyale Enklaven zu verpflanzen. Diese Kolonisierung scheitert jedoch an Geldmangel sowie am Widerstand der katholischen und rebellischen Iren. Die Siedler arrangieren sich zum Leidwesen der britischen Planer schnell mit der einheimischen Bevölkerung. Aus Schaden klug geworden, geht die Ansiedlung in Ulster generalstabsmäßig über die

Derry läßt sich nicht unterkriegen

Bühne. Einzelne Regionen kommen unter die finanzielle Obhut englischer Städte und Fabrikunternehmen. Die City of London mit ihren großen Kapitalreserven kümmert sich um Derry. Londonderry, bis heute ist der Name der Stadt den zornigen katholischen Bewohnern ein Dorn im Auge.

Einige Jahre später kommt ein zweiter Schub von Siedlern nach Irland. Von Haus aus Presbyterianer, fühlen sie sich der englischen anglikanischen Staatskirche nur vage verbunden, in der der englische König zugleich oberster Hirte ist. Daher geraten diese schottischen Siedler Anfang des achtzehnten Jahrhunderts in eine äußerst bemerkenswerte Isolation, deren psychologisch-gesellschaftliche Auswirkungen bis heute die Radikalität des Nordirland-Konfliktes mitbestimmen. Von den katholischen irischen Einwohnern beargwöhnt, bekämpft und schikaniert, eben als ungeliebte Eindringlinge behandelt, gelten sie auch für die englischen Kolonialherren als religiöse Dissidenten. Zwischen den katholischen Iren und den königstreuen Briten entwickeln sie eine eigene «Stammesidentität». Erst im Laufe des politisch unsicheren 19. Jahrhunderts geht dieses Selbstbewußtsein – vor dem Hintergrund der schnellen Industrialisierung des Nordens und des wachsenden Reichtums – in einer gleichsam «instrumentellen» Freundschaft mit dem großen englischen Bruder auf.

Derry, seit der Stadtgründung ein militärischer Stützpunkt der Engländer, gelangt während der Industrialisierung zu einer kurzen wirtschaftlichen Blüte. Die Stadt liegt jedoch bis heute zu weit entfernt vom industriellen Osten um Belfast, als daß die Groß- und Schwerindustrie dort

Belfast – Leben trotz Besatzer

richtig Fuß fassen mochte. Der Hafen dient als Handelsplatz. Derrys Reichtum ist schlicht die Armut seiner Umgebung. Die Kaufleute der Stadt, denen auch die Frachtsegler gehören, pressen aus der ländlichen Bevölkerung alles heraus. Dank des Flachsanbaus siedelt sich Textilindustrie an. 1886 gibt es 27 Hemdenfabriken in Derry, die 5000 Frauen und Mädchen beschäftigen.

Der Hafen ist außerdem Umschlagplatz für Emigranten. Zwischen 1800 und 1880 verlassen 250000 Menschen das Land, um in Baltimore, Philadelphia, New York oder Quebec zu überleben. Die Hungersnot macht Derry zum strategischen Platz für den Export ausgehungerter oder verschuldeter Iren.

Die Teilung Irlands 1920 hat drastische Auswirkungen auf Derry, denn die Stadt wird über Nacht von ihrem natürlichen Hinterland getrennt und auf einen wirtschaftlich uninteressanten Außenposten Westminsters reduziert. Den Hafen verbinden früher vier Bahnhöfe mit dem Umland – ein Anzeichen für die Wichtigkeit Derrys als Handelsplatz des gesamten irischen Westens und Nordwestens. Nur einer ist heute noch in Betrieb. Ein kurzes wirtschaftliches Zwischenhoch während des Zweiten Weltkrieges kann den sozioökonomischen Niedergang der Stadt nicht aufhalten. Die Arbeitslosigkeit von heute – 22 Prozent – spricht für sich.

Ulster hat eine außergewöhnliche soziodemographische und ökonomische Struktur; der River Bann teilt die Provinz in zwei ungleiche Regionen. Westlich des Flusses, der bei Coleraine einen tiefen Meeresfjord bildet, befindet sich katholisches Territorium. Dort herrscht noch weitgehend Landwirtschaft vor. Industriebetriebe sind in dieses Gebiet nur im Ausnahmefall vorgedrungen. Arbeitslosigkeit, miserable Wohnbedingungen und Gesundheitsversorgung – mit Armut und nicht selten mit Elend hat die katholische Bevölkerung zu kämpfen. Protestantische Regionalplaner versprachen zwar, Anreize in Konkurrenz zur Metropole Nordirlands zu schaffen. Derry wurde jedoch bei der Revision der Wirtschaftsentwicklung in den sechs Counties vergessen. Das unerträglich hohe Niveau der Arbeitslosigkeit, die periphere Lage der Stadt und ihr katastrophaler Hausbestand sollen 1963 sogar als Begründung für die Schließung der allerletzten Eisenbahnlinie herhalten. Und die neue Universität wird, obwohl im Regionalplan anders vermerkt, nicht im katholischen Derry, sondern im loyalen protestantischen Coleraine gebaut.

Erst ab 1961 erwählen auf Grund erheblicher staatlicher Anreize internationale Chemie- und Maschinenfabriken Derry als Standort, ohne jedoch den Niedergang der Leinenindustrie wettmachen zu können. Die synthetischen Fasern aus Fernost machen der traditionsreichen Industrie Ulsters in den sechziger Jahren den Garaus. Trotz der miserablen Löhne und Arbeitsbedingungen ist die «weibliche» Industrie gegen das Angebot aus Hongkong und Taiwan nicht mehr konkurrenzfähig.

Das Leinen schafft zwar fast ein Jahrhundert bescheidenes Einkommen unter dem katholischen Proletariat Derrys, doch es verursacht auch spezifische Probleme. Traditionell ist die Arbeitslosigkeit unter Männern größer als unter den im Textilgewerbe beschäftigten

Frauen. Hoher Alkoholismus, Gewalt in Familien, geschlagene Frauen und Kinder sind Folgen der einseitigen Integration in Derry.

Ghettos – Armut, Bestechung, Patronage

Der Staat will und kann Derry mit Interventionen nicht helfen. Multinationale Betriebe mit ihren kurzen und subventionsschweren Gastspielen sind keine Antwort auf die industrielle Unterentwicklung Derrys. Im irischen Wettlauf um die Investitionen ausländischer Unternehmen sind außerdem die Herren aus Dublin und Belfast harte Konkurrenten. Eine fehlende integrierte Wirtschaftsplanung seit der Teilung der Insel hat für den Außenposten Derry verheerende Auswirkungen.

Nirgendwo sonst ist der Klassencharakter und die «religiöse» Diskriminierung in Nordirland besser ablesbar als am Zustand der Stadtteile und der Haussubstanz. Mit dem Wohnungs- und Häuserkampf in Derry und Belfast beginnen denn auch die politischen Unruhen im Norden. Die Bogside – die Stadtteile, die an die Moore grenzen, wo schon im 19. Jahrhundert die arme katholische Bevölkerung Derrys wohnt – hebt sich von den vornehmen und aufgeräumten protestantischen Vierteln an den Hängen zum River Foyle nicht allein durch die Aussicht ab. Die demolierten, schmutzigen, überfüllten Slums in den katholischen Ghettos sind für Reisende ein Schock.

Acht von zehn Bewohnern leben in «overcrowded conditions». Zehn bis zwölf Menschen müssen sich eine Zweizimmerwohnung ohne Bad und Heizung teilen. Der eigentliche Skandal ist jedoch nicht der Zustand der Häuser, sondern die offen diskriminierende Art der Vergabe neuer Wohnungen. Eine protestantische Verwaltung bevorzugt Mitglieder ihrer Religionsgemeinschaft bei der Zuteilung von neuen Sozialwohnungen.

Die Slums in Derry und Belfast sind bis heute Zentrum des politischen Widerstandes. Graffiti, Wandgemälde, irische Fahnen und Banner, ausgebrannte Autos von den letzten Unruhen am Straßenrand vermitteln den Eindruck außergewöhnlicher Konflikte und Spannungen. Wer als Besucher diese Ghettos aufsucht, braucht von den Bewohnern nichts zu befürchten. Ein Gruß findet häufig Erwiderung, an der Straßenecke entwickelt sich aus der Frage nach dem Weg nicht selten ein Gespräch. Der enorme soziale und kulturelle Zusammenhalt dieser Wohnviertel, die menschliche Kehrseite unwürdiger Lebensumstände, kommt auch den Besuchern zugute.

Wie skeptisch auch immer man sich zu den Gewaltaktionen in den Ghettos Nordirlands geäußert haben mag, wenn man erst einmal inmitten dieses Durcheinanders von Stein, Schutt und Trümmern steht, sind nicht länger die Molotow-Cocktails, sondern der Zustand der Stadtviertel selber die eigentliche Gewalt.

Besucher, die sich unaufdringlich und interessiert bewegen, möglicherweise beim lokalen «Sinn Fein»-IRA-Stadtteilzentrum um Auskunft bitten, dürfen die häufig kunstvollen Wandgemälde ohne Bedenken fotografieren. Nicht von den Anwohnern, eher von den schwerbewaffneten Armeepatrouillen zu Fuß oder vom gepanzerten Jeep haben sie Schlechtes zu erwarten. Die Soldaten bei ihrem Kriegsspiel abzulich-

«Kids» mit Mollies: «Sicherheitskräfte» kommen

ten, wird Ärger und meist die Forderung nach der Herausgabe des Filmes zur Folge haben. Angesichts herrschender Notstandsgesetze sollten ortsunkundige Fremde eine Provokation der herumstreunenden Sicherheitskräfte unter allen Umständen vermeiden.

Wer nicht gerade sein Auto ohne Insassen in der abgesperrten Innenstadt abstellt und somit unweigerlich eine Bombenwarnung auslöst, kann das militärisch besetzte Derry «unbekümmert» entdecken. Der historischen Innenstadt sind die letzten Bürgerkriege während der Hungerstreiks vor wenigen Jahren kaum noch anzusehen. 1982 liegt zum wiederholtenmal das gesamte Stadtzentrum in Schutt und Asche. Nur wenige ausgebrannte Ruinen und mit Brettern verrammelte Schaufenster erinnern noch daran.

Nordirland ist mit 1,5 Millionen Einwohnern, von denen 40 Prozent katholisch sind, die kleinste und ärmste Region Großbritanniens. Nirgendwo schafft die Kombination von niedrigen Löhnen, Arbeitslosigkeit, schlechten Wohnbedingungen und hohen Kosten für Miete, Gas, Strom und Kleidung eine vergleichbare Massenarmut, und die wird sich durch die «laissez faire»-Politik der Thatcher-Administration in den nächsten Jahren noch verschlimmern.

Wirtschaftliche und soziale Marginalisierung, die mit der Krise der protestantischen Wirtschaftsdomäne im Schiffsbau und in der verarbeitenden Industrie nun auch die bis dahin privilegierten protestantischen Arbeiter erreicht, kann allein die von religiösen und ethnischen Widersprüchen überlagerte Krisenstimmung im Norden nicht verständlich machen.

Wilhelm von Oranien lebt immer noch

Katholiken und Protestanten – Verbunden in Todfeindschaft

Wenn die fanatisierten Männer der «Orange Order» und die mit Bowler-Hüten und Schärpen verkleideten Musikanten «No surrender – Wir geben nicht auf» oder «No papistry – kein Papistentum» rufen und die jährlichen Umzüge immer aufs neue blutige Auseinandersetzungen zwischen Katholiken und Protestanten zur Folge haben, dann muß sich hinter diesem anachronistischen Ereignis zugleich ein hoher symbolischer Sprengstoff verbergen.

Daß organisierte Protestanten alle Jahre wieder Verfolgungsmentalität zelebrieren und Wandmaler sich im «Wilhelm von Oranien» verewigen, hängt mit dem Versuch der einheimischen Katholiken zusammen, im 17. Jahrhundert vom katholischen Interregnum des britischen Königs Jakob II. eine Lockerung der Knechtschaft zu erlangen. Jakob kann sich in England gegen seinen protestantischen Nachfolger Wilhelm nicht durchsetzen und versucht mit Unterstützung der katholischen Iren, seiner Absetzung als englischer König mit Waffengewalt zu trotzen. An der «Schlacht an der Boyne» unterliegen jedoch die Soldaten Jakobs II., Irland hat erneut eine britisch-protestantische Obrigkeit. Die katholische Zwischenherrschaft Jakobs bedeutet für die Gutsherren und Siedler Ulsters eine Beschneidung ihrer Privilegien. «Wir geben nicht auf», so lautet damals die Parole der Protestanten. Die «Orange Lodges» schüren die sektiererischen Aktivitäten ihrer Logenmitglieder bis auf den heutigen Tag. Noch immer gelingt es, die Klassengegensätze zwischen traditionell protestantischen Kaufleuten, Unternehmern, Politikern und Arbeitern in einer Glaubensgemeinschaft aufzulösen. Das monströse Zeremoniell der Brüderlichkeit am 12. Juli ist Ausdruck einer geschickten Politik der protestantischen Oligarchie: Die Orange Lodges sind ein Instrument zur Kontrolle des Staatsapparates und ein Rekrutierungsorgan für terroristische Schlägertruppen. Immer dann, wenn die Zeichen auf Wiedervereinigung mit der katholischen Republik stehen, spielen britische Politiker und Ulsters wildgewordene Katholikenhasser erfolgreich die «orangene Karte». Die «home rule»-Bewegung Parnells Ende des 19. Jahrhunderts scheitert an der Destabilisierungpolitik der Herren Ulsters und ihrer paramilitärischen Verbände. Einer Wiedervereinigung mit Irland, die nach dem Unabhängigkeitskrieg der Republik mit dem alten Kolonialherren England ausgehandelt werden soll, setzen die Orangisten alles entgegen: Waffen, Terror, Generalstreik. Die Teilung Irlands erzwingen die Männer des 12. Juli mit den Bowler-Hüten, die ihren glaubensfremden Landsleuten in Todfeindschaft verbunden sind. Haß, die Projektion historischer Niederlagen, Chauvinismus und religiöses Sektierertum bilden in Ulster ein explosives Gemisch. Die Gewehre sind noch immer geladen.

Geschichte wiederholt sich ein weiteres Mal in Ulster mit dem Beginn der «civil rights»-Bewegung, die 1967 die Diskriminierung der Katholiken bei der Wohnungsvergabe abschaffen will. Die gezielte Wahlkreisverschiebung – sogenanntes «gerrymanderiring» – seitens der Protestanten, um die Mehrheiten in den Lokal- und Regionalverwaltungen zu halten, und das diskriminierende Wahlsystem sind den Katholi-

ken ebenfalls ein Dorn im Auge.

Bis dahin haben Geschäftsleute – in der Regel Protestanten – je nach Umfang ihres Besitzes mehrfaches Stimmrecht. Schon bald greifen Gruppen wie die «Loyal Citizens of Ulster» Demonstrationen und Sit-ins der Bürgerrechtler mit Steinen, Keulen, Nagelbomben und Flaschen an. Eine Bewegung, die auf zivilen Ungehorsam setzt, erhält von den Polizisten und den Spezialeinheiten wie den gefürchteten «B-Specials» keinerlei Schutz. Im Gegenteil, die Regierung muß Ausschreitungen der Polizei in den katholischen Ghettos offiziell zugestehen.

Am 12. August löst ein Gedenkmarsch der «Civil Rights Association» einen Straßenkampf zwischen Katholiken, Orange Men und B-Specials aus. Selbst die bedrohten Katholiken der Bogside in Derry rufen die englische Armee zur Hilfe, um sich vor brandschatzenden und mordenden protestantischen Gangs schützen zu lassen. In Derry entstehen die katholischen «No go areas», an die noch heute die Wandgemälde «Free Derry» erinnern. Über Monate organisiert sich der Stadtteil völlig unabhängig. Eine Räteorganisation entsteht, die alles selbstverantwortlich regelt – die Verteilung der Lebensmittel, das Betreiben eines eigenen Senders und die Aufrechterhaltung der Sicherheit.

Jetzt erst erstarkt die bis dahin politisch völlig unbedeutende neue IRA – nicht als Guerilla-Organisation, sondern als Selbstverteidigungstruppe, eingebettet in eine lebendige soziale Bewegung.

Bloody Sunday

Anfang der siebziger Jahre wollen die protestantische Regierung und

«Zerschlagt die Isolationshaft»

die Regierung in London mit Hilfe von Sondergesetzen Ruhe und Ordnung herstellen. Masseninternierung und Folterungen bei Verhören führen jedoch zu einer erneuten breiten Solidarisierungswelle. Allein im August 1971 kommt es zu 100 Bombenanschlägen, die Häuser von 7000 Katholiken und 2000 Protestanten gehen in Flammen auf. «Bloody Sunday» – britische Soldaten schießen eine Civil Rights-Demonstration auseinander. 13 Zivilisten, zum Teil auf der Flucht vor den Männern der Fallschirmjägereinheiten, kommen zu Tode. Zugleich startet England den Versuch, den Konflikt friedlich beizulegen. Die Masseninternierung soll beendet werden, Irland die Regierungsgeschäfte allmählich selbständig führen und in geheimen öffentlichen Wahlen über das Schicksal der «Six Counties» entscheiden. Vorbedin-

gung für Verhandlungen ist jedoch die Aufgabe der katholischen Selbstverwaltungsgebiete. No go areas könne eine verhandlungswillige Regierung nicht dulden: «Operation Motorman» macht mit einem gewaltigen Militäreinsatz der politischen Gegenmacht in Derry und Belfast ein Ende.

Kaum stehen jedoch die Verhandlungspartner in der historischen «Sunningdale-Konferenz» 1973 vor einem Verhandlungsergebnis, das den allmählichen «friedlichen» Übergang Ulsters an die Republik regeln soll, kommt erneut die orange Karte ins Spiel. Ein Massenstreik des «Ulster Work Council» legt 14 Tage die Schlüsselindustrien und die Energieversorgung lahm. Die militanten protestantischen Arbeiter nutzen ihre Politik, um die Wirtschaftskrise gegen die katholischen Kollegen auszuspielen. Das «Su-

Graffity: Der republikanische Widerstand lebt

ningdale Agreement» kommt zu Fall. 1698 hieß es «No surrender!»; und 1920 «We shall never have Home Rule». Und 1973 blieben die Protestanten ihren Devisen treu.

Nach dem Scheitern einer politischen Lösung auf Grund des Widerstandes der Unionisten versucht die englische Regierung und ihr Militär, den Konfliktherd mit Gewalt auszurotten. Gesonderte Anti-Terror-Gesetze geben den Sicherheitskräften die rechtliche Handhabe für Verhaftungen, so daß der katholische Widerstand von einem politischen in einen «kriminellen» verwandelt werden kann. Der politische Status wird Gefangenen in den Sondergefängnissen Long Kesh bei Belfast und Armagh aberkannt. 1976 beantworten die Gefangenen im H-Block – so genannt nach der H-förmigen Anordnung der Baracken – die Aufhebung ihrer Versammlungsrechte und

ihres Rechts, keine Gefangenenkleidung tragen und unwürdige Gefängnisarbeit annehmen zu müssen, mit einem Schmutzstreik. 300 Männer und Frauen weigern sich, ihre Zellen zu verlassen, schmieren ihre Exkremente an die Wände. Alles, was ihnen in einer kalten Betonzelle bleibt, ist eine Decke – «on the blanket».

Aus diesem Schmutzstreik wird wegen der Unerbittlichkeit der Regierung und der Gefängnisbehörden 1980/81 ein Hungerstreik, der zehn Menschenleben kostet. Zehn republikanische Gefangene hungern sich, der massenhaften Solidarität in Derry, Belfast und der Republik gewiß, in ihren Zellen zu Tode, um ihre ehemals verbrieften Rechte als politische Gefangene zurückzubekommen. Nicht nur die irischen Kampfgenossen der Gefangenen, sondern Menschen mit einem humanitären

Empfinden in der ganzen Welt sind entsetzt über die unerschütterliche Härte der Londoner Administration. Bis heute legen die Wandgemälde, wenn sie nicht von der Armee überpinselt sind, lebendiges Zeugnis ab von der Solidarität der katholischen «communities» in Belfast und Derry.

Diesen Zusammenhalt wollen die Sicherheitskräfte mit der Hilfe von geständigen Gefangenen im Sommer 1983 endgültig auslaugen. «Supergrass» – wer aussagt, gesteht, denunziert, bekommt die Haftzeit erlassen. Die IRA beantwortet diese Strategie mit der Erschießung oder Entführung von Angehörigen der zur Zusammenarbeit bereiten Informanten. Im Norden geht es immer: Auge um Auge, Zahn um Zahn.

Unsichtbare Grenzen

Gelangen Touristen, von Donegal kommend, ohne den «politischen» Umweg über Derry und Limavady direkt nach Coleraine an die Nordküste Antrims, erleben sie spätestens hier einen Kulturschock. Unvermittelt treffen sie in Potrush oder Portstewart auf englische Seebäder, die 30 Meilen weiter westlich im verschlafenen Donegal völlig undenkbar sind. Die großen Ferienreservate verfügen über alles, was britische Urlauber schätzen: Promenade und Kirmes am Strand, «amusement halls» und aufgereihte Pensionen mit Seeblick, Bowlingbahnen und Tennisplätze, Bänke am Pier, Boutiquen und Andenkenläden. Kein Ort in der Republik, nicht einmal Killarney in Kerry, hat seinen Charakter so sehr den Bedürfnissen des Fremdenverkehrs angepaßt. Ausländische Reisende verirren sich nur äußerst selten in den hohen Norden.

Portrush und Portstewart sind Ferienorte für die gestreßte Mittelklasse aus Derry und Belfast.

Außerhalb der Ortschaften macht es wieder Spaß zu reisen, weil die «Antrim Coast Road» eine Reihe außergewöhnlicher Naturerfahrungen bietet – die eindrucksvolle geologische Formation des Giants Causeway, wo sich tief unten im Schatten der mächtigen Steilküste vulkanische Formationen zu Säulen und Stufen so kunstvoll aufgeworfen haben, als hätten Riesen einen Damm zu bauen versucht.

Im Norden schmiegt sich die Küstenstraße eng an die Steilküste, hat zum Teil alpine Steigungen zu überwinden und gibt immer wieder den Blick bis hinüber nach Schottland frei. Wen wundert, daß von dort drüben, nur einen Katzensprung entfernt, die schottischen Siedler kommen. Lange, einsame goldgelbe Sandstrände säumen die White Park Bay und die Murlough Bay. Kleine Paßstraßen schlängeln sich hinunter. Im Schutz der Steilküste haben sich häufig Baumgruppen und Büsche halten können. Der einzige Nachteil dieser herrlichen Strände sind die frostigen Wassertemperaturen, die hier nicht mehr von der Wärme des Golfstroms profitieren. In Ulster scheint es im Gegensatz zu Donegal eine unsichtbare Grenze zwischen Menschen zu geben, die Reisende nur schwer überwinden können. Nicht nur am Strand, auch im Laden, beim Fragen nach dem Weg – die Menschen wirken verschlossen.

Bei einem Kneipenbesuch in Antrim müssen Fremde damit rechnen, daß mit ihrem Erscheinen die Kommunikation für einige Minuten erstirbt. Ein unsichtbares Radar durchleuchtet die Unbekannten, prüft Kleidung und Gesten, versucht, die

Die Küste von Antrim: steil und kreidig

Sprache zu identifizieren. Nervöse Spannung liegt in der Luft. Ein Gespräch beginnt, oder eben keines.

Die Antrim Coast Road, eine Straße aus dem Beschäftigungsprogramm zu Zeiten der Hungersnot, windet sich die gesamte Nordost- und Ostküste entlang parallel zum Wasser. Zwischen Cushendun und Belfast haben die Flüsse, wo sie aus den hohen Gebirgen im Hinterland herunterstürzen, über Jahrtausende lange, tiefgezogene, sehr fruchtbare Täler ausgewaschen. Diese «Glen of Antrim» gelten als außergewöhnliche topographische Erscheinung. Wälder und satte Wiesen gehen am oberen Rand der Täler in die Moore-Antrim der Berge über. Unten liegt blauschimmernd die See und weit im Dunst – Schottland. Die Nähe zu Großbritannien und die zur See hin offenen Täler machen es möglich, daß in dieser Gegend allein britische

Radio- und Fernsehsender zu empfangen sind, keine irischen. BBC ist für seine unausgewogene Berichterstattung in Sachen Nordirland berüchtigt.

Der Militärexperte Kitson hat aufgezeigt, welche Rolle die britischen Medien in der Steuerung des Irland-Konflikts spielen können. Als die zwölfjährige Majella O'Hare von einem Soldaten erschossen wird, macht daraus die Presseabteilung der Armee zunächst den Angriff eines Heckenschützen. Und als der 13jährige Brian Stewart durch ein Plastikgeschoß der Armee stirbt, erfinden die Presseleute kurzerhand einen «Aufstand», einen «riot», in dem Brian umgekommen ist. Die Armee in Ulster beschäftigt alleine 40 Presseoffiziere mit einem hundert Mann starken Apparat. Kitson, der Technologe der Gewalt, sieht die Sache so: «Die Regierung muß ihre ei-

237

gene Begründung öffentlich vorbringen und die des Feindes öffentlich unterminieren, indem sie die Wahrnehmung und Interpretation der Ereignisse dissoziieren hilft. Das alles braucht eine sorgfältig geplante und koordinierte Kampagne, was in Ermangelung eines geeigneten Begriffes ‹psychologische Operation› genannt werden muß. Praktisch bedeutet dies, immer wieder die Armee als Friedenstifter herauszustellen und die Motive des Gegners zu denunzieren.» Die IRA kommt daher in den britischen und irischen Medien als politische Kraft, die bei Wahlen große Stimmengewinne erzielt, gar nicht vor.

Militante IRA auf Patrouille

Anti-subversiv: das Wasser vergiften

Kitsons Anti-Subversionsprogramm für Nordirland sieht neben der sogenannten «Ulterisierung», dem allmählichen Rückzug der britischen Armee aus der Öffentlichkeit und ihren Ersatz durch nordirische, also einheimische, Kräfte, vor allem die vollcomputerisierte Kontrolle der Bevölkerung vor.

Was Soldaten seit den Anti-Terror-Gesetzen in Nordirland als vermeintliche Provokation alle Tage vom Zaun brechen – Hausdurchsuchungen, Internierung, Observation von Wohnvierteln –, bekommt erst seinen Sinn, wenn man die Datenbänke des Army-Computers im Militärhauptquartier in den Thiepval Barracks in Lisburn genauer studiert. Mehrere Datenbänke halten miteinander kombinierbare Informationen: das Personenregister mit 750 000 Daten; der sogenannte «Häuser- und Straßenindex»; die Datenbank für Autos und eine gesonderte Abteilung für die Bewegung von Kraftfahrzeugen. Dieses nach Kitsons Ratschlägen aufgebaute «system of intelligence» gibt den Militär- und Polizeieinheiten besondere Möglichkeiten.

Die Anklagen von amnesty international, des Europäischen Gerichtshofes und der Europäischen Kommission wegen der «Übergriffe» bei der Masseninternierung und der Verhöre von Gefangenen beziehen sich in erster Linie auf die «fünf Techniken» der Tiefenbefragung. Seit der formellen Beendigung der Masseninternierung 1975 sammelt die Armee nämlich gezielt «Futter» für ihren Computer in gesondert aufgebauten Verhörzentren in Castlereagh bei Belfast und den Cough Army Barracks in Armagh.

Verhörsituationen in diesen Horrorgrotten gleichen einer «experimentellen Neurose» im pawlowschen Sinne. Mit gezielter Isolation, kontrollierter Steigerung von Streß und Müdigkeit versuchen die «Interviewer» über Tage und Nächte, die von der Straße weg Verhafteten zur Zusammenarbeit mit den Sicherheitskräften zu bewegen. Beschleunigter Wirklichkeitsverlust ist dafür eine wichtige Voraussetzung. Wer weiß, daß die «Geständnisse» dieser

Verhöre nicht nur der Anreicherung von Dateien dienen, sondern auch als Beweise vor den Sondergerichten, den «Diplock Courts», Verwendung finden, macht sich über Recht und Unrecht in Ulster nicht länger Illusionen. Politische Kontrolle hat sich in Ulster dem Charakter der sozialen Bewegung angepaßt. Es gibt mehrere Möglichkeiten, einen Fisch zu fangen: Man kann ein Netz verwenden oder eine Harpune oder gleich das Wasser vergiften. Die Sicherheitskräfte und die Unionisten gehen in Ulster letzteren Weg. Republikanischer Widerstand ist weder politisch noch militärisch zu liquidieren. Daher greifen die Sozialtechnologen der Gewalt nach seinen Wurzeln – den Menschen und ihrem Alltag. Der Computer erweist sich dabei als effektivste, weil unsichtbare Form sozialer Kontrolle.

Belfast: verschiedene Welten

Lassen sich Reisende durch diese sanfte Gewalt von einem Besuch in Nordirland abschrecken, dann verpassen sie nicht nur mit dem Süden vergleichbare landschaftliche Schönheiten: das County Fermanagh, das Killarney des Nordens; Armagh, das County der Apfelblüten und die zahlreichen historischen Museen, zum Beispiel das gigantische Ulster Folk Museum, eine ganze Ortschaft zum Studium von Architektur, Wohnkultur und alten Handwerken; oder das Armagh County Museum; ganz zu schweigen von dem noch lebendigen Industriemuseum der etablierten Whiskey-Brennerei im gleichnamigen Bushmill, nicht weit entfernt vom Giants Causeway. Ulster ist als Reiseland von Interesse. Wem Ulster persönlich unter die Haut gegangen ist,

kann außerdem die vielen quicklebendigen Irrationalitäten der irischen Gesellschaft diesseits und jenseits der Grenze besser nachempfinden: Englandhaß und Nationalismus, «Rassen»- statt Klassenspaltungen, Religiosität, die immer zugleich politisch ist.

Der Norden ist wie die Republik auf seine Metropole ausgerichtet. Fast die Hälfte der Bevölkerung lebt in Greater Belfast. So furchtbar es sich auf das Schicksal der Betroffenen auswirkt – die Stadt ist ein riesiges Industriemuseum und gleichzeitig das Ruhrgebiet Irlands. Die tragenden Industrien wie Schiffsbau, Leinen und Tabak hat der internationale Wettbewerb eingeholt. Heute läuft keine «Titanic» mehr in Belfast vom Stapel, und die weltberühmten Docks der Werft Harward + Wolff werden kaum noch gebraucht. Mit der sprunghaft wachsenden Industrie gegen Ende des 19. Jahrhunderts schießen auch die monotonen Reihensiedlungen der Arbeiter aus dem Boden. Nirgendwo in Europa gibt es größere Slums, miserablere Wohnbedingungen. Die Arbeitslosigkeit macht diese überfüllten Viertel der Katholiken an der Lower Falls Road, in Ballymurphy, Turf Logde oder Andersonstown oder die Protestantenquartiere an der Donegal Road, in Shankill oder Sandy Row zum Pulverfaß. Es explodiert häufiger: Straßenschlachten, Unruhen, wenn die Polizei wieder einmal einen Passanten erschießt. Daran wird auch eine mit EG-Mitteln finanzierte «Berliner» Mauer nichts ändern, die 1983 gebaut wird, um die Katholiken in der Falls Road von den protestantischen Nachbarn in der Shankill Road zu trennen.

Giant's Causeway – Naturwunder als Reiseziel

Belfast: Trümmer als Sicherheitsrisiko

Wer sich über die Autobahn M 1 von Dublin kommend der Stadt nähert, wird mit einem Mikrokosmos der nordirischen Verhältnisse konfrontiert. Links das protestantische Süd-Belfast und ein riesiger Industriekomplex – Fabriken, Lagerhäuser, Tankstellen. Die Autobahn trennt die verfeindeten Lager Belfasts – gegenüber liegt das katholische West-Belfast, auch mit einer eigenen großen Industrieanlage, die jedoch zur Hälfte leersteht. Weniger als 500 Leute sind dort beschäftigt. Die Innenstadt ist militärisch abgeriegelt und darf nur nach Taschen- und Körperkontrolle von Reisenden oder Bewohnern zu einem Einkaufsbummel betreten werden. Ein Gang durch die Stadt gleicht einem Wechselbad – die wunderschönen Glashäuser der sehenswerten Botanischen Gärten, das gut integrierte Universitätsviertel, dann plötzlich

Trümmergrundstücke und Bombenkrater, dahinter ein mit Union Jack beflaggtes protestantisches Viertel, dann wieder riesige Areale mit zugemauerten Häusern oder planierten Grundstücken, vereinzelt neue Sozialwohnungen. Die Stadtarchitektur gleicht einem bizarren Puzzle, nur Minuten voneinander entfernt liegen verschiedene Welten – Belfast ist eine Stadt, die beinahe nur aus Ghettos besteht, armen und reichen. Spätestens im militärisch observierten und wirtschaftlich heruntergekommenen Belfast mögen sich Besucher fragen, was aus (Nord-)Irland werden soll. Das Ende des ökonomischen Niedergangs in Ulster ist nicht in Sicht. Die IRA kann ihren Krieg gegen die Briten militärisch nicht gewinnen. Ihr Guerillakrieg ist schon lange nicht mehr mit dem Widerstand der Bevölkerung identisch. Wie soll ein besseres Ulster ohne

241

Am Donnerstag, dem 10. November 1978, kamen morgens um 3.45 Uhr die Royal Ulster Constabulary und britische Soldaten in unser Haus. Sie traten beinahe die Tür ein, und als mein Papi aufmachte, sagten sie, sie müßten das Haus durchsuchen. Mein Papi sagte: «Nicht schon wieder» – weil sie doch am Dienstag schon dagewesen waren. Sie fragten, wer im Haus sei, und Papi sagte, meine Mami und mein Bruder und ich. Sie sagten: «Hol sie alle aus dem Bett.» Papi ging die Treppe hoch, und einer rannte vor ihm her, der andere stieß ihn zur Seite und kam in mein Schlafzimmer und zog mich aus dem Bett. Ich hatte große Angst und fing an zu weinen. Sie zogen mich die Treppe runter.

Sie drehten mir den Arm auf den Rücken und warfen mich so in den Saracen, daß ich mit dem Kopf gegen die Wand schlug. Ich weinte, und Mami sagte: ‹Werd nicht hysterisch›, doch ich konnte nicht anders. Sie sagten, sie würden mich nach Castlereagh bringen. Sie zerrissen meinen Mantel, als sie an mir zogen. Mein Papi sagte: ‹Ist das nicht ein Irrtum, meine Tochter ist erst 13.› Sie sagten: ‹Das macht nichts, wir nehmen sie trotzdem mit.› Ich schrie, und einer der Polizisten sagte: ‹Laß ihre Mami mit ihr gehen.› So ließen sie Mami mitkommen.

Aus «Belagert, eingesperrt und nicht mehr aufzuhalten. Republikanische Frauen in Nord-Irland». Herausgegeben von Nell McCafferty, 1982

Protestantische «community» im britischen Festkleid

die englischen Besatzer aussehen? Könnte der Abzug der Besatzungstruppen nicht auch Bürgerkrieg bedeuten, Libanon in Nordirland? Es scheint keine Lösungsmöglichkeit zu geben, die den Problemen gewachsen sind.

Dublin –
Changing faces

Es ist Abend, beinahe Sonnenuntergang. Von Westen kommend schiebt sich eine lange Blechkarawane vorbei an den häßlichen Satelliten Tallaght und Clondalkin zurück nach «dirty old Dublin». Schon von weitem sieht man die bleischwere Dunstglocke über der Stadt hängen. Spätestens die neue mehrspurige Autobahn zwischen Naas und der City, die Geschäftsreisenden die Fahrzeiten von und nach Cork verkürzen soll, könnte vergessen machen, daß man in Irland ist. Denn Dublin ist nicht Irland und Irland nicht Dublin.

Da fordern Bürgerinitiativen, der Automobilmachung ein Ende zu setzen. Mütter belagern mit ihren Kindern die Durchfahrstraßen ihrer Quartiere, weil seit einigen Tagen Lkws und Pendlerautos die Spielplätze der Kinder als Parkraum zweckentfremden. Gleichgültig, ob Reisende mit dem Fährschiff über England in Dun Laoghaire (sprich: Dan Lieri) ankommen, von Süden her über den Fährhafen Rosslare einreisen oder sich mit dem Bus oder der Bahn mitten ins Zentrum bringen lassen, sie werden sich erst mit einem festen Quartier in Dublin wohl fühlen. Die Campingplätze liegen weit außerhalb, die Hotels sind teuer und die Strände schmutzig und unsicher.

Eigentlich bleibt nur ein «bed and breakfast». Man ist gut beraten, sich ein solches Zimmer mit Frühstück außerhalb der City zu suchen, Richtung Clontarf und Dollymount. Dort sind die Preise niedriger als in unmittelbarer Nähe der Connolly Station und der Central Bus Station. Das beste ist, bei der Ankunft im Tourist Office auf der O'Connell Street nachzufragen. Auf jeden Fall macht es Spaß, zwischen der pulsierenden «Inner City» und Dublins attraktivem Umland zu pendeln – mit dem Bus natürlich, der zwar teuer ist, aber vom ersten Stock einen guten Überblick über die Stadt erlaubt. Dublin ist um eine große Meeresbucht gebaut. Vom Stadtzentrum bis zum weiten Sandstrand Sandymount oder zum Schickeria-Ort Dun Laoghaire sind es nur wenige Busminuten. Jeder Stadtteil am Wasser hat eine eigene bed and breakfast-Kultur.

Kommerzieller Brennpunkt

Da die britischen Besatzer die industrielle Revolution im benachbarten England und in Belfast stattfinden ließen und Dublin auch die Bomben des Zweiten Weltkrieges auf Grund der militärischen Neutralität des Landes überlebt, verfügt die Inner City über geschichtsträchtige Bauten, Viertel und Läden, Gassen und Straßen, Märkte und Quais. Ob Dublin die unausweichlichen Folgen einer zentralisierten Industrialisierung heil überstehen kann, scheint äußerst zweifelhaft.

Heute leben schon mehr als eine Million Menschen in Dublin, beinahe ein Drittel der gesamten irischen Bevölkerung. Bevölkerungs- und Industrieballung bringen für die Stadtplanung unlösbare Probleme mit sich.

«Bewleys Cafe ist geblieben, was es war»

Dublins Inner City mit ihren Büro- und Verwaltungszentren ist der größte «Arbeitgeber» im County Dublin. Arbeiter und Angestellte wohnen in den polypenartig wachsenden Suburbs. Das ausschließlich am Pkw orientierte Verkehrssystem für Pendler und Güter steht vor dem Zusammenbruch. Das historische Zentrum Dublins ist gleichzeitig kommerzieller Brennpunkt. Straßen, Häuser und historische Gebäude sind von Verkehrsplanung und Grundstücksspekulation bedroht. Ein historisches Stadtbild soll einer funktionalen Infrastruktur weichen. Wichtige Kleinindustrien im Bereich der Inner City, wie die den Hafen versorgenden Handwerks- und Gewerbebetriebe, haben technologischem und ökonomischem Wettbewerb nicht standgehalten oder sind in die Vororte mit billigem Bauland abgewandert. Mit den Arbeitsplätzen gehen gezwungenermaßen auch die Menschen, die seit Generationen hier leben. Es bleiben die zurück, die nicht mehr können. Die Alten, die sich nicht mehr in charakterlose Vororte verpflanzen lassen, oder die Armen und Arbeitslosen, die kein Geld für eine moderne Vorstadtwohnung mit den hohen Pendlerkosten haben, müssen weiter in der Inner City ausharren. Architektonisch wie sozio-demographisch stirbt Dublin. In den siebziger Jahren entscheiden die Stadtplaner, die Stadt nach Westen zu erweitern. Der Flughafen im Norden und die Berge im Süden lassen für neue Trabanten keinen Raum. Wo noch vor 20 Jahren der Geruch von Schweinen und Kuhmist in der Luft liegt, reihen sich heute Vorstädte vom Reißbrett aneinander.

Blanchardstown, Ceondalkin, Tal-

«Die Verteidigung der City ist romantischer Unsinn»

laght: das Geld für Wasserversorgung und Kanalisation hat den Stadtplanern nicht gereicht. Bis heute warten die Bewohner vergeblich auf Einkaufs- und Freizeitmöglichkeiten.

Kinder überall – zwischen zurückgelassenem Bauschutt und Stichstraßen nach nirgendwo spielen sie Fußball, tollen mit den Hurling-Schlägern herum oder fahren gestohlene Autos zu Schrott. Die «Tallaght Welfare Society» hat alle Hände voll zu tun. Zerrüttete Ehen, wachsende Kriminalität, Alkoholismus sind allgegenwärtig. Wenn sich die Bevölkerung bis 1990 verdreifacht haben wird, reichen hastig gebaute Kinos und Pubs nicht länger zur Befriedung der arbeitslosen Massen.

Dublins Bürgermeister Michael Keating hält die Verteidigung der Innenstadtquartiere, mit denen die heutigen Vorstadtbewohner verwurzelt waren, für «einen Haufen romantischen Unsinns». «Orte wie Tallaght sind stigmatisiert. Ich glaube nicht, daß sie so schlecht sind, wenistens die Luft ist gut für die Kinder, und es gibt Platz für sie. Die Inner City entspricht schon lange nicht mehr den vergilbten Fotos von gemütlichen Pubs und Arkaden. Die Leute vergessen den Uringestank in den Häusern, den Inzest, die Männer, die ihre Frauen verprügeln, die überfüllten Quartiere.»

Doors of Dublin – zugemauert

Im noblen Bereich der Stadt, in der Umgebung von Fitzwilliam Square, Stephens Green, Merrion Square ist es sauber und fein. Mit dem Dublin der «English and Irish Gentry», den «Doors of Dublin», werben die Agenten des Fremdenverkehrs als touristischem Aushängeschild. Die georgianischen Häuser, schlichte Backsteinbauten mit reich verzierten Stuckdecken und ausladenden Treppenhäusern, sind heute den Banken, Versicherungsgesellschaften und Werbeagenturen überlassen, die geschmackvolle Räume profitabel umgestalten.

Nicht weit von dort ist die Entwicklung ungehindert verlaufen – Henrietta Street, die älteste georgianische Straße Dublins, ist ein besonderes Beispiel für öffentliche Vernachlässigung und privaten Vandalismus. Vor 250 Jahren entstanden hier die schönsten Klinkergebäude der Stadt. Die ehemalige architektonische Perle verwandelte sich jedoch in einen Slum. Noch vor wenigen Jahren wählte das staatliche Fernsehen RTE den Straßenzug als authentischen Drehort für die «historische» Klassenkampfgeschichte der großen Dockerstreiks und Aussperrungen um die Jahrhundertwende – «Strumpet City». Heute schon müßten sich die Regisseure nach künstlichen Fassaden umsehen. Obwohl das Gebiet im Stadtentwicklungsplan als «Conservation Area» ausgewiesen ist, halten sich die Baulöwen nicht an die Auflagen. Moderne Büros ersetzen historische Fassaden. Die Denkmalschützer haben gegen die Spekulationslobby und eine total überlastete Stadtverwaltung wenig Chancen. Stuckdecken weichen Neonbeleuchtung, Einbauschränke ersetzen Wandvertäfelung. Besucher, die im «financial district» herumschlendern, finden einen bis zur Unkenntlichkeit entstellten Stadtkern. In der Nassau Street, St. Stephens Green, der Earlsford Terrace und der Lower Mount Street ist die Zerstörung so einschneidend, daß Bewohner schon nicht mehr erinnern, was hier zuvor einmal gestanden haben mag.

Ausgangspunkt zu einem Gang durch die georgianischen Viertel könnte das Stephens Green sein. Um die Ecke von Harcourt Street und Grafton Street, im Zentrum Dublins «kontinentaler» City, liegt eine grüne Oase, die sich besonders zur Mittagszeit oder nach Geschäftsschluß für eine eindrucksvolle Erholungspause eignet. Bei trockenem Wetter strömen dort die elegant gekleideten Angestellten der Bankfilialen und die Besucher des exklusiven Shelbourne Hotels am Platze, zu einem Verdauungsspaziergang zusammen. Die Freaks treffen sich beim Open Air Concert und die intellektuellen Studenten des Trinity College zur Lektüre. Man trifft dort die vielen Obdachlosen, die ein wenig Wärme auf einer Parkbank suchen müssen, die zurückgebliebenen Alten aus den sanierten angestammten Wohngebieten. Obwohl die Aufseher über Sitten und Sauberkeit wachen, dämmern und schmusen auf dem Rasen verliebte Paare. Stephens Green – ein Ort zum Ausruhen vom Verkehrslärm, und den Sehenswürdigkeiten wie der National Library, dem National Historical Museum oder dem Parlament in der Kildare Street nur wenige Fußminuten entfernt.

Spätestens im «commercial district» südlich des Liffey wird spürbar, daß Dublin nur schön ist, wenn man Geld hat. Die Grafton Street mit den «most elegant stores of Ireland» lädt zum «window-shopping», aber wirklich nicht zum Kaufen ein. Arbeitslose Männer stehen den ganzen Tag lang als lebende Hinweistafeln herum und weisen den Kauflustigen und Touristen den rechten Weg zur nächsten Boutique. Die

Dublin Inner City: geldschwere Ausstattung

einzigartige Atmosphäre der Grafton Street lockt die Schickeria zum Frühlingseinkauf und zur Präsentation der Sommermode. Gegen Penner und Hippies, die in der attraktiven Fußgängerzone lagern, macht im Sommer 1983 die Stadtverwaltung mobil, um die Straße zu säubern. Alles, was nicht nach Geld aussieht, hat dort nichts mehr verloren. Straßenmusiker bekommen Bußgeldbescheide, und Bettler gehen ins Asyl. Für die wieselflinken Taschendiebe von der anderen Seite des Liffey hat das Gelände jedoch nur wenig an Attraktivität verloren. Reisende sollten auf geldschwere Ausstattung in Dublins Inner City möglichst verzichten und das Auto bewacht abstellen.

Die Inner City – eine große Boutique

Das Powerscourt House in der South William Street symbolisiert den Entwicklungstrend der Innenstadt zur großen Boutique. Die Architekten haben einen mächtigen Innenhof, in dem historische Backsteinbauten stehen, mit einer leichten Glasdachkonstruktion abgedeckt und ihn wie die anliegenden Gebäude zu einer Ladenstadt umgebaut, die Cafés, kleine Kunsthandwerksbetriebe, Naturkostrestaurants und Lädchen mit Klamotten von Punk bis elegant beherbergt.

In der Inner City erlebt man ein synthetisches Ambiente mit Szenen, die aus einem kulturkritischen Film stammen könnten: Der reiche, kaum bezahlbare Glitter im Powerscourt House und auf der Gasse in der Nähe der Grafton Street eine alte Frau, die in einer großen Pappkiste lebt, in der sie vor Wind und Wetter in Deckung geht. Die einst homogenen und gemischten Wohn- und Ge-

schäftsviertel Dublins sind in Ghettos aufgespalten. Die Wohlhabenden, die außerhalb in Blackrock oder Dun Laoghaire oder Ballsbrigde wohnen, schaffen sich mit der Innenstadt ihr urbanes Terrain.

Diese Entmischung der Stadt hat Bewley's Café in der Grafton Street noch nicht erreicht. In den wunderschönen Caféräumen mit Samtsofas und Séparées, Marmortischen und bunten Fenstern kommt zum Lunch oder zum «Teabreak» im Kaufgewühl alles zusammen. Ein vom strömenden Regen durchnäßter Penner läßt sich bei einer Tasse Tee trocknen, die Angestellten aus den Filialen dösen auf der Couch, Hausfrauen mit Sack und Pack und Arbeitslose, die ein warmes Plätzchen suchen, sitzen an den Tischen. Mit und ohne Tageszeitung, im Winter beim offenen Kaminfeuer, kann man hier Stunden bei Gebäck und Kuchen, einem billigen Mittagstisch oder einem «tea for two» verbringen, ohne daß es langweilig wird. Bewley's ist ein Ort, der von ganz Dublin geliebt wird. Als im Frühjahr 1983 die weißbeschürzten Kellnerinnen einer Selbstbedienungstheke weichen sollen, geht ein Aufschrei durch die Medien. Eine ältere Frau an einem der Tische übertreibt schwärmerisch: «Dublin hat sich geändert, aber Bewley's ist geblieben, was es war.» Das Kaffee- und Lebensmittelunternehmen ist vor Jahren aus Privatbesitz in eine Kooperative der Beschäftigten übergegangen. In den Betriebsstatuten heißt es, man will «das Gemeinschaftsleben fördern, statt auf eigene Rechnung oder vom Gelde anderer zu leben.» Victor Bewley ist außerdem ein engagierter Interessenvertreter der sozialen «underdogs» der Tinker.

Der River Liffey mit seinen Quais

Denkmalschützer gegen Spekulationslobby

ist zweifellos das «Markenzeichen» Dublins. Eine Wasserader, gesäumt von historischen Bauten und Fassaden, durchzieht die Stadt und prägt ihr Erscheinungsbild. Nicht mehr lange – riesige Straßenbauprojekte sollen die engen Uferstraßen für den Schwerverkehr, der sich heute schon dort entlangquält, gefügiger machen. Die verfallenen Häuser und Trümmergrundstücke warten auf die Abrißkolonnen. Damit es zukünftig reibungsloser geht, werden in den nächsten zehn Jahren Ormond Quay und Bachelors Walk vierspurig ausgebaut.

Baugesellschaften und Grundstücksmakler reißen sich seit Jahrzehnten die vielen kleinen Grundstücke und alten Quaigebäude unter den Nagel. Wo Bauland knapp ist, gehen nicht nur die Grundstückspreise, sondern auch die Bauprojekte in die Höhe. Direkt gegenüber dem Custom House ist ein riesiges Bürozentrum der Irish Life-Versicherung in Planung. Ein 17stöckiger Büroturm, mehrere sechsstöckige Seitengebäude und ein Parkhochhaus sollen dort entstehen. Im verdreckten Liffey werden sich bald nicht mehr malerische Häuserfronten oder die untergehende Sonne spiegeln.

Was für ein Theater ...

Der frisch gekürte Theaterdirektor Michael Scott beginnt mit seinen beiden Kollegen, verantwortlich für Musik und die Galerie, eine neue, professionelle Ära im mittlerweile zwölf Jahre alten und kulturell avancierten Alternativzentrum «Projects Arts Centre». Ein eigenes Ensemble soll modernes europäisches Theater in die kulturelle Provinz Dublin holen. Denn beim renommierten Abbey Theatre haben Autoren wie

Achternbusch oder Botho Strauß keine Chance.

«Wenn wir Platz haben, stellen wir unser Theater politischen Amateurgruppen zur Verfügung. Und wenn wir erst einmal den Zuschauerraum auf 300 Plätze erweitert haben, lassen die höheren Einnahmen eine bessere Ausnutzung unserer Räume zu. Denn es gibt eine große Nachfrage nach Spielmöglichkeiten in Dublin. Und wir geben gern denjenigen Gruppen eine Chance, die Theater als ein eigenes Medium begreifen. Es existiert eine große Amateurtheaterbewegung in Dublin und in Irland. Die meisten spielen allerdings alte populäre und kommerzielle Stücke. 200 bis 300 Gruppen finden sich allein in Dublin. Wir treffen jedoch die Auswahl nach unseren professionellen Standards. Sexkomödien oder ‹My Fair Lady› haben bei uns nichts zu suchen. Wenn aber die Leute das Theater als eine lebendige Kraft gebrauchen wollen, unterstützen wir sie gern.»

Seit sieben Jahren kann sich das Projects Arts Centre der jährlichen Subventionen der Regierung sicher sein. Das alternative und experimentelle Theater ist keine Bühne. Ein großer Raum verändert sich mit den jeweiligen Stücken und Inszenierungen, die Zuschauer sind Bestandteil des Spiels.

«Wenn ein Stück als Ort der Handlung einen Wald hat, dann bringen wir Bäume und Sträucher in unser Theater; und bei dem letzten Stück eines irischen Autoren, das in der Wüste spielte, haben wir den Spiel- und Zuschauerraum in eine Sandlandschaft verwandelt. Visuelles Theater wollen wir machen, das emotional und persönlich unter die Haut geht, eine Alternative zum irischen ‹Theater der Worte›. Theater als wirkliche Erfahrung, das ist die

Alternative zu den großen Bühnen. Daher sind die Elemente unserer ganz neuen Theaterpolitik vor allem die Schauspieler selbst. Die Mischung von Sängern, Mimen, Tänzern und sogar Karate-Sportlern macht unser Theater aufregend.»

Das Arts Centre ist mehr als eine Spielstätte für aufregendes Theater. Das Foyer beherbergt eine große Galerie, in der Kunstausstellungen stattfinden. Einen Teil der Subventionen gibt das Arts Centre direkt an die Künstler weiter, damit sie sich eine gut vorbereitete Ausstellung leisten können. Und jeden Samstag sollen zukünftig Musikveranstaltungen und Workshops jenen Musikern eine Chance geben, die beim «mainstream»-Rock-Pop und Folk auf der Strecke bleiben.

Was vor Jahren als Selbsthilfeprojekt von Malern auf der Suche nach Werk- und Ausstellungsräumen begann, ist mittlerweile zu einem respektablen alternativen Kulturzentrum herangewachsen. Die Regierungsgelder fließen bisher ohne politische Auflagen, und doch sieht Michael Scott bei aller professionellen Zuversicht Gefahren: «Eigentlich wollen wir gar keine Alternative sein. Aber wir müssen. Auf dem Kontinent versuchen sich selbst die großen Häuser an neuen Theaterformen. Das schafft ein anderes Klima, vor allem sind alle gezwungen, neue Ideen zu entwickeln. In Irland ist das anders. Wir müssen erst mal eine etablierte Alternative schaffen, bevor wir darüber hinaus denken können. Vielleicht sind wir in fünf Jahren eine off-Dublin Institution, und off-off-Theatergruppen können entstehen. Das würde das kulturelle Leben erst wirklich lebendig machen. Aber solange wir noch die einzige Alternative sind . . .»

Backsteinrot und Pflastergrau – Die Liberties

Schon im «Centre» steigen sie einem in die Nase, die herb-süßlichen Gerüche von gärender Maische. Guiness ist nicht weit. In unmittelbarer Nachbarschaft der Brauerei liegt Dublins ältestes Kleine-Leute-Quartier – die Liberties. Die Verlängerung von Werburgh Street und Bride Street führt in das Herz des traditionsreichen Viertels. «Es ist das Gegenstück zu den noblen Adressen um Merrion und Fitzwilliam Square. Hier gibt es kein georgianisches Weiß und Grün, sondern Backsteinrot und Pflastergrau. Vor der Kneipe ist ein Pferd angebunden, und auf dem Pritschenwagen sitzt ein schwarzer Hund, der aufpaßt, daß nichts wegkommt. Je nachdem wie der Wind steht, riecht es nach Knochenmehl aus der nahen Abdeckerei oder nach warmen Plätzchen aus der Jacobs Biscuit Factory. Allgegenwärtig aber ist der Guiness-Duft nach geröstetem Malz. Die Liberties waren durch die Jahrhunderte Arbeiterviertel und Fisch-im-Wasser-Element für Rebellen. In der Patrick Street hatte Robert Emmet sein Waffendepot, in der Thomas Street traf sich Lord Fitzgerald mit seinen United Irishmen. Um die Ecke gründete James Counolly die Sozialistische Partei. Und Wolf Tone wurde nach seinem Selbstmord in einem Haus in der High Street aufgebahrt.» (Elsemarie Maletzke) Von der die Liberties dominierenden St. Patricks Cathedral und dem Dublin Castle, dem jahrhundertealten Regierungssitz der englischen Besatzer, ist es nicht weit zum Guiness County am Victoria Quay.

«Ist Irland nüchtern, ist Irland steif.» Steifheit, Traurigkeit, Warten

Am verdreckten Liffey stehen bald die Hochhäuser

und Langeweile – es gibt eigentlich keine Sorge und keine Bedrängnis, die Iren nicht im Alkohol ertränken. Guinness, der schwarz-herbe samtige Saft mit dem feinen weißen Kragen, rangiert seit über 200 Jahren als Volksdroge an erster Stelle. Ein «Pint» – man braucht gar nicht mehr den Namen zu sagen, um das reichlich volle Halbliter-Glas zu bekommen. Das dunkle Starkbier ist Grundnahrungsmittel.

Die Brauerei am St. James Gate in Dublin pumpt jeden Tag eine Million Pints des Lebenssaftes per Faß oder Flasche ins Land, in die Mägen und die Sinne seiner Bewohner. Die größte Brauerei Europas, seit 225 Jahren im Besitz des großen anglo-irischen Clans gleichen Namens, ist schon lange nicht mehr exklusiv irisch. 16 Tochterbrauereien versorgen die ganze Welt.

Nicht länger mehr verläßt das Bier in Holzfässern mit Booten auf dem «schwarzen» Liffey Irlands Metropole. In Schiffen und Lastzügen, die ebensogut Öl transportieren könnten, wird der schwere Saft in jeden Winkel der Insel gebracht. Der Grand Canal (s. Kap. «Von Dublin nach Shannon») hat seine Schuldigkeit getan. Nach seiner Eröffnung 1798 ist er die Lebensader zwischen Dublin und der Westküste. Das erste Schiff, das den Kanal befuhr, transportierte natürlich Guinness – genauso wie das letzte, das 1961 verkehrte. Die Faßbinder und die Kutscher der Bierwagen sind heute arbeitslos, bei Guinness geht es hochtechnologisch zu. Alu-Fässer rollen auf Förderbändern, Pipelines versorgen die verschiedenen Braustationen. Dublin stellt verschiedenes Gebräu je nach Sitten und Gewohnheiten der Empfängerländer her. Deutschland bekommt mit 12,5

Prozent den zweitstärksten Stoff, der härteste geht nach Guinea in Afrika. 40 Prozent der Dubliner Produktion wird exportiert.

Schon Leopold Bloom in James Joyces «Ulysses» wollte die Brauerei von innen sehen. Er sinnierte: «Wäre doch interessant, mal die Brauerei zu besichtigen. Eine eigene Welt. Fässer voller Porter, wunderbar. Da sind auch Ratten drin. Saufen sich voll, bis sie wie Wasserleichen aussehen. Und so was trinkt man nun. Das muß man sich mal vorstellen. Rotz, Kotz. Na ja, wenn wir alles wüßten.»

Guinness in Hochglanz

Im modernen, für Besucher offenen Visitor's Centre ist von Geheimnissen wenig zu erfahren. Dort produziert das erfolgreiche irische Unternehmen Hochglanz-Public Relation mit Dia-Show und Gratis-Pints, Guinness T-Shirts und Werbebroschüren. Von Ratten weit und breit keine Spur. Höhepunkt des Besuches kann die Besteigung des alten Brauhauses sein, des höchsten Gebäudes von Dublin, höher sogar als die berühmten Dubliner Gotteshäuser. Obwohl das multinationale Bier-Unternehmen seinen Hauptsitz in England hat, tun sich die Marketingstrategen auf der großen Nachbarinsel schwerer. Aber das Belieferungssystem der Pubs bereitet auch in Irland dem Konzern erhebliches Kopfzerbrechen. Daß 1982 sogar Rationalisierungen und Entlassungen fällig waren, wurde mit roten Zahlen begründet. Es fällt schwer, den steinreichen Guinness-Leuten zu glauben. Die Familie, an Macht und Reichtum nur mit den Rothschilds vergleichbar, hat seit Jahrzehnten «diversifiziert». In Harp, dem iri-

Der Winter war in dieser Stadt immer die schlimmste Jahreszeit. Die großen Häuser waren zugig und schwer zu heizen. Morgens, zur Frühstückszeit, durchsuchten die Armen sorgfältig die Aschkübel der Wohlhabenden nach halbverbrannten Kohlen; sie trugen Säcke und Eimer bei sich, damit soviel Brennstoff wie möglich gerettet werden konnte. Die Mülleimerkinder waren mager und sehnig und gingen meist barfuß. Sie lebten von dem, was andere nicht mehr brauchten. Jeden Morgen kamen sie aus den mit Menschen vollgestopften Räumen einstmals eleganter klassizistischer Häuser, die alt geworden und von den Reichen aufgegeben worden waren. Die Sachen, die sie trugen, waren von ihren Eltern abgelegt worden, die sie ihrerseits schon als getragene Kleider bei den Altwarenhändlern in der Little May Street und der Winetavern Street gekauft hatten. Hätten die Wohlhabenden nur für eine kleine Weile aufgehört, aufzugeben und wegzuwerfen, was sie nicht mehr haben wollten, so wären diese Kinder obdachlos und nackt der Kälte ausgesetzt gewesen. Aber niemand dachte wirklich darüber nach. Es war nun einmal so.

Aus «Manche, sagt man, sind verdammt» von James Plunkett. Rowohlt Taschenbuch Verlag, Reinbek 1980

schen hellen Bier, in Autos, Wurst- und Fleischwaren, in Blumenzucht und Finanztransaktionen, in Pharmazeutika und Bootsferien auf dem Shannon. Die Guinness' besitzen Grundstücke und Paläste, Höfe und Jagdreviere auf allen Kontinenten. Angaben über ihren Reichtum fehlen im «Guinness Book of Records». Dieses Buch, ein großartiger Werbegag, ist inzwischen in 23 Sprachen übersetzt. Mit 42 Millionen verkaufen Exemplaren wird es nur von der Bibel überboten.

Wenn die Wände sprechen könnten

Beeindruckend ist ein Besuch an jenem geschichtsträchtigen Ort, über den Sean O' Casey in seiner Autobiographie schrieb:

«Johnny schlich sich an ein Fenster und blickte hinaus: Da waren sie, eine ganze Schar, die einen mit Tragen, auf denen sie Steine herbeischleppten, die anderen mit Schubkarren, die die Steine wegfuhren, und wieder andere mit großen Hämmern, mit denen sie große Steine in kleine Stücke zerschlugen ... Finstere, böse Gesichter hatten sie alle, dachte Johnny.

Der Wärter, Toms Freund, blieb vor einer Zellentür in einem ruhigeren Teil des Gefängnisses stehen. Er öffnete sie, trat einen Schritt zurück und blieb ein paar Augenblicke stumm stehen; dann beugte er sich vor und sagte fast flüsternd: ‹Meine Herren, die Zelle der zum Tode Verurteilten›. Onkel Tom nahm seinen Hut ab, und als Johnny das sah, tat er desgleichen, und beide traten ein paar Schritte in die stille, verfluchte Zelle: Etwas weniger als eine Zelle, fast schon ein Zimmer – ein verschwiegener Stuhl, ein verschwie-

gener Tisch, kaum größer als der Stuhl, ein kalter Kamin, ein kalter Herd. ‹Wenn die Wände sprechen könnten›, murmelte Onkel Tom, blickte um sich und nickte weise ...

Johnny sah wieder nach den Knüppeln, die an den Haken hingen; wie kleine vertrocknete Tote sahen die Knüppel aus, mit denen böse Menschen geschlagen werden. Es mußte viele böse Menschen in Irland geben, denn Ma hatte ihm erzählt, Pa habe gesagt, die Polizei würde nie müde, die Leute zu schlagen. Es war die einzige Art und Weise, auf die Gott Irland segnete, denn Gott geht geheimnisvolle Wege, um seine Wunder zu vollbringen.»

Die Geschichte des Kilmainham-Gefängnisses beginnt mit den ersten politischen Gefangenen, die 1796 in seinen Kerkern schmachteten. Bis 1924 haben in steinernen Gruften unzählige Patrioten Strafen abgesessen oder auf ihren Tod gewartet. Der gesamte irische Widerstand ist mit diesem Gefängnis verbunden: die United Irishmen, die Young Irelanders, die Fenier, die Invincibles, die Männer und Frauen des Osteraufstandes 1916, die Soldaten des Unabhängigkeitskrieges und des Civil War.

1960 haben Freiwillige dieses Gefängnis wieder instand gesetzt und in ein politisch-historisches Museum verwandelt, das 1966 von Präsident de Valera persönlich eröffnet wird.

Da man das Gefängnis sonntags zwischen 15 und 17 Uhr besichtigen kann, empfiehlt es sich, vorher ein wenig durch den riesigen Phoenix Park zu radeln, wo man um die Mittagszeit Erstaunliches erleben kann.

Sie fahren vor, im chromblitzenden Mercedes-Cabrio, im BMW oder im ledergepolsterten Jaguar.

Stadtsanierung: die Alten bleiben zurück

Ihren zurechtgemachten Ehefrauen ist die Eleganz der Grafton Street, Dublins Einkaufsparadies für Leute mit Geld, anzusehen. Ein Duft von Chanel und Dior liegt über der großen Rasenfläche. Die Männer tragen enge Reithosen und glänzende Schaftstiefel. Das Gesinde bringt die edlen Pferde. Stalljungen zäumen sie auf, wickeln ihre Fesseln mit farbigen Bändern und flechten die Schweife zu kunstvollen Zöpfen. Zaumzeug, Ausrüstung, Wassereimer. Jeden Sonntagnachmittag im Frühling und Sommer lockt die exklusive Atmosphäre eines Polospiels zahlreiche Zaungäste in den Phoenix Park. Man picknickt am Spielfeldrand, lauscht im Autoradio den Sportnachrichten und schaut gleichzeitig den Herren zu, wie sie hoch zu Roß mit Holzkeulen einen kleinen Ball über den Rasen treiben und ihn zwischen die Pfosten der Tore zu plazieren versuchen. Alle zehn Minuten werden die Pferde gewechselt. Die schweißüberströmten Tiere kommen in die Obhut des zuständigen Personals. Für die, die sich nur einen Drahtesel leisten können, wird gleich nebenan Polo auf dem Fahrrad gespielt. Es sind diese Kontraste, die den größten Stadtpark Europas mit einer Grundfläche von 800 Hektar zu einem Mikrokosmos der irischen Gesellschaft werden lassen.

An sportlicher Betätigung ist im Phoenix Park beinahe alles möglich. Der «Jogging-Infekt» ist zur Massenseuche geworden, Kricketspieler bereiten das nächste Festspiel gegen die englischen Konkurrenten vor, Betriebsmannschaften spielen Fußball oder Hurling, Golfspieler üben den Abschlag.

Familien sieht man beim Picknick, sie stehen Schlange an der Kasse des

Phoenix Park – ein Duft von Chanel und Dior

großen sehenswerten Zoologischen Gartens, Väter lesen die Sonntagszeitung und Frauen schieben Kinderwagen.

Die Straßen, die das Parkgelände durchschneiden, stehen voller Autos. Auf Wiesen oder unter Bäumen geparkt, dienen sie als unverzichtbare Versorgungsbasis für den Familienausflug.

Auch an Hunden mangelt es nicht – Windhunde laufen sich warm, Pinscher und Promenadenmischungen wieseln hinter ihren graugeschminkten Damen her, zwei Irischen Settern scheint der Auslauf dieses riesigen Areals nicht zu genügen. Und selbst die Kirche ist vertreten – ein mächtiges Kreuz erinnert an den Gottesdienst des Heiligen Vaters, der im Sommer 1979 fast ein Drittel der irischen Bevölkerung in den Dubliner Park zieht. Auf der Wiese grasen heute Kühe.

Phoenix Park – ein Ort, um sich auszulüften und auszuruhen.

Wo sonst in Europa können freilaufende Hirsch- und Rehrudel, die Herren des Polo Clubs, Liebespaare und amerikanische Diplomaten in ihrer Botschaft, Fahrradfahrer und Hundebesitzer, Kühe und Familienhorden und der Präsident Irlands höchstpersönlich so ungestört nebeneinander leben wie hier?

Die Bagger kommen

Die arme, häßliche und gewalttätige Seite Dublins liegt im Norden, nicht weit entfernt von der O'Connell Street und dem Parnell Square.

Die Stadtstruktur der North Inner City ist jedoch nach wie vor geprägt von ihrer Blüte während des 18. Jahrhunderts. Die georgianischen Häuser, die engen Straßen und schönen Backsteingebäude sind

Arbeitslose: lebendige Hinweisschilder

nicht höher als vier Stockwerke. Mountjoy Square, Summerhill, Gardiner Street geben ein getreues Bild von Dublin im Jahre 1983. Der Verfall des einst schönsten georgianischen Platzes beginnt mit der Entscheidung des Duke of Leinster in der 2. Hälfte des 19. Jahrhunderts, sich vor den hereinströmenden Arbeitslosen und Proleten in Sicherheit zu bringen und seinen Wohnsitz in die Südstadt jenseits des Liffey zu verlegen. Die Erosion der Gebäude setzt sich fort, als die mittellosen Familien der Landflüchtigen sie übernehmen müssen. Wenn nicht, wie auf der Gardiner Street, Kahlschlagsanierung für Sozialwohnungsbunker Platz geschaffen hat, rotten die Gebäude im Spekulationsbesitz vor sich hin. Es gibt Viertel in der North Inner City, wo die Straßenzüge wie nach einem Bombenangriff aussehen. An der Häßlichkeit läßt sich gut verdienen. Dublin Corporation, die Stadtverwaltung, ist gegen die Baulöwen machtlos. Eine erwogene Steuer auf verfallene Häuser oder Grundstücke im Privatbesitz kann die Spekulanten noch lange nicht bewegen, den Grund und Boden stadtplanerisch sinnvoll zu nutzen.

1982 spielen die überlasteten Planer der Stadtverwaltung nicht mehr mit. Sie «streiken» gegen personelle Unterbesetzung und gegen die Verirrungen im Paragraphenwald – es befinden sich zu diesem Zeitpunkt 3842 verschiedene Bauvorschriften in Kraft. Die Verwaltungsinspektoren geben öffentlich zu, die Kontrolle über Dublins Gebäude schon lange verloren zu haben. Reisende spüren das Planungskoma auch ohne Kenntnis der Materie: Verstopfte Straßen, Ruinen, Rohbauten, Straßenbauarbeiten, Bauzäune. Vor dem Grüngürtel machen die Immobilienhändler ebensowenig Halt wie die Verkehrsplaner vor den wunderschönen, dorfähnlichen Stadtvierteln am Grand Canal. Autos statt Menschen, so lautet die Devise.

Armut und Wohnprobleme sind in Dublin so alt wie die Stadt selbst. Als nach der Hungersnot die Stadt vor Obdachlosen und Landflüchtigen aus den Nähten platzt, entschließt man sich zum Slumwohnungsbau. 1879 leben in 10 000 Wohnhäusern der Inner City etwa 117 000 Mieter, das sind 45 Prozent der damaligen Bevölkerung Dublins. 30 000 Personen leben in Räumen, die als menschliche Unterkünfte gänzlich ungeeignet sind. Im Gebiet O'Connell Street, Rutland Street und Mountjoy Square hausen um die Jahrhundertwende noch etwa 100 000 Menschen in Elendsquartieren. Aber auch heute gehört es zur Realität Dublins, daß nur zehn Minuten zu Fuß vom Schickeria-Stadtzentrum entfernt Menschen in Verhältnissen leben, die denen der South Bronx in New York sehr nahe kommen. 30 Prozent der Bevölkerung der Inner City leben in «overcrowded», in überbelegten Wohnungen. Je größer die Familie, desto kleiner die Wohnung in Dublin. Wenn sie nicht in den neuen Sozialbunkern unterkommen, dann leben sie in uralten Häusern, von denen 70 Prozent in ihrer Bausubstanz verrottet sind – keine Toilette und kein Bad in der Wohnung, Feuchtigkeit läßt die Tapeten von den Wänden fallen. Erstaunlicherweise bewohnen gerade die sehr großen Familien mit 16 und 20 Personen die «neuen» Wohnzellen der Stadtverwaltung. Es kann kaum verwundern, daß nach wenigen Wochen die Häuser ihren abgerissenen Vorläufern ähneln. Die Arbeitslosigkeit in der North Inner City beträgt bis zu

Je größer die Familie, desto kleiner die Wohnung

80 Prozent. Drogenhandel und -kriminalität, Familienterror, Alkoholismus und Gewalt gegen Frauen sind die Folgen einer Stadtentwicklung, von der Grundstücksspekulanten profitieren und die Arbeits- und Mittellose auf der Strecke läßt.

Eine Sozialarbeiterin erzählt: «Als die Docks noch nicht auf Container umgestellt waren, fiel für die herumstreunenden Kinder immer etwas ab. Jetzt hat die Rationalisierung im Hafen die Arbeitslosigkeit gebracht, und die ‹kids› verlegen sich auf Einbrüche in Geschäften. Sie steigen in Wohnungen alter Leute ein. ‹Handbag Corner› – wenn Autos an der Ampel halten, schlagen die Jugendlichen die Scheibe ein und sind in Windeseile mit der Handtasche über alle Berge. Schon beginnen die Kinder die Gewalt gegen sich selber zu richten. Die Heroinabhängigen in den Slumvierteln

werden zunehmend jünger. 1981 hat ein Sechstel der gesamten irischen Kriminalität hier stattgefunden. Es wird sich solange nichts ändern, wie wir hier keine Arbeitsplätze bekommen. Die ‹Youth Unemployment Action Group› macht schon seit zwei Jahren Randale, damit Handwerksbetriebe in diese Viertel kommen. Ohne Arbeit bleibt das Leben in überfüllten Quartieren ein Kreislauf der Gewalt.»

Spiel als Droge

O'Connell Street ist als sechsspurige Avenue mit breitem Fußgängerweg nicht die Champs Élysées Irlands. Hier warten nicht Straßencafés, geschmackvolle Läden und Arkaden auf den Besucher, sondern McDonalds-Restaurants, Spielhallen und große Kaufhäuser. Abgesehen vom historischen General Post Office,

Bachelors Walk: wann geht es hier vierspurig?

dessen Erstürmung beim Osteraufstand die Proklamation der provisorischen Republik nach sich zieht, dominieren Neonreklame und Fassadenimitationen – die geschichtsträchtige Straße ist zu einer seelenlosen Einkaufszeile mit Banken und Kommerzzentren verkommen.

Unmittelbar hinter dem General Post Office gehen die Henry Street und die Moore Street ab. Es gibt viele Plätze zum Verweilen und Schauen in Dublin, aber zu den Märkten in diesem Viertel zieht es einen immer wieder hin. «Hier gibt es Obst, Gemüse, frischen Fisch und frische Hinkel. In den Metzgerläden ist der Boden noch mit Sägemehl bestreut. Am St. Patrick's Day verkaufen die Kinder ausgerupfte Kleepflanzen in Pappschachteln (genaugenommen das ‹shamrock›, das nur in Irland wächst, und an dessen Dreiblättrigkeit der Nationalheilige

die Dreifaltigkeit erklärte) und zu Halloween, dem Abend vor Allerheiligen, unter der Jacke heimlich Kracher und Kanonenschläge. Moore Street Market ist ein sehr erdhaftes Stück Dublin. Die Frauen in der Moore Street haben das schärfste Mundwerk von ganz Irland, und wer sich gern vom Dubliner Slang umprasseln läßt, sollte seine Einkäufe dort tätigen» (Maletzke) und mit einem Besuch in den zwielichtigen Bingo-Hallen verbinden. Einsamkeit und Langeweile treiben vornehmlich Frauen zu diesem lotterieähnlichen Spiel. Für zehn Pence setzen sie auf die elektrisch erleuchteten Spielkarten an den Pulten, die sie vor sich haben. «Kopf runter, Mädchen», ruft der Spielleiter durchs Mikrofon, wenn das Spiel wieder losgeht und die Frauen je nach Einsatz die Karten drücken. Eine Gesellschaft, die

Moore Sreet: Markttreiben

Frauen der Einsamkeit oder dem Kinderkriegen überläßt, macht aus einer Spielhölle einen Frauenraum. Frauen, die nur noch wenig zu verlieren haben, setzen Tag um Tag auf den Hauptgewinn. Spiel als Droge gegen die Einsamkeit – proletarische Alltagskultur in Dublin.

Die Gegenkultur hat sich seit vielen Jahren andere Ausdrucksformen geschaffen. Einen für Besucher unverzichtbaren Überblick gibt *In Dublin*. Das politische Magazin veröffentlicht Film- und Musikkritiken, einen ausführlichen Veranstaltungskalender, Adressen, kurze politische Essays und Kommentare. Alle vierzehn Tage gibt es ein Schwerpunktthema – zum Beispiel Irland und die NATO, Jahn Armatrading in Dublin, Frauenbewegung und Abtreibung. Wer wissen will, was in Irland politisch und kulturell anliegt, der sollte sich *In Dublin* kaufen.

«Wir sind eine GmbH mit drei verschieden starken Teilhabern. John Doyle hat die Majorität», erzählt David, der Herausgeber, der sein Büro am Ormond Quay direkt gegenüber der «Halfpenny Bridge» hat. «Vor Jahren waren wir noch ein regelrechter Alternativbetrieb. Die Diskussion hat jedoch mittlerweile ergeben, daß wir die ‹Business›-Struktur verfolgen wollen. Die zehn Leute hier sind jetzt mit festem Gehalt bei der GmbH angestellt. Sie ziehen ein besseres Gehalt den möglichen Mitspracherechten vor. Außerdem – ich will auch nicht, daß mein Arbeitsplatz von Leuten abhängt, die vom Geschäft keine Ahnung haben. Denn auf den wöchentlichen Kollektivsitzungen gab es eher Diskussionen über die Hosenfarbe des Herausgebers als über die anstehenden Probleme. Die Verantwortung für das Projekt ließ sich einfach nicht zuver-

World Cup Guide
Ry Cooder Interview
Cannes Film Diary

IN DUBLIN

WHAT'S ON
11-24 June

55p (incl. VAT)   No. 155

J A M E S   J O Y C E   1882 - 1982

Stadtillustrierte: unentbehrlicher Stadtführer

lässig aufteilen. Jetzt hat jeder seine feste Arbeit und nimmt sie ernst. Es gibt eine klare Struktur zwischen Zeitung und Angestellten. Zwar nimmt die Identifikation mit der Zeitung bei den Redakteuren ab, doch man kann nicht alles haben – Engagement, Kontrolle und Verantwortung. Es gab schon immer eine Kluft zwischen den wirklich Verantwortlichen und dem Kollektiv, nur jetzt ist sie kodifiziert.» Auf die Bemerkung, daß er ja nun mit seinen Geschäftsanteilen die Zeitung nach seinem Willen verändern könnte, reagierte John Doyle mit einem vielsagenden Lächeln. «In Irland gibt es nicht genug Geld für alternative Medien, der Markt ist auf dieser kleinen Insel viel zu begrenzt. Die ‹Armut› läßt außerdem Kollektivbetriebe wie in Europa gar nicht zu. Leute müssen beim Staat, bei RTE oder bei Konzernen arbeiten und nebenher Politik machen. Daher ist eine feste finanzielle Struktur die beste Absicherung für unsere Unabhängigkeit. Denn *In Dublin* ist das einzige politisch unabhängige Magazin in Irland. Selbst wenn ich wollte – eine andere kommerzielle Zeitung fände gar keine interessierten Käufer. Es ist ja auch kein Zufall, daß wir seit sieben Jahren die einzigen geblieben sind, mal abgesehen von der reinen Musikzeitung *Hot Press* und der ganz neuen modischen Kulturzeitschrift *Bull*. Aber ohne die Verfilzung mit der Musikindustrie könnten diese Leute kein einziges Heft herausbringen.

Dublin, zwar eine Metropole, doch in Wirklichkeit eine Kleinstadt, bietet für Unabhängigkeit nicht den nötigen Raum. Während meiner Zeit als Theaterkritiker traf ich jeden Tag, ohne es zu wollen, gerade diejenigen Leute, über die ich schrieb. Und unsere Pinnwand ist voll mit Einladungen, mal auf einen Drink vorbeizukommen. Der Druck, der von dieser Intimität ausgeht, macht es den meisten Zeitungen – mit Ausnahme des irischen «Spiegels» *Mac Gill* – schwer, eine politische Souveränität zu entwickeln, denn sie fallen auf diesen Familienklüngel herein. Insofern ist der Journalismus in Irland korrumpiert.»

Raus aus der Stadt

Wer die City satt, aber von Dublin noch lange nicht genug hat, sollte mal für einen Tag raus aus der Stadt. Aber es ist nicht immer ganz einfach, sich über das Ausflugsziel zu einigen. Es gibt wenige Millionenstädte, wo einerseits die Berge zum Greifen nahe sind, in geringer Entfernung herrliche Strände und kleine Fischerorte warten und schließlich in unmittelbarer Nähe Hügel im Sonnenlicht glitzern.

Dublin hat alles dies in seiner Umgebung zu bieten: Wiesen und Weiden, Strände und felsige Küsten. Mit dem Bus oder Auto braucht man nicht lange, und selbst mit dem Fahrrad läßt sich vieles bequem erreichen.

Howth zum Beispiel, ein kleiner Fischerhafen, liegt nur 15 Kilometer nördlich vom City Centre. Die Küstenstraße über Fairview, Clontarf, Raheny läßt die schönen aber schmutzigen Strände von Bull Island rechts liegen. Auf einer kleinen, weit in die See hinausragenden Halbinsel ruht Howth Castle mit seinen herrlichen Gärten voller Rhododendren und Azaleen. Von der Küstenstraße aus hat man immer wieder einen bezaubernden Rundblick. Im Hafen schaukeln die exklusiven Jachten der Dubliner High Society und die Fischkutter, die Dublin mit

Krabben und Fischen versorgen.

Dun Laoghaire, obwohl Landeplatz für die Autofähren, kann den Genuß von Hafenstimmung vermitteln. Hier liegen Bojen, bisweilen auch Feuerschiffe auf dem Trockendock zur Reparatur; das «Maritime Museum» macht die Geschichte der irischen Fischerei und Seefahrt verständlich. Bei gutem Wetter empfiehlt sich der Katzensprung in die Wicklow-Berge. Im Dunst sieht man Sandycove und Joyce Tower und die Abgasglocke der Stadt. Ein wenig südlicher liegt Dalkey mit herrlichen Stränden zum Schwimmen und kleinen, vorgelagerten Inseln, die man bei Ebbe zu Fuß, bei Flut mit Booten erreichen kann und die zu abwechslungsreichen Wanderungen einladen.

Man kann auch an den Kanälen entlang mit dem Fahrrad die Stadt verlassen oder die Wicklow-Berge mit ihren einsamen Tälern und ihren frühchristlichen Relikten entdecken – die Umgebung von Dublin lädt zu abwechslungsreichen Exkursionen ein. Zur Orientierung eignen sich die Ordnance Survey 1 inch-Karten vom «Dublin District» und vom «Wicklow District».

Für Fahrradfahrer ist der Führer «Dublin and North Wicklow» von Christopher Moriarty (Verlag Gill and Mac Millan, 15/17 Eden Quay, Dublin, 1980), außerordentlich hilfreich. 43 Touren in Dublins Umgebung hat der zweiradverliebte Autor mit Straßen- und Ortsangaben zusammengetragen.

Zurück in Dublins City, lohnt sich sowohl finanziell als auch atmosphärisch ein Besuch in der Mensa des University College Dublin am Südrand der Stadt, wo einen problemlos eine direkte Busverbindung hinbringt. Im UCD gibt es einen billigen Mittagstisch und natürlich ein reges studentisches Treiben. Mit der ehrwürdigen Atmosphäre des Trinity College in der Innenstadt hat die moderne Campus-Uni nicht das geringste gemein.

Das Trinity College, 1591 von der englischen Königin Elisabeth I. gegründet und damit älteste Universität Irlands, ist 200 Jahre lang nur protestantischen Studenten vorbehalten. Der Bann der katholischen Kirche, der ihre Gläubigen von dieser protestantischen Hochburg fernhalten soll, wird vom Klerus erst 1969 aufgehoben.

Die berühmte Bibliothek des College ist in zwei Gebäuden untergebracht. Die Old Library von 1732, ein regelrechtes Bücherschiff, verfügt über eine halbe Million Bücher. Ein Gesetz von 1801 gibt ihr das Recht, von jedem in Irland und England gedruckten Buch ein Exemplar zur Archivierung zu halten.

Der größte Schatz der Bibliothek ist das «Book of Kells». 340 kalbslederne Seiten haben im 8. und 9. Jahrhundert die von den Wikingern vertriebenen Mönche im Kloster Kells in Mittelirland kunstvoll ausgestaltet. Außerdem sind sehenswert die «Books of Armagh» und das «Book of Durrow» sowie zahlreiche andere bibliophile Schätze.

Nicht nur für Wellenreiter könnte sich ein Besuch im kleinen aber feinen Rundfunkmuseum lohnen.

Der Erfinder des Radios, Marconi, ist mit Irland auf besondere Weise verbunden. Die Nichte der irischen Whiskey-Familie Jameson trifft den Witwer Marconi im italienischen Bologna, heiratet ihn und «entführt» ihn einige Male nach Dublin. Frühe Marconi-Radiogeräte und die ersten irischen Radiogeräte sind zu sehen und zu hören.

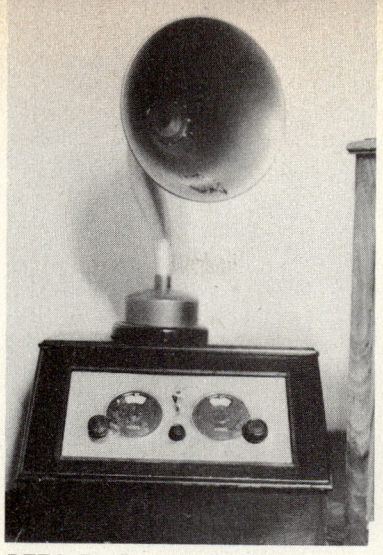

RTE 2: Ein flottes Einerlei von Flachsinn und Musik

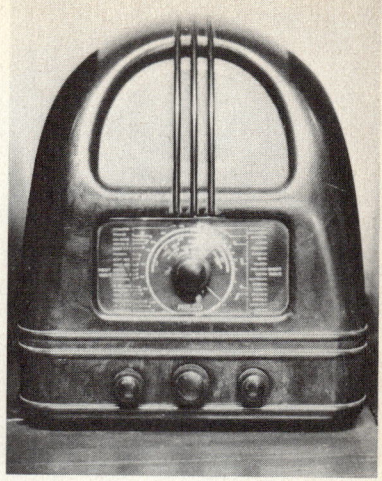

«Community radio» oder lokalen Kommerzfunk?

Die Gerätesammlung ermöglicht einen akustischen Streifzug durch die Radiogeschichte. Ein Volksempfänger läßt Hitlers Propagandareden erschallen, de Valeras berühmte Ansprachen ans irische Volk sind im Originalton nachzuhören. Das Museum ist nur auf Voranmeldung zu besichtigen.

Faszinierend morbide ist die Atmosphäre im Botanischen Garten im Stadtteil Glasnevin. Gleich nebenan liegt der berühmte Friedhof, Glasnevin Cemetery, wo viele Kämpfer des irischen Widerstandes begraben liegen: Daniel O'Connell, Charles Stewart Parnell, Michael Collins, Constanze Markievitcz, Eamon de Valera, Roger Casement und Arthur Griffith. Wer den großen Botanischen Garten noch sehen möchte, wird sich beeilen müssen. Die victorianischen Glas- und Palmenhäuser sind von Zerstörung bedroht. Die geschwungenen, schmiedeeisernen Konstruktionen der Häuser sind im Laufe der Jahrzehnte von der ver-

schmutzten Luft angefressen, Kunststoffolien dienen als Scheibenersatz. In dem fünf Hektar großen Freigelände mit den seltenen Pflanzen und exotischen Bäumen kann es einem leicht passieren, daß man sich hoffnungslos verirrt, was aber der Schönheit des Gartens keinen Abbruch tut.

Beschließen sollte man seinen Aufenthalt in Dublin mit einem Besuch des «Grapevine Arts Centre» – ein weiteres selbstverwaltetes Kulturprojekt in der Nähe vom Parnell Square –, wo häufig eindrucksvolle Tanz-Workshops stattfinden. Anschließend kann man sich noch etwas Gutes tun und in einem der zahlreichen Health Food Restaurants essen, die die Dubliner Subkultur in den letzten Jahren hervorgebracht hat. Dort bekommt man gutes Essen zu erschwinglichen Preisen. Zum Abschluß des Abends ist natürlich noch der letzte «Pub Crawl» durch all die Kneipen fällig, die man wäh-

Botanischer Garten: exotische Enklave

rend seiner Zeit in Dublin liebge-
wonnen hat.

In einer Ecke beginnt eine
Gruppe mit einem Lied. Die Kneipe
platzt aus allen Nähten, es kehrt ehr-
furchtsvolle Ruhe ein, viele summen
wehmütig und melancholisch den
Refrain mit:

Ring-a ring a rosie
as the light declines
I remember Dublin City
in the rare old times

und dann die letzte Strophe:

Fare well, sweet Anna Liffey
Leb wohl, meine Anna Liffey
I can no longer stay

And watch the new glass cages
Und mit ansehen, wie die neuen
Glaskästen
That spring up along the quais
An den Quays aus dem Boden schie-
ßen
My mind's too full of memories
In meinem Gedächtnis leben zu viele
Erinnerungen
Too old to hear new crimes
Sie sind zu alt, um diese neuen Ver-
brechen zu ertragen
I'm a part of what was Dublin
Ich bin noch Teil jenes Dublin
In the rare old times.
In den guten alten Zeiten.

Ich kann nicht länger bleiben

Pub crawl – Ein Zug durch die Gemeinde

Es gibt Großstädte auf der Welt, die für ihre Zentren des Nachtlebens berühmt sind. Ein Soho, einen Place Pigalle oder eine Reeperbahn brauchen Besucher in Dublin nicht zu suchen. Wer den Flair von Weltstadt, schummeriger Intimität und dezent-exklusiver Aufreißeratmosphäre sucht, geht in Dublins wenige Bars auf der Leeson Street. Gegen ein Uhr nachts schieben sich Paare und männliche Kleingruppen vorbei an den Geländern und Toren der Souterrainbars und haben nur zweierlei im Sinn: Zunächst den forschen Türsteher mit Sprüchen von einer angeblichen «Reservierung» zu überlisten, und dann zur vorgerückten Stunde eine Partnerin beziehungsweise einen Partner für die lange einsame Nacht zu finden.

Mit raschem Blick prüfen die Wärter Gesichter und Kleider der Einlaßsuchenden und entscheiden, wer zum Interieur von Spiegeln, Flashlights, Samtsofas und kühl lächelnden Damen hinter der Bar paßt. Nicht «pints», sondern «long drinks» und Sekt süffeln hier die Gäste. Die Preise sind entsprechend. Aber Atmosphäre kostet Geld, Zeit und Energie. Erst zu vorgerückter Stunde entscheidet sich, ob die anstrengenden eitlen Balz-Spiele erfolgreich waren. Auf der Straße ist dann der Teufel los – Autos und Taxis stehen dreispurig, Paare setzen sich ab, und die letzten locker-legeren Gruppen hasten ungeduldig von Bar zu Bar auf der verzweifelten Suche nach gelöster Stimmung. Die Polizei kümmert sich um Falschparker, die Krawatten der Passanten sind schon etwas gelockert, und die Bierbäuche der Herren im Nadelstreifen werden nicht länger vom strammgezogenen Hosengürtel belästigt. Die Gesichter der Einsamen mit Geld spiegeln die Enttäuschung wider. Vielleicht wird es der nächste Abend bringen.

Dubliner ohne Reservierungschancen und Kreditkarte verbringen ihre Abende dagegen im Pub. Die zahlreichen liebenswerten Kneipen unterscheiden sich so sehr voneinander wie ihre Besucher. Jeder Pub lebt von seinem besonderen Milieu. Ein Pub Crawl, ein Zug durch die Gemeinde, gestattet daher Besuchern das Kennenlernen verschiedener «Scenes». Künstler, Studenten, die Schickeria und die Penner, Malocher und Talarwanzen des Establishments scheinen ihre Stammkneipen in bestimmten Rhythmen zu wechseln. «Where do you drink in Dublin?» Mit dieser Frage will man nicht allein Tips für irgendwelche unbekannten interessanten Kneipen bekommen. Die wechselnden «vibrations», die im Bäumchen-wechsle-dich-Spiel der Pub-Besucher immer neue Subkulturen zusammenhalten, müssen Nachtfalter zunächst einmal seismographisch aufspüren. Ein Pubführer ist daher zwangsläufig ohne Gewähr. Die Eckkneipe kann um vieles anregender sein als der heiße Tip von Bekannten. Kontinuität und Wechsel machen das Dubliner Publeben äußerst verführerisch.

Wer nicht gerade mit Sack und Pack, mit Rucksack und Ausrüstung die Bar okkupiert, sondern sich diskret aber interessiert dem Gang der Gespräche überläßt, mag im Laufe des Abends eingemeindet werden. Dem Ritual, Fremde erst mit Blicken zu durchleuchten, um sie dann zu einem Pint einzuladen, wird man in Dublin immer wieder begegnen.

Ein spendierter Drink stiftet Nähe. Eine Gegeneinladung sollten Gäste daher nicht vergessen. Doch es gibt keinenGrund zur Eile. Ein Abend im Pub ist so gut wie die Bekanntschaften, die sich entwickkeln. Und das braucht Zeit – und die hat man, solange der Wirt ihr nicht mit der Schlußglocke ein Ende setzt.

The Bailey,
2–3 Duke Street, ist heute eher «chique». Die Boutiquen der Grafton Street gleich um die Ecke sind optisch und geruchlich präsent. Die «androgyne» Jugend hat den Stammplatz vieler Schriftsteller und Künstler übernommen. Immer noch spiegelt die Atmosphäre die literarische, soziale und politische Geschichte der Kneipe wider. Der Kelch der Modernisierung ist an den schönen Eisen- und Marmortischen vorübergegangen.

The Bailey hat 1837 als bescheidenes Eßlokal angefangen und sich bald zum Treffpunkt der politisch-intellektuellen Crème gemausert. Brendan Behan hat hier verkehrt, ebenso wie Patrick Kavanagh und James Joyce. Wer im Pub die Treppen zum oberen Stockwerk hinaufgeht, wird auf eine blaue Tür stoßen, neben der rechts und links Gaslampen hängen. Hinter dieser Tür in Eccles Street No. 7 hat Leopold Bloom, die Figur aus Joyces «Ulysses», gewohnt.

Auch der irische Widerstand ist mit diesem Etablissement verknüpft. Arthur Griffith, der Gründer der Sinn Fein-Partei benutzte die oberen Kneipenräume ebenso

wie die geheime revolutionäre Gruppe der Invincibles.

Der legendäre IRA-General Michael Collins suchte auf der Flucht vor den britischen Sondereinheiten, den «Black and Tans», Unterschlupf bei Baileys. Collins hat unten in der Bar getrunken, aber nur mittags, um nicht Gefahr zu laufen, abends den britischen Soldaten in der Bar zu begegnen. 1945 hat sich mit dem Tode des Besitzers Wiliam Hogan der Pub in ein modernes und gutes Restaurant verwandelt. Keine Geringeren als Peter Ustinov, Charlie Chaplin und andere dinierten hier.

The Brazenhead,
20 Lower Brigde Street,
zu finden, kostet Mühe. Zwischen Straßenverbreiterungsarbeiten, Müllhaufen und Sanierungsprojekten liegt die älteste Kneipe Dublins verborgen. The Brazenhead ist nicht weit von den Quais und der benachbarten Guinness-Brauerei entfernt.

In diesem «Hotel» aus dem 17. Jahrhundert soll Robert Emmet seine kleine und erfolglose Rebellion ausgeheckt haben. Der dunkle und intime Pub läßt die Zerstörung außerhalb vergessen. In einem kleinen Seitenraum wird bisweilen zu Musik-Sessions und Gedichtvorträgen geladen. Auch Wolfe Tone und die United Irishmen haben hier getrunken.

Mulligans,
8 Poolbeg Street.
Ein sehr alter Pub, gegründet etwa 1750, in dem nur Getränke ausgeschenkt werden. Das Guinness soll wegen seines ständigen Flusses das beste im ganzen Lande sein. Für zwei Jahrhunderte war Mulligans eine Stammkneipe für die Docker, doch seitdem nebenan die *Irish Press*

Brazen Head: die Bagger kommen

eingezogen ist, haben sich Klientel und Gespräche deutlich verändert. Irgendwann in den sechziger Jahren soll ein Student des Trinity College die Kneipe entdeckt und mit seinen langhaarigen Kommilitonen «okkupiert» haben. Bekannte Leute wie John F. Kennedy haben hier getrunken.

Draußen hat die Bar noch einige sehr schön geschliffene Fenster aufzuweisen – Wine, Whiskey, Bonder, Spirits steht da zu lesen, und über der Tür: Public Bar.

The Stag's Head,
1 Dame Court,
ist eine «klassische» Kneipe mit wunderbarem Interieur und schönen bleiverglasten Fenstern. In der warmen Atmosphäre von Ledersofas, polierter Holzvertäfelung und einer Bar aus rotem Connemara-Marmor kann man sich wohl fühlen. Zum Lunch kommen viele der Büroangestellten aus der City. Von 12 bis 14 Uhr bietet die Kneipe billige und wohlschmeckende Mittagsgerichte an.

Neary's,
1 Chatham Street,
zu finden, wird nicht schwierig sein. Jeder in Dublin kennt den Pub, außerdem lassen sich die beiden Bronzearme nicht verfehlen, die rechts und links vom Eingang aus der Ziegelsteinmauer herausragen.

Drinnen fühlt man sich eher wie in einem guten «Club». Die milchigen Schirme der Gasleuchten und das gewienerte Mahagoniholz geben dem Raum dezente Eleganz.

Die Hintertür des Pubs führt direkt auf die Bühne des «Gaiety Theatre». Hier bestimmen also Musiker und Schauspieler den Gesprächslärm. Frauen haben in dieser

273

Kneipe nach wie vor nichts zu suchen. Eine Frau, die nach einem Pint Lager fragt, soll die Antwort bekommen haben: «We don't serve pints to females.»

Dave Byrnes,
21 Duke Street,
hat wie viele Dubliner Kneipen Literaturgeschichte gemacht. «Er betritt Davy Byrnes, ein moralischer Ort.» So sieht James Joyce im «Ulysses» diesen Pub. Obwohl die Kneipe sich seitdem drastisch verändert hat, ist sie ein guter Ort, um die «modernen» Dubliner kennenzulernen. Es gibt drei Bars. Die Hauptbar wird «Ulysses Bar» genannt. Die Kneipe ist auf eine unaufdringliche Weise modernisiert, wobei in der Hauptbar die wunderschön gravierten Spiegel und die Wandgemälde erhalten wurden.

Doheny + Nesbitt,
5 Lower Baggot Street.
Spät abends oder am Wochenende geht Besuchern die Luft aus. Der Pub ist überfüllt mit Studenten, jungen Architekten und mehr oder weniger bedeutenden Politikern.

Als die beiden jetzigen Besitzer vor 20 Jahren aus Amerika zurückkommen und die Kneipe übernehmen, belassen sie die Innen- und Außeneinrichtung so, wie sie sie vorfinden: alte Spiegel, Marmortischplatten, Holzvertäfelung, hohe Decken. Die Holzgeländer im Raum schaffen angenehme Inseln im Gewoge der Menschen und ihrer Gespräche.

McDaids,
3 Harry Street,
Sag McDaids, und die Leute antworten Brendan Behan. Obwohl der Schriftsteller mit jeder Kneipe Dublins verbunden ist, hat er es sich in diesem Pub mit Schreibmaschine und Glas häufiger als anderswo bequem gemacht.

Dem karg eingerichteten Raum mit einer hohen verrauchten Decke sind seine 120 Jahre anzusehen.

Pubs mit «traditional music» und regelmäßigen Sessions gibt es in Dublin reichlich. Zwar veröffentlicht das Magazin *In Dublin* eine Übersicht von Veranstaltungen, aber an dieser Stelle seien noch ein paar Pubs erwähnt, wo man auf jeden Fall gute Musik zu hören bekommt.

O'Donoghues,
15 Merrion Road,
hat unter Touristeneinfällen und Mund-zu-Mund-Propaganda mächtig gelitten. «Rucksäcke und Schlafsäcke haben keinen Zutritt.» Das Hinweisschild an der Tür verrät schon, was am Geburtsort der «Dubliners» die Uhr geschlagen hat. Dennoch kann man hier, ohne Vorankündigung, interessante Musik finden. Die Kneipe hängt voll mit Instrumenten, alten Flaschen, Gerümpel und Plakaten. Es ist eng und stickig.

Brian Boru House,
Finglas Road,
liegt in der Nähe des Friedhofes, und da Beerdigungen wichtige soziale Ereignisse und immer noch Anlässe zum Essen, Trinken und Feiern sind, ist Brian Boru ein beliebter Stop für Trauergesellschaften.

Bowes,
2 Fleet Street.
Hier stehen die Zeitungsleute zusammen, denn die Büros der *Irish Times* sind um die Ecke. Die Wände des spärlich erleuchteten Raumes zieren alte Dubliner Fotografien.

Zwei Séparées, «snugs», sind hinter Milchglasscheiben verborgen.

The International Bar,
23 Wicklow Street,
ist eine alte «klassizistische» Kneipe. Die Höhle aus dem 19. Jahrhundert mit Mahagonimöbeln und endlosen Spiegelwänden, hohen Decken und kunstvoller Zapfeinrichtung zieht eher junges und mondänes Publikum an. Der Wirt soll für sein Pint und der Keller für seine Gemütlichkeit bekannt sein.

The Plough,
28 Lower Abbey Street.
Hier nehmen mit Vorliebe die Besucher des Abbey-Theaters einen Drink, manchmal auch während der Pause. Die Kneipe gibt in Atmosphäre und Interieur noch etwas von der kulturellen Bedeutung des Theaters wieder. Die Fotos an den Wänden zeigen Yeats, Wilde, Shaw und andere, die diesen Ort als kulturelles Zentrum liebten.

The Plough ist nach dem Stück von O'Casey, «The Plough and the Stars» benannt. Als 1907 in Synges Schauspiel «The Playboy of the Western World» eine Schauspielerin die Worte «weibliche Unterwäsche» sagen mußte, reagierte das Publikum empört. Nach Straßenschlachten und Krawallen konnten sich die Akteure in den Plough flüchten.

Von Dublin nach Shannon –
Fahrt auf dem Grand Canal

Am Nachmittag des 27. Mai 1960 ist es im Hafen des Grand Canal an der Dubliner James Street ziemlich ruhig – verräterisch ruhig. Nur ein Boot wird mit Guinness-Bier beladen. Viele Fremde streunen herum, und einige sind sogar mit Kameras ausgerüstet. Ungewöhnlich, daß der Kanalmanager heute aus seinem Büro kommt, sich neben einem Boot aufbaut und sich fotografieren läßt.

Szenen, die sich niemals mehr wiederholen werden: Der letzte Lastkahn gleitet langsam aus dem Hafen, das Tuckern der Maschine erstirbt in der Ferne. Eine alte vertraute Routine ist zu Ende.

Mehr als 200 Jahre hat der Grand Canal die wichtige Funktion erfüllt, die Hauptstadt Dublin mit dem Shannon und den westlichen Landesteilen zu verbinden.

Eisenbahngleise sind noch lange nicht verlegt. Langsame Pferdekutschen befördern Menschen und Waren. Die Existenz einer Wasserstraße ist daher Mitte des 18. Jahrhunderts für die irische Wirtschaft eine revolutionäre Errungenschaft.

Die Guinness-Brauerei bekommt ihre Rohstoffe über den Kanal, Malz und Korn für die damals noch über 200 Whiskeybrennereien werden von Lastkähnen angeliefert, Torf aus den riesigen Mooren der Midlands erreicht Dubliner Haushalte. Kartoffeln, Mehl, Düngemittel, Holz – der Grand Canal entwickelt sich zum wichtigen Handels- und Transportweg. Baumaterialien und Gebrauchsgegenstände schwimmen durchs Land. Die anliegenden Orte blühen zu lebhaften Handelsstädten auf. Der Kanal gibt Arbeit im Überfluß, die Blütezeit einer Region in den irischen Midlands hat begonnen.

Obwohl seiner Funktion seit über 20 Jahren beraubt, ist der Grand Canal bis auf einige kleine Seitenarme heute noch voll befahrbar.

Das historische Wasserwerk durchfließt von Dublin aus die Counties Kildare und Offaly und besteht aus einem System von Wasserstraßen. Die «Main Line» erstreckt sich über 26 Meilen von Dublin in westlicher Richtung bis Lowtown und wird von 19 Schleusen (davon vier Doppelschleusen) unterbrochen. Erst ab der 12. Schleuse bei Lucan lohnt es sich, diesen Wasserweg zu befahren. Großstadtmüll und Vandalismus haben in den Außenbezirken Dublins den Kanal nicht verschont, viele Schleusen funktionieren nicht. Häufig machen sich Jugendliche einen Spaß daraus, die Boote mit Steinen zu attackieren.

Die «Main line» geht über in die «Shannon Line» und umfaßt insgesamt 53 Meilen von Lowtown bis Shannon Harbour. Eine Abzweigung von 3 Meilen verbindet Edenderry mit dem Kanalsystem. Alle 17 Schleusen und die eine Doppelschleuse dieses Teilstücks sind voll funktionsfähig. In Lowtown beginnt auch die nach Süden abzweigende «Barrow line» – über 28,5 Meilen sind neun Schleusen verteilt. Zwar endet der eigentliche Kanal in Athy, die Fahrt kann jedoch auf dem River Barrow bis St. Mullins weitergehen.

Robertstown: im alten Hotel ist nichts mehr los

Die Schiffe müssen auf 41 Meilen Flußweg 23 Schleusen passieren. Allein die jahrhundertealte kunstvolle Mechanik und Hydraulik der Schleusenanlagen macht den Kanal zu einem funktionsfähigen historischen Museum. Die zahlreichen Hebewerke sind Ausdruck einer chaotischen Bauplanung. Die Aufträge zum Bau einzelner Abschnitte des Kanals vergibt die Betreibergesellschaft an verschiedene lokale Bauunternehmen, die ihre Arbeiten nicht aufeinander abstimmen. Die Niveauunterschiede der Wasserstraße vergrößern sich so stark, daß sie durch zusätzliche Schleusen ausgeglichen werden müssen.

Ab St. Mullins ist die Flußmündung von den Gezeiten beeinflußt und nicht mehr schiffbar. Der Barrow fließt nämlich bei Waterford ins Meer.

Wer nicht mit dem eigenen Boot den Kanal befahren will, kann die Reise in Tullamore antreten. Dies ist der einzige Ort, wo Reisende Hausboote für den Kanal ausleihen können. Da «Celtic Canal Cruisers» nur neun modern ausgebaute Hausboote im alten Kanalbootstil verchartert und der Kanal nur selten von Privatbooten befahren wird, kann die Crew auf einer Kanalfahrt froh sein, überhaupt einmal Menschen und Booten zu begegnen. Auf dem Shannon dagegen verkehren in der Sommersaison riesige Motorbootgeschwader. Der Werbefeldzug für Angler und Freizeitkapitäne verändert in den Reisemonaten den Charakter dieses sonst malerischen Flußlaufs entscheidend. Die Fahrt auf dem Grand Canal dagegen ist so einsam wie die Midlands selber.

Die Übergabe des Hausbootes erfolgt ohne Formalitäten: kein Führerschein, keine Prüfungen, keine Papiere. Die einzige Voraussetzung sind zwei Menschen im Alter von mindestens 21 Jahren. Bevor es losgeht, ist volle Konzentration und etwas technisches Verständnis gefordert. Die Handhabung des Bootes ist zwar schnell erklärt, es bedarf jedoch einiger Übung, bis das Boot ohne Schlangenlinien ruhig durch das Wasser fährt.

Schon nach wenigen hundert Metern wartet der erste Schleusenwärter darauf, in starkem Offalyakzent die Benutzung der Schleusen zu erläutern. Aber auch das ist schnell gelernt. Ein detaillierter «Flußführer» gibt außerdem über den Charakter des Wasserweges und seine Besonderheiten verständlich Auskunft.

Ist früher neben jeder Schleuse ein Wärter rund um die Uhr für die Bedienung zuständig, ist nach Einstellung des Transportverkehrs heute jeder Schleusenwärter für drei bis vier Schleusen gleichzeitig verantwortlich. Nicht überall kann daher die Bootsbesatzung mit der Hilfe der Wärter rechnen. Jedesmal wenn das Boot sich langsam in der leerfließenden Schleuse absenkt oder die ansteigende Wassermasse den Bootsrumpf sanft aufträgt, kann man nicht umhin, Respekt für dieses raffinierte technische System zu empfinden. Dann öffnen sich knirschend die schweren Holztore, und die Fahrt kann weitergehen. 200 Jahre hat diese Industriearchitektur den Belastungen eines einst regen Fracht- und Personenverkehrs standgehalten.

Die ersten drei Schleusen erfordern die ganze Aufmerksamkeit, dann fließt der Kanal zehn Meilen ohne Unterbrechung immer geradeaus. Irgendwo am Horizont treffen seine beiden Ufer zusammen. Hügeliges Weideland schimmert in verschiedenen Grüntönen, Bäume und Büsche geben dem einst kahlen Ufer ein lieblich verwahrlostes Aussehen. Nur lautstarkes Brüllen grasender Viehherden stört die Ruhe. Wenige Häuser liegen verstreut in der Landschaft, Autos tauchen nur auf, wenn sie im Schrittempo die zahlreichen alten Brücken überqueren. Die leerstehenden Waren- und Lagerhäuser am Kanal zeugen noch vom ehemals regen Wirtschaftsleben.

Torf – das Ende ist in Sicht

Der erste Ort auf der Fahrt von Tullamore Richtung Dublin, Daingean, besteht nur aus wenigen Geschäften, einigen Kneipen und vielen erstaunten Gesichtern. In dieses triste, schmucklose Straßendorf verirren sich nur ganz selten Touristen. Abends in der Kneipe steht den Männern die Armut auf den Leib geschrieben. Die Rezession hat im County Offaly die Folgen der Kanalschließung noch verschlimmert. Ohne das «Bord na Mona» und das «ESB» (Electrictiy Supply Board) wären die Midlands am Ende. Torfabbau und Stromgewinnung fangen die zunehmende Arbeitslosigkeit ab und sorgen zumindest während des Torfabbaus im Frühjahr und Sommer für unverzichtbare Teilzeitarbeit. Nirgends sonst in Irland zeigt sich der Widerspruch zwischen ökologischem Raubbau und wirtschaftlichem Überleben so drastisch wie in den quadratkilometergroßen Mooren der Midlands. Wenn, wie das ESB im Sommer 1983 ankündigt, auf Grund von Überkapazitäten die Torfgewinnung reduziert und Kraftwerke stillgelegt werden, dann wird die Midlands noch einmal, wie schon nach Schließung des

Die Schleusenwärter warten schon

Nur brüllende Rinder stören die Ruhe

Kanals, eine verheerende Öde heimsuchen.

Der Kanal gräbt sich durch das riesige «Bog of Allen», wo man einem wichtigen und interessanten Industriezweig der Insel begegnet. So weit das Auge reicht, nur riesige braunschwarze Flächen. Gelbe Maschinen durchziehen das Gebiet wie dicke Spinnen, schneiden und wühlen den Moorboden auf, zermalmen den Torf und saugen die getrocknete staubfeine Torferde wieder auf, um sie auf die bereitstehenden Loren zu spucken. Schließlich landet dann die schwarze Masse im gierigen Schlund des nahegelegenen Torfkraftwerks. Moore und Kraftwerke stehen interessierten Besuchern offen. Ein Tip: Eigene Fahrräder, auf dem Dach des Hausbootes festgezurrt, können solche Erkundungen sehr vereinfachen.

Heute hat die Existenz des Kanals für die Verarbeitung des Torfes keinerlei Bedeutung mehr. Um die dortigen Haushalte mit dem Brennmaterial zu versorgen, schifften spezielle Torfboote noch bis 1940 jährlich 200 000 Tonnen des wertvollen Stoffes in die Hauptstadt Dublin.

Der Bau des Kanals durch dieses Moorgebiet erweist sich als schwieriges Unternehmen. Der feuchte Moorboden gibt immer wieder nach und läßt das Kanalbett so stark absinken, daß gar nicht daran zu denken ist, es mit Wasser zu füllen. Zehn Sommer und Winter lang entsteht ein ausgeklügeltes System von Abwasserleitungen, um dem Boden die nötige Stabilität zu geben. Das dabei bewegte Erdreich dient zum Einfassen der Fahrrinne und zum Befestigen der Ufer.

Die Werkzeuge, die Ende des 18. Jahrhunderts verwendet werden, erfordern einen hohen Körpereinsatz.

Es hat sehr viel Ingenieurwissens und noch mehr Schweißes bedurft, um den erhöht liegenden Kanal im triefend nassen Moorland zu befestigen.

Heute dient das Wasser des Kanals dazu, die riesigen Kühltürme des Torfkraftwerkes zu versorgen. Das zurückfließende warme Abwasser heizt jedoch den Kanal in diesem Bereich so sehr auf, daß Seegras regelrecht wuchert. Um die Fahrrinne freizuhalten, gibt es zwei Möglichkeiten. Das Gras kann vom Boot aus mechanisch beschnitten oder mit Chemikalien bekämpft werden. Die letztere Methode erweist sich als wirksamer und billiger, koste es die vielen Fische auch den nötigen Sauerstoff und damit das Leben. Im März, in der Hauptwachstumszeit des Seegrases, setzt im Grand Canal das große Fischsterben ein. Ansässige Fischer halten jedoch die Auswirkungen auf den Fischbestand für minimal.

Die Torfindustrie am Kanal verarbeitet nicht nur Torf in Strom, sondern preßt auch den feinen Staub zu leichter vertreibbaren Briketts. Der Kanal hat jedoch für den Transport dieser Briketts nie eine Rolle gespielt, da ein Eisenbahnnetz Rohmaterial und Fertigprodukte befördert. Die silbernen Türme und schwarzen Stahlkonstruktionen dieser Fabriken muten in einer ansonsten ausgestorbenen Landschaft seltsam an.

Torfgewinnung allein kann den wirtschaftlichen Niedergang und die soziale Auszehrung der Midlands nicht aufhalten. Da sie nicht, wie der Westen der Insel, als Touristenregion zurechtgemacht wird, erlaubt eine Kanalreise durch die Midlands einen Blick in den «Hinterhof» der Insel. Die Gebiete am Kanal haben sich für niemanden herausgeputzt – nicht für die Bewohner, nicht für die Besucher.

«Hier ist nichts mehr los»

Das alte Kanalhotel in Robertstown soll ein Museum beherbergen. Obwohl kurz vorher die Barrow Line abzweigt, lohnt es sich, in dem kleinen Ort anzulegen, der ehemals ein wichtiger Verkehrsknoten im Kanalsystem war. Das schon von weitem sichtbare leuchtendrote Hotel liegt heute wie ein Fremdkörper in einem absterbenden Ort. Die alten Lagerhäuser sind verwaist, Gras und Unkraut hat sich in den leeren Fensterhöhlen breitgemacht. Nirgendwo sonst am Kanal stehen ehemalige Blüte des Wasserweges und das mit seiner Schließung besiegelte Absterben der Region in so sinnfälligem Gegensatz.

Ein alter Schiffer, verloren auf seinem stillgelegten Schlepper, gibt traurig zu verstehen: «Hier ist gar nichts mehr los. Die Ausstellungsstücke sind verschleppt, das Hotel steht leer, und mein Boot fährt nicht mehr. Manchmal kommen noch Busse aus Dublin hierhier, mit feinen Leuten, die dann im Hotel bei Kerzenschein ein festliches Bankett einnehmen.»

Angefangen hat es mit dem Kanal 1757. Die ersten vier Meilen sind nach neun Baujahren befahrbar. Bis sämtliche Linien und Teilstücke als Transportwege zu benutzen sind, vergehen insgesamt fast 80 Jahre. Aber der Verkehr läuft bereits seit 1772 auf vollen Touren. Die ersten Jahre dient die Wasserstraße ausschließlich zum Transport von Torf, Getreide, Guinness und anderen Gütern. Als 1798 der Aufstand der United Irishmen unter Wolfe Tone zu bürgerkriegsähnlichen Zuständen in Irland führt, sperren die Behörden den Kanal für den Transport von Waren und stellen ihn allein dem Militär zur Verfügung.

Für vermögende Passagiere ist der Kanal eine große Errungenschaft. Im Vergleich zum langsamen, beschwerlichen Reisen in der Kutsche auf schlechten Wegen ist die Fahrt mit komfortablen Passagierbooten auf der Wasserstraße ein reiner Genuß. Die teure Passage ist zugleich ein gesellschaftliches Ereignis. Whiskey und Bier fließen reichlich, ein Koch sorgt für das leibliche Wohl, und der Abend verspricht angenehme Stunden in einem der fünf extra für diesen Zweck gebauten Kanalhotels. Eins davon steht in Robertstown. Der übermäßige Genuß von Alkohol führt zu schweren Unfällen: Angetrunkene Passagiere bewegen sich an Deck unvorsichtig und gehen dabei über Bord. Da damals, wie auch heute noch, die wenigsten Iren schwimmen können, bedeutet das fast immer den sicheren Tod.

In den ersten Jahren werden sämtliche Kanalboote von Pferden gezogen. Der schmale Weg neben dem Kanalbett, heute zum Radeln geeignet, war für die Pferde und ihre Reiter bestimmt. Die reichen Bürger erwarten auf ihrer Bootsreise stilvolle Ausstattung und von den Reitern eine bestimmte Uniform. Diese Verkleidung, farbiges Livreé, Stulpenstiefel und vornehme Kopfbedeckung, lenken von den miserablen Arbeitsbedingungen ab. Die Pferde, die die speziellen «Flying Boats» im Galopp zehn Meilen in der Stunde voranbringen, sind total überbelastet. Zwar werden sie alle paar Meilen von frischen Tieren abgelöst, doch was die Canal Company

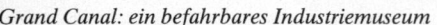

Grand Canal: ein befahrbares Industriemuseum

den Pferdehaltern an Gehältern zahlt, ist so niedrig, daß den geschundenen Pferden kaum die nötige Ruhe und das entsprechende Futter zur Verfügung stehen.

Als Mitte des 19. Jahrhunderts Irland von der großen Hungersnot heimgesucht wird, machen sich Menschenhorden über die Lastboote her. Militäreinheiten müssen die Boote vor Übergriffen schützen. Aus Angst vor diesen Unfällen weigern sich viele Angestellte der Canal Company, in dieser Zeit ihren Dienst anzutreten.

Mit der Hungersnot nimmt auch die Emigration zu. Froh, die überzähligen Massen hungernder Iren loszuwerden, erläßt die Regierung eine Sondergenehmigung, die es den Auswanderungswilligen erlaubt, auf den sonst so unerschwinglich teuren Kanalschiffen zu günstigen Preisen möglichst schnell den nächsten Hafen zur Ausreise zu erreichen. Während des Bürgerkrieges in den zwanziger Jahren steht der Verkehr auf dem Kanal immer wieder still. Lagerhäuser werden geplündert, Sprengungen ganzer Teilstücke machen den Warentransport lange Zeit unmöglich.

Nach wochenlangem Regen bricht 1916 ein langes Stück des Ufers ein, und es dauert Monate, bis 25 000 Tonnen Erdreich erneut befestigt sind.

Wenn nicht Regen, Unwetter oder Karambolagen die Ufer immer wieder zerstören, dann sind es die mutwilligen Übergriffe von Anwohnern, die sich von den Wiederherstellungsarbeiten einen bescheidenen Verdienst erhoffen.

Tag und Nach im Einsatz

Die Arbeit an Bord der Boote oder als Schleusenwärter ist hart und schlecht bezahlt.

Zur Besatzung des Schiffes gehören je nach Größe zwei bis vier Leute, die während der Fahrt vorn auf dem Boot in einer kleinen Kabine leben. Die Männer fahren täglich bis zu 16 Stunden, und zwar sieben Tage die Woche. Die Besatzung trägt die volle Verantwortung für die Boote, auch wenn diese der Canal Company gehören. Nur 14 Tage im Jahr, wenn die Boote zur Reparatur und Überholung im Dock liegen, sind die Männer von der Arbeit befreit. Das Gehalt bemißt sich nach dem Umfang des Gütertransports. 1873 streiken die Bootsleute zum erstenmal, um höhere Gehälter durchzusetzen, die sich, ginge es nach ihnen, unter Berücksichtigung der gefahrenen Stunden errechnen sollten. Erst 1890 hat jedoch die Gewerkschaft Erfolg bei den Bemühungen um eine Lohnverbesserung. Lediglich der Bonus für die transportierte Tonnage steigt, die Bezahlung nach Stunden können die Bootsleute nicht erreichen.

Schleusenwärter sind Tag und Nacht im Einsatz. Sie leben in Häusern direkt neben der Schleuse, um jederzeit zur Stelle zu sein, wenn ein Lastkahn oder Passagierboot Hilfe benötigt. Neben dem Bedienen der Schleuse sind sie für die Funktionsfähigkeit der Anlagen verantwortlich: regelmäßiges Schmieren, Austauschen defekter Teile, Streichen. Die «Lockkeeper» müssen die Ufer bis zur nächsten Schleuse kontrollieren und das teilweise stark wachsende Seegras schneiden. Ein Lockkeeper antwortet auf die Frage, wie viele Jahre er im Dienst der Canal Company gestanden habe: «Ich habe 100 Jahre für sie gearbeitet. 50 Jahre am Tag und 50 bei Nacht.

Der Whiskey und Guinness floß – über den Canal

Denn auch nachts ruht der Verkehr auf dem Kanal nicht.»

Zur Blütezeit des Kanals ist die Belieferung einiger Whiskeybrennereien mit Getreide für die umliegenden Bauern von großer Bedeutung. Die vielen Lagerhäuser und die Ruinen der alten «Cassidy»-Distillery in Monastervan zeugen noch von dieser Zeit.

150 Jahre, von 1784 bis 1934, fließt der Whiskey in Fässer und Flaschen, Lastkähne transportieren ihn ab. Der Ort hat heute noch auffallend viele Pubs, in denen schöne Stiche und Bilder an die Ausmaße des Whiskeyreichtums in dieser Region erinnern.

In Kilbeggan, ehemals durch einen Seitenarm mit dem Hauptkanal verbunden, stehen die Gebäude einer alten Brennerei ebenfalls leer. Da noch ein Teil der alten Ausrüstung, die Kupferkessel, kunstvolle

Kühlschleifen und das Wasserrad vorhanden sind, entsteht auf dem Gelände ein arbeitendes Industriemuseum. Eine Champignonzucht, eine Fischfarm, Handwerksbetriebe, Obst- und Gemüseanbau wollen die Einheimischen mit Unterstützung fortschrittlicher IDA-Funktionäre dort betreiben.

Die einzige noch arbeitende Distillery liegt in Tullamore. Besitzt früher jeder zweite irische Ort seine eigene Brennerei, sind heute in der gesamten Republik nur noch zwei Destillen – eine in Tullamore und eine in Cork – vom ehemaligen «Drogenreichtum» Irlands übriggeblieben.

1950 geht die Verantwortlichkeit für den Kanal in die Hände des irischen Transportsystems CIE (Córas Iompair Éireann) über. Die CIE, zuständig für Bahn und Bus in Irland, kann die Konkurrenzfähigkeit des

Kanals nicht länger garantieren. Die Existenz der Eisenbahn macht dem Kanal schon seit Mitte des 19. Jahrhunderts das Leben schwer.

Als die Passagiere die Reise per Eisenbahn zu geringeren Preisen und bei kürzerer Fahrtdauer der Fahrt auf dem Kanal vorziehen, senkt die Canal Company den Fahrpreis. Doch bereits 1853 sieht sie sich gezwungen, den Passagierverkehr einzustellen. 1846 löst der erste Dampfschlepper die fleißigen Pferde ab. Der Preis bleibt im Vergleich zur Eisenbahn immer noch zu hoch. «All my goods by rail», der Kanal hat der Werbeoffensive der Bahn nur wenig entgegenzusetzen. Als der Transport von Gütern auf Lastwagen einsetzt, ist das Ende des Kanals absehbar. Der Kanal stirbt. 1960 kommen die Boote unter den Hammer. Allein die wenigen Urlauber erfreuen sich heute an seiner bewegten Industriegeschichte.

Es bietet sich an, ein Hausboot für eine Woche zu mieten. Die Boote fahren fünf Kilometer in der Stunde. Mehr als sechs Stunden am Tag zu schippern, artet in Arbeit aus. Die vielen Schleusen halten sehr auf. Aber es geht nicht darum, schnell voranzukommen.

Das Zeitgefühl ändert sich an Bord sehr schnell. Der Rhythmus von Fahren und Ausruhen wird allein bestimmt vom Wetter und vom eigenen Bedürfnis. Es ist überall möglich, anzulegen.

Der einzige Verleih in Tullamore erwartet die Boote am Ende der Reisezeit an Ort und Stelle zurück. Nach drei Tagen heißt es also umkehren. Was zunächst langweilig anmutet, entpuppt sich als abwechslungsreiche Variante. Bei der Fahrt in entgegengesetzter Richtung sind die optischen Eindrücke völlig neu.

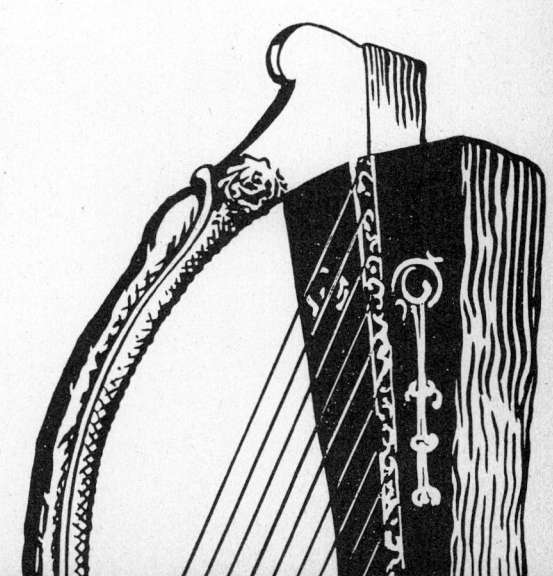

Von Kerry nach Tipperary –
In den Tälern des Blackwater

Die eingetauchte Zehenspitze treibt Gänsehaut über den Rücken. Doch die Versuchung, in das frische schwarzbraune Wasser hinabzugleiten und die Sonnenflecken zu durchschwimmen, ist allzu groß. Es kostet Überwindung, entlang herunterhängender Äste durch den braunen Schlamm zu waten und einzutauchen. Im ersten Moment setzt der Atem aus, doch schon zieht die kräftige Strömung den Körper mit sich, durchblutet ihn. Bis zur nächsten Biegung treiben, dort, wo ein Wehr die Strömung in einen kräftigen Sog verwandelt, entspannen, umdrehen und wieder in kräftigen Zügen zum Strudel zurück. Solange den Duft

mooriger Feuchtigkeit einsaugen, das Prickeln von fließendem Wasser spüren, bis es zu kalt wird. Eine seichte Stelle suchen zum Herausklettern, der Atem geht tief und schwer, der Körper ist kühl und frisch. Ins hohe Gras fallen.

Die Schönheit des Blackwater River, der im Volksmund auch irischer Rhein genannt wird, soll die anderer Flüsse in Irland weit übertreffen. Eine Mischung von Naturschönheiten und architektonischen Überraschungen prägen sein langgestrecktes Tal. In einem Moor auf der Grenze zwischen Kerry und Cork schwillt der kleine Bach zu einem ansehnlichen Fluß, der in gerader Linie

Satte Wiesen am «Irischen Rhein»

von Osten nach Westen Mallow, Fermoy, Lismore passiert und in Cappoquin eine scharfe Kurve nach Süden macht, um sich in der Bucht von Youghal mit dem Meer zu vereinigen. Seine Ufer sind leicht hügelig, meist von herrlichem Baumbestand, von großen saftigen Wiesen oder Weideland für große Rinderherden gesäumt. An jeder Biegung erwartet einen ein neuer, zauberhafter Blick. Ein Fluß, dem die Menschen noch seinen Lauf gelassen haben. Wie zu Zeiten der Dänen, die nach ihrer Einwanderung im siebten Jahrhundert hier erste Befestigungsburgen bauen, fließt er beinahe unbegradigt durch eine Region, die reich ist an Erinnerungen. Erinnerungen an Frömmigkeit – unzählige Kirchen säumen seine Ufer; an Rittertum – bizarre Überreste von Befestigungsanlagen; an Unterdrückung – Herrenhäuser und Schlösser, geschliffen oder immer noch bewohnt.

Es gibt mehrere Möglichkeiten, Landschaft und geschichtsträchtige Bauwerke zu erkunden. Mit dem Auto geht es natürlich immer, doch ist einer Autofahrt das Erleben der Gegend mit dem Fahrrad vorzuziehen. Die Straßen sind gut, Steigungen fallen kaum ins Gewicht, der Verkehr ist erträglich, und die vielen kleinen Wege, die zu den schönsten Stellen führen, werden bei der Fahrt im Auto leicht übersehen. Will man aber die köstlichen Düfte wild wuchernder Kräuter, Blumen und Gräser genießen, so sollte man sich ein Kanu mitbringen oder mieten. Für Flußwanderer hat der Blackwater besonderen Reiz. Nur wenige Wehre oder Staustufen hindern eine genußvolle Abfahrt, getrieben von der Strömung, allein mit dem Wasser, den Bäumen, den vielen seltenen Vögeln.

Vieh – der Reichtum der Midlands

Am Fuße der Nagle-Berge liegt Fermoy. Eine breite Brücke verbindet die Ufer des Blackwater. Noch im letzten Jahrhundert ist der Ort dominiert von Militärbaracken. Die offensichtliche Präsenz der Engländer hat hier den Widerstand der Bevölkerung besonders forciert. Viele Leute schließen sich der Gaelic League an. Von den Versuchen, mit Literatur und Kultur die irische Identität zu schützen, die irische Sprache und Tradition trotz Unterdrückung und Verbot am Leben zu erhalten, zeugen heute noch handgeschriebene Manuskripte und Bücher in der öffentlichen Bibliothek. Es lohnt sich, die gut ausgestattete Bücherei aufzusuchen und ein wenig in irischer Geschichte zu stöbern.

Der einst vom Militär geprägte Ort hat sich heute in eine lebhafte Marktstadt verwandelt. Fermoy bietet als Zentrum der Region ein reichhaltiges Warenangebot in vielen kleinen Läden, einige große Hotels, wöchentliche Viehmärkte.

In den Midlands sind die Viehherden groß, das fruchtbare Land mit riesigen Weideflächen erlaubt Rinderzucht in großem Rahmen. Am Markttag wird eine offene Halle durch Metallgitter in kleine Ställe eingeteilt. Kühe, Rinder und Kälber warten eng eingepfercht auf ihre Versteigerung. Sind die mächtigen Tierkörper mit weißer Farbe markiert und im anliegenden Büro die Gesundheitszeugnisse überprüft, hasten Männer in Gummistiefeln, bewaffnet mit kleinen Stöcken, zwischen aufgeregten Viehmassen umher. Mit kräftigen Hieben treiben sie die Tiere zusammen, bis ihnen kaum noch Platz zum Atmen bleibt. Es

Ruinen, Friedhöfe, Erinnerungen an Geschichte

riecht nach Kuhmist und warmem Schweiß. Einer Kuh ist es zu eng geworden, sie hat ihren trägen Körper niedergelegt und weigert sich aufzustehen, obwohl vier Männer aus Leibeskräften mit Stöcken ihren hageren Rücken traktieren. Entlang der Gatter laufen Händler und Käufer auf erhöhten Gehsteigen, begutachten das Vieh, treffen die erste Auswahl. Der Strom der angelieferten Tiere reißt nicht ab, die Halle füllt sich, die Luft wird schwerer, das Brüllen der verängstigten Rinder lauter und durchdringender. Die Auktionshalle gleicht einer Arena. Männer stehen dichtgedrängt hinter der Absperrung. Eine Kuh nach der anderen wird mit Stockhieben hereingetrieben, Leuchtziffern geben ihr Gewicht an, über den Lautsprecher rast die Stimme des weißbekittelten Auktionators. Abrupt reißt sein Singsang ab – die Kuh ist verkauft. Kopfnicken, Schließen der Augen, das sind die Signale für den Abschluß des Handels.

Clevere Viehhändler kaufen in Fermoy Jungvieh auf und bringen es dann in die westlichen Landesteile, wo der schlechte Boden den Farmern Viehzucht aus eigener Kraft fast unmöglich macht. «We have the profit and they have the work» (wir haben den Profit und sie die Arbeit). Das gesunde Jungvieh kommt nur zur Zwischenfütterung nach Mayo oder Kerry. Die gewichtigen Tiere landen anschließend erneut in den Klauen der Händler aus den Midlands, die beim Handel gleich zweimal verdienen. Einmal an den Farmern im Westen, dann an den Fleischfabriken.

Große Viehauktionen wie in Fermoy oder anderen Städten des reichen Binnenlandes haben die Tradition der Viehmärkte, der Fairs, in den Dörfern an der Westküste ausgezehrt. Noch vor 20 Jahren halten in 500 Orten die Farmer ihre monatlichen Fairs ab. Heute nehmen bessere Straßen, Viehhändler und Kooperativen diesen Zusammenkünften ihre ehemalige Bedeutung. Die Bauern von abgelegenen Höfen gehen jedoch dem monatlichen Ritual des Kaufens und Verkaufens, dem persönlichen Kontakt den Vorzug gegenüber anonymen Auktionen und garantierten Preisen. Auf den Fairs hängt der erzielte Gewinn noch von der Fähigkeit ab, zu vermitteln und zu handeln. Meist steht ein Sachverständiger oder Freund mit Rat und Tat zur Seite und verzögert oder forciert mit seinen Argumenten den Abschluß des Handels. Händeschütteln, Schulterklopfen, ein Pint Guinness besiegelt den Handel. Mögen Fairs auch einer kommerziellen Erosion unterliegen, für die sozialen Beziehungen in abgelegenen Regionen sind sie immer noch von Bedeutung. Nur dort bietet sich nämlich die Gelegenheit, andere Gesichter als die der Nachbarn zu sehen, Handwerker und Spezialisten für Reparaturarbeiten auf den Höfen anzuheuern; Junggesellen erhoffen sich, eine Gefärtin zu finden. Schon manche Heirat nahm auf einem Fair ihren Ausgang.

Anglerparadies

Die reichen Fischgründe des Blackwater River haben Fermoy zu einem beliebten Ferienort für Angler gemacht. Der wohlschmeckende Lachs mit seinem hohen Verkaufswert ist heute nicht mehr häufig anzutreffen. Einheimische Wilderer und deutsche Touristen haben zum Schrumpfen der Fischbestände gleichermaßen beigetragen. Diese rücksichtslose Fischjagd ist noch nicht einmal illegal. Ohne Angelschein und gegen Entrichten einer geringen Gebühr kann sich jeder am Fischreichtum vergreifen. Verantwortungsgefühl, ein bißchen Verstand und das aufmerksame Lesen der Hinweisschilder würden genügen, um dieser üblen Plünderei ein Ende zu bereiten.

Zwei Straßen führen von Fermoy nach Lismore. Die besser ausgebaute und stärker befahrene Strecke ist etwas erhöht oberhalb des Flusses entlanggeführt. Nach dichtbewaldeten Passagen hat man immer wieder freien Ausblick auf Kirchen und Schlösser unten im Flußtal. Wer sich mit dem Panoramablick nicht zufriedengibt, sollte die untere Straße nehmen. Von ihr führen kleine Wege zu den vielen architektonisch interessanten Überresten aus alter Zeit. Für Unentschlossene gibt es in Ballyduff die Möglichkeit, über eine Brücke von einer Straße auf die andere zu wechseln.

Ruhe liegt über dem Land, hin und wieder sieht man eine große Farm zwischen grünen Wiesen oder die zackigen Überreste einer Ruine. Gemächlich ziehen Rinderherden ihres Weges, Fischreiher fliegen auf.

Das Ortsbild von Lismore wird geprägt von den Zinnen und Türmen eines mächtigen Schlosses. Oberhalb des Flusses thront es erhaben auf einem dichtbewaldeten Felsen. Die bekannte Schule St. Cartach zieht im siebten Jahrhundert viele Studenten aus England und vom Kontinent an.

Damals ist Lismore eine «Insel der Heiligen und der Wissenschaftler». Vermittlung von Wissen liegt in Händen der Geistlichkeit. Daß Frauen zu diesen «heiligen» Stätten keinen Zutritt haben, kann nicht der Grund dafür sein, daß diese Schule in den vielen folgenden Kriegen immer wieder zerstört wird. 1185 baut König Johann I., gleichzeitig Lord von Irland, am Ort dieser Ruine sein prächtiges Schloß. Viele Bischöfe veranlassen von hier aus den Bau von 20 Kirchen in der näheren Umgebung. 1589 übernimmt Sir Walter Raleigh das Schloß und gibt es 1602 an Richard Boyle, den großen Earl of Cork, weiter.

Es hat noch einige Kriege durchzustehen. Seit 1850 gehört das restaurierte Anwesen einer reichen englischen Familie, die nur wenige Tage im Jahr dort weilt. So steht es heute weitgehend leer, und solange sich die Launen der jetzigen Eigentümer nicht ändern, ist nur der prachtvolle Garten für die Öffentlichkeit zugänglich.

In Cappoquin entschließt sich der Blackwater River, den kürzesten Weg zum Meer zu suchen – konsequenterweise macht er eine rechtwinklige Biegung in südliche Richtung.

Wer die Knockmealdown-Berge entdecken will, muß an dieser Stelle in Richtung Norden fahren. Die Straße steigt unvermittelt an, und ebenso plötzlich wechseln die Farben. Sind die Augen noch mit den vielen Grüntönen vertraut, müssen sie sich nun an riesige braune Flecken vertrockneten Heidekrauts gewöhnen, das erst im Spätsommer seinen farblichen Reiz voll entfaltet. Bald ist Ballymacarbry und damit der Eingang zum Nire Valley erreicht. Vom Paß bietet sich ein herrlicher Ausblick auf die Knockmealdown-Berge im Westen und das saftige Grün Tipperarys bis zum Horizont. Den Nire und sein steiniges Bett säumen bewaldete Hänge,

kleine Seen, einzeln verstreute Farmhäuser, manchmal noch mit Stroh gedeckt. Nur wenige Meilen vom satten Tal des Blackwater River entfernt hat sich die Landschaft vollständig verändert.

Clonmel, heute mit seinen 11 000 Einwohnern die Hauptstadt des County Tipperary, haben landwirtschaftlicher Reichtum und die günstige Lage am River Suir in früheren Zeiten viele schwere Kämpfe eingebracht.

Cromwell verliert beim Sturm auf die mächtige Stadtmauer 2000 seiner Kämpfer. Das Westtor vermittelt heute noch einen Eindruck von der gewaltigen Befestigungsanlage. Clonmel, auch Honigwiese genannt, liegt inmitten großer Apfelplantagen. Die Früche wandern im Spätsommer in die regionalen Cidrepressen. Wer die pfeilschnellen Windhunde auf ihrer hochdotierten Jagd nach elektrischen Hasen beobachten will, sollte montags und donnerstags die in Irland berühmte Rennstrecke aufsuchen.

Auch in Clonmel hat der industrielle Fortschritt Fuß gefaßt. Innerhalb von 18 Monaten verrecken einem Farmer, dessen Weideland in der Nähe der pharmazeutischen Fabrik Merck liegt, 70 Rinder an einer mysteriösen Lungenkrankheit. Menschen klagen über plötzlich auftretende Allergien, Pflanzen sterben entweder ab oder wachsen in Reaktion auf die massive Luftverschmutzung zu monströser Größe heran. Doch Vergiftung schafft auch Arbeitsplätze. Die Ergebnisse einer öffentlichen Untersuchung der Vorfälle landen in der Schublade. Der Minister für Landwirtschaft bestreitet trotz gegenteiliger Beweise einen Zusammenhang zwischen Merck und den aufgetretenen Krankheiten.

Tipperary – eine riesige Fleischfarm

Die Klage der Bauern wird gegenwärtig in den schwerfälligen Mühlen der Justiz gemahlen.

Monokultur: satte Ödnis

Eine große graue Masse steht wie ein riesiger Fremdkörper über dem Land. Bei genauerem Hinsehen lassen sich die Konturen einer Kathedrale erkennen, die furchteinflößend über dem kleinen Ort Cashel thront. Auf einem Felsen entsteht hier im 13. Jahrhundert ein keltischer Königssitz. Es geht die Legende, daß der Teufel in großer Eile oder wilder Wut aus dem nahegelegenen Slieve Bloom-Berg ein kräftiges Stück herausbeißt und es dann an eben dieser Stelle fallen läßt. Die Form des Rock of Cashel entspreche genau der Lücke im Berg. Doch es bleibt nur Legende, der Slieve Bloom aus Sandstein hat mit dem Granit des Felsens nur die Form gemein.

Aus dem Königssitz wird im Mittelalter eine Hochburg des südirischen Klerus. Im Laufe der Zeit hat das mächtige Bauwerk viele Überfälle zu bestehen. Seit dem 18. Jahrhundert nagt an ihm die Erosion. Gelehnt an einen Seitenflügel steht heute noch die gut erhaltene Corman's Chapel, ein Kleinod irisch-römischer Architektur und Steinmetzkunst. An dieser Stelle veranschaulicht der irische Nationalheilige St. Patrick an Hand eines dreiblättrigen Kleeblattes, dem heutigen Wahrzeichen der Insel, seinen gläubigen Jüngern die Dreieinigkeit Gottes.

«Von einem blauen Gebirgszug zum nächsten ist es ein einziger Garten, ein Kornfeld, eine Schule, alles in allem und alles auf einmal. Dieses Königreich ist mit göttlicher Grazie

Rock of Cashel – klerikale Schutzburg

und großem Reichtum angefüllt. Das Vieh braucht keine Ställe, die Schafe keine Hirten. Viele Schulen gibt es damals, und viele Bücher werden geschrieben.»

William Bulfin bereist um 1900 Irland mit dem Fahrrad und veröffentlicht seine persönlichen Eindrücke in dem Buch ‹Rambles in Eirinn›. Die Kornkammer Irlands, das Golden Vale, hat jedoch seit Anfang dieses Jahrhunderts viel an Romantik verloren. In jede Himmelsrichtung bis zum Dunst des Horizontes ist nichts zu sehen als grünes Gras, Weideland fürs Vieh, unterbrochen durch Hecken und einige Baumreihen. Bis zum 18. Jahrhundert ernähren sich die Menschen hier ausschließlich von den Produkten ihrer Rinderherden. Sie essen das Fleisch ohne Brot und Kartoffeln, trinken Milch oder Fleischbrühe; das Korn geben sie ihren Pferden zu fressen.

Hin und wieder sorgt ein Lachs für Abwechslung in dem einseitigen Menü.

Obwohl Sir Walter Raleigh im 16. Jahrhundert am Ufer des Blackwater River zum erstenmal in Irland die Kartoffel anbaut, bleibt sie lange Zeit eine Delikatesse für Auserwählte. Erst die Bevölkerungsexplosion macht sie zum Massennahrungsmittel, Fleisch geht von nun an in die Hände der Engländer.

Heute ist Tipperary wieder ein Land der Viehwirtschaft. Tradition und finanzieller Vorteil führen zu einer Monokultur gewaltigen Ausmaßes – Tipperary ist nichts weiter als eine riesige Viehfarm.

Die Folge ist eine langweilige Landschaft. Die Attraktivität des Blackwater River mit seiner Parklandschaft, dem Wechsel von Weiden und Wäldern, Ruinen und Herrenhäusern ist einer grünen Einöde gewichen. Die Hecken entlang der Straßen sind keine Entschädigung für den häufigen Schwerverkehr. Traktoren, Lastzüge mit Milchkontainern, Mähdrescher, schweres landwirtschaftliches Gerät donnern die Straße entlang. Silos, große Farmgebäude, Ställe. Hier ist die Kritik vieler Ernährungswissenschaftler augenscheinlich, daß Bodennutzung zur Fleischproduktion verschwenderisch ist – Vergeudung von Geld, Energie, Flächen fruchtbaren Bodens.

Im Sommer 1983 wird es selbst den Eurokraten in Brüssel zu bunt. Wenn Irland nicht bald den «cowboy operators» aus Taiwan und Osteuropa das Handwerk legt und die gültigen EG-Kontrollen für agrarische Chemikalien auch auf der Insel durchsetzt, will die Bürokratie in Brüssel eigenmächtig handeln. Immerhin sind 20 Prozent aller irischen Milch antibiotisch verseucht. Billige Chemikalien stehen den Landwirten zur persönlichen Verfügung. Als im Sommer 1983 eine Cholera-Epidemie in Griechenland sonnenhungrige Reisende verunsichert, malen die verantwortlichen Ärzte einer Isolierstation in Dublin den Teufel an die Wand. Eine Infektion in Irland könne mit hoher Wahrscheinlichkeit im Lande mit den bekannten Medikamenten nicht mehr bekämpft werden, weil gerade diese Antibiotika mit Vorliebe von den Farmern zur Rundum-Sicherung ihres Viehbestandes verwendet werden. Die Mediziner befürchten somit eine Massenimmunität der fleischhungrigen irischen Bevölkerung. «Theoretisch können die ‹cowboys› jedes Produkt auf den Markt bringen, ohne sich an die von der EG geforderten Kontrollen zu halten. Die Mittel mögen zwar wirksam

sein, aber sie sind auch gefährlich», so der Agrarchemiker Dr. Cormac O'Reilly.

Es grünt gefährlich grün in Tipperary.

Es stinkt zum Himmel

Beißende Gerüche füllen die Viehställe. Ein einsamer Bauer schüttet gerade den «fertilizer», Kunstdünger, aus blauen Plastiksäcken in die Verteilungsmaschine. Was von weitem so aussieht wie ein reifes gelbes Kornfeld, entpuppt sich beim näheren Hinsehen als Graswiese, bis auf die Wurzeln kahlrasiert. Die Menge des im Sommer gemähten Grases entscheidet über den Vorrat an Silofutter für den Winter. Riesige Viehherden, grüne Wiesen, was könnte hier in den satten, fruchtbaren Midlands nicht alles wachsen. Tipperary als Garten Eden – Gemüseplantagen und Obstgärten, Getreidefelder, Kartoffeläcker. Was man heute im Supermarkt in Clonmel in Klarsichtfolie verschweißt als Import vom europäischen Kontinent kaufen muß, würde aus den landwirtschaftlichen Kooperativen der Region kommen.

Vieh gegen Gemüse – was in Tipperary grün und monoton aussieht, hat für die gesamte Wirtschaft Folgen. 70 Millionen Pfund bringt Irland jährlich für landwirtschaftliche Importe auf. Und dabei könnte alles hier wachsen.

Und für unendlich viele Menschen könnte diese Region Lebens- und Arbeitsplatz sein. Während Dublin vor Landflüchtigen aus allen Nähten platzt, gibt es hier Quadratkilometer Weideland, die niemand anderen ernähren als Vieh und seine Besitzer.

Die Engländer wußten, was sie taten, als sie Mitte des 19. Jahrhunderts, während der großen Hungersnot (s. Kapitel: «Blick zurück») die Nutzung des Bodens von Feldfrüchten auf Viehhaltung umstellten und sich so der nutzlosen Fresser, der abhängigen Bauern, entledigten. Schon damals galt die Devise: Vieh bringt Geld. Die Öde in den Midlands und die wachsenden Slums in Dublin sind die deutlichen Zeichen dafür.

Auch Cahir, 15 Meilen entfernt von Cashel, hat ein trotziges Schloß zu bieten, von dessen Innenleben jedoch nichts mehr erhalten ist. Obwohl die Befestigungsanlage über lange Zeit als uneinnehmbar gilt, gelingt Cromwells Streitkräften nach anhaltenden Kämpfen der Sieg über diesen Ort. Die inzwischen renovierten Gemäuer vermitteln noch einen Eindruck von den Gewalttätigkeiten, denen Irland durch seine Eroberer ausgesetzt war.

Wer mehr über die Lokalgeschichte Tipperarys erfahren will, sollte das einzige Museum des County besuchen, das sich eigentlich «Heritage Centre» nennt, weil es neben verschiedenen Ausstellungen und Sammlungen zur lokalen Geschichte über eine computerisierte Ahnendatei verfügt. «Roscrea Heritage Centre» liegt in einem Schloß aus dem 13. Jahrhundert. Wer sich etwas über die Regionalgeschichte Tipperarys erzählen lassen oder gar Vorfahren aus der Gegend aufspüren will, sollte im Museum nach Derek Cahill fragen, der über die Geschichte der Gaelic Athletic Association, die Hungersnot und die Sammlungen von Alltagsgegenständen bestens Bescheid weiß.

Flußpiraten

Es lohnt sich, noch einmal in das abwechslungsreiche, reizvolle Tal des Blackwater River zurückzukehren. Die Natur hält wieder eine neue Überraschung bereit. The Vee, eine Paßstraße, verbindet die Tiefebene von Tipperary mit dem Flußtal. Die schmale Straße steigt gemächlich, Rhododendron kriecht die weiten Berghänge hinauf, ein einziger Urwald wild wachsender, zartlila blühender Büsche. Wie Unkraut hat die Pflanze sich hier verbreitet, sie läßt keinem anderen Busch oder Baum Platz zum Atmen. Soweit das Auge reicht, nur fleischige dunkelgrüne Blätter, die das Sonnenlicht silbrig widerspiegeln. Auf halber Höhe die schwarze Fläche eines kleinen Vulkansees, dessen Ufer mit den dunklen Büschen sanft eingefaßt sind.

Strahlende Sonne, Windstille, Wärme locken an einem Sonntag viele Ausflügler auf diese ungewöhnliche Paßstraße. Kleine Jungen in Sonntagsanzügen, Mädchen in Organdykleidchen, weißen Kniestrüpfen, schwarzen Lackschuhen spielen in Autonähe. Die Eltern zerfleddern die Sonntagszeitung, dösen auf dem Beifahrersitz oder verfolgen die Sportereignisse im Autoradio. Das Auto muß in Irland mehr als ein Verkehrsmittel sein, seinem magischen Bann vermögen die Besitzer sich offensichtlich nicht zu entziehen.

Wieder am Ufer des Blackwater River, kann man das klagende Lied manch eines Anglers vernehmen: «Eine richtige Gang von Wilderern hat gutes Geschäft gerochen. Der wertvolle Lachs bringt nämlich nicht nur Pfunde auf die Waage, sondern auch in die Tasche. Die Leute haben eigentlich immer schon gewildert, aber doch nur für den heimischen Kochtopf. Die neuen Flußpiraten machen ganzes Geschäft. Sie span-

Passiert einem in Deutschland etwas, versäumt man den Zug, bricht man ein Bein, macht man Pleite, so sagen wir: Schlimmer hätte es nicht kommen können; immer ist das, was passiert, gleich das Schlimmste – bei den Iren ist es fast umgekehrt: bricht man hier ein Bein, versäumt man den Zug, macht man Pleite, so sagen sie: *It could be worse* – es könnte schlimmer sein: man hätte statt des Beines den Hals brechen, statt des Zuges den Himmel versäumen und statt Pleite zu machen, hätte man seinen Seelenfrieden verlieren können, wozu bei einer Pleite durchaus kein Anlaß ist. Was passiert, ist nie *das Schlimmste*, sondern das Schlimmste ist nie passiert.

Aus «Irisches Tagebuch» von Heinrich Böll. Verlag Kiepenheuer und Witsch, Köln 1957

Schleusen – raffinierte technische Systeme

nen verbotene Nylonnetze, in denen sich die Lachse auf ihrem Weg in die Flüsse, wo sie ihren Laich ablegen, verfangen. 1969 haben wir noch 222 585 gefangene Lachse gezählt, im vergangenen Jahr nur noch 44 958 – die illegal gefangenen natürlich nicht mitrechnet.

Die Lachsgangs attackieren jeden, der sie an ihrem Geschäft hindert. Eine Gruppe Einheimischer macht regelmäßig Patrouillengänge, um die Wilderer auf frischer Tat zu ertappen. Ein gebrochenes Nasenbein und acht ausgeschlagene Zähne hat die Jagd schon gekostet.»

Allein am River Lee, einem anderen Fluß im County Cork, ist zu jeder Tages- und Nachtzeit eine 40köpfige Gruppe unterwegs, die auf dem Schwarzmarkt ihre Fänge in bare Münze umsetzt.

Aber nicht nur die Wilderer sind eine Gefahr für die kostbaren Fische. Die Verschmutzung der Flüsse macht ihnen zusätzlich das Leben schwer. Noch teilt der Blackwater nicht das Los von 134 Flüssen in Irland, die sehr schwer, und weiteren 53, die völlig verseucht sind.

Auch für den herrlichen Blackwater muß man schwarzsehen.

«So gelangten wir auf dieser merkwürdigen Insel . . .

... in den Genuß dieser einzigen Art eines Kredits, den wir noch nie bekommen und zu bekommen versucht hatten: den Kredit einer Eisenbahngesellschaft», schreibt Heinrich Böll in seinem ‹Irischen Tagebuch›. Er hatte nämlich kein Geld, jedenfalls kein irisches, für die Bahnfahrt und konnte seine Reise nur dank der Nachsicht des Bahnhofsvorstehers von Dublin fortsetzen, der ihn auf Pump fahren ließ.

Das war vor über dreißig Jahren. Heute dagegen sollte man sich vielleicht doch nicht ganz und gar auf den Großmut irischer Bahnbeamter verlassen und seine Reisekasse rechtzeitig auffüllen. Schön, wenn man dabei auf Erspartes zurückgreifen kann.

Praktische Tips & Adressen

Praktische Tips

Vorbereiten

Infoquellen zu Hause

Irland ist touristisch gut entwickelt. Viele PR- und Info-Broschüren des zentralen Reisebüros können bei der ersten Orientierung helfen.

Da die Touristenzentrale über viele spezialisierte und auf einzelne Regionen bezogene Materialien verfügt, sollten Neugierige ihre Interessen und Fragen ein wenig vorstrukturieren. Eine kostenlose Landkarte verschafft die Übersicht.

Alle Broschüren, die im Anhang erwähnt werden, sind, sofern nicht anders angegeben, vom Bord Fáilte (Irish Tourist Board) herausgegeben und können bezogen werden über die lokalen Tourist Offices (siehe Adressenteil) oder über die:
Irische Fremdenverkehrszentrale
Untermainanlage 7
6000 Frankfurt 1
Tel. 0611/236492

Informationen über Nordirland bekommt man beim:
Northern Ireland Tourist Board
Neue Mainzer Straße 22
6000 Frankfurt 1
Tel. 0611/234504
oder
River House
48 Highstreet
Belfast
Tel. 084/31221

Politische Informationen, insbesondere zum Nordirland-Konflikt, vertreiben politische Solidaritätsgruppen:
WISK Westdeutsches Irland Solidaritäts Komitee

6370 Oberursel 5
Postfach 35

Irland Komitee West-Berlin
c/o Ralf Sotscheck
Doldenweg 1
1000 Berlin 41
Tel. 030/7746714

Einreisebestimmungen

Irland ist ein erfreulich unbürokratisches Land. Nach besonderen Papieren fragt niemand, Personalausweis oder Reisepaß genügen. Der nationale Führerschein reicht aus, im Falle eines Unfalls ist die grüne Versicherungskarte von Vorteil, aber keine Pflicht. Unter gar keinen Umständen Tiere einführen! Die Quarantänezeit von 6 Monaten im eigenen Land und weiteren 6 Monaten in Irland machen das Mitbringen von Haustieren unmöglich. Die Kontrollen sind scharf, illegale Einfuhr wird mit Gefängnis bestraft. Dank dieser harten Bestimmungen konnte in Irland die Tollwut ausgerottet werden.

Aus medizinischen Gründen ist auch die Einfuhr von Fleisch- und Milchprodukten verboten. Bei einer eventuellen Kontrolle wird auch der private Vorrat konfisziert.

Reisezeit

«Nice day today» – das Wetter ist in Irland immer Gesprächsthema Nummer eins. Seine Unbeständigkeit hat zumindest verhindert, daß die Insel von Touristenschwärmen heimgesucht wird. Normalerweise wechselt das Wetter schnell und häufig, niemand wagt ihm zu trauen, man muß jederzeit auf alles gefaßt sein.

Saison in engerem Sinne ist nur während der drei Sommermonate Juni, Juli und August. Die Wahrscheinlichkeit, etwas Sonne mitzubekommen, ist im Juli und August am größten. Das Klima bleibt das ganze Jahr über gemäßigt und mild. Nur die schweren Herbst- und Frühjahrsstürme können außerhalb der Saison die Reisefreuden beeinträchtigen.

Mit der Kleidung muß man sich auf jedes mögliche Wetter einstellen. Regenkleidung, Gummistiefel und Kopfbedeckung sind genauso wichtig wie Badeanzug und Sonnenbrille. Apropos Badeanzug – das Wasser ist phantastisch sauber, aber empfindlich kalt.

Ganz wichtig ist es, sich gegen die unzähligen kleinen Stechfliegen, die «mitches» zu schützen. In Feuchtgebieten kann man sich ohne Schutzmittel nicht draußen aufhalten.

Als Frau allein unterwegs

Kirche und strenge Familienmoral haben vielen irischen Männern die Lust am Sex genommen. Der Vorteil für alleinreisende Frauen: Für sie ist Irland ein Paradies. Keine Belästigungen, selten eindeutige Zweideutigkeiten, nur freundliche Worte, hilfsbereite Gesten.

Reisekasse

Besondere Devisenbestimmungen gibt es in Irland nicht. Am besten tauscht man zu Hause genügend Geld für die Reise. Euro- und Travellerschecks löst jede Bank ein.

Sind am Wochenende und an «Bank Holidays» die Schalter geschlossen, wechseln größere Hotels, allerdings nie zum normalen Kurs. In Nordirland gilt das englische Pfund.

Gesundheit

Die deutsche Krankenversicherung trägt im Krankheitsfalle alle Unkosten, die Rechnungen muß man allerdings vorstrecken. Zusätzliche Krankenversicherungen mit besonderen Konditionen am besten bei den privaten Kassen erfragen.

Ärzte gibt es in jeder Stadt, ihr Ruf ist meist schlechter als ihr Können. Bei schwierigen Erkrankungen auf jeden Fall in eine Großstadt fahren und sich im Krankenhaus nach Fachärzten erkundigen.

Brillenträger sollten unbedingt an die Ersatzbrille denken, Optiker sind rar und Reparaturen nur in Dublin möglich.

In Nordirland am besten eines dieser Krankenhäuser aufsuchen:
Belfast City Hospital
Lisburn Road
Belfast
Tel. 084/228241 oder
Royal Victoria Hospital
Grosvenor Street
Belfast
Tel. 084/240503

Hinkommen

Flug

Viele Wege führen nach Irland. Sie unterscheiden sich in Preis und Reisedauer. Am schnellsten und teuersten reist man mit dem Flugzeug. Li-

nienflüge liegen zwischen 750 und 1000 Mark. Charterflüge sind meist mit der Buchung von Hotel, Bustour, Bootsfahrt oder mit Auto- bzw. Fahrradmietung verbunden. Am besten im Reisebüro erkundigen, da sich Angebote und Preise ständig ändern. Wichtig: Fahrräder können Fluggäste zu geringer Gebühr mitnehmen.

Zug

Bei allen Bahnhöfen und Reisebüros kann man Zugfahrten buchen, Fähren eingeschlossen. Die Reise dauert von Frankfurt über Dover, London, Liverpool bis Dublin etwa 27 Stunden, Preis für Hin- und Rückfahrt liegt bei etwa 850 Mark.

Rundreisetickets – Interrail – für Jugendliche bis 25 lohnen sich für Irland nicht. Der Preis steht in keinem Verhältnis zu der Möglichkeit, Kilometer zu fahren. Der Seniorenpaß ist in Irland und England nicht gültig.

Bus

Die Deutsche Touring Gesellschaft fährt täglich von Frankfurt bzw.

Köln nach London. Von dort aus geht's weiter nach Dun Laoghaire bei Dublin. Durch den mehrstündigen Aufenthalt dauert die Reise von Frankfurt bis Dun Laoghaire etwa 40 Stunden und kostet für Hin- und Rückfahrt etwa 450 Mark.

Busfahrt bis London buchen:
Deutsche Touring Gesellschaft
Am Römerhof 17
6000 Frankfurt 90
Tel. 0611/79030

Busfahrt von London nach Dun Laoghaire buchen:
CIE (irische Transportgesellschaft)
150 New Bond Street
London WIYOAQ
Tel. 01/6290564

Auto

Eine Direktverbindung mit dem Festland gibt es nur von der französischen Atlantikküste aus:
Le Havre–Cork, 21½ Stunden
Cherbourg–Rosslare, 17 Stunden
Le Havre–Rosslare, 21 Stunden.
Für zwei Personen mit Pkw kostet die Überfahrt etwa 800 Mark.

Von der Lage des Wohnortes hängt es ab, ob es finanziell günstiger ist, den «Umweg» über England zu nehmen. Reisedauer und Preis sind sehr unterschiedlich. Am besten im Reisebüro erkundigen.

Rumkommen

Trampen

Möglich und erträglich ist Trampen nur für Leute mit hoher Frustrationstoleranz. Irische Familien sind groß und benötigen meist den Platz im Auto für sich.

Viele Tramper lassen sich davon nicht abschrecken. Schlangen berucksackter Menschen, die auf einen «Lift» hoffen, warten vor allem an den Ausfahrtsstraßen größerer Ortschaften.

Die landschaftlich attraktivsten Stellen in Irland sind mit öffentlichen Verkehrsmitteln nicht zu erreichen. Hinkommen und Finden ist oft ein großes Problem.

Fahrrad

Fahrräder machen unabhängig und beweglich. Teilweise sind die Anstiege recht mühsam, aber wunderbare Abfahrten entschädigen dafür.

Auf einen Regenschauer folgt meist Sonnenschein, und der frische Wind trocknet die nassen Sachen schnell wieder. Weite flatternde Regencapes sind eher hinderlich. Wer fliegt, kann gegen geringe Gebühr

sein Fahrrad mitnehmen. Im Zug ist
es etwas mühsamer, aber auch möglich.

In jedem größeren Ort stehen sehr
brauchbare Drei-, Fünf- oder
Zehngangräder zur Ausleihe. Miet-
gebühr beträgt etwa zehn Mark am
Tag, für wochenweise Ausleihe gibt
es Rabatt.

Rent a Bike
58 Lower Gardiner Street
Dublin 1
Tel. 01/725399

Für Nordirland:
Floods Service Station
129 Clandeboye Road
Bangor
Co. Down
Tel. 0247/2449

oder
L. Connolly
Crossmaglen
Co. Armagh
Tel. 069/386615

oder
P. McNulty & Sons
24/26 Belmore Street
Enniskillen
Co. Fermanagh
Tel. 0265/22423

oder
Stevenson's Cycle Store
42/43 Darling Street
Enniskillen
Co. Fermanagh
Tel. 0265/4776

Fahrradreisen allein oder in Gruppen, gekoppelt mit Unterkunft, bietet:

Q.U.B. Student's Union
University Road
Belfast
Tel. 0232/24803

Auto

In Irland herrscht Linksverkehr,
aber im Gegensatz zu England haben die von rechts Kommenden Vor-
fahrt. Die Anschnallpflicht ist unbedingt einzuhalten.

Kontinentale Vorstellungen vom
«Kilometermachen» läßt man am
besten zu Hause. Die Straßen sind
häufig kurvenreich, haben Schlaglöcher oder sind schmal. Nur auf den
wenigen Hauptverbindungsstraßen
sind Geschwindigkeiten über 50
Stundenkilometer überhaupt möglich.

Aufpassen: Ständiger «Wildwechsel» von Rinder- und Schafherden.
Entgegen der Volksmeinung sind
Schafe sehr kluge Tiere, die immer
rechtzeitig zur Seite springen, Kühe
dagegen bevorzugen es, vor dem
Auto herzutrotten. Besonders vor-
sichtig bei Dunkelheit fahren! Es
kann immer vorkommen, daß ein
Esel oder eine Kuh den warmen
Asphalt der nassen Wiese vorzieht.

Keine Angst vor den bellenden
Hunden, die sich auf vorbeifahrende
Wagen stürzen: Sie weichen im rechten Augenblick aus und haben einen
intelligenten Umgang mit Autos gelernt. Vorsicht ist aber immer angesagt – auch vor einäugigen nachtblin-
den Wagen.

Mit Tankstellen ist die Insel gut
versorgt. Sollten nach 18 Uhr alle geschlossen sein: Es ist üblich, privat
zu klingeln, um nach Benzin zu fragen. Die Preise liegen etwa ein Drit-

tel über dem deutschen Preis, und viele Tankstellen führen nur Super.

Der Automobilclub AA unterhält einen Pannendienst, der Autofahrern mit Schutzbrief kostenlos hilft.
AA Automobile Association
23 Suffolk Street
Dublin 2
Tel. 01/779481

für Nordirland:
AA Automobile Association
108 Great Victoria Street
Belfast
Tel. 084/226242 oder 244538

In jeder größeren Stadt gibt es Leihwagenvermieter. Die Preise sind jedoch sehr hoch. Für den billigsten Wagen muß man pro Woche mit etwa 380 Mark rechnen. Bucht man Flug und gemietetes Auto zusammen, wird es wesentlich billiger.

Zug

Seit den fünfziger Jahren sind viele landschaftlich schöne Bahnstrecken stillgelegt. Das Reisen mit dem Zug ist daher sehr mühsam geworden. Die Hauptstädte sind zwar noch immer miteinander verbunden, die abgelegenen Küsten jedoch mit dem Zug unerreichbar. Die wenigen in Nord-Süd- und Ost-West-Richtung verkehrenden Züge fahren selten, sonntags fast gar nicht. Übersicht gibt ein Fahrplan, der an den Bahnhöfen zu bekommen ist.

Bus

Bahn- wie Busverkehr werden von der staatlichen Transportgesellschaft CIE betrieben. Das Busnetz ist gut ausgebaut, fast jeder kleinere Ort ist angeschlossen. Der «Expressbus» ist schneller und teurer als der «Normalbus». Busfahren ist zeitintensiv und teuer. Genaue Fahrpläne: *Provincial & Expressway Bus Timetable* (gibt's bei allen größeren Busstationen und Bahnhöfen).
Für Nordirland: *Ulster Bus Timetable.*

Zigeunerwagen

Wer's ganz anachronistisch liebt, macht in Irland Ferien im «Horse drawn Caravan», im vom Pferd gezogenen Wohnwagen. Ob es allerdings besonders reizvoll ist, das meist etwas müde Pferd über verkehrsreiche Landstraßen zu führen, während es sich der Rest der Reisegruppe im dunklen Caravan gemütlich macht, sei dahingestellt. Auf jeden Fall ein teures Ferienerlebnis. Eine Woche im gut ausgebauten Wagen kostet zwischen 500 und 700 Mark. Adressen der Verleiher findet man in der Broschüre *Equestrian Guide*, Bord Fáilte (Hg.), und im Adressenteil.

Boote

Es gibt viele Möglichkeiten, in Irland mit Booten zu reisen. Am Shannon und am Grand Canal stehen gut ausgebaute Hausboote zur Verfügung. Segelschulen bieten verschiedene Segelbootmodelle zum Verleih an (siehe *Aktivurlaub*). Wer die zahlreichen Flüsse mit dem Kanu befahren möchte, muß sein eigenes Boot mitbringen oder versuchen, privat eines auszuleihen, weil der Verleih von offizieller Seite nur an einer Stelle möglich ist:

Adventure Sport Centre
Creeslogh
Co. Donegal

Unterkommen

Jugendherbergen

Die irische «Youth Hostel Association», auf gälisch «An Óige», betreibt in der Republik 53 Jugendherbergen, die meist sehr schön gelegen sind. Während der Saison und an Wochenenden ist es sinnvoll, im voraus zu buchen. (Unten angegebene Adressen nehmen Vorbestellungen an.) Mehr als drei Nächte hintereinander kann man in Herbergen nicht bleiben. Schlafsäle sind nach Geschlechtern getrennt. Alle Herbergen haben Küche und Möglichkeit zur Selbstverpflegung. Die Mitgliedschaft in der «International Youth Hostel Federation» (internationaler Jugendherbergsausweis) ist obligatorisch. Die Übernachtungspreise liegen zwischen 8 Mark für Leute über 21 Jahren und 6 Mark für Jüngere.
Genaue Liste der Jugendherbergen:
An Óige
39 Mountjoy Square
Dublin 1
Tel. 01/745734

für Nordirland:
Y.H.A.N.I.
56 Bradbury Place
Belfast
Tel. 084/2224733

Bed and breakfast

Zimmer mit Frühstück gibt es überall, in Städten, Dörfern und ganz abgelegenen Gebieten. Im Sommer rückt die Familie zusammen, um für Gäste Platz zu schaffen. Gefrühstückt wird im Eßzimmer der Familie, die sich weitgehend im Hintergrund hält. Die Frau des Hauses ist sehr um das Wohl ihrer Gäste bemüht. Die Preise liegen zwischen 20 und 30 Mark pro Person. Ein warmes Bad oder eine heiße Dusche wird extra berechnet.

In Nordirland sind die B & B nicht so zahlreich wie in der Republik. Eine genaue Übersicht gibt die Broschüre *All the places to stay*, Northern Irish Tourist Board (Hg.).

Cottages

Da viele Iren einen trockenen Bungalow den im Winter schlecht heizbaren und feuchten Cottages vorziehen, stehen diese oft zur Vermietung frei. Im alten Stil – ein großer Raum mit offener Feuerstelle im Erdgeschoß und zwei bis drei kleine Schlafräume im Obergeschoß – gewährleisten diese Unterkünfte einen sehr autonomen Urlaub. Sie sind voll eingerichtet, so daß Selbstversorgung möglich ist. Die Preise liegen in der Saison zwischen 250 und 300 Mark wöchentlich, meist inklusive Torf. In der Nebensaison sind die Cottages wesentlich billiger.

Übersicht bietet die Broschüre *Discover Ireland – Self Catering* Holidays in Cottages, Castles, Houses, Bungalows, Chalets, Flats and Apartments
Bord Fáilte (Hg.)

Hilfreich ist es auch, im örtlichen Supermarkt oder in anderen Geschäften nachzufragen.

Hotels

Es gibt viele schöne, aber auch schreckliche Hotels in Irland. In gut restaurierten Schlössern oder Herrenhäusern läßt sich ebenso absteigen wie in modernen Glaskonstruktionsbauten. Was sie alle gemeinsam haben, sind die hohen Preise. Unter 60 Mark pro Person und Nacht ist nichts zu machen.

Campen

Irland ist eines der wenigen europäischen Länder, in denen das wilde Zelten erlaubt ist. Es empfiehlt sich jedoch, den Bauern oder auffindbare Anwohner von dem Vorhaben in Kenntnis zu setzen. Für zivilisationsgeschädigte Städter ist es oft gar nicht leicht, diese Freiheit auch zu nutzen. Angst zu haben braucht man nicht, wildstehende Zelte werden in Ruhe gelassen, meist kommt ohnehin niemand vorbei. Wer seine Angst nicht so schnell abbauen kann

und etwas Komfort wünscht, kann auf die zahlreichen Campingplätze ausweichen. Eine genaue Übersicht liefert die Broschüre:
Caravan and Camping Parks
Bord Fáilte (Hg.)

Essen und Trinken

Eßkultur

Für anspruchsvolle Esser ist Irland ein schlechtes Reiseland. Ein Volk, das immer nur das Nötigste zum Leben hat, kann nur schwer eine Eßkultur entwickeln. Ungewohnten Nahrungsmitteln gegenüber sind die Iren sehr mißtrauisch. Nach der Saison schrumpft das Angebot im Supermarkt wieder auf das Notwendigste. Fleischergeschäfte sind fast so zahlreich wie die Pubs. Fleisch liegt im Preis ähnlich wie in Deutschland, sein Verzehr ist aber durch übermäßige Benutzung von Antibiotika auf Dauer nicht ganz risikofrei.

Kartoffeln, Karotten und Kohl findet man ebenso wie Äpfel, Bananen und Orangen auch in abgelegenen Landesteilen. Schwierig ist es mit Salat, Kräutern und frischem Gemüse, Käse, Wurst und Kaffee. Obwohl eine Insel, ist auf Irland kaum Fisch zu bekommen. Die Fänge gehen direkt ins Ausland. In den letzten Jahren gibt es zunehmend Naturkostläden oder entsprechende Abteilungen in Supermärkten.

Restaurants

Restaurants sind in Irland eine Neuerscheinung – aber in fast jedem Hotel wird für Besucher ein Menu angeboten. Zu achten ist auf Touristenmenus. Sie sind qualitativ gut und liegen im Preis zwischen 15 und 20 Mark.

Frühstück

Zum obligatorischen irischen Frühstück gehören: Orangensaft, Cornflakes oder Porridge (Haferbrei) zur Auswahl, gebratener Speck, ein oder zwei gebratene Würstchen, eine gebackene Tomate und ein Spiegelei. Toastbrot, Sodabrot, Marmelade, Butter, Tee oder Kaffee (meist Pulverkaffee).

Lunch

Den Lunch nimmt man zur Mittagszeit in Hotels oder Restaurants ein. Man kann durchaus ein volles Menu verlangen, üblich ist jedoch eine kleinere Zwischenmahlzeit.

Afternoon Tea

Eine große Kanne Tee, Gebäck und

Sandwiches gibt's in jedem Coffeeshop, eventuell auf Anfrage im B & B, in Hotels.

High Tea

Neben der Kanne Tee wird ein vollständiges warmes Mahl serviert.

Dinner

Dinnerzeit ist zwischen 19 und 21 Uhr. Je nach Lizenzen auch Weinausschank, in manchen Restaurants kann man die eigene Flasche Wein mitbringen, ansonsten muß man sich mit Wasser oder Tee begnügen.

Zwischenmahlzeiten

Für den Hunger zwischendurch: Fast überall kann man portionsweise Sandwiches bestellen. «Take Away» sind sehr verbreitet und bieten die üblichen Pommes mit Zubehör an. Wenige Pubs servieren kleine Imbisse. Normalerweise ist in Kneipen außer Chips und Erdnüssen nichts zu bekommen.

Trinken

Berühmt ist der Tee, der sein Aroma in bestem irischen Wasser voll entfalten kann. Aber auch ohne Tee ist das Wasser zum Trinken sehr gut geeignet und äußerst schmackhaft.
Es gibt verschiedene Biersorten. Stout: das dunkelste und schwerste; Porter: fast genauso dunkel, aber leichter; Ale: heller und mit weniger Alkohol; Lager: mit dem deutschen Export vergleichbar. Cider ist ein schmackhaftes, leicht alkoholisches durstlöschendes Getränk aus Äp-

feln. Natürlich ist der irische Whiskey berühmt, er kommt erst nach sieben Jahren Lagerung auf die Theke und ist von bester Qualität. Aus schwarzem Kaffee, irischem Whiskey und geschlagener Sahne wird der berühmte «Irish Whiskey» gezaubert. Sämtliche anderen auf dem Kontinent bekannten Getränke sind auch in Irland zu überhöhten Preisen zu bekommen.

Daten, Fakten, Organisatorisches

Öffnungszeiten

Frühaufstehen sollten sich Besucher in Irland schnell abgewöhnen. Lebendig wird es erst am Morgen gegen 10 Uhr. Nicht nur die Geschäfte öffnen erst um diese Stunde, auch in den Büros, Museen, Büchereien und Ämtern ist vor dieser Zeit kaum jemand anzutreffen. Die Kramläden auf dem Lande sind vom späteren Morgen bis zum Schlafengehen geöffnet, und das sieben Tage die Woche. In Dörfern oder Kleinstädten öffnen sämtliche Geschäfte gegen 10 Uhr und schließen zum Lunch um 13 Uhr, von 14 bis 18 Uhr geht es dann weiter.

An einem Nachmittag in der Woche haben alle Läden geschlossen (nach dem «Half day» erkundigen).

Banken: Mo.–Fr. 10.00–12.30 und 13.30–15.00

Post: Mo.–Sa. 9.00–18.00

Apotheken: Mo.–Fr. 9.00–18.00
Sa. 9.00–13.00

(Ausnahmen bestätigen die Regel).

Pubs: Die Öffnungszeiten der Pubs sind streng reglementiert und werden nach außen auf jeden Fall eingehalten, denn Strafen fürs Überschreiten der Schankzeit sind empfindlich hoch. Nach der Polizeistunde – an Wochentagen um 23.30 Uhr – ist nirgendwo mehr Einlaß. Am Sonntag ist es sogar schon um 22 Uhr mit dem Trinken vorbei. Im Winter, von Oktober bis Mai, wird die Sperrstunde noch eine halbe Stunde vorverlegt.

In Nordirland sind sämtliche Pubs am Sonntag geschlossen. Wer gar nicht aufs Trinken verzichten möchte, muß in einem Lizenzrestaurant ein Essen einnehmen, zu dem Alkohol serviert wird.

Feiertage

Es gelten die üblichen katholischen Feiertage wie Weihnachten, Neujahr, Ostern. Dem Nationalheiligen St. Patrick ist der 17. März als Feiertag gewidmet. Pfingsten als kirchliches Fest liegt im irischen Kalender an einem anderen Datum. Dreimal im Jahr ist «Bank Holiday» – der erste Montag im Juni, August und Oktober verlängert die Wochenenden. Wer zu diesem Zeitpunkt nach einer Unterkunft sucht, kann böse Überraschungen erleben. Unbedingt vorbuchen! Über die vielen lokalen Festivals geben der *Calender of events* (erhältlich in jedem Tourist Office) und die lokalen Zeitungen Auskunft.

Post

Mit Postämtern ist die Insel gut ausgestattet. Es dauert allerdings fünf bis sieben Tage, bis Briefe oder Karten ihren Ankunftsort auf dem Kontinent erreichen, Päckchen brauchen zwei bis drei Tage länger. Die

Portogebühren sind hoch und steigen bei Päckchen mit jedem Gramm Gewicht. Deshalb genau nach Porto pro Gewicht erkundigen und lieber viele kleine Päckchen packen als ein großes.

Telefonieren

Das Telefonnetz ist noch sehr unterentwickelt. Außer Dublin sind nur einige Großstädte an das Selbstwählnetz angeschlossen. Normalerweise vermittelt noch der «Operator», was das Telefonieren äußerst zeitaufwendig macht, egal ob innerhalb des Landes oder bei Auslandsgesprächen. Doch das System hat auch seine Vorteile – wenn man eine Nummer nicht weiß oder sonst nicht zurechtkommt, kann man sich notfalls *immer* vom Operator vermitteln lassen. Dort, wo im Adreßteil die Vorwahl fehlt und statt dessen ein Ortsname angegeben ist, *muß* man meist über den Operator gehen, da die betreffenden Orte noch nicht ans

Selbstwählnetz angeschlossen sind. Achtung – auch das Telefonieren ist ein kostspieliges Unternehmen.

Diplomatische Vertretungen

Bundesrepublik:

Irische Botschaft
Godesberger Allee 119
5300 Bonn 2
Tel. 0228/376937–39

Irisches Konsulat
Ernst-Reuter-Platz 10
1000 Berlin 10, IV
Tel. 030/3421861
oder
Mauerkircher Straße 1A
8000 München 80
Tel. 089/985723-4
oder
An der Schleifmühle 29
2800 Bremen 1
Tel. 0421/321373

Österreich:

Irische Botschaft
Hilton Hotel
P.O. Box 139
1030 Wien
Tel. 0222/754246–47

Schweiz:

Irische Botschaft
Eigerstraße 71
3007 Bern
Tel. 031/462353

Für Nordirland sind die britischen Konsulate zuständig –
Bundesrepublik:

Praktische Tips

Britische Botschaft
Friedrich-Ebert-Allee 77
5300 Bonn

Britische Konsulate in Frankfurt,
Hamburg, Hannover, München und
Düsseldorf

Österreich:

Britische Botschaft
Resinerstraße 40
1030 Wien 3

Britische Konsulate in Innsbruck
und Wien 1

Schweiz:

Britische Botschaft
Thurnstraße 40
3005 Bern

Irland:

**Botschaft der Bundesrepublik
Deutschland**
43 Ailesbury Road
Dublin 4
Tel. 01/693011

Deutsches Konsulat
c/o Michael Corkery
Camden House
Camden Quay
Cork
Tel. 021/509367
oder
c/o J. Lyons
2 Upper Hartstonge Street
Limerick
Tel. 061/44480

Botschaft von Österreich
15 Ailesbury Road
Dublin 4
Tel. 01/694577

Botschaft der Schweiz
6 Ailesbury Road
Dublin 4
Tel. 01/692515

Maße und Gewichte

Seit einigen Jahren sollen die Maße
und Gewichte den kontinentalen
Maßeinheiten angeglichen werden,
aber noch immer herrschen die britischen vor. Im Alltag ist das oft recht
irritierend.

Längenmaße:
1 mile = 1,61 km
1 yard = 91,44 cm = 3 feet
1 foot = 30,48 cm = 12 inches
1 inch = 2,54 cm

Flächenmaße:
1 square yard (sq.yd.) = 0,84 qm
1 acre = 0,40 ha
1 square mile (sq.m.) = 2,59 qkm

Hohlmaße:
1 pint = 0,57 l
1 gallon = 4,54 l = 8 pints
1 barrel = 1,63 hl = 36 gallons

Gewichte:
1 ounce (oz) = 28 g
1 pound (lb) = 453 g
1 quarter = 17,7 kg

Thermometer

Zwar wird inzwischen nach dem De-
zimalsystem gerechnet, Temperatu-
ren werden jedoch noch immer in
Fahrenheit angegeben.

C	F		F	C
10 =	50		0 =	−18
20 =	68		20 =	− 7

30 = 86   30 = 4
37 = 98,6   60 = 16
40 = 104   80 = 27

Elektrische Geräte

Irland hat 220 Volt Wechselstrom, jedoch andere Stecker. Die entsprechenden Adapter sind in jedem Hardwareshop zu bekommen. Glühbirnen werden mit Bajonettverschluß eingesetzt, inzwischen gibt es aber auch die kontinentale Schraubbirne.

Notfälle

Unfälle

Die Polizei, die Garda, hält sich in Irland angenehm im Hintergrund. Bei kleinen Autounfällen auf dem

Land versucht man zunächst, ohne Polizei auszukommen. Gibt es keine Einigung, informiert der «Operator» (siehe Telefonieren) die Polizei. Der Notruf lautet: 999

Bei Schwierigkeiten hilft und informiert:
Irish Visiting Motorists Bureau
5–9 South Frederick Street
Dublin 2
Tel. 01/77 45 69 oder 71 94 43

Diebstahl

Im Falle eines Diebstahls (kommt bislang nur in Städten vor) zur nächsten Wache gehen und den Vorgang melden. Darauf achten, daß ein Formular oder handgeschriebener Bericht ausgestellt wird, ohne den die Reisegepäckversicherung nicht bereit ist zu zahlen.

Drogen

Sämtliche Drogen außer Nikotin und Alkohol sind illegal, bei Verstoß gegen die Bestimmungen sind die Strafen sehr empfindlich. Die Behörden gehen in den letzten Jahren äußerst streng gegen Grasanbauer vor.
Sollte es Schwierigkeiten mit dem Drogengenuß geben, können Reisende in Dublin Hilfe finden.

Drug Advisory Centre
Hospital Jervis Street
Jervis Street
Tel. 01/75 84 12 oder 72 33 55

Aktivurlaub

Eine Vielzahl von Sportarten und anderen Freizeitbeschäftigungen machen aus einem Urlaub in Irland mehr als ein passives Entspannen.
Möglichkeiten für Wassersport sind sehr umfangreich.

Segeln

Segelschulen haben sich an geschützten Meeresbuchten niedergelassen. Sie bieten Segelkurse und

Boote zu mieten an. Die Segelscheine und -kurse werden allerdings vom Deutschen Seglerverband nicht anerkannt.

Informationen erteilen folgende Institutionen:

The Irish Yachting Association
87 Upper Georges Street
Dun Laoghaire
Co. Dublin
Tel. 01/800239

The Irish Association for Sail Training
Confederation House
Kildare Street
Dublin 2
Tel. 01/779801

National Sea Training Centre
66 Lower Leeson Street
Dublin 2
Tel. 01/764416

Für Nordirland:
Strangford Sailing School
23 Killinchy Street
Comber
Co. Down
Tel. 0247/872458

Ulster Sailing School
The Harbour
Carrickfergus
Co. Antrim
Tel. 09603/65022

Surfen und Windsurfen

Surfen ist an den unzähligen Sandstränden ein wahrer Genuß. Die Wassertemperaturen sind so niedrig, daß man auf einen Gummianzug nicht verzichten kann.

Irish Surfing Association
Mr. B. V. Britton
266 Sutton Park
Sutton
Dublin 13
Tel. 01/326621 (privat)
042/73170 (Büro)

Für Nordirland:
Graigavon Water Sports Centre
Graigavon Lake
Portadown
Co. Armagh
Tel. 0762/42669

Tauchen

Taucher finden vor allem in den Gewässern an der Westküste eine vielfältige Unterwasserflora und -fauna. Genaue Informationen erteilt:

Irish Underwater Council
60 Lower Baggot Street

Dublin 2
Tel. 01/78 58 44

Wasserski

Irish Water Ski Association
Mr. S. Kennedy
7 Upper Beamont Drive
Ballintemple
Cork
Tel. 021/29 24 11
oder
Mr. A. Dagg
Finsbury Park
Dublin 14
Tel. 01/95 14 41

Rudern

Irish Amateur Rowing Union
Mrs. Lorna Siggins
40 Crannagh Road
Rathfarnham
Dublin 14
Tel. 01/90 60 01 (privat)
01/68 97 70 (Büro)

Kanufahren

Irish Canoe Union
4/5 Eustace Street
Dublin 2
Tel. 01/71 96 90

Schwimmen

Auf Grund der Gezeiten entstehen
sehr starke Strömungen, die auch erfahrene Schwimmer in Gefahr bringen. Nie allein zu weit hinaus-
schwimmen! Allein 1983 sind 70
Menschen ertrunken.
Nacktbaden ist strikt verboten!

Fischen und Angeln

Angelmöglichkeiten gibt es reichlich
in den vielen Flüssen, Seen und im
Meer.
Drei Arten des Angelns werden
unterschieden:
Das Angeln von Nicht-Salmoni-
den (coarse angling) beschränkt sich
auf alle Flußfische außer Lachs und
Forelle. Die anderen Spezies können das ganze Jahr hindurch ohne
Angelschein gefischt werden. Um
ihnen einen gewissen Schutz zu bieten, ist es verboten, mit mehr als
zwei Angeln gleichzeitig und mit lebenden Ködern zu angeln.
Die häufigsten Fischarten sind:
Hecht (pike), Aal (eel), Barsch
(perch), Rotauge (roach), Schleie
(tench), Karpfen (carp).
Angeln von Salmoniden (game
fishing). Diese Art des Angelns beschränkt sich auf folgende Fische:
Lachs (salmon), Braun- bzw. Bach-
forelle (brown trout), Meerforelle
(sea trout), Regenbogenforelle
(rainbow trout). Die Schonzeiten
sind von Art zu Art und regional unterschiedlich. Da die meisten
Gewässer im Privatbesitz sind, muß
neben der Lizenz eine Gebühr ent-
richtet werden. Am besten immer
vor Ort genau erkundigen (Tourist
Office oder Hotels). Niemals mehr
angeln, als zum persönlichen Gebrauch benötigt wird!
Angeln im Meer (sea angling): Das
Angeln der vielfältigen Meeresfische
vom Boot aus ist eine besondere
Attraktion. In den meisten Häfen-
stehen Boote und erfahrene Mitang-
ler zur Verfügung. Detaillierte Informationen über die verschiedenen
Fischsorten, Angelwettbewerbe,

Festivals, Gezeitentabellen und Übersichtskarten gibt die Broschüre *Sea Angling* Bord Fáilte (Hg.)

Die Umweltverschmutzung hat auch irischen Gewässern zugesetzt. Es ist ratsam, sich vorher nach der Verschmutzung zu erkundigen (siehe auch Kapitel: «*Ökologie*»).

Pferdesport

Für Pferdezucht ist Irland bekannt. Groß ist die Auswahl an Gestüten, Reitställen und Reitschulen. Neben dem Reiten gibt es die Möglichkeit, Polo zu spielen oder an Meutejagden teilzunehmen. Sehr ausführliche Informationen gibt die Broschüre *Equestrian Guide* Bord Fáilte (Hg.)

Wer Gestüte und die Pferdeindustrie genauer kennenlernen möchte, wende sich an:

Bord na gCapall / Irish Horse Board
St. Mealruan's
Tallaght
Co. Dublin
Tel. 01/51 01 22

Golf

Diese in Deutschland noch immer elitäre und teure Aktivität ist in Irland eher Volkssport. 300 zum größten Teil gut gepflegte Golfplätze sind sehr besucherfreundlich. Zubehör ist fast überall auszuleihen, und für Anfänger und Fortgeschrittene stehen Lehrer zur Verfügung. Eine Übersicht über Lage, Zustand und Preise gibt die Broschüre *Irish Golf Courses* Bord Fáilte (Hg.)

Tennis

Tennisplätze gibt es in fast allen größeren Orten. Meist haben auch Hotels eigene Plätze. Gäste sind gegen entsprechende Gebühr überall zugelassen, leider sind jedoch die meisten Plätze Hartplätze.

Bergsteigen

Die irischen Berge sind zwar nur bis zu 1000 Meter hoch, sie bieten dennoch ideale Möglichkeiten zum Wandern und Bergsteigen. Noch ist diese Sportart in Irland nicht richtig entdeckt, deshalb fehlen Schutzhütten und Rasthäuser. Es gibt aber inzwischen detailliertes Kartenmaterial und Tourenbeschreibungen. *Irish Walk Guides* Bord Fáilte (Hg.) (5 Bände)

Weitere Auskunft erteilt:
Federation of Mountaineering
Mrs. F. O'Donoghue
20 Leopardtown Gardens
Blackrock
Co. Dublin

Ferienkurse organisiert:
Association for Adventure Sports (A.F.A.S.)
Tiglin Adventure Centre
Ashford
Co. Wicklow
Tel. 04 04/41 69

Orientierungswandern

Mischung aus Wandern und Kartenlesen.

Irish Orienteering Association
c/o COSPOIR

Hawkins House
Dublin 2

Drachenfliegen

Berge und Täler bieten ideale Bedingungen für Drachenflieger. Es gibt gesetzliche Bestimmungen, die mit der «Irish Hang Gliding Association» geklärt werden müssen. Dort ist auch gutes Kartenmaterial für diese Zwecke erhältlich.

Irish Hang Gliding Association
Mr. R. Gillham
31 Clonar Drive
Dundrum
Dublin 14
Tel. 01/980558

Für Nordirland:
Ulster Hang Gliding Club
Mr. D. Dick
11 Sinclair Road
Bangor
Co. Down
Tel. 0247/55764

Tontaubenschießen

«Clay Pidgeon Shooting» ist in Irland bei Männern sehr beliebt. Nähere Auskünfte:

Irish Clay Pidgeon Shooting Association
Dr. J. Woodcock
20 Butterfield Drive
Rathfarnham
Dublin 14
Tel. 01/745588

Ornithologie

Klima und Landschaft bieten Lebensraum für unzählige Vogelarten.

Exkursionen und Informationsveranstaltungen organisiert:

Irish Wildbird Conservancy
Mr. R. Nairn
Southview
Church Road
Greystones
Co. Wicklow
Tel. 01/875759

Für Nordirland:
Royal Society for Protection of Birds
Belvoir Forest Park
Belfast
Tel. 084/692547

Kunsthandwerk

Die Tradition vieler verschiedener Kunsthandwerke ist heute noch in Irland lebendig. Wer einen Web-, Töpfer-, Glasbläser- oder anderen Handwerkskurs mitmachen möchte, wende sich an:

Crafts Council of Ireland
Thomas Prior House
Ballsbridge
Dublin 4

Töpferkurse in Nordirland:
Moyallon Ceramics
Mr. D. Lavery
Stranmore Road
Gilford
Co. Armagh
Tel. 0762/831714 oder 831315

Sprachen lernen

Es gibt zwar viele verschiedene Dialekte, aber dennoch wird den Iren nachgesagt, ein sehr gutes Englisch zu sprechen. Auch für Leute, die Interesse haben, die aussterbende Sprache des Gälischen zu lernen, gibt es Möglichkeiten.

Englisch:
Institute of Irish Studies
6 Holywood Park
Dublin 4
Tel. 01/692491

Dublin School of English
11 Westmoreland Street
Dublin 2
Tel. 01/773322

Language Centre of Ireland
9 Grafton Street
Dublin 2
Tel. 01/716266

Gälisch:
Summer School Office
University College Galway
Galway
Tel. 091/24411

Ausführliche Auskunft über Lernangebote für Jugendliche in Sommercamps, Sprachschulen, Musikschulen geben die Broschüre *Discover Young Ireland*, herausgegeben von der «Travel Section» der **Dublin Tourism – Education Group**
14 Upper O'Connell Street
Dublin 1
Tel. 01/747733
und
The Guide to Study in Ireland for Foreigners
Morrigan Book Company, Dublin 1983
(Übersicht: Sommerschulen, irische Studien, Englisch als Fremdsprache, Au pair, Austausch.)

Working Camps

Hier geht es um Mitarbeit beim Restaurieren alter Gemäuer, beim Bau von Kinderspielplätzen und bei anderen sinnvollen Aus- und Aufbauarbeiten. Täglich drei bis vier Stunden ehrenamtliche Arbeit und Kennenlernen netter Leute. Auskunft erteilt:

Comhcairdeas (Irish Workcamp Movement)
22 Esses Quay
Dublin 7 .
Tel. 01/773752

Voluntaray Service International
4/5 Eustace Street
Dublin 2
Tel. 01/719067

Internationaler Bauorden
Deutscher Zweig
Postfach 770
6520 Worms
Tel. 06241/3195

Wer auf Bauernhöfen mit organischem Anbau mitmachen möchte und an einem Erfahrungsaustausch interessiert ist, wende sich an:

Working Weekends on Organic Farms (WWOOF)
c/o Gill Wenlock
Shanballymore (Nähe Mallow)
Co. Cork

Für Nordirland:
WWOOF
Elisabeth Strachan
Holywood
Co. Down

Antikes

Unzählige Relikte aus vergangener Zeit machen Irland für Archäologen, Historiker und geschichtsinteressierte Menschen zu einer wahren Fundgrube.

Ebenso wie gut erhaltene Gräber und Dolmen aus der Steinzeit finden sich Siedlungs- und Verteidigungsanlagen aus der Eisen- und Bronzezeit.

Klöster, Kirchen, Schlösser und Burgen gibt es in ebensolcher Vielzahl wie Rundtürme und Hochkreuze.

Beschreibung und Auskunft über die «wichtigsten» Sehenswürdigkeiten gibt die Broschüre
Irlands Heritage
Bord Fáilte (Hg.).

Minibibliothek

Reiseführer

Grieben *Irland*. München 1978
Konventioneller Reiseführer, schließt unterschiedliche Informationen zusammen. Neben Reiserouten auch geschichtliche Beschreibungen und Tips.

Polyglott *Irland*. München 1980/81
Materialreicher konventioneller Reiseführer, übersichtlich geordnet, viele Orientierungskarten.

Irland selbst entdecken. Regenbogenverlag, Zürich 1983
«Alternativer» Reiseführer für sogenannte «Traveller». Viele Adressen und Tips.

DuMont Kunst-Reiseführer *Irland*. Köln 1979
Reiseführer für rein geschichtsinteressierte Leute.

Blue Guide *Ireland*. London 1979
Englischsprachiger detaillierter Reiseführer mit vielen Karten und Routenbeschreibungen.

Sybil Taylor *Ireland's Pubs – The life and love of Ireland through its finest pubs*. Penguin, Harmondsworth 1983

Brigitte Engel *Irischer Abenteuer Almanach*. Umschau Verlag Breidenschein, Frankfurt 1981
Reiseführer für Aktivurlauber. Tips und Adressen zum Fischen, Wandern, Reiten usw.

Ireland Guide. Bord Fáilte, Dublin 1979
Englischsprachiger übersichtlicher Reiseführer mit allgemeinen Hinweisen über Land und Leute und sehr detaillierten Beschreibungen von Regionen und Routen.

Reisebücher

Margit Wagner *Irland*. Prestel Verlag, München 1963
Ein sehr persönliches Reisebuch. Verzichtet auf systematische Vollständigkeit, deckt jedoch mit den Reisebeschreibungen die meisten Regionen ab. Einfühlungsvermögen für Land und Leute.

Andersch – Warner – Andersch *Irland. Eine Entdeckung*. Ullstein, Berlin 1977
Eine sensible Beschreibung irischen Lebens und irischer Geschichte. Vorwort von Alfred Andersch, Fotos von seinem Sohn Michael.

A. E. Johann *Irland – Heimat des Regenbogens*. Bertelsmann, Gütersloh 1979
Persönliche Reisebeschreibungen. Schwergewicht liegt auf Landschaftsbeschreibungen und dem Verstehen der irischen Mentalität.

Tony Gray *5mal Irland*. Piper, München 1981
Versuch einer Einschätzung der irischen Geschichte, Politik, Kultur und Gegenwart aus der Sicht eines gebürtigen Iren.

Tomás O'Crohan *Die Boote fahren nicht mehr aus*. Aus dem Englischen von Annemarie und Heinrich Böll, Lamuv, Bornheim 1983
Bericht eines «einfachen» Fischers, der sein Leben auf der Großen Blasket-Insel (Dingle) beschreibt. Das Bild der untergegangenen gälischen Welt.

Geschichte

Ireland for Beginners. Writers and Readers, London 1983
Englischsprachiges Geschichtsbuch in Comic-Form.

Robert Kee *Ireland. A History*. Abacus Edition, London 1982
Englischsprachiges, gut verständliches kritisches Geschichtsbuch.

C. Barry Hyams *Irland im 19. Jahrhundert*. Forschungsstelle für Arbeitsemigration, Marburg 1977
Analyse des 19. Jahrhunderts und der Auswirkungen auf die heutige Zeit.

Terence Brown *Ireland – A Social und Cultural History 1922–1979*. Fontana, Glasgow 1981
Kritische Sozialgeschichte und Auseinandersetzung mit irischen Mythen.

Frederik Hetmann *Eine schwierige Tochter*. Benziger, Zürich / Köln 1980
Ein wichtiger irischer Zeitabschnitt (Ende des 19. und Anfang des

20. Jahrhunderts), beschrieben an Hand der persönlichen Entwicklung einer berühmten irischen Frau, Comtesse Markievicz.

Taylor Downing (Hg.) *The Troubles – The Background to the question of Northern Ireland*. Thames/Futura Publishers, London 1980
Verständliche Darstellung der Geschichte, die zum Nord-Süd-Konflikt führt, so wie er heute in Irland besteht.

Dervla Murphy *A Place Apart*. Penguin, Harmondsworth 1978
Persönliches Reisebuch über Nordirland. Der Versuch, dem Konflikt auf die Spur zu kommen.

Nell McCafferty *Belagert, eingesperrt und nicht mehr aufzuhalten – Republikanische Frauen in Nordirland*. Frauenbuchverlag, München 1982
Erschütternde Berichte von Frauen, die in Nordirland versuchen, trotz Kriegszustand ein menschenwürdiges Leben zu führen.

Wieland Giebel *Das kurze Leben des Brian Steward – Alltag im irischen Bürgerkrieg*. Elefantenpress, Berlin 1981

Weitere Literatur zum Nordirland-Konflikt:
WISK Westdeutsches Irland-Solidaritäts-Komitee
6370 Oberursel 5
Postfach 35

Literatur

Leon Uris *Trinity*. Heyne, München 1980
Ein halbes Jahrhundert irischer Geschichte in Romanform.

James Plunkett *Manche, sagt man, sind verdammt*. Rowohlt, Reinbek bei Hamburg 1980
Die deutsche Übersetzung des Romans *Strumpet City*. Milieuschilderung Dubliner Docker zu Beginn des 20. Jahrhunderts.

Irische Erzähler der Gegenwart. Reclam, Stuttgart 1980
28 Erzählungen der meistgelesenen irischen Schriftsteller/innen. Eine gute Einführung in irische Literatur.

Liebesgeschichten aus Irland. Diogenes, Zürich 1969
20 ausgewählte Liebesgeschichten geben literarischen Einblick in irische Moral und irisches Alltagsleben.

Sean O'Casey *Autobiographie*. Diogenes, Zürich 1978

Frank O'Connor *Gesammelte Erzählungen*. Diogenes, Zürich 1975

Edna O'Brien *Das Mädchen mit den grünen Augen*. Diogenes, Zürich 1981

Schallplatten

Eine akustische Einführung in Stilarten und Instrumente der *traditional music* geben:
Cathal McConnell *Lough Erne's Shore*. Topic I2TS 377

319

Lieder und Flötenstücke aus dem County Fermanagh.
Len Graham *Do Me Justice*. Claddagh CC37
Songs aus Ulster.

Padraig O'Keeffe, Denis Murphy, Julia Clifford *Kerry Fiddles*. Topic I2T 309
Geigenmusik vom Sliabh Luachra.

Noel Hill & Tony Linnane. Tara 2006
Stücke für Geige und verschiedene Instrumente.

Tommy Peoples. Comhaltas CL 13
Geigenmusik aus Donegal.

Willie Clancy, The Minstrel from

Clare. Topic I2TI75
Verschiedene Flöten und Songs aus Clare.
Classic Recordings of Michael Coleman. Shanachie 33006
Geigenmusik aus Sligo.

Landkarten

Es lohnt sich in jedem Fall, neben einer Übersichtskarte etwas mehr Geld für detaillierte Regionalkarten auszugeben.

Die in 25 Gebiete eingeteilten Landkarten des «Ordnance Survey» sind äußerst übersichtlich. Es gibt sie für den jeweiligen lokalen Bereich in fast jedem Zeitungsladen, Hardwareshop oder Supermarkt.

Adressen

Nordwesten
Counties: Donegal, Leitrim

Touristeninformation

Tourist Information
Derry Road
Letterkenny
Donegal
Tel. 074/211 60
Ganzjährig geöffnet

Lokalzeitungen

«Donegal Democrat»
Tirconall Street

Ballyshannon
Donegal
Tel. 072/65201
Erscheint freitags.

«The Donegal People's Press»
Wine Street
Sligo
Tel. 071/2633 und 2887
Erscheint freitags.

«Leitrim Observer»
St. Georges Terrace

Carrick on Shannon
Leitrim
Tel. Carrick on Shannon/25
Erscheint mittwochs.

Museen

Folk Village
Glencolumkille
Donegal
Aus der berühmten Kooperative von Father

McDyer entstandenes, sehr anschauliches Freilichtmuseum mit Coffeeshop und Craftshop.

Art Collection und Museum

Glenveagh National Park
Donegal
Gemäldesammlung bekannter Künstler: Renoir, Picasso, J. B. Yeats und anderen.

Art Gallery

Glenties
Donegal
Lokale Kunstgalerie: Juni bis Sept., 10.00–20.00 Uhr.

Handwerk

Gaeltarra Yarns Ltd.
Kilcar
Donegal
Produziert und vertreibt Garne zum Weben und Stricken.

Judith Hoad
Parkbane
Casheloogary
Inver
Donegal
Stellt unterschiedliche Handarbeiten her.

Niall Mor
Main Street
Killybegs
Donegal
Kunsthandwerksladen, der Produkte lokaler Kunsthandwerker verkauft.

Anthony Hedgecock
Gortahork

Donegal
Bildhauer und Schmied.

Donegal Carpets
Fabrikmanager
Mr. Campbell
Killybegs 21
Donegal
Fabrikbesichtigung nach Vereinbarung.

Drumsna Handcraft Centre
Station House
Drumsna
Leitrim
Irische Handwerkskunst.

Magic Sun Candles
Woodkerne
Drumleage
Leitrim Village
Leitrim
Laden für Kerzen, Kunsthandwerk, diverse Artikel, gleichzeitig Kommunikationsraum.

Frauen

Annagry Co-op Womens Group

Annagry
Donegal

Kooperative der Heimstrickerinnen.

Kooperativen

Atlantis
Innishfree Island
Burtonport
Donegal
Tel. Burtonport/30
Gruppe junger Leute, die auf kleiner Insel organische Landwirtschaft betreiben. Daneben diverse Therapieangebote.

Society for Cooperative Studies in Ireland
Pat Bolger,
c/o County Development Office
Lifford
Donegal
Unterstützt irische Kooperativen, treibt Forschungen zum Thema und bietet Weiterbildungskurse.

Politische Gruppen

Killybegs Local Environment Group (KLEG)
c/o Catherines Road
Killybegs
Donegal
Umweltschutzgruppe.

Donegal Uranium Campaign
Carnowen House
Raphoe
Donegal
Tel. 074/47129
Organisation von 17 lokalen Gruppen, die gegen den Abbau der Uranvorkommen in Donegal kämpfen.

Naturkost und Wochenmärkte

The Natural Way
104 Lower Main Street
Letterkenny
Donegal
Tel. 074/21577
Naturkostladen.

Country Market
Ramelton
Town Hall
Donegal
Freitags, 11.00 Uhr.

Country Market
Town Hall
Carrick on Shannon
Leitrim
Freitags, 16.00 bis 18.00 Uhr.

Country Market
Community Centre
Monarhamilton
Leitrim
Samstags, 11.00 Uhr.

Sport

Moville Regatta
Moville
Donegal
Am ersten Montag im August; Segeln, Rudern, Paddeln, Schwimmen und andere sportliche Aktivitäten.

Moville Races
Moville
Donegal
Pferderennen; jedes Jahr am 15. August.

Rathmullan Regatta
Rathmullan
Donegal
Am ersten Montag im August; populäres Fest.

Festivals

Ballyshannon Folk Festival
Ballyshannon
Donegal
Großes traditionelles Musikfestival am ersten Augustwochenende.

Mary from Dungloe
Dungloe
Donegal
Internationales Festival, Ende Juli bis Anfang August; mit traditioneller Folkmusik.

Letterkenny International Folk Festival
Letterkenny
Donegal
Zusammentreffen von Volkstanzgruppen aus ganz Europa; im August.

(Näheres: Tourist Office, Letterkenny.)

Cairn Fair Festival
Carndonagh
Donegal
Markt und Volksfest im Juli.

Lough Foyle Sea Angling Festival
Greencastle
Donegal
Größtes Seeangelfestival in Donegal; findet immer im August statt.

Tostal Druimseanbhoth
Drumshanbo
Leitrim
Einwöchiges Festival mit traditioneller irischer Musik; Tanz, Kostüme. Im Juni:

Ballinamore Festival
Monragh Park
Ballinamore
Leitrim
Landwirtschaftliche Schau; im August

Shannon Boat Rally
Carrick on Shannon oder Athlone
Leitrim
Ende Juli, Anfang August; Bootsregatta mit kulturellem Beiprogramm.

Ballinamore Drama Festival
Ballinamore
Leitrim
Theaterfestival vieler irischer Gruppen; Anfang März.

Wild Rose Festival
Manorhamilton
Leitrim
Mitte August; großes
Volksfest.

Dromahair Horse Show
Dromahair
Leitrim
Überregionale Pferde-
schau; Anfang Juli.

Westen
Counties: Sligo, Mayo, Galway

Touristeninformation

Tourist Office
Temple Street
Sligo
Tel. 071/61201

Tourist Office
The Mall
Westport
Mayo
Tel. Westport 269 und 101

Tourist Office
Victoria Place
Galway
Tel. 091/63081

Lokale Zeitungen

«Sligo Journal»
High Street
Sligo
Tel. 071/2126
Erscheint dienstags.

«Sligo Champion»
Wine Street
Sligo
Tel. 071/2633 oder 2887/
3440
Erscheint mittwochs.

«Mayo News»
James' Street
Westport

Mayo
Tel. Westport 70
Erscheint donnerstags.

«The Mayo Post»
Redmond Quality Print
Main Street
Castlebar
Mayo
Tel. 094/22231
Erscheint samstags.

«Western Journal»
Garden Street
Ballin
Mayo
Tel. 096/22122
Erscheint dienstags.

«Western People»
Francis Street
Ballina
Mayo
Tel. 096/21188
Erscheint donnerstags.

«Connacht Tribune»
Market Street
Galway
Tel. 091/65181
Erscheint zweimal wö-
chentlich, donnerstags
und freitags.

«The Galway Advertiser»
Shop Street

Galway
Tel. 091/65758 und
65759
Erscheint donnerstags.

«Tuam Herald»
Tuam
Galway
Tel. 093/24183
Erscheint donnerstags.

«Connacht Telegraph»
Ellison Street
Castlebar
Mayo
Tel. 094/21711

Theater

Hawk's Well Theatre
Temple Street
Sligo
Fortschrittliche Thea-
tergruppe.

Druid Theatre Company
Focastle Theatre
Dominic Street
Galway
Tel. 091/68617
Progressive Thea-
tergruppe mit eigener
kleiner Bühne

**Tuam Theatre and Arts
Centre**
5 St. Jarlaths Place
Tuam
Galway
Tel. 093/24386
Kleines Theater mit
Kunstgalerie.

Theatre An Taibhdhearc
Middle Street
Galway
Tel. 091/62024
Irischsprachiges Theater.

Film

Cinegael
Bob Quinn
Carraroe
Galway
Tel. 091/75158
Produziert mit Bewohnern der gälischsprechenden Region Connemaras irische Filme.

Literatur

Yeats International Summer School
Mrs. K. Moran
Yeats Building
Hyde Bridge
Sligo
Tel. 071/2693
Vierzehntägige Sommerschule über Yeats' Werk.

Yeats English Language School
Mrs. H. Tighe
Yeats Building
Hyde Bridge
Sligo
Sommerschule zum Englisch lernen.

Kunst und Kultur

Corrib Conservation Centre
Ross
Rosscahill
Galway
Tel. 091/80166 oder 80122
Wochenend- oder Wochenkurse über Naturgeschichte, Archäologie und Lokalgeschichte; allgemeines Interesse an irischer Kulturgeschichte.

Galway Arts Group
Geraldine Quinn u. Ollie Jennings
Newcastle Park
Galway
Tel. 091/63161
Kunstzentrum, organisiert Kulturveranstaltungen und Festivals.

Galway Arts Centre
Nun's Island
Galway
Kunstgalerie.

Weiterbildung

North West Development Education Project
Icos House
Finisklin Road
Sligo
Weiterbildung zum Thema Weltentwicklung; Schwerpunkt auf Irlands Beteiligung.

Museen

Lissadell House
Drumcliffe
Sligo
Geburtshaus der Revolutionärin Markievicz und ihrer Schwester Eva Gore-Booth.

Aughrim Museum
Mr. M. Joyce
Aughrim
Galway
Lokalmuseum; Schwerpunkt: archäologische Funde.

Mill Museum
Tuam
Shop Street
Galway
Industriemuseum; Schwerpunkt: Getreidemühlen.

Galway City Museum
Spanish Arch
Galway
Umfangreiches Lokalmuseum.

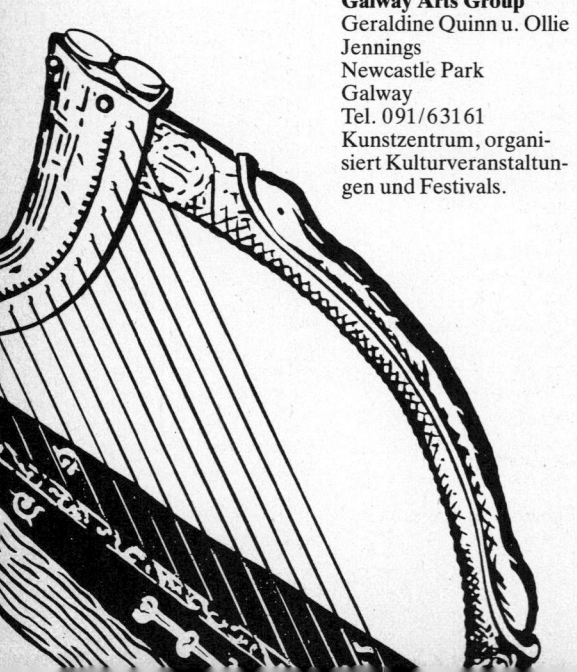

Handwerk

Allen Hardesty
Letterfrack
Galway
Fertigt Patchworkarbei-
ten an.

Poter and Kearns
Roundstone 64
Galway
Herstellung traditioneller
Harfen, Flöten und
«bodhrans».

Alternative Energie

**Natural Power Systems
Ltd.**
Drumcliffe
Sligo
Tel. 071/61150
Herstellung und Vertrieb
von Windgeneratoren,
Wasserturbinen, Wärme-
pumpen und Kompost-
toiletten.

Naturkost und Wochenmärkte

Tir Na nOg
1st Floor 4 Castle Street
Sligo
Naturkostladen.

Country Market
Old Court House
Tubbercurry
Sligo
Freitags, 11.30 Uhr.

Healthwise
Lower Abbey Gate
Galway
Naturkostladen.

Country Market
Market Street
Galway
Umfangreicher Wochen-
markt, Samstag vormit-
tag.

Abbey Kitchen
48 Upper Abbeygate
Street
Galway
Naturkostladen.

Frauen

Galway Womens Group
c/o P.O. Letterpeak
Spiddal
Galway

Schwule

Galway Gay Collective
P.O. Box 45
Eglington Street
Galway
Schwulengruppe.

Politische Gruppen

**Mayo Nuclear Study
Group**
c/o Sue Minish
Inishmala
Killdangan
Westport 399
Mayo
Anti-Atomkraft-
Aktionsgruppe.

**European Peace Lecture
Series**
c/o John M. Raftery
Clondoyle House
Glenamaddy 7
Galway
Vortragsveranstaltungen
in Schulen und Hochschu-
len zur Friedenserzie-
hung.

Festivals

Agricultural Show
Tubbercurry
Sligo
Galway
Neben der Ponyschau
Ausstellung zur Hand-
werkskunst.
Größte Landwirtschafts-
schau im Westen; mit kul-
turellem Beiprogramm;
im August.

Sligo Races
Sligo
Pferderennen im April,
Juni, August.

**Castlebar International
Song Contest**
Castlebar
Mayo
Großes Musikfestival.

Claremorris Festival
Claremorris
Mayo
Tanz- und Musikfestival;
Ende August.

Westport Horse Show
Westport
Mayo
Eine der wichtigsten Pfer-
deschauen im Land; im
Juni.

Horse Racing
Ballybrit Course
Galway
Große Pferderennen im
Juli, September, Okto-
ber; Beiprogramm.

Galway Oyster Festival
Galway
Berühmtes Austernfesti-
val zur Eröffnung der
Austernsaison; Septem-
ber.

Connemara Pony Show
Clifden

Midlands
Counties: Cavan, Laois, Longford, Offaly, Monaghan, Roscommon, Westmeath

Tourist Office
Dublin Road
Mullingar
Westmeath
Tel. 044/8761–3

Lokale Zeitungen

«Anglo Celt»
Cavan
Tel. 049/31100
Erscheint freitags.

«Leinster Express»
Portlaoise
Laois
Tel. 052/21666
Erscheint donnerstags.

«Longford News»
Dublin Street
Longford
Tel. 043/6342
Erscheint freitags.

«Longford Leader»
Longford
Tel. 043/6122
Erscheint freitags.

«Midland Tribune»
Emmet Street
Birr
Offaly
Tel. 0506/21152
Erscheint samstags.

«Northern Standard»
«The Diamond»
Monaghan
Tel. 047/82188
Erscheint freitags.

«Roscommon Herald»
St. Patrick's Street

Boyle
Roscommon
Tel. Boyle/4 und 52
Erscheint freitags.

«Roscommon Champion»
Castle Street
Roscommon
Tel. 0903/6186
Erscheint freitags.

«Midland Topic»
Dublin Road
Mulligar
Westmeath
Tel. 044/8868
Erscheint donnerstags.

«Westmeath Examiner»
10 Domonick Street
Mullingar
Westmeath
Tel. 044/8426
Erscheint samstags.

«Westmeath / Offaly Indenpendent»
Gleeson Street
Athlone
Westmeath
Tel. 0902/2003, 2962 und 4183
Erscheint freitags.

Kunst

Abbey Art Gallery
Northgate Street
Athlone
Westmeath
Wechselnde Ausstellungen.

Museen

Private Folk Museum
(The Pighouse Collection)
Corr House
Cornafean
Cavan
Tel. 049/37248
Besuch nur nach Absprache.

Derragarra Inn Craft Shop and Museum
Butlerbridge
Cavan
Sammlung alter Haushaltsgeräte.

Stradbally Steam Museum
Mr. Byrne
Laois
Tel. 0502/25136
Lokomotivmuseum; Besichtigung nach Vereinbarung.

Diocesan Museum
St. Mel's Cathedral
Longford
Tel. 043/46465
Lokalhistorisches Museum.

Glor na nGael Museum
Carrickmacross
Monaghan
Tel. 042/61398
Lokalmuseum; nur samstags von 8.00 bis 22.00 Uhr geöffnet.

Inniskeen Folk Museum
Inniskeen

Monaghan
Tel. 042/78109
Lokalmuseum; Schwerpunkt: Great Northern Railway, die ehemals durch das Dorf lief.

Monaghan County Museum
The Courthouse
Monaghan
Tel. 047/82211
Lokalmuseum, Archäologie, Eisenbahnen.

Military and Historical Museum
Columb Barracks
Mullingar
Westmeath
Tel. 044/8391–2
Militärs- und Lokalmuseum.

Mullingar Museum
Market House
Market Street
Mullingar
Westmeath
Lokalmuseum mit wechselnden Ausstellungen.

Torfkraftwerk

Torfkraftwerk
Portarlington
Laois
Tel. 0502/23145 oder 23356
Besichtigung nach Voranmeldung möglich.

Wochenmärkte und Naturkost

Harvest Health Foods
80 Main Street
Cavan
Naturkostladen.

Country Market
Macra na Feirme Hall
Mountmellick
Laois
Freitags, 15.00 bis 16.00 Uhr.

Country Market
Portlaoise
Macra na Feirme Hall
New Road
Laois
Freitags, 16.00–18.00 Uhr.

Country Market
Macra na Feirme Hall
Mountrath
Laois
Freitags, 15.00–16.00 Uhr.

Country Market
Longford Town
Longford
Freitags, 13.30 Uhr.

Country Market
Market Square
Tullamore
Offaly
Freitags, 14.30 bis 16.00 Uhr.

Country Market
Main Street
Boyle
Roscommon
Freitags, 10.30 bis 12.00 Uhr.

Kooperativen

Beton Engineering Works Ltd.
Richford
Longford
Tel. Ardagh/17
Herstellung von Wasserturbinen.

Crannog Pottery
Banagher
Offaly
Töpferwerkstatt und Herstellung von Handwebstühlen.

Slieve Bawn Co-Operative Handcraft Market
Strokestown
Roscommon
Tel. Strokestown/58

Hallenbäder

Hallenbad
Main Street
Portarlington
Laois

Hallenbad
Market Square
Longford

Hallenbad
St.Conleth's Road
Edenderry
Offaly

Hallenbad
Wilmer Road
Birr
Offaly

Hallenbad
Ballycumber Road
Clara
Offaly

Hallenbad
Retreat Heights
Athlone
Westmeath

Hallenbad
Annebrook
Mullingar
Westmeath

Adressen

Bootscharter

Book a Boat Ltd.
Clones Road
Belturbet
Cavan
Tel. 0492/2147

Celtic Canal Cruisers Ltd.
24th Lock
Tullamore
Offaly
Tel. 0506/21861

Athlone Cruisers Ltd.
Jolly Mariner
Athlone
Westmeath
Tel. 0902/2892

Festivals

The Fiddler of Oriel Festival
Monaghan
Irisches Musik- und Tanz-
Festival; im Juli.

O'Carolan Festival
Keadue
Roscommon
Folk and Traditional Mu-
sic Festival; im August.

Gesamtirisches Drama Festival
Athlone
Westmeath
Theaterfestival; eine Wo-
che im April.

Dublin City

Tourist Office
14 Upper O'Connell
Street
Dublin 1
Tel. 01/747733

Nationale Tages- und Sonntagszeitungen

«Irish Independent»
«Evening Herald»
«Sunday Independent»
Indenpendent House
90 Middle Abbey Street
Dublin 1
Tel. 01/731666 oder
731333

«Irish Press»
«Evening Press»
«Sunday Press»
O'Connell Street
Dublin 1
Tel. 01/732444
und
Burgh Quay
Dublin 2
Tel. 01/713333

«Irish Times»
D'Olier Street
Dublin 2
Tel. 01/722022

«Cork Examiner»
«Evening Echo»
7 Aston Quay
Dublin 2
Tel. 01/770791

«Sunday World»
18 Rathfarnham Road
Terenure
Dublin 6
Tel. 01/978111

«Sunday Tribune»
4 Beresford Place
Dublin 1
Tel. 01/788577

«In Dublin»
40 Lower Ormond Quay
Dublin 1
Tel. 01/726622, 726030
und 726852

Kunst/Theater/Kultur

The Arts Council
70 Merrion Square
Dublin 2
Tel. 01/764685
Staatliche Institution.

Dublin Youth Theatre
Sean Leahy
Gardiner Street
Dublin 1
Tel. 01/784222
Theaterstücke für junge
Leute, Workshops und
Sommerschule.

Politisch-alternative Theater, Kunstgalerien, Kommunikationszentren:

Grapevine Arts Centre
31 North Frederick Street
Dublin 1

Projects Arts Centre
39 East Essex Street
Dublin 2
Tel. 01/781572

328

Gorey Arts Centre
20 Upper Mount Street
Dublin 2

Musik

Music Association of Ireland
11 Suffolk Street
Dublin 2
Tel. 01/770976

Freebird Record Shop
Grafton Street
Dublin 2
Tel. 01/716354
Ankauf, Verkauf und
Tausch von gebrauchten
Schallplatten und Kassetten.

North Dublin Youth Orchestra
221 Griffith Avenue
Dublin 9

Musical Instrument Makers Guild
85 Irdrone Park
Templeogue
Dublin 16
Tel. 01/941868
Unterstützung bei der
Herstellung von handgemachten Musikinstrumenten.

Folklore

Dublin Folk School
Aonscoil Atha Cliath
Mr. Fogarty
Tel. 01/779152
Organisiert historische
Rundgänge durch Dublin.

Film

Independent Filmmakers
Cathal Black
20 Kevins Road/South

Circular Road
Dublin 8

Politische Gruppen

Irish Sovereignty Movement
111 Meadow Grove
Dundrum
Dublin 16
ISM ist gegen Irlands Anschluß an die EG und
kämpft für die irische
Neutralität.

Ecology Party of Ireland (EPI)
Anthony Carrick
41 Dodder Park Road
Rathfarnham
Dublin 14
Tel. 01/964425
Die Grünen Irlands.

The Green Alliance
15 Upper Stephen Street
Dublin 8

North Dublin Anti Nuclear Group
124 Collins Avenue
Dublin 9

Dawn
168 Rathgar Road
Dublin 6
Herausgeber einer Zeitung für Gewaltlosigkeit,
bürgerliche Freiheiten,
soziale Aktionen.

Umweltschutzgruppen:

Finglas Anti Toxic Group
17 Mellowes Road
Finglas
Dublin

Research Action Group
c/o «In Dublin Magazine»

14 Bachelors Walk
Dublin 1
Die politische Ökologiezeitung «The Red Hering» stammt von der
Gruppe.

Help Eliminate Lead in Petrol (HELP)
91 Lindsay Road
Glasnevin
Dublin 9

Irish Campaign for Nuclear Disarmament (CND)
National Office
16 Lower Liffey Street
Dublin 1
Tel.: 01/730877
Gibt zweimonatlich eine
Friedenszeitung heraus
und verleiht audiovisuelle
Materialien.

The Better Living Centre
47a Ranelagh Road
Dublin 6
Tel. 01/974325

Friedensgruppen:

Campaign Against the Arms Trade
Noel Doyle
39 Anner Road
Inchicore
Dublin 8

Non Violent Study Group
c/o Peace House
45 Kenilworth Road
Harolds Cross
Dublin 6

Pax Christi
50 Lower Camden Street
Dublin 2

Piere Pire Peace Corps
c/o Mrs. G. Fogarty

329

Queen of Peace Guest
House
4a Garville Avenue
Rathgar
Dublin 6

Kooperativen

Irish Co-operative Organisation Society
84 Merrion Square
Dublin 2
Tel. 01/764783 oder
688841
Koordination von landwirtschaftlichen Kooperativen.

Foroige Youth Organisation
Irish Farm Centre
Bluebell
Dublin 12
Tel. 01/501166
Unterstützung Jugendlicher, die Coops gründen
wollen.

The Co-operative Development Society Ltd.
35 Lower Gardiner Street
Dublin 1
Tel.: 01/376465
Information und Koordination für Industrie- und
Arbeiterkooperativen.

Alternative Energie

Water Power Services
13 Marlborough Road
Dublin 4
Tel. 01/680365

Low Energy Systems
3 Larkfield Gardens
Dublin 6
Tel. 01/960653

Untersuchung, Entwicklung und Design für Sonnenenergie.

**Solar Energy
Society of Ireland**
c/o Owen Lewis
School of Architecture
U.C.D.
Earlsfort Terrace
Dublin 2
Tel. 01/752116

**The Development of
Small Hydro-Schemes**
c/o AFF
St. Martins House
Waterloo Road
Dublin 4
Um 1900 gab es in Irland
ca. 2000 Wassermühlen,
die dezentral Energie aus
einer preiswerten regionalen Ressource gewannen. Eine der ersten
Amtshandlungen des
ESB ist es, diese Wasserräder zu schließen und die
Kundschaft ans nationale
Stromnetz zu ketten.

Solar Energy Society
c/o An Foras Taluntais
19 Sandymount Avenue
Dublin 4
Windenergieprogramm.

Bord na Mona
John Croe
Lower Baggott Street
Dublin 2
Torf.

Behinderte

Irish Wheelchair Association
Aras Chuchulain
Blackheath Drive
Clontarf

Dublin 3
Tel. 01/338241

**Irish Association for the
Blind**
8 North Great Georges
Street
Dublin 1
Tel. 01/742349

Union of Voluntary Organisations for the Handicapped
29 Eaton Square
Monkstown
Co. Dublin
Tel. 01/809251 oder
803142

**National Association for
the Deaf**
35 Lower Leeson Street
Dublin 2
Tel. 01/763118

Gesundheit

**Poisons Information
Centre**
und **Drug Advisory and
Treament Centre**
Jervis Street Hospital
Dublin 1
Tel. 01/723355 oder
745588

Vegetarian Society of Ireland (VSI)
c/o 457 Collins Avenue
Dublin 9
Tel. 01/373323

Health Education Bureau
7 Ely Place
Dublin 2
Tel. 01/762393

Chiropractic Centre of Ireland
Dr. Billy Tague/Dr. T. Peter Tague
126 Clontarf Road
Dublin 3
Tel. 01/334026

Frauen

Womens Centre
53 Dame Street (Seiteneingang)
Dublin 2
Tel. 01/710088

Womens Right to Choose Group
3 Belvedere Place
Dublin 1
Tel. 01/787160
Setzt sich für Legalisierung von Abtreibung und den freien Zugang zu Verhütungsmitteln ein.

Council for the Status of Women
54 Merrion Square
Dublin 2
Tel. 01/607731 oder 607510
Regierungsbehörde für formelle Gleichberechtigung.

Divorce Action Group
19 Upper Beechwood Avenue
Ranelagh
Dublin 6
Gruppe für Legalisierung der Scheidung.

Dublin Well Women Centre
63 Lower Leeson Street
Dublin
Tel. 01/789504 oder 789366

und
60 Eccles Street
Dublin
Tel. 01/728095 oder 728051
Medizinische Beratungsstellen.

Rape Crisis Centre
p.O. Box 1027
Dublin 6
Tel. 01/601470

AIM (Action Information Motivation)
13 Northumberland Road
Dublin 4
Mo.–Fr., 10.00–12.00 Uhr.

Arlen House – The Women's Press
69 Jones Road
Dublin
Tel. 01/786913
Schreiblabore für Frauen; Literatur von Frauen über Frauen.

Irish Women's Workers Union
45 Fleet Street
Dublin 2
Tel. 01/778069
Frauengewerkschaft.

Employment Equality Agency
Davitt House
Mespil Road
Dublin 4
Tel. 01/765861

«Cherish» Association of Single Parents
2 Lower Pembroke Street
Dublin 2
Tel. 01/682744
Interessengruppe alleinerziehender Eltern.

Schwule

Dublin Gay Collective
P.O. Box 1076
Dublin 2
Männer und Frauen.

National Gay Federation
Hirshfeld Centre
10 Fownes Street
Dublin 2
Kommunikationszentrum für homosexuelle Männer und Frauen.

Liberation for Irish Lesbians
c/o Womens Centre
53 Dame Street
Dublin 2
Tel. 01/710088

Buchläden

Halfpenny Bridge Books
1 Merchants Arch
Dublin 1
Tel. 01/775206
Ausschließlich gebrauchte Bücher.

New Books
Essex Street
Dublin 2
Tel. 01/711943

The Bookshop
Gardiner Place
Dublin 1
Tel. 01/741045
Sinn Fein- und Workers Party-Buchladen, breites Angebot.

An Siopa Leabhair
6 Harcourt Street
Dublin 2
Keltischer Buchladen.

Bookshop
Student Union

T.C.D. (Trinity College Dublin)
Dublin 2

Alechemist Head Bookshop
10 East Essex Street
Dublin 2

Books Upstairs
25 Market Arcade (off Georges Street)
Dublin 2
Tel. 01/710064

Naturkost

Naturkostläden und Health Food Restaurants sind in Dublin zahlreich. Siehe «Alternative Directory», weitere Adressen sind der Stadtzeitung «In Dublin» zu entnehmen.

Sprachunterricht Gälisch

Irish Colleges/Comhchoiste na gColáisti Samhraidh
86 Lower Gardiner Street
Dublin 1
Tel. 01/752231
Gälischkurse; Unterbringung in Familien.

Museen

Adressen und Öffnungszeiten der zahlreichen Museen beim Tourist Office erfragen.

Fisch

Central Fisheries Board
Mobhi Boreen
Glasnevin
Dublin 9
Tel. 01/379206
Ministerium für Fisch und Fischerei; bei der Entdeckung verseuchter Flüsse sofort benachrichtigen.

«The Irish Skipper» Journal of the Fishing Industry
Arthur Reynolds
71 Landsdowne Road
Dublin 4
Aktuelle, fortschrittliche Zeitschrift.

Käseherstellung

Dairy Engineering Ltd.
70 Middle Abbey Street
Dublin 1
Tel. 01/744351 oder 970822

Astrologie/Tai Chi/ Yoga

East West Centre
2 Crove Street
Dublin 2
Tel.: 01/710331

Astrology Bureau
20 East Essex Street
Dublin 2

Tel. 01/988480 oder 719954

The School of T'ai Chi Chuan and Traditional Health Resources Ireland
c/o 2 Appian Close
58 Leeson Park
Dublin 6
Tel. 01/604665

Festivals

Dublin Theatre Festival
Dublin
Großes Festival, Treffen irischer, sonstiger europäischer und amerikanischer Gruppen. Ein dreiwöchiges Theaterfest. Näheres beim Tourist Office.

Dublin Horse Show
Royal Dublin Society
Ballsbridge
Dublin
Das gesellschaftliche Ereignis Irlands mit Besuchern aus aller Welt. Vorstellung der besten Pferde; Rennen; Springen; eine einzige Modenschau. Im Frühling und August.

Weitere aktuelle Termine sind der Tagespresse zu entnehmen oder beim Tourist Office zu erfragen.

Mittlerer Westen
Counties: Clare, Limerick, Tipperary (nördlicher Teil)

Tourist Office
Bank Place
Ennis
Clare
Tel. 065/21366

Tourist Office
The Granary
Michael Street
Limerick
Tel. 061/47522

Tourist Office
Kickham Street
Nenagh
Tipperary
Tel. 067/31610

Lokale Zeitungen

«The Clare Champion»
O'Connell Street
Ennis
Clare
Tel. 065/21105
Erscheint donnerstags.

«Limerick Chronicle»
Erscheint dienstags.
«Limerick Leader»
Erscheint montags, mittwochs, donnerstags, freitags.
54 O'Connell Street
Limerick
Tel. 061/45233

«Limerick Echo»
51 O'Connell Street
Limerick
Tel. 061/49966
Erscheint donnerstags.

«Nenagh Guardian»
13 Summerhill
Nenagh

Tipperary
Tel. 067/31214 und
31674
Erscheint donnerstags.

«The Nenagh Tribune»
36 Pearse Street
Nenagh
Tipperary
Tel. 067/32444
Erscheint donnerstags.

«Tipperary Star»
Friar Street
Thurles
Tipperary
Tel. 0504/21122
Erscheint freitags.

Kultur

Belltable Arts Centre
60 O'Connell Street
Limerick
Tel. 061/49866
Theater, Konzerte,
Musikabende, Literaturlesungen, Kunstausstellungen.

Musik

Seisiún
King John Castle
Limerick
Abende mit irischer
Volksmusik. Näheres
beim Tourist Office.

Seisiún & Oiche Chéili
Teach Cheoil (Music
House)
Town Centre
Murroe
Tipperary

Irische Musik, Tanz und
Gesang.

Seisiún
Teach Cheoil (Music
House)
Abbeyfeale
Tipperary
Abende mit irischer
Volksmusik. Näheres in
den Lokalzeitungen.

Ferienkurse

**Willie Clanc
Summer School**
Milltown Malbay
Clare
Tel. Milltown Malbay/66
Einwöchige Sommerschule für traditionelle
Instrumente.

**Burren Holiday Painting
Centre**
Mrs. Christine O'Neill
O'Neill's Guesthouse
Lisdoonvarna
Clare
Tel. Lisdoonvarna/13
Ferienmalkurse.

**Photography Learning
Holidays**
Mr. Jim Robson
Clifden House
Corofin
Clare
Tel. 065/27692
Einführungskurse in die
Technik des Fotografierens und die Benutzung
der Dunkelkammer. Wochenkurse. Unterkunft in
irischen Cottages (nicht
billig).

Museen

Clare Heritage Centre
Mr. Ignatius Cleary
Corofin
Clare
Umfangreiches und sehr anschauliches Lokalmuseum.

Coosheen Folk Museum
Kilkee
Clare
Tel. Kilkee/169
Sammlung von Haushaltsgegenständen aus dem 18. Jahrhundert.

Bunratty Castle and Folk Park
Bunratty
Clare
Tel. 06/61511
Freilichtmuseum und Sammlung alter Gegenstände; sehr touristisch.

Limerick Museum
St. John's Square
Limerick
Tel. 061/47826
Sehr umfangreiches Museum. Spektrum der Ausstellungsstücke reicht über Funde von 7000 v. Chr. bis heute.

Hunt Collection at the NIHE
NIHE House
Limerick
Tel. 061/43644
Privatsammlung von Mr. John Hunt, keltischer Historiker. Antiquitäten aus Bronzezeit, Mittelalter und frühchristlicher Zeit. Montags–freitags im Sommer.

De Valera Museum
Mrs. L. Cregan
Knockmore
Bruree
Tipperary
Geburtshaus des früheren Präsidenten Eamonn de Valera. Persönliche Gegenstände und lokale Antiquitäten. Besuch nach Absprache. Mrs. Cregan wohnt in der Nachbarschaft.

Fabrikbesichtigung

Limerick Lace
Good Shepherd Convent
Clare Street
Limerick
Spitzenfabrik. Herstellung von handgemachten Spitzen. War mit 900 Frauenarbeitsplätzen von hoher Bedeutung für den Ort. Besichtigung der heutigen Fabrik montags–freitags.

Handwerk

Lem Smith
Knockjames
Tulla
Clare
Handgesponnene und pflanzengefärbte Wolle.

Glenstal Abbey
Murroe
Limerick
Tel. 061/81103
Benediktinermönche stellen Kunsthandwerk her: Holz, Ton, Metall, Silber und Emaille.

Naturkost

The Bean Pod
64 O'Connell Street
Ennis
Clare
Naturkostladen.

Harvest
Cecil Street
Limerick
Naturkostladen.

Nature's Way
Wickham Street
Limerick
Naturkostladen.

John Keane
Barrack Street
Cahir
Tipperary
Naturkostabteilung.

Shelly Delikatessen
Main Street
Templemore
Tipperary
Naturkostabteilung.

Frauen

Ennis Women's Group
78 Cahercalla Estate
Ennis
Clare
Tel. 065/24035

Limerick Womens Collective
c/o Playshop
37 Catherine Street
Limerick

Rape Crisis Centre
P.O. Box 128
Limerick
Tel. 061/41211

Festivals

Lisdoonvarna Folk Festival
Lisdoonvarna

Clare
Irlands größtes Open Air
Folk Festival. Gruppen
aus Europa und den USA.

Limerick Civic Week / Limerick Sings
Limerick
Musikwoche mit internationalem Musikgruppen-

Südwesten
Counties: Cork, Kerry

Cork City:

Tourist Office
Grand Parade
Cork
Tel. 021/23251

Kunst

Triskel Arts Centre
8 Bridge Street
Cork
Tel. 021/2237

Cork Arts Society
Lavitt's Quay
Cork
Tel. 021/505749

Art Gallery
Crawford Municipal Art
Gallery
Emmet Place
Cork

Douglas Arts und Drama Centre
Douglas
Cork
Tel. 021/293755

wettbewerb; im März.

Zigeunerwagen

Horse Drawn Caravans
Mr. T. G. McNamara
Tough
Adare
Limerick
Tel. 061/94181

Kunst- und Theaterkurse
für Kinder.

Kooperativen

Quay Coop
24 Sullivans Quay
Cork
Tel. 021/967660
Zusammenschluß politischer Gruppen und Alternativprojekte unter einem
Dach.

Frauen

Womensplace
c/o Quay Coop
24 Sullivans Quay
Cork
Tel. 021/967660

Women's Group
Education Rights Centre
5 Churchfield Avenue
Cork

Schwule

National Gay Conference
c/o Quay Coop
Sullivan Quay

Cork
Tel. 021/967660

Lebensmittel, Naturkost

Nature's Way
29 Princess Street
Cork
Tel. 021/504830
Naturkostladen.

Ryan's Health Food Shop
11 Castle Street
Cork
Naturkostladen.

Rick William Natural Food
26 Paul Street
Cork
Naturkostladen.

City Market
Patrick Street / Princess
Street
Grand Parade
Cork
Markthallen mit großem
Angebot an Gemüse,
Obst, Fleisch und Fisch;
an allen Wochentagen.

Flohmarkt

Flea Market
Tuckey Street
Cork
Freitag und Samstag,
10.30–17.30 Uhr.

Therapie

«Fatima»
Frank Nolan
Dummore Lawn
Ballinlough
Cork
Tel. 021/931266
Therapie: Bioenergetik,

Gestalt, Tanz, Bewegung, Massage.

Politische Gruppen

Alliance for Safety and Health
c/o Quay Coop
24 Sullivans Quay
Cork
Tel. 021/967660

Festivals

Cork Choral and Folk Dance Festival
City Hall
Cork
Konzert- und Volkstanz-woche; jährlich im Mai.
Gruppen aus aller Welt.

Counties Cork und Kerry:

Tourist Office
Skibbereen
Cork
Tel. 028/21766

Tourist Office
32 The Mall
Tralee
Kerry
Tel. 066/21288
Ganzjährig geöffnet.

Tourist Office
Town Hall
Killarney
Kerry
Tel. 064/31633

Lokale Zeitungen

«Cork Weekly Examiner»
95 Patrick Street
Cork
Tel. 021/963300
Erscheint mittwochs.

«Southern Star»
Skibbereen
Cork
Tel. 028/21168
Erscheint freitags.

«The Corkman»
Clash Industrial Estate
Tralee
Kerry
Tel. 066/21666
Erscheint donnerstags.

«The Kerryman»
Clash Industrial Estate
Tralee
Kerry
Tel. 066/21666
Erscheint donnerstags.

«Kerry's Eye»
22 Ashe Street
Tralee
Kerry
Tel. 066/23199

Kunst

Youghal Art Gallery and Museum
Clock Tower
Youghal
Cork
Tel. 024/2390
Wechselnde moderne Kunstausstellungen und lokales historisches Museum.

Siamsa Tire Theatre & Arts Centre
Godfrey Place
Tralee
Kerry
Tel. 066/23094 oder 23055
Theatergruppe und Kunstgalerie.

Art Gallery
O'Connell Gallery
Caherdaniel
Kerry

Kunstgalerie mit wech-selnden Ausstellungen.

Museen

West Cork Regional Museum
Western Road
Clonakilty
Cork
Lokalmuseum; montags, mittwochs, freitags.

Céim Hill Museum
Union Hall
Thérèse O'Mahony
Cork
Privates Museum mit Funden aus Stein-, Eisen- und Bronzezeit.

Cobh Museum
High Road
Cobh
Cork
Tel. 021/811562
Schiffahrtsmuseum; Mai bis Oktober.

Buchläden

Binders Bookshop
20a North Street
Skibbereen
Cork

Workshops

Teach Siamsa Folk Theatre Centre
Finuge
Listowel
Kerry
Tel. Finuge/943
Traditionelles Bauern-haus mit Reetdach, be-herbergt diverse Thea-terworkshops. Treffpunkt für Traditonsbewußte und Leute aus Nord-Kerry.

Kerry School of Painting
Main Street
Cahirciveen
Kerry
Sommermalkurse; Einzelheiten bei Anchor Bar,
Tel. Cahirciveen/68.

Handwerk

U. Cowley und P. Howard
Rathmaher Cottage
Kanturk
Cork
Keramik, handgesponnene und pflanzengefärbte Wolle.

Rossmore Weaving Workshops
Vlie Preckler und Jacques Quisquator
Clonakilty
Cork
Weberei.

Snake Power Pottery
Main Street
Cahirciveen
Kerry
Töpferei und Ausstellungsgalerie lokaler Künstler.

Kerry Glass
Fair Hill
Killarney
Kerry
Glasbläserei; Montag bis Freitag.

Aktivitäten

The Skillet Sailing School
Kinsale
Cork
Tel. 021/72151
Segelkurse, auch deutschsprachig.

Working Weekends on Organic Farms (WWOOF)
Gill Wenlock
Shanballymore bei Mallow
Cork
Arbeit auf organisch bewirtschafteten Bauernhöfen, Unterkunft beim Bauern.

Outdoor Pursuits Centre
Sherkin Island
Tel. Baltimore/87
Cork
Kurse in Reiten, Kanufahren, Bergsteigen.

National Outdoor Pursuit Centre
Cappanalea
Caragh Lake
Kerry
Kurse in Kanufahren, Bergsteigen.

Politische Gruppen

Bandon Valley Protection Association
Cameron Ryle
Kinsale
Cork
Tel. 021/72771
Gruppe versucht, den Bandon vor Industriemüll zu retten, arbeitet gegen chemischen Dünger.

Help Organise Peaceful Energy (Hope)
Jeremy Wates
Derryduv
Coomhola
Bantry
Cork
Anti-Atom- und Sanfte-Energie-Gruppe.

Ovens Action Group
Mrs. Brady
The Kennels
Ovens
Cork
Umweltschutzgruppe.

Hope
Maureen und Keith Mandela Height
Castlepark
Kinsale
Cork

Lebensmittel, Naturkost

Kealkil Food Coop
Jeremy Waites
Derryduv
Coomhola
Bantry
Cork
Verkauf der Lebensmittel:
Oasis
Main Street
Ballydehob

The Acorn
Bandon
Cork
Naturkostladen.

Country Market
Village Hall
Caherdaniel
Kerry
Samstag, 11.30 Uhr.

Sprachunterricht Gälisch

An Comharchumann
Ballyferriter
Kerry
Tel. Ballyferriter/16

Hallenbäder

Hallenbad
Town Park

Fermoy
Cork

Hallenbad
Sports Centre
Oakpark
Tralee
Kerry

Zigeunerwagen

**Blarney Romany Cara-
vans**
Blarney
Cork
Tel. 021/20088, 85257
oder 85700

**Ocean Breeze Horse
Caravans**
Mr. Jerry Desmond
Kilbrittain
Cork
Tel. 023/49731 oder
49626

Festivals

**Cobh International Folk
Dance Festival**
Cobh
Cork
Großes Tanzfestival; all-
jährlich im Juli.

**Millstreet International
Horse Show**
Millstreet
Cork
Große Pferdeschau mit
kulturellem Rahmenpro-
gramm.

**Rose of Tralee Internatio-
nal Festival**
Tralee
Kerry
Eine Woche lang Musik,
Tanz, Kunst.

**Ballybunion International
Bachelor Festival**
Ballybunion
Kerry
Junggesellenfestival; im
Juni.

Listowels Writers Week
Mary Gore, Sekretärin
83 Charles Street
Listowel
Kerry
Tel. 068/21074
Festival in der letzten Ju-
niwoche, Workshops und
Wettbewerbe in Literatur
und Musik.

Pan-Celtik-Week
Pan-Celtic-Office

Killarney
Kerry
Tel. 064/31094 oder
31171
Eine Woche lang keltische
Musik aus Schottland,
Wales, Cornwall, Isle of
Man, England und Irland.

Puck Fair
Killorglin
Kerry
Berühmter Viehmarkt;
drei tolle Tage.

Les Fruits de Mer
Kenmare
Kerry
«Früchte des Meeres»-Fe-
stival. Diverse Sport- und
Kulturveranstaltungen.

**Kerr Lamb and Wool
Festival**
Sneem
Kerry
Schafschur und andere
farmorientierte Ausschei-
dungen. Abends Tanz und
Musik; jährlich im Juni.

Pferderennen
Listowel
Kerry
Im September.

Südosten
Counties: Waterford, Wexford, Carlow, Kilkenny,
Tipperary (südlicher Teil)

Tourist Office
41 The Quay
Waterford
Tel. 051/75788

Tourist Office
Crescent Quay

Wexford
Tel. 053/23111

Lokale Zeitungen

«Dungarvan Observer»
Bridge Street
Dungarvan

Waterford
Tel. 058/41205
Erscheint samstags.

«Munster Express»
37 The Quay
Waterford
Tel. 051/32141

Erscheint donnerstags
und freitags.

**«Waterford News and
Star»**
Industrial Estate
Waterford
Tel. 051/74951 oder
75566
Erscheint freitags.

«New Ross Standard»
John Street
New Ross
Wexford
Tel. 051/21184
Erscheint freitags.

**«The Enniscorthy Guar-
dian»**
Slaney Street
Enniscorthy
Wexford
Tel. 054/2123
Erscheint freitags.

«People»
A 1 North Main Street
Wexford
Tel. 053/22155
Erscheint samstags.

**«Nationalist and Leinster
Times»**
42 Tullow Street
Carlow
Tel. 0503/42091
Erscheint freitags.

«Kilkenny People»
High Street
Kilkenny
Tel. 056/21015
Erscheint donnerstags.

«Nationalist»
Queen Street
Conmel
Tipperary

Tel. 052/22211
Erscheint samstags.

Kunst

**Waterford Arts for All
(WAFA)**
Wellington Street
Waterford
Tel. 051/55142
Kunstgalerie, Malkurse,
Unterstützung lokaler
Künstler.

Gorey Arts Centre
Rafter Street
Gorey
Wexford
Tel. 055/21470
Kunstgalerie.

Funge Arts Centre
Gorey
Wexford
Gemälde- und Skulptu-
renausstellungen von in
Irland lebenden Künst-
lern. Nur im Juli und Au-
gust geöffnet.

Art Gallery and Museum
Parnell Street
Clonmel
Tipperary
Kunstgalerie.

**The Rare Clonmel Arts
Festival**
Clonmel Arts Society
Clonmel
Tipperary
Kunstfestwoche, Ausstel-
lungen, Musikveranstal-
tungen.

Museen

Maritime Museum
Wexford
Kontakt: Crescent Quay

Tel. 053/23111
Interessante Sammlung
aus der Wexforder
Schiffs- und Seefahrtsge-
schichte, Besuch nach
Vereinbarung.

County Museum
Enniscorthy
Wexford
Lokalmuseum, in gut er-
haltenem Schloß aus dem
13. Jahrhundert unterge-
bracht.

Carlow Museum
Carlow
Lokalmuseum. Mai bis
September.

**Kilkenny Design Work-
shops**
Opposite Kilkenny Castle
Kilkenny
Tel. 056/22118
Weiterentwicklung des
«typisch» irischen De-
signs. Permanente Aus-
stellungen.

Handwerk

Cahill Crafts
Graigueanamanagh
Kilkenny
Herstellung von Spinnrä-
dern und Webstühlen.

Cusehndale Mills
Graigueanamanagh
Kilkenny
Herstellung von Wollpro-
dukten.

Frauen

Women's Political Party
The Cove
Tramore
Waterford
Tel. 051/81439

Adressen

Zusammenschluß von
Frauen unterschiedlicher
politischer Richtungen.

Wexford Women's Group
Irene Irish
Upper Newcastle Street
Crossabeg
Wexford

**Women's Group Kil-
kenny**
c/o Social Service Centre
Waterford Road
Kilkenny
Tel. 056/21785

Umwelt

Lavistown Study Centre
c/o Goodwillie
Lavistown
Kilkenny
Tel. 0409/51545
Wochenend- und Tages-
kurse zu Umweltfragen.

**Southern Steel Works
Ltd.**
Ballyhale
Kilkenny
Tel. 056/28633 oder
28601
Produktion von Windrä-
dern und Wasserpumpen.

Kooperativen

**The Waterford Resource
Centre**
Wellington Street
Waterford
Tel. 051/55142

Initiiert, unterstützt und
berät Coops.

**Comeragh Craft Coope-
rative**
Mary Cooper
Ballinaneahagh
Battertown
Waterford
Tel. 051/76529
Zusammenschluß ver-
schiedener Kunsthand-
werker.

Inisglas Trust
The Deeps
Crossabeg
Wexford
Tel. 053/28226
Non-Profit Gemein-
schaft, bearbeitet biody-
namischen Bauernhof
und verkauft die Erzeug-
nisse.

Naturkost

Full of Beans
9 Georges Court
Waterford
Naturkostladen.

**A Humble Natural Food
Shop**
Lower Rowe Street
Wexford
Tel. 053/24624
Naturkostladen.

Food for Thought
Mitchell Street
Clonmel
Tipperary

Tel. 056/22383
Naturkostladen.

Festivals

**Waterford International
Festival of Light Opera**
Waterford
Zweiwöchiges Opernfe-
stival der Amateure.
Reichhaltiges kulturelles
Beiprogramm; jährlich im
September.

Wexford Festival
Theatre Royal
Wexford
Weltberühmtes Opernfe-
stival mit verschiedenen
anderen kulturellen An-
geboten; Ende Oktober.

Wexford Strawberry Fair
Enniscorthy
Wexford
Einwöchiges Fest; Kultur,
Vergnügen, Markt; all-
jährlich im Juli.

Kilkenny Arts Week
Town Centre
Kilkenny
Kulturelle Festwoche mit
Tanz und Gesang, Kunst-
ausstellungen und Kon-
zerten; alljährlich im
August.

Cashel Week
Town Centre
Cashel
Tipperary
Jährliche Festwoche mit
Traditional Irish Musik,
Tanz und Song.

Osten
Counties: Dublin, Kildare, Louth, Meath, Wicklow

Tourist Office
St. Michaels Wharf
Dun Laoghaire
Dublin
Tel. 01/806845

Tourist Office
Market Square
Wicklow
Tel. 0404/2904

Lokale Zeitungen

«Leinster Leader»
19 South Main Street
Naas
Kildare
Tel. 045/7317
Erscheint freitags.

«Fingal Independent»
9 Shop Street
Drogheda
Louth
Tel. 041/8658
Erscheint freitags.

«Argus»
11 Jocelyn Street
Dundalk
Louth
Tel. 032/434632
Erscheint donnerstags.

«Drogheda Independent»
9 Shop Street
Drogheda
Louth
Tel. 041/8658
Erscheint freitags.

«Dundalk Democrat»
3 Earl Street
Dundalk
Louth

Tel. 042/4058
Erscheint samstags.

«Meath Chronicle and Cavan and Westmeath Herald»
12 Market Square
Navan
Meath
Tel. 046/4058
Erscheint samstags.

«Wicklow People»
A1 North Main Street
Wexford
Tel. 053/22155 oder
22126
Erscheint freitags.

Museen

Good Old Days Exhibition Museum
Channel Road
Rush
Dublin
Tel. 01/437512
Gegenstände vom ländlichen Irland der letzten hundert Jahre; geöffnet von Juni bis August.

National Maritime Museum
Mariners Church
Haigh Terrace
Dun Laoghaire
Dublin
Geschichte der Schiffahrt; dienstags bis sonntags, 14.30–17.30 Uhr während der Sommermonate.

Ballitore Museum
Ballitore

Kildare
Das Dorf Ballitore war ehemals eine Quäkergemeinde. Das Museum besitzt Literatur über Quäker und viele Gegenstände aus dieser Zeit; Mai bis September, nur sonntags.

National Stud and Irish Horse Museum
Tully Estate
Kildare
Tel. 045/21251
Nationalgestüt, von der irischen Regierung 1945 gegründet; von Ostern bis Oktober geöffnet und ebenso wie das anliegende Museum zu besichtigen.

Irish Pewter Mill and Craft Centre
Timolin
Moone
Kildare
Rekonstruktion der Zinngewinnung; tägl. 11.00–17.00 Uhr.

Millmount House Museum
Barracks Millmont House
No. 14
Drogheda
Louth
Tel. 041/36391
Historisches Museum der Stadt Drogheda.

Rathgory Transport Museum
Dunleer
Louth
Tel. 041/51389

Sammlung alter Kutschen, Autos, Motorräder und der ersten Dampflokomotive Irlands. Nur an Wochenenden und Bank Holidays geöffnet.

Castleruddery Transport Exhibition
Donard
Wicklow
Tel. 01/311130 oder 982106
Sammlung alter kommerzieller Transportgefährte; nur sonntags und an Bank Holidays geöffnet.

Arklow Maritime Museum
St. Mary Road
Arklow
Wicklow
Tel. 0402/2868
Etwa 1000 Ausstellungsstücke zur Schiffahrtsgeschichte Arklows.

Fabrikbesichtigung

Carolls Zigarettenfabrik
Dundalk
Louth
Tel. 042/36501
Irlands größte Zigarettenfabrik; Besichtigung nach Vereinbarung.

Harp Lager Brewery
Louth
Tel. 042/34793
Bierbrauerei; Besichtigung nach Absprache.

Medien

The Communication Centre
169 Booterstown Avenue
Booterstown
Dublin
Tel. 01/887311
Kurse für Filmproduktion, Journalismus, Radio, Fotografie.

Ornithologie

Irish Wildbird Conservancy
Southview
Church Road
Greystones
Wicklow
Tel. 01/875759

Frauen

Bray Womens Group
8 Avoca Avenue
Bray
Wicklow

Kooperativen

Crannac Co-operative Society
Dublin Road
Navan
Meath
Tel. 046/21217
Nach dem Bankrott einer Möbelfirma von den Angestellten in Eigenregie übernommen. Enge Zusammenarbeit mit anderen Coops.

Politische Gruppen

El Salvador Support Group
Brendan Butler
Pennock Hill
Swords
Dublin
Tel. 01/728800 am Tag
01/401358 abends

Ireland Filipino Support Group
84 Seapark
Malahide
Dublin

Clondalkin Anti Toxic Group
28 Lindisfarne Avenue
Bawnogue
Clondalkin
Dublin
Umwelt-Bürgerinitiative.

Amalgamated Anti Toxic Group
c/o Community Centre
Rathcoole
Dublin
Projekt gegen die Verseuchung Dublins.

Irish Commission for Justice and Peace
169 Booterstown Avenue
Booterstown
Dublin
Tel. 01/885021
Kommission zu Menschenrechten, Frieden, sozialer Rechtsprechung.

Glencree Reconciliation Centre
Glencree
Bray
Wicklow
Tel. 01/860963
Seminare zu gewaltfreiem Widerstand, Nord-Süd-Dialog, Pluralismus und anderen politischen Themen. Workcamps auf biodynamischer Farm. Bau einer Windmühle zur eigenen Stromerzeugung.

Ticroney House
Avoca
Wicklow
Tel. 0402/5254

Konferenzzentrum; Diskussion über alternative Medizin, Ökologie, Politik und Kunst.

Kultur

Irish Cultural Institute
Belgrave Square
Monkstown
Dublin
Tel. 01/800295
Organisation diverser
«Irish Traditional» –
Abendveranstaltungen;
Tanz, Musik, Gesang.

Aktivurlaub

Tiglin Adenture Centre
Ashford
Wicklow
Tel. 0402/4169
Kurse für Kanu, Bergsteigen.

Hallenbäder

Hallenbad
Fair Green
Naas
Kildare

Hallenbad
Navan Road
Kells
Meath

Hallenbad
Watergate Street
Trim
Meath

Hallenbad
Presentation College
Putland Road
Bray
Wicklow

Handwerk

Irish Handweavers
Tonssus
Baily
Dublin
Herstellung von gewebten
Kleidungsstücken.

Judy Toner
Tyrrellstown House Mews
Mulhuddart
Dublin
Tel. 01/211186
Web- und Spinnkurse,
Unterstützung bei der
Einrichtung eines eigenen
Studios.

Jean Byrne
2 Janeville Terrace
Tivoli Road
Dun Laoghaire
Dublin
Tel. 01/800167
Handgewebte Kleider
und Wandteppiche.

**Jane Almquist – Stitch in
Time Ltd.**
3a Lower Georges Street
Dun Laoghaire
Dublin
Wochenendkurse zum Erlernen der Patchwork-
und Stepptechnik.

Terry Dunne
23 Coolnevaun
Stillorgan
Dublin
Webkurse.

Craftspun Yarns Ltd.
Johnstown
Naas
Kildare
Tel. 045/76881
Verkauf von Spinnrädern
und diversen Garnen.

Avoca Handweavers
Second Mill
Kilmacanogue
Wicklow
Tel. 0402/5105
Handwebewerkstatt mit
Shop und Teestube.

Emma Wilkinson
Talbotstown House
Brittas
Wicklow
Weberin und Spinnerin.

Timeless Leather Ltd.
Ashford
Wicklow
Tel. 0404/4309
Workshops zur Holzverarbeitung, Antiquitätenrestaurierung, Töpferei,
Lederverarbeitung.

**Irish Guild of Weavers,
Spinners and Dyers**
Patricia May
Hawthorns
Tithgnogue
Dublin
Tel. 01/988730

Therapie/Yoga/Aikido

The Centre
Coliemore Road
Dalkey
Dublin
Tel. 01/85871 oder
763441
Diverse Workshops zum
Finden der ganzheitlichen
Persönlichkeit.

Astha Rajneesh Meditations Centre
146 Rock Road
Booterstown
Dublin
Tel. 01/8874486
Baghwan-Zentrum.

Adressen

Irish Aikido Federation
John Rodgers
10 Lake View Grave
Wicklow
Non profit-Organisation;
veranstaltet regelmäßig
Kurse.

Centre for Transpersonal Psychology
Ruth Pasquariello
1 Herbert Terrace
Bray
Wicklow
Workshops zu spiritueller
Energie, Harmonisierung
der Persönlichkeit und
anderem.

Lebensmittel, Naturkost

Country Market
McKeowns Hall
The Square
Balbriggan
Dublin
Freitags, 10.00–12.00
Uhr.

Grains and Greens
Main Street
Naas
Kildare
Naturkostladen.

Moore Brothers
The Square
Athy
Kildare
Naturkostladen.

Country Market
St. John's Hall
Naas
Kildare
Freitags, 10.30–12.00
Uhr.

Sunflower Health Food
17 Peter Street
Drogheda
Louth
Naturkostladen.

Country Market
Courthouse Yard
Fair Street
Drogheda
Louth
Samstag vormittag.

Country Market
Kells
Meath
Freitags, 15.00–16.00
Uhr.

Country Market – Mrs. Truite Shop
The Square
Oldcastle
Meath
Samstags, 11.00–12.30
Uhr.

Country Market
Town Hall
Trim
Meath
Freitags, 15.00–18.00
Uhr.

Country Market
Bamba Hall
Navan
Meath
Freitags, 14.00–16.00
Uhr.

Blackcastle
Navan
Meath
Tel. 046/2 17 03 oder
2 17 51
Organische Farm mit angeschlossenem Laden.
Tausch von Arbeitskräften.

Bray Health Foods & Homebrew Centre
38 Main Street
Bray
Wicklow
Naturkostladen und
Kunstgalerie.

North Wicklow Country Market
Patrick's Hall
Kilcoole
Greystones
Wicklow
Samstags, 10.30–12.00
Uhr.

Country Market
Main Street
Blessington
Wicklow
Samstags, 14.30–16.00
Uhr.

Muffin's
Church Road
Greystones
Wicklow
Naturkostladen.

Arklow Country Market
Town Centre
Arklow
Wicklow
Samstags, 10.30–12.00
Uhr.

Festivals

Dun Laoghaire Borough Summer Festival
Dun Laoghaire
Dublin
Musik-, Kunst- und
Handwerksfestival.

Robertstown Grand Canal Festa Weekends
Robertstown
Kildare

Tel. 045/602 04 oder 602 36
Lokales Festival zur Geschichte des «Grand Canal»; alljährlich an verschiedenen Wochenenden im Juli und August.

Carlingfort Oyster Festival
Carlingfort
Louth
Festival zur Eröffnung der Austernsaison; Ende August.

Blessington Festival
Blessington
Wicklow
Pferdeschau und Irlands größte Segelregatta; im Juli.

Nordirland
Counties: Antrim, Down, Armagh, Fermanagh, Tyrone, Derry

Lokale Zeitungen

«Northern People»
Erscheint wöchentlich und ist die Zeitung der «Stickies» – der Worker's Party.

«Republican News»
51–53 Falls Road
Belfast
Tel. 084/246841
Wochenzeitung der Sinn Fein.

«Dawn»
16 Ravensdene Park
Belfast 6
Tel. 084/647106
Monatliche Friedenszeitung, wöchentliches Treffen in Belfast.

«Shankill Bulletin»
95 Shankill Road
Belfast
Gemeindeblatt aus dem traditionellen Wohnviertel der Protestanten in Belfast.

«Belfast Bulletin»
Worker's Research Unit
c/o Just Books

7 Winetavern Street
Belfast 1
Gut recherchierte, wissenschaftliche Dokumentationen zu aktuellen nordirischen Themen.

«Women – Rite»
16–18 Donegal Street
Belfast
Zeitung des Frauenzentrums.

«Scorched Earth»
2 Magdala Street
Belfast 7
Poetik, Literatur, Kunst aus der Region.

«Culture»
c/o 129 Shandon Park
Belfast 5
Anarcho Punk Fanzine.

«Ximoc»
c/o Art + Research Exchange
22 Lombard Street
Belfast 1
Lokal produzierte Kunst-Comic-Zeitung.

«Circa»
22 Lombard Street
Belfast
Zweimonatlich erscheinende Zeitung von Kunstkollektiven und Kulturarbeitern aus Nordirland.

«Outta Control»
7 Winetavern Street
Belfast 1
Tel. 084/225426
Monatsschrift der Belfaster Anarchisten.

«Gay Star»
P.O. Box 44
Belfast 1
Zeitung der nordirischen Homosexuellen.

«Fresh Clues»
c/o Helen's Bay P.O.
Helen's Bay
Down
Punk Fanzine.

Kunst und Theater

Media Workshop
Kontakt: Reiner Pagel
22 Lombard Street

Belfast
Tel. 084/40123

The People's Theatre
Whiterock Resource
Centre
Kontakt: Des Wilson
1 Ballymurphy Estate
Belfast

Doire Eile Arts Centre
Paddy Logue
Pilots Row
Derry
Tel. 0504/69419

Museen

Ulster Museum
Strandmillis Road
Botanic Gardens
Belfast 9
Leben in Irland über eine
Zeitspanne von 9000 Jah-
ren. Zeitgenössische
Kunst, Schmuck, Relikte
versunkener Schiffe.
Mo.–Sa., 10.00–17.00
Uhr; So., 14.00–17.00
Uhr.

**Harland & Wolff Schiffs-
werft**
Queen's Island
Belfast
Tel. 084/58456
Führungen donnerstags,
14.00 Uhr. Vorher anmel-
den.

Old Bushmills Distillery
Bushmills
Antrim
Tel. Bushmills/31521
Älteste Whiskeybrenne-
rei der Welt, von 1609;
Besichtigung nach
Absprache.

Ballycopeland Windmill
Millisle

Down
Kornmühle aus dem
18. Jahrhundert in voller
Funktion; Besichtigung:
April–September täglich
außer montags, im Winter
nur samstags.

**Ulster Folk and Transport
Museum**
Cultra Manor
Holywood
Down
Freilichtmuseum mit wie-
deraufgebauten alten
Häusern. Umfangreiche
Sammlung alter Beförde-
rungsmittel. Täglich
11.00–18.00 Uhr, sonn-
tags 14.00–18.00 Uhr.

Armagh County Museum
The Mall
Armagh
Kleines Museum in altem
Schulgebäude; Biblio-
thek, Kunstgalerie, natur-
geschichtliche Sammlung,
viktorianische Puppen.
Mo.–Sa., 10.00–13.00
Uhr und 14.00–15.00
Uhr.

Orange Order Museum
Main Street
Loughgall
Armagh
Ausstellungsstücke zur
Entstehung der «Orange
Order». Besichtigung nur
nach Absprache. Kon-
takt:
Orange Order HQ
Dublin Road
Belfast 2
Tel. 084/22801.

Buchläden

Just Books
7 Winetavern Street

Belfast 1
Tel. 084/25426

**Bookworm Community
Bookshop**
12 Orchard Street
Derry

Schallplattenladen

Good Vibrations
102 Great Victoria Street
Belfast
Plattenladen, Unterstüt-
zung lokaler Gruppen.

Handwerk

Jim McKeever
102 Cloona Park
Dun Murry
Belfast
Keramik, Skulpturen.

Alice Clark
c/o Open College
Belfast
Weberin und Färberin.

Ken Ramsey
c/o Open College
Belfast
Bilderrahmen.

Moyallon Ceramics
Danny Lavery
134 Stramore Road
Moyallon
Gilford
Down
Tel. 0762/831714
Töpfereizubehör.

Niall und Mari Fitzduff
84 Drumaney Road
Cookstown
Tyrone
Holzhandwerk und
Möbelherstellung.

Frauen

Women's Centre
16–18 Donegal Street
Belfast 1
Tel. 084/243363
Mo.–Fr., 10.00–12.00
Uhr und 14.00–16.00
Uhr.

**Belfast Rape Crisis
Centre**
P.O. Box 46
Belfast 2
Tel. 084/249696

**Northern Ireland Wo-
men's Aid Federation**
143a University Street
Belfast
Tel. 084/49041

Homosexuelle

Cara/Friend
P.O. Box 44
Belfast
Tel. 084/222023
Frauen und Männer.

Cara/Friend
c/o Bookworm
12 Orchard Street
Derry
Tel. 0504/623120
Frauen und Männer.

Weiterbildung

**Springhill Community
House**
122 Springfield Avenue
Belfast 12
Erwachsenenbildungs-
projekt.

Open College
36 College Square North
Belfast 1
Tel. 084/226953

Unabhängige Erwachse-
nenweiterbildung.

**Crescent Resource
Centre**
2–4 University Road
Belfast 7
Tel. 084/242338
Aktivitäten für Jugendli-
che.

**Irish Labour History
Society**
Belfast Branch
c/o W. E. A.
5 Mount Charles
Belfast 7
Arbeitet zur Geschichte
der Arbeiterklasse und
-bewegung. Motiviert
Leute, ihre eigene Ge-
schichte zu verstehen.

**Workers Educational As-
sociation (W.E.A.)**
1 Fitzwilliam Street
Belfast 9
Tel. 084/229718
Überparteiliche Organi-
sation seit 1912. Mitglieder organisieren Weiter-
bildung für Arbeitneh-
mer.

**Derry Youth and Com-
munity Workshop**
Lawrence Hill
Derry
Seminare für arbeitslose
Schulabgänger.

Kooperativen

**Craigavon Community
Worker Projekt**
Legahory Green
Craigavon
Armagh
Tel. Lurgan/24945 (nur
nachmittags)
Zusammenschluß von lo-

kalen Gruppen – juristi-
sche Beratung,
Frauengruppe, Mädchen-
gruppe, Friedensaktivitä-
ten und anderes.

**Art and Research Ex-
change (A.R.E.)**
22 Lombard Street
Belfast 1
Non Profit-Organisation;
unterstützt Künstler; or-
ganisiert Ausstellungen;
stellt Dunkelkammer,
Druckmöglichkeiten, Stu-
dio zur Verfügung.

Clencraig Community
Graigavad
Holywood
Down
Tel. Holywood/3396
Zusammenarbeit von Be-
hinderten und Nichtbe-
hinderten auf biodynami-
scher Farm.

**Community Enterprise
Northern Ireland**
c/o Newry and Mourne
Co-operative Society Ltd.
W.I.N. Industrial Estate
Newry
Down
Tel. Newry/5436
Zusammenschluß von
Coops und Gemeinwe-
sen-Projekten.

**Ulster Agricultural Orga-
nisation Society**
21a High Street
Portadown
Armagh
Tel. 0762/33144

Gaillagh Co-op
Gaillagh
Derry
Supermarkt-Coop mit 16
Arbeitsplätzen.

Adressen

Politische Gruppen

Provisional Sinn Fein
170a Falls Raod
Belfast 12

Irish Civil Rights Association
c/o Just Books
7 Winetavern Street
Belfast 1
Unabhängige, unparteiliche, antiimperialistische Gruppe; arbeitet über Arbeitslosigkeit, Wohnungsnot, soziale Ungerechtigkeit und andere aktuelle Themen.

Friends of the Earth
Casey
Ballyleigh Avenue
Bangory
Down
Zusammenschluß von Kommunen und landwirtschaftlichen Kooperativen.

IRSP (Irish Republican Socialist Party)
The Bookshop
Chamberlainstreet
Derry

Friedensgruppen

Northern Ireland Association for Peace and Detente
c/o Transport House
High Street
Belfast

Peace Pledge Union
62 Melrose Street
Belfast 9
Irischer Zweig englischer Organisation, gibt Zeitschrift «Der Pazifist» heraus.

Peace People
224 Lisburn Road
Belfast
Tel. 084/663465

Northern Ireland Campaign for Nuclear Disarmament
50 May Street
Belfast 1
Tel. 084/233895
Zentrale der irischen Friedensbewegung. Adressen der vielen lokalen Gruppen sind hier zu erfragen.

Northern Ireland Peace Forum
79 Antrim Road
Lisburn
Antrim
Tel. Lisburn/6339

Corrymeela Reconciliation Centre
Ballycastle
Antrim
Tel. Ballycastle/62626
Organisation und Durchführung von Friedenscamps.

Fellowship of Reconciliation
25 Belfast Road
Holywood
Down
Tel. Holywood/3261
Christlich-pazifistische Gruppe.

Drogenberatung

Lazy O'Day Centre
25/27 Ormeau Road
Belfast
Drop in-Centre.

Naturkost

Zero's Wholefood and

Vegetarian Restaurant
2/4 University Road
Belfast

Rainbow Café
The Open College
36 College Square North
Belfast 1

Moguls Palace
Indian/Vegetarian Restaurant
Great Victoria Street
Belfast

Down to Earth
Lockview Road
Strandmillis
Belfast 9

Framar 595
Lisburn Road
Belfast

Sassafras
Great Victorian Street
Belfast

McComb's Health Food Store
5 Central Avenue
Bangor
Down

Health Food Shop
Railway Raod
Coleraine
Derry

Yoga

Guru Ram Das Ashram For Kundalini Yoga
106 Fitzroy Avenue
Flat 1
Belfast 9
Yogalehrer-Trainingsorganisation.

Bihar School of Yoga
31 Drumfad Road

Millisle
Down
Tel. Millisle / 86 16 31

Festivals

The Ould Lammas Fair
Ballycastle
Antrim
Details: Mr. D. W. of
Moyle
District Council
Ballycastle
Antrim
Tel. 0 26 57 / 6 22 25
Das größte und berühmteste nordirische Festival.
Letzter Montag und
Dienstag im August.

Belfast Arts Festival
Details unter Tel. 0 84 /
66 55 77
Dreiwöchiges Kulturfest
mit Musik, Tanz, Theater,
Artisten, Film.

Pubs

Sonntags sind sämtliche
Pubs geschlossen, ausnahmslos. Wer auch sonntags nicht aufs Trinken
verzichten will, kann in einem Hotel oder Restaurant mit entsprechender
Lizenz neben dem Essen
Alkohol bekommen.

Tourismus

The Northern Ireland
Tourist Board (NITB)
River House
48 High Street
Belfast
Tel. 0 84 / 3 12 21

Vom NITB erhältliche
Druckschriften:
1. Nordirland (32 seitige
Farbdruckschrift –
deutsch)
2. All the Places to Stay
(Unterkunftsverzeichnis)
3. Farm and Country Holidays (Ferien auf dem
Bauernhof und auf dem
Lande)
4. Coarse Fishing
5. Game Fishing – Angeln, Binnengewässer und
Hochsee
6. Sea Fishing
7. Coming Events of the
Year (Veranstaltungskalender)
8. Northern Ireland – a
Map for Tourists (Landkarte)
9. Zehn illustrierte Prospekte über die wichtigsten Reisegebiete Nordirlands (englisch)
10. Lough Erne Cruiser
Brochure (englisch)
11. Lough Erne Navigational Map
12. Travel Trade Manual
13. Aktivurlaub in Nordirland (deutsch).

Die Bildermacher

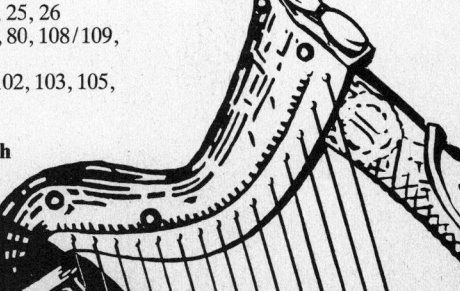

A·N·D·E·R·S · R·E·I·S·E·N

sachbuch rororo

Die anderen Reisebücher. Zum Lesen in
der Geschichte. Zum Lernen für eine neue
Kultur. Zum Spaßhaben in der Wirklichkeit

1089/8 d